藍傳盛 著

佛性雜正

序言

　　印度佛法約於西元世紀前後傳入中國，但確切傳入時間仍眾說紛紜。佛教顧名思義乃欲學習佛法而後成佛的宗教。然究竟要學習什麼佛法才能成佛，或學習佛法後大家都能成佛嗎？我想這是學佛者最迫切關切而且亟想知曉答案的重要問題。因此佛性論便應運而生，解答了上述第二個問題。

　　佛性的定義當然各宗各派或有不同，但依佛性最通俗的一般解釋為成佛的因性或成佛的可能性。

　　佛性論隸屬印度佛教中觀、唯識、如來藏三大大乘佛教思想系中之自性清淨心如來藏系。考之佛性論的起源甚早，早在阿含經的「增支部」就有述及心性本淨說，但為客塵煩惱所染耳。

　　如來藏說大約興於西元三世紀，而盛弘於四、五世紀中葉。

　　從原始佛教的「自淨其意」，到部派佛教大眾部的「自性清淨心」，到初期大乘佛學的「心性本淨」，到華嚴經如來性起品的「含蓄如來藏說」，到如來藏經的「如來藏」。

　　在部派佛教中有心性本淨及心性本不淨二派別，前者有大眾部及分別說部，後者有說一切有部及成實論。

　　心性本淨說即發展為日後的佛性說。

　　中國於魏晉時代即有清談玄學、禪學及般若性空學，南北朝加上涅

槃佛性論後，三者常互相結合，尤其禪學以般若性空結合涅槃佛性而發展爲日後的禪宗。其中天台宗的一念無明法性心及性具思想；華嚴宗的圓覺自性清淨心及性起思想；禪宗的當下現實之心及即心即佛；三論宗的中道佛性及八不緣起等，均與佛性思想締有相當密切之關係。

同時小乘的大般涅槃經的漢譯本相當於漢譯「長阿含」的「遊行經」，也於西晉時期出現，由白法祖所譯。東晉時也有譯本，但已失佚。法顯譯本則收入大正藏阿含部。另有「方等涅槃經」：西晉竺法護所譯，即四童子三味經。

大乘類的涅槃經如法顯的六卷大般泥洹經；曇無讖的四十卷大般涅槃經，即北本或大本；慧觀等改治北本而成的三十六卷大槃涅槃經即南本；若那跋陀羅的大般涅槃經後分等譯本相繼出現後，於南北朝時期佛性思想逐蔚爲風尚，興盛一時。

除涅槃經盛談佛性外，其他如來藏系經論如三經一論及其他經論，包括如來藏經、不增不減經、勝鬘經、大法鼓經、無上依經、寶性論、大乘莊嚴經論及眞諦三藏的佛性論等均深入探討佛性思想。

佛性思想可謂萌芽於印度，卻開花結果於中國。

況且中國佛教的許多重要宗派如華嚴宗、天台宗、禪宗、三論宗等宗的建構可謂是均以佛性思想爲奠基。

然佛性思想在發展過程中，卻衍生了很多爭論性的問題。即使同一涅槃經中亦見前後論調不一，諸如佛性本有始有？一闡提有無佛性？佛性是我或非我？佛性是因是果？佛性是定有或定無？草木非情有否佛性？佛性可見不可見？等諸多爭議問題，亟待研究解決。

作者有鑑於佛性思想如斯的重要性，才決定出此「佛性辨正」一書，對佛性作深入而廣泛性的了解及探討。

全書分十一章，第一章解釋佛性的意義，各種佛性異名同義詞，佛

性的種類及佛性本身的體相用之意涵。

第二章探討天台智顗大師首創的三因佛性之分類及其與其他諸多佛教觀點之比對會通。

第三章探討佛性的偏局問題及草木有否佛性；佛性與無明的關係及相互作用；及佛性到底可見不可見，並兼論禪宗的明心見性。

第四章了解各宗依佛性的修行位階。

第五章起探討各大宗派的佛性思想及心性論，包括第五章之禪宗、第六章之天台宗、第七章之華嚴宗、第八章之三論宗及第九章之唯識宗。

第十章探討南北朝時期六大佛教宗派的佛性思想及心性論，包括地論宗、攝論宗、成實宗、俱舍宗、毘曇宗、涅槃宗。

第十一章探討中國歷代各時期各大師的佛性思想。內容包括：一、佛性思想的淵源流變。

二、佛性思想的相關經論。

三、中國各時期歷代各大師的佛性思想。

本書經耗費多時，終於底成。然作者才疏學淺，理念或有不周，見解或有不圓，疏漏難免，向祈十方賢達大德不吝匡正，誠至所感禱為荷

目錄

第一章 佛性的意義及種類

第一節 佛性的釋名

一、涅槃經

涅槃經大量採用「佛性」一詞，較少使用「如來藏」譯語。

依據屈大成「大乘大般涅槃經研究」148 頁統計，北本之「佛性」譯語出現次數有 21 次；「如來藏」有 4 次；「如來秘藏」有 4 次。

法顯本泥洹經出現「佛性」有 4 次，「如來之性」有 16 次，「如來藏」有 6 次。可見以佛性出現之次數為多。

何謂佛性？佛性的最一般理解是指眾生覺悟之因，眾生成佛的可能性。

由於涅槃經只有零碎的梵文斷簡存在，只得依漢譯本及藏譯本之對照協助來了解佛性一詞的梵文原語。

佛性是佛與性的結合。佛的梵文是 Buddha，如來的梵文是 Tathagata。

「性」有三種可能梵文：dhatu（界）、garbha（胎）、gotra(種族、

家族）。

　　dhatu 是「界」之義。「界」依瑜伽師地論釋界義：「因義，……本性義，……是界義」[1]

　　依「阿毗達摩俱舍論」：「法種族義，是界義」、「界聲表種族義」[2]

　　依「大昆婆沙論」說界有種族義、分齊義、種種因義。

　　可見界是因義、種種因義、本性義、種族義。但「界」發展至華嚴宗之「法界」之「界」，其義已演變爲代表「本體」之義了。

　　日本學者水谷幸正以北本與法顯本比對發現，當藏語翻爲梵文 tathagata-garbha，法顯本多譯爲「如來性」；北本多譯爲「佛性」及「如來藏」。當藏語翻爲梵文 tathagata-dhatu 時，法顯本及北本多同譯作「佛性」，因此推測涅槃經「佛性」一詞，乃梵文 tathagata-garbha 及 tathagata-dhatu 之翻譯。

　　但另一學者高崎直道經考察得出結論是：漢譯涅槃經以「佛性」譯爲 buddha-dhatu 的次數較多。

二、大法鼓經

漢譯本，藏語 Khama 即梵語 dhatu。故 Buddha-dhatu 翻成佛性。
或 tathagata-garbha 翻成「如來性」。

三、央掘摩羅經

藏語 Khama，相對應梵語 Buddha-dhatu，即佛性。
藏語 dhyins 同 Khams 對應「佛性」

---

[1] 大正 30、610
[2] 大正 29、5

四、無想經

藏語 de bshin gsegs pahi 即梵語 tathagata 如來。藏語 rigs Dan rayed 即梵語 gotra,意爲佛的質素、性質。

五、寶性論

有梵文本。佛性爲 Buddha(佛）或 tathagata （如來）與 dhatu、gotra、garbha 之組合。當中以 Buddha-dhatu

之組合出現次數最多。可見「佛性」的梵文原語應爲 buddha-dhatu。

故佛性即指佛的領域、佛的成分、佛的因等。

六、佛性論

佛性論以體及相來探討佛性。體即佛性因,其十相其實有包括體及用。

體如下：三因、三性、如來藏。

十相：自體相、因相、果相、事能相、總攝相、分別相、階位相、遍滿相、無變異相、無差別相。

十相中,自體相及因相可歸爲「體」；分別相、階位相、遍滿相、無變異相、無差別相等可歸於「相」；事能相、總攝相可歸於「用」；

七、慧遠的大乘義章

A. 佛性之佛是「覺」之義。「性」有四義：種子因本、體、不改、性別。

a.如來藏即是佛的種子因；體有四種：因自體即眞識心；果自體即

法身；覺性自體通因果；法性自體。前三者是能知性；後者法自體性是所知性。

b.不改是不改變。因自體會隨緣，但本身不會改變。其他果自體、覺性自體、法性自體均不改變。

c.性別指因自體、果自體互不相同；因及果自體之體性不同於木石等無情之物；萬有之如來藏體與萬有之世間妄相不同。

八、智顗之佛性界定

「佛者，覺智也，性者，理極也，能以覺智照其理極，境智相稱，合而言之，名為佛性」[3]

九、其他如來藏系經論

（1）勝鬘經：只談如來藏，未說及佛性一詞。

勝鬘經之「不空如來藏」是無上佛法，是如來無為身（即法身）。

而依據涅槃經，如來藏就是我，就是佛性。所以不空如來藏既是佛性（佛因）也是法身（佛果）。

而且勝鬘經也說，如來法身不離煩惱藏名如來藏。

可見如來藏不但是佛性（佛因，指不空如來藏或空如來藏），如來藏也是如來法身（佛果，指不空如來藏）。

-勝鬘經：「不空如來藏，謂無上佛法，

不相捨離相，不增減一法。

如來無為身，自性本來淨，

客塵虛妄染，本來自性空。」

---

[3] 金光明經玄義卷下，大正 39、8 中

-涅槃經：「我者即是如來藏義，一切眾生悉有佛性，即是我義」⁴

-勝鬘經：「世尊。過於恒沙不離不脫不異不思議佛法，成就說如來法身。世尊，如是如來法身不離煩惱藏名如來藏」

（2）楞伽經

楞加經主要是談「如來藏」，並未使用「佛性」之詞。不過依據涅槃經，如來藏即是佛性之義。而且楞伽經本身也提到如來藏是如（真如）之異名同義詞。

而依據佛性論，佛性是二空所顯之真如。可見佛性即是真如。

依據吉藏所言，佛性及真如並是佛性異名。

由上知，如來藏即是真如也是佛性。

而且如來藏（佛性）是善不善因，能徧興造一切趣生。

可見如來藏不但是佛性，而且也是萬法之本體。

-涅槃經：「我者即是如來藏義，一切眾生悉有佛性，即是我義」⁵

-楞伽經：「我說如來藏，不同外道所說之我。大慧！有時說空、無相、無願、如、實際、法性、法身、涅槃、離自性、不生不滅、本來寂靜、自性涅槃，如是等句，說如來藏已，……」。

-吉藏、大乘玄論：「經中有明佛性、法性、真如、實際等。並是佛性之異名。……」⁶

-楞伽經：「如來之藏是善不善因，能徧興造一切趣生，……」

（3）大乘起信論：以眾生心來顯示摩訶衍義，而摩訶衍的體即是心真如，摩訶衍的自體相用即是心生滅因緣相。摩訶衍之體是心真如，而真如即是佛性，所以摩訶衍即是真如佛性體所展現的世間及出世間的

⁴ 大正 12、407 中
⁵ 大正 12、407 中
⁶ 大正 45、42 下

13

萬法。

印度佛教很少以「體相用」來描述佛性，大多以「非一非異」來描述。體相用是同一法，所以是非異。但同一法的體相用又各自不同，所以是非一。起信論之體相用說法，可以說是中國佛教的一種特色說法。

體相用三大：

「所言法者，謂眾生心，是心則攝一切，世間出世間法，依於此心，顯示摩訶衍義。何以故？是心真如相，即示摩訶衍體故，是心生滅因緣相，能示摩訶衍自體相用。」

第二節 佛性的異名同義詞

涅槃經引用「佛性」一詞最多，然經中同時也多次出現其他佛性的異名同義詞。

佛性等同於如來藏、真如、法身、涅槃等，這些同義異名詞也經常在其他經論中被引用。本文旨在討論「佛性」的相關同義異名詞。

一、名稱不同，意義相同

（一）涅槃經的同義異名詞：

（1）涅槃經北本前分與法顯本之佛性同義異名詞：

北本：除佛性之外，有如下的異名詞：佛性種子、如來性、如來藏、如來秘藏、如來微密之藏、秘密之藏、如來真法藏。

法顯本：佛性、如來之性、如來藏、法身種、如來性、如來常住之

性、如來微妙之性。（屈大成、大乘大般涅槃經研究 148 頁）

（2）佛性等同於我、如來藏：

「我者即是如來藏義，一切眾生悉有佛性，即是我義」[7]

（3）如來等同於我：

「無我者名為生死，我者名為如來……」[8]

（4）佛性等同於如來、涅槃、決定、阿耨多羅三藐三菩提：

「如來者即是涅槃，涅槃者即是無盡，無盡者即是佛性，佛性者即是決定，決定者即是阿耨多羅三藐三菩提。」[9]

（5）佛性等同於阿耨多羅三藐三菩提：

「一切眾生皆有佛性，以是性故，斷無量億諸煩惱結，即得成於阿耨多羅三藐三菩提。」[10]

（6）見佛性得成阿耨多羅三藐三菩提：

「一切眾生雖有佛性，要因持戒然後乃見，因見佛性得成阿耨多羅三藐三菩提」[11]

（7）大涅槃名為大我：

「涅槃無我大自在故名為大我」[12]

「云何復名為大涅槃？有大我故，名大涅槃。涅槃無我，大自在故，名為大我。云何名為大自在耶？有八自在，則名為我。何等為八？一者、能示一身以為多身，身數大小猶如微塵，充滿十方無量世界。如

---

[7] 大正 12、407 中
[8] 大正 12、377 下
[9] 大正 12、395 下
[10] 大正 12、404 下
[11] 大正 12、405 中
[12] 大正 12、502 上

來之身實非微塵，以自在故現微塵身，如是自在則爲大我。」[13]

（8）佛性等同於一乘：

「一切眾生所得一乘，一乘者名爲佛性，以是義故，我說一切眾生悉有佛性，一切眾生悉有一乘，以無明覆故不能得見。善男子！如欝單越、三十三天，果報覆故，此間眾生不能得見。佛性亦爾，諸結覆故，眾生不見」[14]

（9）佛性等同於首楞嚴三昧：

「復次善男子！佛性者即首楞嚴三昧，性如醍醐，即是一切諸佛之母。以首楞嚴三昧力故，而令諸佛常樂我淨。一切眾生悉有首楞嚴三昧，以不修行故不得見，是故不能得成阿耨多羅三藐三菩提。善男子！首楞嚴三昧者，有五種名：一者首楞嚴三昧，二者般若波羅蜜，三者金剛三昧，四者師子吼三昧，五者佛性；隨其所作，處處得名。善男子！如一三昧得種種名，如禪名四禪，根名定根，力名定力，覺名定覺，正名正定。八大人覺名爲定覺，首楞嚴定亦復如是。」[15]

（10）佛性者實非我也，爲眾生故，說名爲我。

「善男子！我於一時住尼連禪河，告阿難言：『我今欲洗，汝可取衣及以澡豆。』我既入水，一切飛鳥水陸之屬悉來觀我，爾時復有五百梵志來在河邊，因到我所各相謂言：『云何而得金剛之身？若使瞿曇不說斷見，我當從其啓受齋法。』善男子！我於爾時以他心智，知是梵志心之所念，告梵志言：『云何謂我說於斷見？』彼梵志言：『瞿曇先於處處經中說諸眾生悉無有我。既言無我，云何而言非斷見耶？若無我者，持戒者誰？破戒者誰？』佛言：『我亦不說一切眾生悉無有我，我常宣

---

[13] 同上
[14] 大正 12、525 上
[15] 大正 12、525 上

說一切眾生悉有佛性，佛性者豈非我耶？以是義故，我不說斷見。一切眾生不見佛性故，無常、無我、無樂、無淨，如是則名說斷見也。』時諸梵志聞說佛性即是我故，即發阿耨多羅三藐三菩提心，尋時出家修菩提道。一切飛鳥水陸之屬亦發無上菩提之心，既發心已，尋得捨身。善男子！是佛性者實非我也，為眾生故說名為我。」[16]

（二）其他經論的佛性異名同義詞

（1）佛性等同於如來藏：

如來藏經：「一切眾生，雖在諸趣煩惱身中，有如來藏常無污染，德相備足，如我無異。……佛見眾生如來藏已，欲令開敷，為說經法，除滅煩惱，顯現佛性。」[17]

（2）吉藏、大乘玄論：

佛性等同於法性、真如、實際、法性涅槃、般若一乘、首楞嚴三昧、獅子吼三昧、法界、如來藏自性清淨心、八識、一道一性、般若法性、無住實際。

「經中有明佛性法性真如實際等。並是佛性之異名。何以知之。涅槃經自說佛性有種種名。於一佛性亦名法性涅槃。亦名般若一乘。亦名首楞嚴三昧，師子吼三昧。故知。大聖隨緣善巧。於諸經中說名不同。故於涅槃經中。名為佛性。則於華嚴。名為法界。於勝鬘中。名為如來藏自性清淨心。楞伽名為八識。首楞嚴經名首楞嚴三昧。法華名為一道一乘。大品名為般若法性。維摩名為無住實際。如是等名。皆是佛性之異名。」[18]

（3）楞伽阿跋多羅寶經：

---

[16] 大正 12、526
[17] 大正 16、457 中
[18] 大正 45、41 下

如來藏等同於眞如（如）、法性、法身、涅槃。

「佛告大慧：我說如來藏，不同外道所說之我。大慧！有時說空、無相、無願、「如」、實際、法性、法身、涅槃、離自性、不生不滅、本來寂靜、自性涅槃，如是等句，說如來藏已，如來、應供、等正覺爲斷愚夫畏無我句故，說離妄想無所有境界如來藏門。」

（4）勝鬘經：

佛性等同於如來藏、法身：

「世尊，佛性者是如來藏、是正法藏、是法身藏、是出世藏、是自性清淨藏。」

勝鬘經：

一乘等同於阿耨多羅三藐三菩提、涅槃、法身：

「聲聞緣覺乘皆入大乘。大乘者即是佛乘。是故三乘即是一乘。得一乘者，得阿耨多羅三藐三菩提。阿耨多羅三藐三菩提者，即是涅槃界。涅槃界者即是如來法身。得究竟法身者，則究竟一乘，無異如來，無異法身，如來即法身。得究竟法身者，則究竟一乘。究竟者即是無邊不斷。」

（5）寶性論卷 1：

第一義諦即是眾生界、如來藏、法身。

「言眾生者，即是第一義諦。舍利弗言：第一義諦者，即是眾生界。舍利弗言：眾生界者，即是如來藏。舍利弗言：如來藏者，即是法身」[19]

（6）佛性等同於涅槃：

「一切眾生悉有佛性，無量相、好、莊嚴照明。以彼性故，一切眾

---

[19] 大正 31、822 中

生得槃涅槃。」[20]

（7）寶性論：

1. 眞如與法身：

「眞如有雜垢，及遠離諸垢。佛無量功德，及佛所作業，如是妙境界，是諸佛所知，依此妙法身，出生於三寶」[21]

2. 眞如清淨法名爲如來藏：

「一切諸眾生，平等如來藏，

眞如清淨法，名爲如來體。

依如是義故，說一切眾生，

皆有如來藏，應當如是知」[22]

二、等同於佛性意義內涵之描述語

（1）佛性等同菩提中道種子：

「佛性者，即是一切諸佛阿耨多羅三藐三菩提中道種子。」[23]

（2）佛性者名大慈大悲、大信心、一子地、第四力、十二因緣、四無礙智、頂三位。

「大慈大悲名爲佛性，何以故？大慈大悲常隨菩薩，如影隨形。……

佛性者名大信心。何以故？以信心故，菩薩摩訶薩則能具足檀波羅蜜乃至般若波羅蜜。……

佛性者名一子地。何以故？以一子地因緣故，菩薩則於一切眾生得

---

[20] 大正 9、297 中
[21] 大正 31、813 下
[22] 大正 31、838 下
[23] 大正 12、523 下

平等心。……

佛性者名第四力。何以故？以第四力因緣故，菩薩則能教化眾生。……

佛性者名十二因緣。何以故？以因緣故，如來常住。……

佛性者名四無礙智。以四無礙因緣故說字義無礙，字義無礙故能化眾生。……

佛性者名頂三昧，以修如是頂三昧故，則能總攝一切佛法。……

善男子，如上所說種種諸法，一切眾生定當得故，是故說言一切眾生悉有佛性。」[24]

（3）佛性等同於兩邊遣破的中道義：

「佛性無生無滅、無去無來、非過去非未來非現在、非因所作、非無因作、非作非作者、非相非無相、非有名非無名、非名非色、非長非短……。」[25]

（4）佛性等同十二因緣、第一義空、中道、涅槃：

「十二因緣名為佛性。佛性者即第一義空，第一義空名為中道，中道者即名為佛，佛者名為涅槃。」[26]

（5）佛性者非色非非色、非相非非相……。以下逐一說明雙遣之義：

1.色：金剛身故。

非色：十八不共，非色法故。

色非色：無定相故。

2.相：三十二相故。

---

[24] 大正 12、556 下
[25] 大正 12、445 中-下
[26] 大正 12、524 中

非相；一切眾生相不現故。

非相非非相：相非相不決定故。

3.一：一切眾生悉一乘故。

非一：說三乘故。

非一非非一：無數法故。

4.非常：從緣見故。

非斷：離斷見故。

非常非非斷：無終始故。

5.有：一切眾生悉皆有故。

無：從善方便而得見故。

非有非無：虛空性故

6.盡：得首楞嚴三昧故。

非盡：以其常故。

非盡非非盡：一切盡相斷故。

7.因：以了因故。

果：果決定故。

非因非果：以其常故。

8.義：悉能攝取義無礙故。

非義：不可說故。

非義非非義：畢竟空故。

9.字：有名稱故。

非字：名無名故。

非字非非字：斷一切字故。

10.非苦非樂：斷一切受故。

11.非我：未能具得八自在故。

非非我：以其常故。非我非非我：不作不受故。

12.空：第一義空故。

非空：以其常故。

非空非非空：能為善法作種子

「善男子！雪山有草名為忍辱，牛若食者則出醍醐。更有異草，牛若食者，則無醍醐，雖無醍醐，不可說言雪山之中無忍辱草。佛性亦爾，雪山者名為如來，忍辱草者名大涅槃，異草者十二部經，眾生若能聽受諮啓大般涅槃，則見佛性。十二部中雖不聞有，不可說言無佛性也。善男子！佛性者，亦色非色、非色非非色，亦相非相、非相非非相，亦一非一、非一非非一，非常非斷、非非常非非斷，亦有亦無、非有非無，亦盡非盡、非盡非非盡，亦因亦果、非因非果，亦義非義、非義非非義，亦字非字、非字非非字。

云何為色？金剛身故。云何非色？十八不共，非色法故。云何非色非非色？色非色無定相故。云何為相？三十二相故。云何非相？一切眾生相不現故。云何非相非非相？相非相不決定故。云何為一？一切眾生悉一乘故。云何非一？說三乘故。云何非一非非一？無數法故。云何非常？從緣見故。云何非斷？離斷見故。云何非非常非非斷？無終始故。云何為有？一切眾生悉皆有故。云何為無？從善方便而得見故。云何非有非無？虛空性故。云何名盡？得首楞嚴三昧故。云何非盡？以其常故。云何非盡非非盡？一切盡相斷故。云何為因？以了因故。云何為果？果決定故。云何非因非果？以其常故。云何為義？悉能攝取義無礙故。云何非義？不可說故。云何非義非非義？畢竟空故。云何為字？有名稱故。云何非字？名無名故。云何非字非非字？斷一切字故。云何非苦非樂？斷一切受故。云何非我？未能具得八自在故。云何非非我？以其常故。云何非我非非我？不作不受故。云何為空？第一義空故。云何

非空？以其常故。云何非空非非空？能爲善法作種子故。」[27]

（6）首楞嚴定名爲佛性：

定有上中下三種。上定是佛性；中定是初禪；下定是十大地中心數定。

首楞是一切畢竟，嚴是堅固，首楞嚴定就是一切畢竟而堅固。

「善男子！一切眾生具足三定，謂上、中、下。上者謂佛性也，以是故言，一切眾生悉有佛性。中者一切眾生具足初禪，有因緣時則能修習，若無因緣則不能修。因緣二種：一謂火災，二謂破欲界結，以是故言一切眾生悉具中定。下定者，十大地中心數定也，以是故言，一切眾生悉具下定。一切眾生悉有佛性，煩惱覆故不能得見，十住菩薩雖見一乘，不知如來是常住法，以是故言十地菩薩雖見佛性而不明了。善男子！首楞者名一切畢竟，嚴者名堅，一切畢竟而得堅固名首楞嚴，以是故言首楞嚴定名爲佛性。」[28]

（7）佛性者名第一義空：

「佛性者名第一義空，第一義空名爲智慧。所言空者，不見空與不空。智者見空及與不空、常與無常、苦之與樂、我與無我。空者一切生死，不空者謂大涅槃；乃至無我者即是生死，我者謂大涅槃。見一切空，不見不空，不名中道；乃至見一切無我，不見我者，不名中道，中道者名爲佛性。以是義故，佛性常恒、無有變易，無明覆故，令諸眾生不能得見。聲聞緣覺見一切空，不見不空；乃至見一切無我，不見於我。以是義故，不得第一義空，不得第一義空故，不行中道，無中道故，不見佛性。」[29]

---

[27] 大正 12、529-530
[28] 大正 12、526
[29] 大正 12、523 中

（8）佛性非有非無，有無合故，即是中道：

佛性雖有，但不像虛空，虛空是有而不可見，佛性是有而可見。

佛性雖無，但不同兔角，兔角是無而不生，佛性是無而可生，

所以佛性是非有非無，亦有亦無。

佛性為何是有？因一切眾生悉有，這佛性不會斷滅，將來會得阿耨多羅三藐三菩提。

佛性為何是無？因為現在尚未具足常樂我淨等佛法。

有無合即是中道。

「善男子！眾生佛性非有、非無。所以者何？佛性雖有，非如虛空。何以故？世間虛空，雖以無量善巧方便不可得見；佛性可見，是故雖有非如虛空。佛性雖無不同兔角。何以故？龜毛、兔角，雖以無量善巧方便不可得生；佛性可生，是故雖無不同兔角。是故佛性，非有非無、亦有亦無。云何名有？一切悉有，是諸眾生不斷不滅，猶如燈焰，乃至得阿耨多羅三藐三菩提，是故名有。云何名無？一切眾生現在未有一切佛法，常、樂、我、淨，是故名無。有無合故，即是中道，是故佛說眾生佛性非有非無。」[30]

吉藏、大乘玄論：「但河西道朗法師，與曇無讖法師，共翻涅槃經，親承三藏，作「涅槃義疏」，釋佛性義，正以中道為佛性」[31]

「如來不爾，亦說有我，亦說無我，是名中道」[32]

（9）佛性非定有定無。

說佛性是有，說佛性是無，都是謗佛。可得說佛性亦有亦無，才不謗三寶。

---

[30] 大正 12、572 中
[31] 大正 45、35 下
[32] 大正 12、405 中

「若有人言一切眾生定有佛性，常、樂、我、淨，不作不生煩惱因緣，故不可見，當知是人謗佛法僧；若有說言一切眾生都無佛性，猶如兔角，從方便生，本無今有，已有還無，當知是人謗佛法僧；若有說言眾生佛性，非有如虛空，非無如兔角。何以故？虛空常故、兔角無故，是故得言亦有亦無。有故破兔角，無故破虛空，如是說者不謗三寶。」[33]

（10）十二因緣觀智是名佛性：

觀智有四種：下智、中智、上智、上上智。其中下智是聲聞，中智是緣覺，二種智均不見佛性。上智是菩薩，可「不了了」見佛性。上上智是佛，可「了了」見佛性。

「善男子，眾生起見，凡有二種，一者常見，二者斷見。如是二見，不名中道。無常無斷乃名中道。無常無斷即是觀照十二因緣智，如是觀智是名佛性。善男子！觀十二緣智，凡有四種：一者下，二者中，三者上，四者上上。下智觀者不見佛性，以不見故得聲聞道。中智觀者不見佛性，以不見故得緣覺道。上智觀者見不了了，不了了故住十住地。上上智觀者見了了故，得阿耨多羅三藐三菩提道。」[34]

（11）佛性猶如虛空：

「眾生佛性猶如虛空，虛空者非過去非未來非現在非內非外」[35]

（12）非因非果名為佛性：

因是十二因緣；因因是觀十二因緣的智慧；果是阿耨多羅三藐三菩提；果果是大般涅槃。非因非果是佛性。

[能為熱病作因緣故。十二因緣亦復如是。善男子！佛性者，有

---

[33] 大正 12、580 下
[34] 大正 12、524 中
[35] 大正 12、563 上

因，有因因，有果，有果果。有因者即十二因緣，因因者即是智慧，有果者即是阿耨多羅三藐三菩提，果果者即是無上大般涅槃。善男子！譬如無明爲因，諸行爲果，行因識果，以是義故，彼無明體亦因、亦因因，識亦果、亦果果。佛性亦爾。善男子！以是義故，十二因緣不出不滅、不常不斷、非一非二、不來不去、非因非果。善男子！是因非果如佛性，是果非因如大涅槃。是因是果，如十二因緣所生之法。非因非果名爲佛性。非因果故，常恒無變。]³⁶

第三節　佛性種類

（1）華嚴宗

1. 性起有三種分法：性起乃由佛性而現起，起而不起稱性起。法藏說性起有 3 種：

理性起、行性起、果性起。

理性起：人類本具之理性，可因修行而顯出，此即性起之起。

行性起：即修行之意。依善知識或經典，承受其教法，以開發本有之理性，而感得佛果，稱爲性起。

果性起：依修行而完成清淨佛果之證得，而說爲性起。

理性起是從原因而說；行性起是從過程方法、手段而說；果性起是從結果而言。亦即由體性現起者即如來之出現。

2. 法藏之五教、四宗分類

---

³⁶ 大正 12、524 上

. 以五教、四宗之判教解釋佛種性。

A.五教：

a.小乘教：阿羅漢依俱舍論有六種，退、思、護、住、昇進、不動。不動阿羅漢有佛種性、獨覺種性、聲聞種性。

除佛陀一人外，其他一切眾生均無佛種性。而且小乘的佛種性並非大菩提性，不具繁興大用功德。

b.大乘始教：

-相始教：即法相宗，立五種性（聲聞種性、緣覺種性、菩薩種性、不定種性、無種性）

-空始教：一切眾生有涅槃性。

大智度論說：「一切眾生有涅槃性」[37]

c.大乘終教：一切眾生皆有佛性。即如來藏系。

涅槃經：「……我常宣說一切眾生皆有佛性」[38]

d.頓教：佛性離言絕慮。

「若依頓教，眾生佛性，一味一相，不可言有，不可說無，離言絕慮，如諸法無行經等說」[39]

e.圓教：眾生佛性，具因具果，圓明備德。

「若依圓教，眾生佛性，具因具果，有性有相，圓明備德，如性起品如來菩提處說」[40]

B.四宗：

-隨相法執宗：同五教小乘教

-真空無相宗：同五教空始教

---

[37] 大正 25、298 中
[38] 大正 12、524 下
[39] 大正 35、117 下
[40] 大正 35、117 下

-唯識法相宗：同五教相始教

-如來藏緣起宗：同五教大乘終教

（2）涅槃宗

1. 二因分類：正因、緣因。及生因、了因。

正因是主因，緣因是助因；生因是生起之因，了因是照了或顯了正因，有時它是弱力的生因或弱力的緣因。

A.正因、緣因：

正因：乳生酪、諸眾生、佛性。

緣因：醪煖、六波羅密、發菩提心。

B. 生因、了因：

生因：能生法者、諸煩惱結、穀子、六波羅密、首楞嚴三味、信心。

了因：燈能了物、眾生父母、地水糞、佛性、八正道。

「善男子！因有二種：一者正因，二者緣因。正因者，如乳生酪，緣因者，如醪煖等。從乳生故，故言乳中而有酪性。」[41]

「善男子！眾生佛性亦二種因：一者正因，二者緣因。正因者謂諸眾生，緣因者謂六波羅蜜。」[42]

「二因，正因緣因。正因者，名為佛性。緣因者，發菩提心。以二因緣，得阿耨多羅三藐三菩提」[43]

「善男子！因有二種：一者生因，二者了因。能生法者，是名生因；燈能了物，故名了因。煩惱諸結，是名生因；眾生父母，是名了

---

[41] 大正 12、530 中
[42] 大正 12、530 下
[43] 大正 12、533 中

因；如穀子等是名生因；地水糞等是名了因。復有生因，謂六波羅蜜、阿耨多羅三藐三菩提。復有了因，謂佛性、阿耨多羅三藐三菩提。復有了因，謂六波羅蜜、佛性。復有生因，謂首楞嚴三昧、阿耨多羅三藐三菩提。復有了因，謂八正道、阿耨多羅三藐三菩提。復有生因，所謂信心、六波羅蜜。」[44]

2. 因果分類：有五種

因、因因、理性、果、果果

「善男子！佛性者，有因有因因，有果有果果。有因者即十二因緣，因因者即是智慧，有果者即是阿耨多羅三藐三菩提，果果者即是無上大般涅槃。善男子！譬如無明為因，諸行為果，行因識果，以是義故，彼無明體亦因、亦因因，識亦果、亦果果。佛性亦爾。善男子！以是義故，十二因緣不出不滅、不常不斷、非一非二、不來不去、非因非果。善男子！是因非果如佛性，是果非因如大涅槃。是因是果，如十二因緣所生之法。非因非果名為佛性。非因果故，常恒無變。」[45]

因是十二因緣，因因是智慧即十二因緣之觀智，果是阿耨多羅三藐三菩提，果果是大涅槃，理性是非因非果，是佛性。

（3）佛性論

1. 應得因（本具有之因，即二空所現真如）、加行因（修行之助因）、圓滿因（成就佛果之因）。

2. 應得因又分：住自性性（本具有之自性佛性）、引出性（引出住自性性）、至得性（至無學位）。

3.以三無性解釋佛性。佛性不但為三無性（無相性、無生性、無真

---

[44] 大正 12、530 上
[45] 大正 12、524 上

實性)，而且也爲三自性（分別性、依他性、眞實性）所攝。

（4）天台宗

1. 智顗三因佛性分類：正因、緣因、了因。

正因是中道佛性，是本體；了因是般若智慧，照了顯了正因；緣因是協助了因去開顯正因。

智顗三因佛性的佛性正因、緣因、了因

金光明經玄義：「云何三佛性。佛名爲覺性名不改。不改即是非常非無常。如土內金藏，天魔外道所不能壞。名正因佛性。了因佛性者。覺智非常非無常。智與理相應。如人善知金藏。此智不可破壞，名了因佛性。緣因佛性者。一切非常非無常。功德善根資助覺智。開顯正性。如耘除草穢掘出金藏。名緣因佛性。當知三佛性一一皆常樂我淨。與三德無二無別。」[46]

三德是性德（法身）、智德（般若）、斷德（解脫）。正因等同於性德；了因等同於智德；緣因等同於斷德。

2. 依四教分類

四教是藏、通、別、圓。

藏是小乘，只是析法空；通是體法空，但未及不空；別是非空非不空之偏中；圓是空即不空之圓中。

中道即是佛性，故只有別及圓涉及中道佛性。

（5）瑜伽行派

1.五種性：聲聞種性、緣覺種性、菩薩種性、不定種性、無種性。

---

[46] 大正 39、4 上

2.窺基：

提出理佛性、行佛性之分類。

窺基的理佛性於眾生皆有，行佛性只有少分眾生有。

理佛性是眞如理性，行佛性是阿賴耶識中的佛無漏種子。

涅槃經所倡一切眾生悉有佛性，是指理佛性遍在而言；行佛性的佛無漏種子，爲聲聞種性、緣覺種性及無種性等三種種性所無，唱言有部分眾生沒有佛種性是因爲沒有行佛性。

3.慧沼：

提出「理」、「行」、「隱密」三種佛性的分類。

理性是眞如，眾生定有。

行性是成佛之法，有無漏正因及有漏緣因。

無漏又分種子及現行。無漏種子，眾生或有或無。

無漏現行，凡夫不成。

有漏分種子及現行。有漏種子，眾生定有。

有漏現行，眾生或成或不成。

隱密性是煩惱法，眾生定有。

4. 法寶：分成理及事。

理有理之因、理之果。

事有事之因、事之果。

A.提出理事因果四門：

理因性：第一義空、中道

理果性：法身涅槃

事因性：正因、緣因

事果性：阿耨菩提

B.法寶所著「權實論」之因果：括符內是對照涅槃經之因果說。

因性：善五陰（十二因緣）

因因性：無明（智慧）

果性：阿耨菩提（一樣）

果果性：大般涅槃(一樣)

理性：第一義空（佛性：非因非果）

理性是第一義空，第一義空名為智慧，即如來藏包含恒沙佛性功德。故理性即是如來藏。與慧沼的理表真如理體之純理性不同。

法寶認為因是善五陰，與涅槃經因是十二因緣不同。法寶認為因因是無明，也與涅槃經因因是智慧不同。

（6）地論宗

1. 提出理佛性、行佛性之分類。

理佛性是真如理體；行佛性由理體作不同程度的顯現。不同於法相宗之行佛性是指佛無漏種子。

2. 慧遠：

a. 佛性自體有四種：因自體、果自體、覺性自體、法性自體。

b.如來藏即是佛的種子因；體有四種：因自體即真識心；果自體即法身；覺性自體通於因果；法性自體。前三者是能知性；後者之法自體性是所知性。

（7）三論宗

1. 吉藏將 11 家正因佛性歸為三類：

-假實（第一二家）

-心識（第三至第七家）

-理性（第八至第十一家）

吉藏主張正因佛性即是中道、第一義空。

他破斥上述十一家之正因佛性說。

古來相傳釋佛性不同。大有諸師。今正出十一家。以爲異解。就十一師皆有名字。今不復據列。直出其義耳。第一家云。以眾生爲正因佛性。

第二師以六法爲正因佛性。故經云。不即六法不離六法。言六法者。即是五陰及假人也。故知。六法是正因佛性也。

第三師以心爲正因佛性。故經云。凡有心者。必定當得無上菩提。以心識異乎木石無情之物。研習必得成佛。故知。心是正因佛性也。

第四師以冥傳不朽爲正因佛性。此釋異前以心爲正因。何者。今直明神識有冥傳不朽之性。說此用爲正因耳。

第五師以避苦求樂爲正因佛性。一切眾生。無不有避苦求樂之性。實有此避苦求樂之性。即以此用爲正因。

第六師以眞神爲正因佛性。若無眞神。那得成眞佛。故知。眞神爲正因佛性也。

第七師以阿梨耶識自性清淨心。爲正因佛性也。

第八師以當果爲正因佛性。即是當果之理也。

第九師以得佛之理爲正因佛性也。

第十師以眞諦爲正因佛性也。

第十一師以第一義空爲正因佛性。

故經云。「佛性者名第一義空。故知。第一義空爲正因佛性也。」[47]

2. 三論宗之中道分類：

因吉藏認爲中道即佛性。因此本文也探討中道之分類。

---

[47] 大正 45、36 上

中道有四種：

對偏中：對治大小學人之執斷、常二邊之偏病的中道。

盡偏中：盡除大小學人的斷常二邊之偏病的中道。

絕待中：不執中不執偏的「非中非偏」絕對中道。

成假中：成於有無之假的中。有無是假，非有非無才是中道。

「所言一中者。一道清淨更無二道。一道者即一中道也。所言二中者。則約二諦辨中。謂世諦中眞諦中。以世諦不偏故名爲中。眞諦不偏名爲眞諦中。所言三中者。二諦中及非眞非俗中。所言四中者。謂對偏中。盡偏中。絕待中。成假中也。對偏中者。對大小學人斷常偏病。是故說對偏中也。盡偏中者。大小學人有於斷常偏病則不成中。偏病若盡則名中，……故名盡偏中也。絕待中者。本對偏病是故有中。偏病既除中亦不立。非中非偏。爲出處眾生強名爲中。謂絕待中。……

成假中者。有無爲假。非有非無爲中。由非有非無故說有無。如此之中爲成於假。謂成假中也。所以然者。良由正道未曾有無。爲化眾生假說有無故。以非有無爲中。有無爲假也。」[48]

（8）禪宗的即心是佛

慧能：三大革命表現：即心即佛的佛性說；頓悟見性的修行方法；不離世間及自性自度的解脫論。

即心即佛的心是指當下的現實眾生之心。即佛是證悟如來藏自性清淨心的佛性。

禪宗不假言說，直指人心，見性成佛。故其佛性，不可言說，沒有分類。

---

[48] 大正 45、14 中

（9）如來藏系：

如來藏及眞如都等同於佛性。因此以下也論及如來藏及眞如之分類。

1. 勝鬘經：如來藏有五藏：

如來藏：自性是其藏義

正法藏：因是其藏義。法身藏：至得是其藏義

出世藏：眞實是其藏義

自性清淨藏：秘密是其藏義

2. 如來藏即是佛性。

勝鬘經之如來藏有二種：空如來藏及不空如來藏：

空如來藏：空掉一切煩惱障。此智稱空智。

不空如來藏：具有恒沙不思議佛法。此智稱不空智。

「世尊！有二種如來藏空智。世尊！空如來藏，若離若脫若異一切煩惱藏。世尊！不空如來藏，過於恒沙不離不脫不異不思議佛法故。如是以何等煩惱、以何等處無，如是如實見知，名爲空智。又何等諸佛法、何處具足有，如是如實見知，名不空智。」[49]

「不空如來藏，謂無上佛法，

不相捨離相，不增減一法。

如來無爲身，自性本來淨，

客塵虛妄染，本來自性空。」[50]

3. 眞如即是佛性。大乘起信論之眞如有三種：離言眞如、如實空依言眞如、如實不空依言眞如：

離言眞如是佛性體。

---

[49] 大正 31、840 上
[50] 大正 31、840 上

離言眞如：不生不滅，離言說相，離名字相，離心緣相，畢竟平等，無有變異，不可破壞。

如實空依言眞如：能究竟顯實，實即是實相，實相即是究竟空，空掉一切煩惱障。

如實不空依言眞如：

有自體，具足無漏性功德。自體是指自性空的功德體。

「心眞如者即是一法界大總相法門體。所謂心性不生不滅，一切諸法唯依妄念而有差別，若離妄念則無一切境界之相。是故一切法從本已來，離言說相、離名字相、離心緣相，畢竟平等、無有變異、不可破壞。唯是一心故名眞如，」[51]

「如實空眞如」是佛性的「相」（般若空智）

「如實不空眞如」是佛性「用」（具有無漏性功德）或佛性的體（如來無爲身）。

「眞如者，依言說分別有二種義。云何爲二？一者、如實空，以能究竟顯實故。二者、如實不空，以有自體，具足無漏性功德故。」。

第四節　佛性的體、相、用

一、佛性的體相用

（1）大乘起信論的體相用三大，及「體」是離言眞如、「相」是依言如實空眞如、「用」是依言如實不空眞如。

---

[51] 大正 32、576 上

A. 體相用三大：

「所言法者，謂眾生心，是心則攝一切，世間出世間法，依於此心，顯示摩訶衍義。何以故？是心真如相，即示摩訶衍體故，是心生滅因緣相，能示摩訶衍自體相用故。」

B.離言真如：即是佛性「體」。

「心真如者即是一法界大總相法門體。所謂心性不生不滅，一切諸法唯依妄念而有差別，若離妄念則無一切境界之相。是故一切法從本已來，離言說相、離名字相、離心緣相，畢竟平等、無有變異、不可破壞。唯是一心故名真如，」[52]

C.如實空真如是佛性「相」；如實不空真如是佛性「用」：

「真如者，依言說分別有二種義。云何為二？一者、如實空，以能究竟顯實故。二者、如實不空，以有自體，具足無漏性功德故。所言空者，從本已來一切染法不相應故，謂離一切法差別之相，以無虛妄心念故。當知真如自性，非有相、非無相、非非有相、非非無相、非有無俱相，非一相、非異相、非非一相、非非異相、非一異俱相。乃至總說，依一切眾生以有妄心念念分別，皆不相應故說為空，若離妄心實無可空故。所言不空者，已顯法體空無妄故，即是真心常恒不變淨法滿足，故名不空，」[53]

（2）佛性論的體與十相

體：三因、三性、如來藏。

十相：自體相、因相、果相、事能相、總攝相、分別相、階位相、遍滿相、無變異相、無差別相。

十相中，自體相及因相可歸為「體」；分別相、階位相、遍滿相、

---

[52] 大正 32、576 上
[53] 大正 32、576 上

無變異相、無差別相等可歸於「相」；事能相、總攝相可歸於「用」；

果相、總攝相可歸於佛果。

（3）涅槃經的佛性義

性指因和性質。因可歸爲體。性質可歸爲相。

性有界之義。依瑜伽師地論，界有種子義、本性義、種性義、微細義、任持義。佛性即佛的本性、因性、種性。

涅槃經的三大中心思想：如來常住、涅槃四德（常樂我淨）、一切眾生悉有佛性。

前分的佛性指因地時眾生具有成佛的潛能；果地時如來具有一切功德體性。強調常及我。我是眞我、如來性、如來秘密之藏，不可壞，不可見，若得成就阿耨多羅三藐三菩提，爾乃證知。我是佛性是涅槃，是如來秘密之藏，佛性顯名法身，隱名如來藏。

而大般涅槃具足三法即解脫、法身、般若。三者相即互攝。經中列舉八十五條解脫義如離諸繫縛、無憂愁、廣大、清淨、平等、不空空、空不空、無所畏等。

法身在經中亦稱如來身、如來藏、佛性等。如來身是常住身、不可壞身、非雜食身，即是法身，並以八十句來描述如來法身的內涵。

至於般若則經中未多加銓釋。

後分多以雙遣方式稀釋我義。如從因果之非因非果名爲佛性；以佛性者名第一義空；以有無之本有今無、本無今有、三世有法，無有是處；以眾生定有佛性、定無佛性都是謗佛法僧；甚至擴及無明也是佛性。

涅槃經的佛性思想影響中國之天台宗、華嚴宗、禪宗之思想至鉅。

（4）寶性論的佛性義

七金剛句：佛、法、僧、佛性、證悟、證悟功德、佛行事業。

佛性（如來藏）是佛果的因，，由於具有這個因或種子，我們才能達到第五金剛論題-證悟。

佛性：如來藏十義：

本性、因、果、作用、功德、漸及（行相）、階段（差別）、徧在、不變、不可分（無二）

本性及因可歸爲體；漸及、階段、徧在、不可分可歸爲相；作用、功德可歸爲用；果即是佛果。

（5）勝鬘經的空如來藏、不空如來藏：

不空如來藏是「佛性體或用」；空如來藏是「佛性相」：

「世尊！有二種如來藏空智。世尊！空如來藏，若離若脫若異一切煩惱藏。世尊！不空如來藏，過於恒沙不離不脫不異不思議佛法故。如是以何等煩惱、以何等處無，如是如實見知，名爲空智。又何等諸佛法、何處具足有，如是如實見知，名不空智。」[54]

「不空如來藏，謂無上佛法，

不相捨離相，不增減一法。

如來無爲身， 自性本來淨，

客塵虛妄染， 本來自性空。」[55]

（6）楞伽經的如來藏

「我說如來藏，不同外道所說之我。大慧！有時說空、無相、無願、如、實際、法性、法身、涅槃、離自性、不生不滅、本來寂靜、自性涅槃，如是等句，說如來藏已，如來、應供、等已覺爲斷愚夫畏無我句故，說離妄想無所有境界如來藏門」

由上可知如來藏與如（眞如）、法性、法身、涅槃同義異名。

---

[54] 大正 31、840 上
[55] 大正 31、840 上

「是名說如來藏，開引計我諸外道故」，說如來藏，令離不實我見妄想，入三解脫門境界，希望疾得阿耨多羅三藐三菩提。是故如來、應供、等正覺作如是說如來之藏，若不如是則同外道。是故大慧，為離外道見故，當依無我如來之藏」

「佛告大慧：「如來之藏，是善不善因，能遍興造一切趣生。譬如伎兒，變現諸趣，離我我所。不覺彼故，三緣和合方便而生。外道不覺，計著作者。為無始虛偽惡習所薰，名為識藏。生無明住地，與七識俱。如海浪身，常生不斷。離無常過、離於我論，自性無垢，畢竟清淨。其諸餘識，有生有滅。意、意識等，念念有七。因不實妄想，取諸境界，種種形處，計著名相。不覺自心所現色相，不覺苦樂，不至解脫，名相諸纏，貪生生貪」[56]

（7）智顗三因佛性的佛性正因、緣因、了因

金光明經玄義：「云何三佛性。佛名為覺性名不改。不改即是非常非無常。如土內金藏天魔外道所不能壞。名正因佛性。了因佛性者。覺智非常非無常。智與理相應。如人善知金藏。此智不可破壞名了因佛性。緣因佛性者。一切非常非無常。功德善根資助覺智。開顯正性。如耘除草穢掘出金藏。名緣因佛性。當知三佛性一一皆常樂我淨。與三德無二無別。」[57]

從三因佛性與涅槃經的「三德秘密藏」的對應，可推知「正因佛性」是中道空，是佛性「體」，與法身相應；「緣因佛性」是斷德，是佛性「用」，與解脫相應；「了因佛性」是智德，是佛性「相」與般若相應。

---

[56] 大正 16、510 中
[57] 大正 39、4 上

二、佛性的體

（1）大乘起信論：A.「所言義者，則有三種，云何為三？一者體大，謂一切法，真如平等，不增減故。……。」

B. 離言真如：佛性體。

「心真如者即是一法界大總相法門體。所謂心性不生不滅，一切諸法唯依妄念而有差別，若離妄念則無一切境界之相。是故一切法從本已來，離言說相、離名字相、離心緣相，畢竟平等、無有變異、不可破壞。唯是一心故名真如，」[58]

（2）佛性論：體、自體相、因相。

a.體：三因、三性、如來藏

三因：應得因、加行因、圓滿因。

應得因有三性：住自住性、引出性、至得性。

三性：分別性、依他性、真實性

如來藏：有五藏：如來藏（自性是其藏義）、正法藏（因是其藏義）、法身藏（至得是其藏義）、出世藏（真實是其藏義）、自性清淨藏（祕密是其藏義）

勝鬘經：世尊，佛性者是如來藏、是正法藏、是法身藏、是出世藏、是自性清淨藏。

b.自體相。通相：自性清淨。別相：如意功德性、無異性、潤滑性（大悲於眾生，輭滑為相）

c.因相：四種因，可以除四障，證得法身四德。

四因相：菩薩大悲、破虛空三味、無分別般若、信樂大乘。

---

[58] 大正 32、576 上

（3）涅槃經

體：即因。二因：正因、緣因；及生因、了因。

A.佛性是菩提中道種子：

「佛性者，即是一切諸佛阿耨多羅三藐三菩提中道種子。」[59]

B.正因、緣因

「善男子！因有二種：一者正因，二者緣因。正因者，如乳生酪，緣因者，如[1 醪煖等。從乳生故，故言乳中而有酪性。」[60]

「善男子！眾生佛性亦二種因：一者正因，二者緣因。正因者謂諸眾生，緣因者謂六波羅蜜。」[61]

「二因，正因緣因。正因者，名為佛性。緣因者，發菩提心。以二因緣，得阿耨多羅三藐三菩提」[62]

C. 生因、了因：

「善男子！因有二種：一者生因，二者了因。能生法者，是名生因；燈能了物，故名了因。煩惱諸結，是名生因；眾生父母，是名了因。如穀子等是名生因；地水糞等是名了因。復有生因，謂六波羅蜜、阿耨多羅三藐三菩提。復有了因，謂佛性、阿耨多羅三藐三菩提。復有了因，謂六波羅蜜、佛性。復有生因，謂首楞嚴三昧、阿耨多羅三藐三菩提。復有了因，謂八正道、阿耨多羅三藐三菩提。復有生因，所謂信心、六波羅蜜。」[63]

（4）寶性論：本性及因。

A. 本性：即原理之意。彌勒尊者以三種隱喻-寶石、虛空及水，隱

---

[59] 大正 12、523 下
[60] 大正 12、530 中
[61] 大正 12、530 下
[62] 大正 12、533 中
[63] 大正 12、530 上

喻清淨無染之佛性原理。三者雖可受污染，但原有的本性卻永清淨。

　　故證悟本質是原本清淨，不為暫存的煩惱所污染；充滿功德及能力；不變的；充滿慈悲。

　　B. 因：四種因可淨除遮障證悟本質的污染：虔信佛法、智慧、禪定、慈悲。

　　（5）勝鬘經：俱空及不空如來藏是體；或不空如來藏是體。

　　A. 不空如來藏：「不空如來藏，謂無上佛法，

不相捨離相，不增減一法。

如來無為身，自性本來淨，

客塵虛妄染，本來自性空。」[64]

　　B. 空且不空如來藏：

　　「世尊！有二種如來藏空智。世尊！空如來藏，若離若脫若異一切煩惱藏。世尊！不空如來藏，過於恒沙不離不脫不異不思議佛法故。如是以何等煩惱、以何等處無，如是如實見知，名為空智。又何等諸佛法、何處具足有，如是如實見知，名不空智。」[65]

　　（6）楞伽經 ：如來藏即是真如、法性、無我。

　　楞伽阿跋多羅寶經卷二：「如來亦復如是，於法無我離一切妄想相，以種種智慧善巧方便，或說如來藏，或說無我。以是因緣故，說如來藏，不同外道所說之我」

　　由上可知如來藏就等同於佛性、真如。

　　佛性隱則名如來藏，顯則名法身。

　　（7）天台宗智顗的佛性三因

　　正因佛性：是佛性「體」。

---

[64] 大正 31、840 上
[65] 大正 31、840 上

金光明經玄義：「云何三佛性。佛名為覺性名不改。不改即是非常非無常。如土內金藏天魔外道所不能壞。名正因佛性。」[66]

三、佛性的相

（1）大乘起信論：以如實空依言真如為佛性的「相」。

「所言義者，則有三種，云何為三？……。二者相大，謂如來藏，具足無量性功德故。」

如實空真如：是佛性的「相」。般若空相

「真如者，依言說分別有二種義。云何為二？一者、如實空，以能究竟顯實故。二者、如實不空，以有自體，具足無漏性功德故。所言空者，從本已來一切染法不相應故，謂離一切法差別之相，以無虛妄心念故。當知真如自性，非有相、非無相、非非有相、非非無相、非有無俱相，非一相、非異相、非非一相、非非異相、非一異俱相。乃至總說，依一切眾生以有妄心念念分別，皆不相應故說為空，若離妄心實無可空故。」[67]

（2）佛性論：分別相、階位相、遍滿相、無變異相、無差別相。

1.分別相：因地佛性中可分別出三種眾生相：凡夫、聖人、如來。

2.階位相：眾生界的不淨位、菩薩聖人的淨位、如來的最清淨位。

3.遍滿相：遍滿一切眾生。

4.無變異相：六種：無前後際變異、無染淨異、無生異、無轉異、無依住異、無滅異。

5.無差別相：佛性的四義、四名、四人、四德之間的無差別。

---

[66] 大正 39、4 上
[67] 大正 32、576 上

-四義：一切佛法前後不相離、一切處皆知、非妄想倒法、本性寂靜。

-四名：法身、如來、眞實諦、涅槃。

-四人：身見眾生、顚倒人（二乘人）、散動心人、十地菩薩

-四德：一切功德、無量功德、不可思惟功德、究竟清淨功德。

（3）涅槃經

相：相是性質之意。相是相狀、性質、特性、功德相。

1.性本淨：

「眾生佛性……性本淨故，雖復處在陰入界中，則不同於陰入界也」[68]

2.佛性名大慈大悲，「大慈大悲名爲佛性，何以故？大慈大悲常隨菩薩，如影隨形。……。

大信心、一子地、第四力、十二因緣、四無礙智、頂三位。

佛性者名大信心。何以故？以信心故，菩薩摩訶薩則能具足檀波羅蜜乃至般若波羅蜜。……

佛性者名一子地。何以故？以一子地因緣故，菩薩則於一切眾生得平等心。……

佛性者名第四力。何以故？以第四力因緣故，菩薩則能教化眾生。……

佛性者名十二因緣。何以故？以因緣故，如來常住。……

佛性者名四無礙智。以四無礙因緣故說字義無礙，字義無礙故能化眾生。……

佛性者名頂三昧，以修如是頂三昧故，則能總攝一切佛法。……

---

[68] 大正 12、414 上

　　善男子，如上所說種種諸法，一切眾生定當得故，是故說言一切眾生悉有佛性。」[69]

　　3. 眾生平等具有十二因緣：

　　「善男子！十二因緣，一切眾生等共有之，亦內亦外。何等十二？過去煩惱名為無明，過去業者則名為行。現在世中，初始受胎，是名為識。入胎五分，四根未具，名為名色。具足四根，未名觸時，是名六入。未別苦樂，是名為觸。染習一愛，是名為受。習近五欲，是名為愛。內外貪求，是名為取。為內外事，起身口意業，是名為有。現在世識，名未來生。現在名色、六入、觸、受，名未來世老病死也。是名十二因緣。善男子！一切眾生雖有如是十二因緣，或有未具。如歌羅邏時死，則無十二。從生乃至老死，得具十二。色界眾生無三種受、三種觸、三種愛，無有老病，亦得名為具足十二。無色眾生無色乃至無有老病，亦得名為具足十二。以定得故，故名眾生平等具有十二因緣。」

　　4. 佛性是非因非果：

　　「佛性者，有因有因因，有果有果果。有因者即十二因緣，因因者即是智慧，有果者即是阿耨多羅三藐三菩提，果果者即是無上大般涅槃。善男子！譬如無明為因，諸行為果，行因識果，以是義故，彼無明體亦因、亦因因，識亦果、亦果果。佛性亦爾。善男子！以是義故，十二因緣不出不滅、不常不斷、非一非二、不來不去、非因非果。善男子！是因非果如佛性，是果非因如大涅槃。是因是果，如十二因緣所生之法。非因非果名為佛性。非因果故，常恒無變。」[70]

　　5. 佛性本有今無，本無今有，三世有法，無有是處。

　　「佛言：「善男子！如汝所問，是義不然。佛與佛性雖無差別，然

---

[69] 大正 12、556 下
[70] 大正 12、524 上

諸眾生悉未具足。善男子！譬如有人惡心害母，害已生悔，三業雖善，是人故名地獄人也。何以故？是人定當墮地獄故。是人雖無地獄陰界諸入，猶故得名為地獄人。善男子！是故我於諸經中說：『若見有人修行善者，名見天人。修行惡者，名見地獄。何以故？定受報故。』善男子！一切眾生定得阿耨多羅三藐三菩提故，是故我說一切眾生悉有佛性；一切眾生真實未有三十二相、八十種好，以是義故，我於此經而說是偈：本有今無，本無今有。三世有法，無有是處。」[71]

6.一切眾生（包括一闡提）悉有佛性。

「善男子！有者凡有三種：一未來有，二現在有，三過去有。一切眾生未來之世，當有阿耨多羅三藐三菩提，是名佛性。一切眾生現在悉有煩惱諸結，是故現在無有三十二相、八十種好。一切眾生過去之世有斷煩惱，是故現在得見佛性。以是義故，我常宣說一切眾生悉有佛性，乃至一闡提等亦有佛性。一闡提等無有善法，佛性亦善，以未來有故，一闡提等悉有佛性。何以故？一闡提等定當得成阿耨多羅三藐三菩提故。善男子！譬如有人家有乳酪，有人問言：『汝有蘇耶？』答言：『我有酪，實非蘇，以巧方便定當得故，故言有蘇。』眾生亦爾，悉皆有心，凡有心者，定當得成阿耨多羅三藐三菩提。以是義故，我常宣說一切眾生悉有佛性。」

7. 佛性非定有、非定無：

「云何如來非無漏也？如來常行有漏中故。有漏即是二十五有，是故聲聞、凡夫之人言佛有漏，諸佛如來真實無漏。善男子！以是因緣，諸佛如來無有定相。善男子！是故犯四重禁、謗方等經及一闡提，悉皆不定。爾時，光明遍照高貴德王菩薩摩訶薩言：如是如是，誠如聖教，

一切諸法皆悉不定，以不定故，當知如來亦不畢竟入於涅槃」[72]

8.　涅槃經前分強調佛性為常及我，後分卻以二邊遣破來描述佛性。甚至擴展至佛性即是無明、煩惱。

A.前分主張佛性是我：

「我者即是如來藏義，一切眾生悉有佛性，即是我義」

B.後分變成雙遣：

「佛性無生無滅、無去無來、非過去非未來非現在、非因所作、非無因作、非作非作者、非相非無相、非有名非無名、非色非色、非長非短……」[73]

C. 後分擴至佛性是無明、煩惱：

「一切無明煩惱等結，悉是佛性。何以故？佛性因故。從無明行及諸煩惱得善五陰，是名佛性。從善五陰，乃至獲得阿耨多羅三藐三菩提。是故我於經中先說，眾生佛性，如雜血乳；血者即是無明行等一切煩惱，乳者即是善五陰也。是故我說，從諸煩惱及善五陰，得阿耨多羅三藐三菩提。」[74]

9. 十住地菩薩少見佛性，而佛全見佛性：

智慧莊嚴指諸佛及十地菩薩。福德莊嚴指聲聞、緣覺、九住菩薩（地前菩薩）。

「若一切眾生有佛性者，何故不見一切眾生所有佛性？十住菩薩住何等法，不了了見？佛住何等法，而了了見？」

佛言：「善男子！善哉，善哉！若有人能為法諮啟，則為具足二種莊嚴：一者智慧，二者福德。若有菩薩具足如是二莊嚴，則知佛性，亦

---

[72] 大正 12、502 上
[73] 大正 12、443 中
[74] 大正 12、571 中

復解知名爲佛性，乃至能知十住菩薩以何眼見，諸佛世尊以何眼見。」

師子吼菩薩言：「世尊！云何名爲智慧莊嚴？云何名爲福德莊嚴？」

「善男子！慧莊嚴者，謂從一地乃至十地，是名慧莊嚴。福德莊嚴者，謂檀波羅蜜乃至般若非般若波羅蜜。復次善男子！慧莊嚴者，所謂諸佛菩薩。福德莊嚴者，謂聲聞緣覺九住菩薩。」

「復次善男子！福德莊嚴者，有爲、有漏、有有、有果報、有礙、非常，是凡夫法。慧莊嚴者，無爲、無漏、無無、無果報、無礙、常住。」

「爾時師子吼菩薩摩訶薩白佛言：「世尊！若一切眾生悉有佛性，如金剛力士者，以何義故，一切眾生不能得見？」

佛言：「善男子！譬如色法，雖有青黃赤白之異、長短質像，盲者不見。雖復不見，亦不得言無青黃赤白、長短質像。何以故？盲雖不見，有目見故。佛性亦爾，一切眾生雖不能見，十住菩薩見少分故，如來全見。」

（4）寶性論。

歸爲佛性「相」者有：漸及、階段、徧在、不變、不可分。

1. 漸及：逐漸涉入、達及。證悟本質由本質受污染的眾生，到污染清除一半的菩薩，到污染完全淨除的佛。是一種漸及的過程。

2. 階段：

佛性展現的過程可分爲三個階段：

a. 第一階段：煩惱及知識二障尚未清淨，此階段稱眾生。

b. 第二階段：煩惱、所知二障之造作（後天或分別）層面淨除了，但其俱生層面仍然尚未清除，此稱菩薩。

c. 第三階段：一切障礙的所有層面皆已完全清除，此稱佛。

佛性與數論派的實有「眞我」不同凡響；也與唯識論的實有「阿賴耶識」不同。因佛性的空性，非實有的。

3. 徧在：佛性是徧在的。可喻爲虛空，無所不在，可滲透到極其密實堅固的物作。同時徧及所有眾生。

4. 不變：

不論是否被障礙遮蔽或是否已淨化，佛性永遠保持不變。本身永不改變，但遮蔽它的障礙會改變，可以清除。煩惱是暫時的，非佛性的俱生成分，因此可被剷除。佛性在眾生、菩薩或佛都不會改變。菩薩只是爲利益眾生而示現生老病死，它是以慈悲心顯相的，而非以業力化現。

5. 不可分：

佛性與證悟功德是不可分的。佛性的本具功德與佛性功德是不可分的，當最後一絲障礙淨除，本具功德即自動顯現。

6. 以九個比喻來顯示「佛性爲污染所遮蔽」：

a.隱藏於正在凋萎的蓮花中的佛像。凋委的蓮花代表貪欲的污染。

b.蜂蜜：佛性被瞋恚所遮蔽。群蜂易被激怒，代表瞋恚。

c.米粒。包住米的稻殼代表無明。

d.泥土覆蓋的金塊。泥土代表明顯的污染。

e.珠寶埋在窮人家地下。堅厚的泥土代表潛在的污染相當堅厚。

f.樹的種子。種子如同見道的智慧。

g.佛像被厚重的破布所裹住。掀除破布如同修道。

h.窮婦女懷著將成國王的胎兒。在適當的時刻（經見道、修道的破除煩惱），國王會出世。

I.仍然在鑄模中的佛像。在適當的時刻（見道及修道後），佛像會完成。

十菩薩地的前七地稱爲「七不清淨地」（仍有俱生我法執）；後三地

稱爲「三清淨地」（八地除俱生我執，九十地除俱生法執）。

7. 佛陀初轉法轉開示苦集滅道四諦（法有我）。第二法輪闡說空性的法教（法無我）。第三法輪開示一切眾生皆賦有佛性。（佛性我）

（5）勝鬘經：空如來藏是相。

「世尊！有二種如來藏空智。世尊！空如來藏，若離若脫若異一切煩惱藏。世尊！不空如來藏，過於恒沙不離不脫不異不思議佛法故。如是以何等煩惱、以何等處無，如是如實見知，名爲空智。又何等諸佛法、何處具足有，如是如實見知，名不空智。」[75]

（6）楞伽經

如來藏即是佛性、眞如。（可參考上文）

（7）智顗的三因佛性：了因是佛性的「相」。

「了因佛性者。覺智非常非無常。智與理相應。如人善知金藏。此智不可破壞名了因佛性。當知三佛性皆常樂我淨。與三德無二無別。」[76]

四、佛性的用

（1）大乘起信論

「三者用大，能生一切世間出世間，善因果故」

如實不空眞如：即佛性用。

「所言不空者，已顯法體空無妄故，即是眞心常恒不變淨法滿足，故名不空，」[77]

---

[75] 大正 31、840
[76] 大正 39、4 上
[77] 大正 32、576 上

（2）佛性論

事能相：清淨性事能有二：於生死苦中，能生厭離。於涅槃欲求樂願。

若無清淨性，如是二事則不得成。

欲求願樂有四種心。云何為異？初欲者，名信。信有四種：信有、信不可思議、信應可得、信有無量功德。二求三樂四願。

總攝相：由因攝、由果攝。

由因攝：有：

法身清淨因：則修習信樂大乘法。

佛智德生因：即修習般若。

佛恩德因：乃大悲之實踐。

（3）涅槃經

用：功德也可歸為功德相。

「善男子！如來十力、四無所畏、大慈大悲、三念處、首楞嚴等八萬億諸三昧門，三十二相、八十種好、五智印等三萬五千諸三昧門金剛定等，四千二百諸三昧門方便三昧無量無邊，如是等法是佛、佛性。」[78]

（4）寶性論

1. 作用：證悟本質自然賦有智慧，眾生都能對輪迴之苦感到至深的厭惡，並產生脫離它的強烈欲望，佛性的作用能產生對輪迴的不滿。

2. 功德：

在根的階段：佛性是一切佛功德的基礎，蘊含對一切眾生的無量慈悲。

---

[78] 大正 12、571 上

3. 果的階段：三種殊勝功德；無瑕、清明、不可分。

（5）勝鬘經：不空如來藏是體，也是相（功德相），也是用。」

「不空如來藏，謂無上佛法，

不相捨離相，不增減一法。

如來無爲身， 自性本來淨，

客塵虛妄染， 本來自性空。」[79]

「世尊！有二種如來藏空智。世尊！空如來藏，若離若脫若異一切煩惱藏。世尊！不空如來藏，過於恒沙不離不脫不異不思議佛法故。如是以何等煩惱、以何等處無，如是如實見知，名爲空智。又何等諸佛法、何處具足有，如是如實見知，名不空智。」[80]

（6）楞伽經：如來藏即是佛性；即是眞如。（參考上文）

（7）智顗的佛性三因。緣因是佛性的「用」。

「緣因佛性者。一切非常非無常。功德善根資助覺智。開顯正性。如耘除草穢掘出金藏。名緣因佛性。當知三佛性一一皆常樂我淨。與三德無二無別。」[81]

五、佛性的果

（1）大乘起信論：證眞如境界，即是果。而所證境界即無有境界，也是眞如智，即法身。

「證何境界？所謂眞如。以依轉識說爲境界，而此證者無有境界，唯眞如智，名爲法身」

（2）佛性論

---

[79] 大正 31、840 上
[80] 大正 31、840 上
[81] 大正 39、4 上

總攝相：由果攝。由如來法身的三種法而言，即神通、流滅、顯淨（因轉依而顯清淨）

轉依有四相：生依、滅依、善熟思量果、法界清淨相。

八法解釋轉依：不可思量、無二、無分別、清淨、照了因、對治、離欲、離欲因。

七種名說明轉依法身的果德：沈沒取陰、寂靜諸行、棄捨諸餘、過度二苦、拔除本識、濟度怖畏、斷六道果報。

法身含有不退墮、安樂、無相、無戲論的特性。

二個法身存在的論證：法身即涅槃，涅槃經也說涅槃可見；

涅槃經說涅槃是真有，實有。

（3）涅槃經

佛性常住，涅槃四德。佛果是佛性也是性佛，因即是果。佛性也是涅槃，而涅槃具有常樂我淨四德。

「無上甘露法味，所謂如來常、樂、法、淨」[82]

「言我者，則是如來。何以故？身無邊故，無疑網故；不作不常，故名為常；不生不滅，故名為樂；無煩惱垢，故名為淨。」[83]

（4）寶性論

果具四種無上功德特質：無上清淨（勝義淨）、無上自在（勝義我）、無上妙樂（勝義樂）、無上恒常（勝義常）

佛的境界有四種特質：堅穩、恒常、平靜、不變。

（5）勝鬘經：如來即法身，如來法身即是涅槃界，即是阿耨多羅三藐三菩提，即是一乘，三乘即是一乘，究竟法身即是究竟一乘。

一諦指滅諦，滅諦是第一義諦。一依是依第一義諦滅諦。

---

[82] 大正 12、382 中
[83] 大正 12、544 下

「聲聞緣覺乘皆入大乘。大乘者即是佛乘。是故三乘即是一乘。得一乘者，得阿耨多羅三藐三菩提。阿耨多羅三藐三菩提者，即是涅槃界。涅槃界者即是如來法身。得究竟法身者，則究竟一乘，無異如來，無異法身，如來即法身。得究竟法身者，則究竟一乘。究竟者即是無邊不斷。」

（6）楞伽經

「如我所說涅槃者，謂善覺知自心現量，不著外性，離於四句，見如實處，不墮自心現妄想二邊，攝所攝不可得，一切度量不見所成，愚於眞實不應攝受，棄捨彼已，得自覺聖法，知二無我，離二煩惱，淨除二障，永離二死，上上地如來地，如影幻等諸深三昧，離心意意識，說名涅槃」。

第二章 佛性三因之會通

第一節　緣、了、正三因佛性之會通

一、涅槃經的二組二因佛性的會通

（一）　第一組：生因及了因：

「善男子！因有二種：一者生因，二者了因。能生法者，是名生因；燈能了物，故名了因。煩惱諸結，是名生因；眾生父母，是名了因。如穀子等是名生因；地水糞等是名了因。復有生因，謂六波羅蜜、阿耨多羅三藐三菩提。復有了因，謂佛性、阿耨多羅三藐三菩提。復有了因，謂六波羅蜜、佛性。復有生因，謂首楞嚴三昧、阿耨多羅三藐三菩提。復有了因，謂八正道、阿耨多羅三藐三菩提。復有生因，所謂信心、六波羅蜜。」[1]

（二）　第二組正因與緣因：

「因有二種：一者正因，二者緣因。正因者，如乳生酪，緣因者，如醪煖等。從乳生故，故言乳中而有酪性。」

---

[1] 大正藏、12、530 上

「世尊！如佛所說，有二因者，正因、緣因。眾生佛性爲是何因？」

「善男子！眾生佛性亦二種因：一者正因，二者緣因。正因者謂諸眾生，緣因者謂六波羅蜜。」

師子吼言：「世尊！我今定知乳有酪性。何以故？我見世間求酪之人，唯取於乳，終不取水，是故當知乳有酪性。」

「善男子！如汝所問，是義不然。何以故？一切眾生欲見面像，即便取刀。」

師子吼言：「世尊！以是義故，乳有酪性。若刀無面像，何故取刀？」

佛言：「善男子！若此刀中定有面像，何故顛倒，豎則見長，橫則見闊？若是自面，何故見長？若是他面，何得稱言是己面像？若因己面，見他面者，何故不見驢馬面像？」

師子吼言：「世尊！眼光到彼，故見面長。」[2]

「師子吼菩薩言：「世尊！一切眾生有佛性性，如乳中酪性。若乳無酪性，云何佛說有二種因，一者正因、二者緣因？緣因者，一醪、二煖。虛空無性，故無緣因。」

佛言：「善男子！若使乳中定有酪性者，何須緣因？」

師子吼菩薩言：「世尊！以有性故，故須緣因。何以故？欲明見故，緣因者即是了因。世尊！譬如闇中先有諸物，爲欲見故，以燈照了。若本無者，燈何所照？如泥中有瓶，故須人、水、輪、繩、杖等而爲了因。如尼拘陀子，須地、水、糞而作了因。乳中醪煖，亦復如是，須作了因。是故雖先有性，要假了因，然後得見，以是義故，定知乳中

---

[2] 大正 12、531 中

先有酪性。」

「善男子！若使乳中定有酪性者，即是了因。若是了因，復何須了？善男子！若是了因，性是了者，常應自了；若自不了，何能了他？若言了因有二種性：一者自了、二者了他，是義不然。何以故？了因一法，云何有二？若有二者，乳亦應二。若使乳中無二相者，云何了因而獨有二？」

師子吼言：「世尊！如世人言，我共八人，了因亦爾，自了、了他。」

佛言：「善男子！了因若爾，則非了因。何以故？數者能數自色、他色，故得言八。而此色性，自無了相，無了相故，要須智性，乃數自他。是故了因，不能自了，亦不了他。善男子！一切眾生有佛性者，何故修習無量功德？若言修習是了因者，已同酪壞。若言因中定有果者，戒、定、智慧，則無增長。我見世人本無禁、戒、禪定、智慧，從師受已，漸漸增益。若言師教是了因者，當師教時，受者未有戒、定、智慧。若是了者，應了未有，云何乃了？戒、定、智慧令得增長？」

師子吼菩薩言：「世尊！若了因無者，云何得名有乳有酪？」[3]

[我說二因，正因、緣因。正因者名為佛性，緣因者發菩提心。以二因緣，得阿耨多羅三藐三菩提，如石出金。][4]

二、智顗之三因佛性

「釋了因緣因者。了是顯發，緣是資助。資助於了顯發法身。了者即是般若觀智，亦名慧行正道，智慧莊嚴。緣者即是解脫。行行助道，福德莊嚴。大論云一人能耘一人能種。種喻於緣，耘喻於了。通論教教

---

[3] 大正 12、533 中
[4] 大正 12、530 下

皆具緣了義。今正明圓教二種莊嚴之因。佛具二種莊嚴之果。原此因果根本即是性德緣了也。此之性德本自有之，非適今也。大經云。一切諸法本性自空。亦用菩薩修習空故見諸法空。即了因種子本自有之。又云。一切眾生皆有初地味禪。思益云。一切眾生即滅盡定，此即緣因種子本自有之。以此二種方便修習漸漸增長。起於毫末得成修得合抱大樹。摩訶般若首楞嚴定，此一科不論六即，但就根本性德義爾。前問答從了種受名。後問答從緣種受名。故知了因緣因。故名觀世音普門也。是三種佛性義圓也。法身滿足即是非因非果正因滿，故云隱名如來藏顯名法身。雖非是因而名為正因。雖非是果而名為法身。大經云。非因非果名佛性者，即是此正因佛性也。又云。是因非果名為佛性者，此據性德緣了皆名為因也。又云。是果非因名佛性者，此據修德緣了皆滿。了轉名般若，緣轉名解脫。亦名菩提果。亦名大涅槃果。果皆稱為果也。佛性通於因果不縱不橫。性德時三因不縱不橫果滿時名三德。故普賢觀云。大乘因者諸法實相。大乘果者亦諸法實相。智德既滿湛然常照。隨機即應一時解脫。斷德處處調伏。皆令得度。前問答從智德分滿受名。後問答從斷德分滿受名。故知以智斷因緣名觀世音普門也。」[5]

三、三因會通：

（1）正因是正因：眾生是正因，六波羅密是緣因。

（2）生因＝正因：生因著重能生義。生因：能生法者。穀種能生穀物，煩惱諸結能生生死。六波羅密能生阿耨菩提。首楞嚴三昧能生阿耨菩提。信心能生六波羅密。

酪由乳所生名為正因，

（3）正因＝生因。正因也是能生義。

---

[5] 大正 34、880 中-下

除乳外須有煖及酵母，即緣因爲助緣。

（4）了因=生因：六波羅密是了因又是生因。了因著重顯了、顯發、照了、明了（智慧），也可以是弱力的生因，有時也可以是弱力的緣因。

燈能了物：燈能照了、顯發物。

了因能顯了果，但非直接生成果，有時可間接助生成果。

寶亮：但使於果力強，便是生因，弱者屬了因。指了因是弱力的生因。

僧亮：本無今有是生也。本有今見是了也。如無常見常是生，無常見無常是了也。[6]

道生：由六度而修成菩提，故曰生也。

寶亮：信心可使大乘行近，故名生也。

（5）了因=緣因；地水糞是了因=緣因。佛性阿耨多羅三藐三菩提：佛性是菩提的依止因而非生因。六波羅密佛性：寶亮：因中修六波羅密以顯了佛性。了因有時可視爲弱力的緣因。

八正道爲了因：僧宗：八正道偏行，以其義弱，故爲了因。寶亮：二乘行遠，但得作了因。了因是力弱的生因。

（6）有時 緣因=了因：「世尊！以有性故，故須緣因。何以故？欲明見故，緣因即是了因」緣因及了因都有明見或照了的作用。

眾生有佛性正因，加上發菩提心的緣因以圓滿達成。

總結：

1 正因是能生之主因，生因是能生之因，故二者義同，智顗將生因歸爲正因。

---

[6] 大正37、554 上-中

2 了因有時是顯了果，只是沒有生因生果之力強，了因也可間接取代生因。但了因主要是顯了、照了、明見正因，所以智顗將了因列爲獨立之一因。

3 了因有時也有弱力的緣因之意。如地水糞。

4 緣因爲助成了因或正因之助緣，缺之不可。

故智顗列爲獨立一因。

5 智顗將生因歸入正因，了因及緣因均獨立存在，故總歸爲正因、了因、緣因三因。

6 三因與三德：

正因：中道第一義空、法身性德

了因：般若、智德

緣因：解脫、斷德 [7]

四、三因與其他之會通：

1. 三軌：眞性軌，觀照軌、資成軌。

眞性軌：正因。觀照軌：了因。資成軌：緣因。[8]

2. 三道：惑、業、苦。

惑：了因。業：緣因。苦：正因[9]

3. 三識：9 識：奄摩羅識：正因。8 識：阿賴耶識：了因。7 識：阿陀那識：緣因。[10]

4. 三般若：實相般若：正因。觀照般若：了因。文字般若：緣因。[11]

---

[7] 大正 33、745 下 -746 上
[8] 大正 33、745 下、744 下
[9] 大正 33、744 中
[10] 大正 33、744 中
[11] 大正 33、744 下 -745 上

5. 三菩提：實相菩提：正因。實智菩提：了因。方便菩提：緣因[12]

6. 三大乘：理乘：正因。隨乘：了因。得乘：緣因。[13]

7. 三身：法身：正因。報身：了因。應身：緣因」[14] [15] [16]

8. 三涅槃：性淨涅槃：正因：無住涅槃。

圓淨涅槃：了因：自性清淨涅槃。

方便淨涅槃：緣因：有餘依、無餘依涅槃。[17]

9. 三寶：法寶：正因。佛寶：了因。僧寶：緣因。[18]

10. 三德：法身德：正因。般若德：了因。解脫德：緣因。[19]

11.與信的關係：攝大乘論釋、寶性論、佛性論。

信實有：了因：自性住佛性：佛種性義：能攝藏。

信可得：緣因：引出性佛性：真如無差：隱覆藏。

信有功德：正因：至果佛性：法身遍滿：所攝藏。[20] [21]

12. 佛性三因與空假中：

了因：空。緣因：假。正因：中。[22] [23]

13. 佛性與體相用：

正因：體。了因：相。緣因：用。

---

[12] 大正 33、745 上
[13] 大正 33、745 上中
[14] 大正 33、745 中
[15] 大正 44、839-838
[16] 大正 31、57、58
[17] 大正 33、745 中下
[18] 大正 33、745 下
[19] 大正、745 下-746 上
[20] 大正、31、200 下
[21] 29 中；813 下；828 上；828 中；838 下；838 中；839 上
[22] 大正 46、53 上
[23] 大正 34、134 中；134 中下；134 下；58 上；79 上

「是眞如相，即示摩訶衍體故。是心生滅因緣相，能示摩訶衍自體、相、用故。」[24]

五、佛性與法身、眞如、如來藏、涅槃、中道、實相、法性、實際、法界、如來、出世間法、自性清淨法之關係。

（1）如來藏

1 如來藏有三義：

一所攝藏：正因。

如來之性攝藏一切染污法和清淨法，又攝藏一切眾生，故稱一切眾生是如來藏。[25]

二隱覆藏：緣因。

如來性住道前時，爲煩惱隱覆，眾生不見，故名爲藏。[26]

三能攝藏：了因。

2. 如來藏有空如來藏：了因。不空如來藏：緣因。空及不空如來藏：正因。[27]

3. 「一切眾生，雖在諸趣煩惱中，有如來藏常無染污，德相備足，如我無異」[28]

正因佛性不會受染污，緣了因會受染污。

（2）佛性：有三因佛性：正因、了因、緣因。[29]

（3）眞如：有三種：離言（無垢）眞如、依言（有垢）眞如：有

---

[24] 大正 32、575
[25] 大正 31、795；16、510
[26] 大正 21、796
[27] 大正 12、219 中；221 下
[28] 大正 16、457 下；457 中-下；458 中；459 上
[29] 大正 12、530 上；530 中

如實空眞如及如實不空眞如二種。[30]

（4）實相：實相即是：即了即緣即正之三因一因佛性。

1. 以「體」明實相：正因佛性。[31]

2. 以「空」明實相：中道第一義空，即非空非不空。[32]

3. 以「中」明實相：[33] [34] [35] [36]

4. 以「即空即假即中」明實相：十如是、一實諦、一心三觀。[37] [38]

（5）佛性與如來藏

「我者，即是如來藏義；一切眾生悉有佛性，即是我義」、「佛性者實非我也；爲眾生故，說名爲我」[39]

原人論：「說一切有情皆有本覺眞心，無始以來常住清淨，昭昭不昧，了了常知，亦名佛性，亦名如來藏」[40]

（6）佛性與眞如：

「此心即是自性清淨心，又名眞如，亦名佛性，復名法身，又稱如來藏，亦號法界，復名法性」[41]

（7）眞如與如來藏：

1. 「我說如來藏，……。有時說空、無相、無願、如、實際、法

---

[30] 大正 32、576
[31] 大正 33、682 中
[32] 大正 33、780 上
[33] 大正 30、33 中
[34] 大正 25、396 上；622 上
[35] 大正 34、887 中
[36] 大正 46、24 中
[37] 大正 33、693 中；781 中
[38] 大正 46、54 中
[39] 大正 12、407 中；525 上
[40] 大正 45、710
[41] 大正、46、642

性、法身、涅槃、……」

2.「眞謂眞實，顯非虛妄，如謂如常，表無變易，……，亦言顯此復有多名，謂名法界及實際等」[42]

3. 眞如是圓成實性，即唯識實性：

「眞以簡妄，如以別倒，初簡所執，後簡依他，……。眞是實義，如是常義，故名眞如」[43]

4. 實相即妙有、畢竟空、如如、涅槃、虛空：

「其一法者，所謂實相；……；空理湛然，非一非異，故名如如，……」[44]

（8）涅槃與法身、一乘、阿耨多羅三藐三菩提：

「涅槃界者，即是如來法身」[45]

（9）法身與如來藏：

「如來法身不離煩惱藏名如來藏」[46]

（10）實相與法性：

「法性者，諸法實相」、「一切法實相，名爲法性」[47]

（11）實際與法性

「實際者，如先說，法性名爲實，入處名爲際」[48]

（12）眞如、法性、實際

「是故因緣法空，名爲眞如、法性、實際」[49]

---

[42] 大正 31、48
[43] 大正 42、291
[44] 大正 33、783
[45] 大正 12、220 下
[46] 大正 12、221 下
[47] 大正 25、334 上；298 下
[48] 大正 25、298 下
[49] 大正 32、42 上

（13）實相的異名：

「實相之體，衹是一法，佛說種種名；亦名妙有、眞善妙色、實際、畢竟空、如如、涅槃、虛空佛性、如來藏、中實理心、非有非無中道、第一義諦、嫩妙寂滅等」[50] [51]

其一法者所謂實相。實相之相，無相不相，不相無相，名爲實相，此從不可破壞眞實得名。又此實相諸佛得法，故稱妙有。妙有雖不可見，諸佛能見，故稱眞善妙色。實相非二邊之有，故名畢竟空。空理湛然，非一非異，故名如如。實相寂滅，故名涅槃。覺了不改，故名虛空佛性。多所含受，故名如來藏。寂照靈知，故名中實理心。不依於有，亦不附無，故名中道。最上無過，故名第一義諦。如是等種種異名，俱名實相，種種所以，俱是實相功能，其體既圓，名義無隔，蓋是經之正體也。

（14）如來藏之異名：楞伽經卷二、第一章、第二節。

「我說如來藏，不同外道所說之我。大慧！有時說空、無相、無願、如、實際、法性、法身、涅槃、離自性、不生不滅、本來寂靜、自性涅槃，如是等句，說如來藏已，……」、「是名說如來藏，開引計我諸外道故，說如來藏，令離不實我見妄想，入三解脫門，……，是故大慧，爲離外道見故，當依無我如來之藏」

（15）如來、涅槃、佛性、如來藏。

「如來者即是涅槃，涅槃者即無盡，無盡者即是佛性，佛性者即是決定，決定者即是阿耨多羅三藐三菩提」、「我今當令一切眾生及我子四部之眾，悉皆安住秘密藏中，我亦復安住是中入於涅槃」[52]

---

[50] 大正 32、782 中下
[51] 33、783 中
[52] 大正 12、395 下；376 下

（16）大涅槃、法身、解脫、般若：

大涅槃（佛），即是法身（正因）、解脫（緣因）、般若（了因）三者相即相入。

（17）三因佛性與實相及空假中：

實相：正因：眞性軌：中

正因：中：非緣非了。

三因不相捨離。

緣因：假

了因：空

空假中亦不相捨離。

（18）佛性與空、中道：

空：了因。

不空：緣因：假

正因：第一義空：中道：非空非不空：非緣非了：中[53]

（19）佛性論之三因：大正 31、794 上：

復次佛性體有三種，三性所攝義應知。三種者，所謂三因、三種佛性。三因者，一應得因、二加行因、三圓滿因。應得因者，二空所現眞如，由此空故，應得菩提心及加行等，乃至道後法身，故稱應得。加行因者，謂菩提心，由此心故，能得三十七品十地十波羅蜜助道之法，乃至道後法身，是名加行因。圓滿因者，即是加行，由加行故得因圓滿及果圓滿。因圓滿者，謂福慧行。果圓滿者，謂智斷恩德。此三因，前一則以無爲如理爲體，後二則以有爲願行爲體。三種佛性者，應得因中具有三性：一住自性性、二引出性、三至得性。記曰：住自性者，謂道前

---

[53] 大正 12、523 中、525 上

凡夫位。引出性者，從發心以上，窮有學聖位。至得性者，無學聖位。

會通：應得因：了因：住自性性。

加行因：緣因：引出性。

圓滿因：正因：至得果性。

（20）智顗佛性三因：正因：真如

了因：般若智

緣因：慈悲行

（21）佛性與有無

「……是故得言亦有亦無。有故破兔角，無故破虛空，如是說者，不謗三寶」[54]

（22）眾生界、法身、第一義諦：

「不離眾生界有法身，不離法身有眾生界，眾生界即法身」、「第一義諦者即是眾生界。眾生界者即是如來藏。如來藏者，即是法身」[55]

（23）大涅槃是法身、解脫、般若三法兼具：

「何等名為祕密之藏？猶如伊字三點，若並則不成伊，縱亦不成；如摩醯首羅面上三目，乃得成伊三點，若別亦不得成。我亦如是，解脫之法亦非涅槃，如來之身亦非涅槃，摩訶般若亦非涅槃，三法各異亦非涅槃。我今安住如是三法，為眾生故，名入涅槃，如世伊字。」

（24）如來法身功德：

佛言：「迦葉！汝今莫謂如來之身，不堅可壞，如凡夫身。善男子！汝今當知，如來之身，無量億劫堅牢難壞，非人天身、非恐怖身、非雜食身。如來之身非身，是身不生不滅、不習不修、無量無邊、無有足跡、無知無形、畢竟清淨，無有動搖、無受無行、不住不作、無味無

---

[54] 大正 12、580 下
[55] 大正 16、467 上

雜，非是有爲、非業、非果、非行、非滅、非心、非數，不可思議、常
不可思議，無識離心、亦不離心，其心平等，無有亦有，無有去來而亦
去來，不破、不壞、不斷、不絕、不出、不滅、非主亦主，非有非無、
非覺非觀、非字非不字、非定非不定，不可見了了見，無處亦處，無宅
亦宅，無闇無明，無有寂靜而亦寂靜，是無所有，不受不施、清淨無
垢、無諍斷諍、住無住處、不取不墮、非法非非法、非福田非不福田、
無盡不盡離一切盡，是空離空，雖不常住非念念滅，無有垢濁、無字離
字、非聲非說、亦非修習、非稱非量、非一非異、非像非相、諸相莊
嚴，非勇非畏、無寂不寂、無熱不熱、不可覩見、無有相貌。如來度脫
一切眾生，無度脫故，能解眾生。無有解故，覺了眾生。無覺了故，如
實說法。無有二故，不可量無等等。平如虛空，無有形貌，同無生性，
不斷不常。常行一乘，眾生見三。不退不轉，斷一切結。」

（25）法身、如來藏、正因佛性：

法身滿足即是非因非果正因滿。故云隱名如來藏顯名法身。雖非是
因而名爲正因。雖非是果而名爲法身。大經云。非因非果名佛性者。即
是此正因佛性也。又云。是因非果名爲佛性者。此據性德緣了皆名爲因
也。又云。是果非因名佛性者。此據修德緣了皆滿。了轉名般若，緣轉
名解脫。亦名菩提果。亦名大涅槃果。

六、佛性、如來藏、眞如三者之會通：

（1）佛性正因：體：空不空如來藏：離垢（離言）眞如

（2）佛性了因：相：空如來藏；有垢（依言）如實空眞如

（3）佛性緣因：用：不空如來藏：有垢（依言）如實不空眞如

七、佛性之唯識三自性、三無性之會通：

佛性正因：圓成實性（成自性）：眞實性：如來藏心（楞伽經、第
十四章、明三自性）

佛性了因：依他起性（緣起自性）：無生性

佛性緣因：遍計所執性（妄想自性）：無相性。

第二節　緣、了、正三因佛性之會通

一、天台宗智顗之三因會通

（一）佛性的界定：

佛者，覺智也；性者，理極也。能以覺智照其理極，境智相稱，合而言之，名為佛性。[56]

佛能窮究「實相」、「實性」，表示它們與佛性同義。[57] [58]

智顗將中道與佛性合辭。菩薩和佛由於習通禪波羅密，所以能通達中道佛性。[59] [60]

（二）三因佛性：

佛名為覺，性名不改。正因佛性對未證果的眾生是隱而不顯。智慧的修習，能令隱藏的覺性顯了，故名了因佛性。積習功德善根，有資助智慧顯了覺性的作用，名為緣因佛性。[61]

（1）正因的會通：

正因等同於中道。是非空非假的中道。是非緣非了。

---

[56] 大正 39、8 中
[57] 大正 33、782 中-下
[58] 大正 46、53 上
[59] 大正 46、477 下
[60] 續藏 28、37 後上、44 後上
[61] 大正 39、4 上

了因是空，空無自性之意。

緣因是假，凡緣起之法皆是假名而已，皆是虛幻，只是空有假名，並無真實獨立存在的自體，所謂性空緣起即是。

從空或假-非空非假(中)-亦空亦假（偏中）-即空即假即中（圓中）

空是了因。假是緣因。

中是正因，非了非緣。

偏中是亦了亦緣。圓中是即了即緣即正，

也是即空即假即中：即是佛。

佛的境界如下：

即緣即了即正。即因即果。即性即相。即心即理。即空即色。即空即假。即體即用。即事即理（事事無礙）。即真諦即假諦。即一即多。即相對即絕對。即性即修。即本即跡。即本即始。即依即正。即染即淨。即生滅。即一即異。即常即斷。即來即去（八不）。

即同即異。即成即壞。即總即別（六相圓融）。

空及不空如來藏。離言真如。三因一因佛性。

生死即涅槃。煩惱即菩提。淫怒癡即戒定慧。

事事無礙。即空即假即中。中道佛性。純粹力動。

（2）了因：

等同於理（理事的理）。空（空假的空）。性（性相的性）。真諦（真諦、俗諦的真諦）。相（體相用的相）。性（心性的性）。理（理心的理）。因（因果的因）。

空的境界有四層：空或假、中（非空非假）、偏中（亦空亦假）、圓中（即空即假即中）。圓中即是佛。

等同於三因的四階段：了或緣、非了非緣、亦了亦緣、即了即緣即

正（即是佛）。

　A.當指「同一法」時：

　-理事：

　理、非理非事、理事圓融。

　-空假：

　空、非空非假、亦空亦假。

　-性相：

　性、非性非相、亦性亦相。

　-眞俗諦：

　眞諦、非眞諦非俗諦、亦眞諦亦俗諦。

　-體用：

　體、非體非用、亦體亦用。

　-心性：

　性、非心非性、亦心亦性。

　-理心：

　理、非理非心、亦理亦心。

　-因果：

　因、非因非果、亦因亦果

　B.當指「多法」時：

　-一多：

　一、非一非多、亦一亦多。

　-有無：

　無、非有非無、亦有亦無

　-空色：

　空、非空非色、亦空亦色（色不異空、空不異色）

-生死、涅槃：

涅槃、非生死非涅槃、亦生死亦涅槃

-煩惱、菩提：

菩提、非煩惱非菩提、亦煩惱亦菩提

-相對一、絕對一：

相對一、非相對非絕對、亦相對亦絕對。

（3）緣因：

等同於：理事的事、真諦俗諦的俗諦、空假的假、心性的心、理心的心、性相的相、體用的用、因果的因。

（4）三因與因果之關係：

*智顗三因佛性與因果的會通：

-因：指十二因緣：即是緣因：了因的果：空假的假

-因因：觀十二因緣的智慧：即是了因：了因為因、空假的空

-果：即是阿耨菩提：亦因亦果：亦緣亦了：亦空亦假：偏中

-果果：即是大般涅槃：即因即果：即緣即了即正：即空即假即中：圓中，即是佛。

-佛性：非因非果：非緣非了：非空非假：中道，即是菩薩初地，證人我、法我二空。

（5）智顗三因佛性與判教

智顗判教：

-藏：析法空：人我空：了因的第一層次，即理。

法有：緣因：事：

法有我無：小乘位階。

-通：體法空。

-別入通：體法空

非假；似中；非緣；非事。斷見思惑及塵沙惑。

-別：非空非假；非緣非了。但中，入菩薩初地；證法我空；斷分別我法二執。

-圓入別：亦空亦假；偏中；亦緣亦了；理事圓融；菩薩二地-等覺；地地斷俱生無明（即無始無明或無明住地）

-圓：即空即假即中；圓中；正緣了三因一因（即正即緣即了）；事事無礙；即佛果位＝菩薩妙覺位，斷盡無始無明（即無明住地）

（6）三因與第一義空：

師子吼菩薩品：

「善男子！佛性者名第一義空，第一義空名爲智慧。所言空者，不見空與不空。智者見空及與不空、常與無常、苦之與樂、我與無我。空者一切生死，不空者謂大涅槃；乃至無我者即是生死，我者謂大涅槃。見一切空，不見不空，不名中道；乃至見一切無我，不見我者，不名中道，中道者名爲佛性。以是義故，佛性常恒、無有變易，無明覆故，令諸眾生不能得見。聲聞緣覺見一切空，不見不空；乃至見一切無我，不見於我。以是義故，不得第一義空，不得第一義空故，不行中道，無中道故，不見佛性。」[62]

-會通：空是了因。第一義空即是中道：非空非不空，

不空是緣因。

中道或第一義空即是非空非不空，即是非了非緣。

中道是「雙遣」空與不空。是中觀的見解。

如來藏系的中道是「雙收」，即見空與不空，是真空妙有，即亦了亦緣。亦空亦不空，見到空的一切生死，也見到不空的大涅槃。如此才

---

[62] 大正、12、523 中

是中道，才是佛性。

了因是因因是觀十二因緣的智慧；

緣因是因是十二因緣；

佛性是正因，是非因非果，非了非緣，中道，第一義空。

果是亦緣亦了，見空及不空，是阿耨菩提。

果果是大般涅槃。即因即果，即了即緣即正，即空即不空，是佛或性佛。是空不空如來藏（或不空如來藏）。離言真如。三因一因佛性

二、慧遠之佛性觀

（一） 佛性釋名：

佛是覺。性有四義：種子因本義、體義、不改義、性別義。

所謂性是阿耨菩提中道種子。

體有四種：佛因自體即真識心。佛果自體即法身。覺性自體。諸法自體即法性。前三種有情方有，稱「能知性」，後一種是有情及無情都有，稱「所知性」。

-佛因自體不改，真識心起染也不改其本然清淨性。

會通：即三因之正因。

-佛果自體之佛法身不改即一得常得，不會壞滅。

會通：法身是佛果，是即緣即了即正，所以不改。緣了因可改，正因不改。

-覺性自體不會改變。

覺性自體是正因。

諸法自體不會改變。

-諸法的法性體是正因。[63] [64]

（二） 佛性的體性

（1）體性是一。[65]

會通：指正因不受污染，而且眾生的正因都一樣。

（2）佛性有染淨二門。[66]

會通：正因不受染，緣了因會受染。當緣了因修行進入非緣非了的正因時即不受染。

（3）體用二門。[67]

會通：體是正因，了因是相，緣因是用。

（4）能知性、所知性分二門。[68]

會通：通有情的真識心、法身、覺性體是能知性。通有情及無情的法性體是所知性。

認為真如、實際、實相、法界為所知性。

三因包括正、了、緣三因都是遍有情及無情，不過看法尚有爭議。尤其無情有否了因？如何修行了因及緣因成正因？

真如有三種，如實不空真如，也能展現能知性。

（5）法佛性、報佛性。

會通：法佛性是正因。報佛性是了因。正因是非緣非了，已經將了因的空性智慧提升，緣因的假有假法的認證加強，即，空的見思煩惱及假的塵沙煩惱滅除。如此就是法身佛。法身佛是妙覺菩薩位的佛。報身

---

[63] 大正 44、472 上
[64] 大正 12、523 下
[65] 大正 44、472 下
[66] 大正 44、472 下
[67] 大正 44、472 下
[68] 大正 44、472 下

是登初地至等覺的菩薩身。

（6）慧遠之佛性分類：不善陰、善陰、佛果陰、理性。

不善陰、善陰：緣因

佛果陰：正因

理性：了因

（7）慧遠的因果看法：

因性：十二因緣

因因性：菩薩道

果性：大菩提

果果：大涅槃

非因非果：覺性自體，同上之理性。

（8）正因佛性釋義：

正因解為親而感果。即主因。

緣因是疏而助發

正因的含義與三因的正因含義不同。

如來藏性是佛的正因。

（9）本始看法：

從因的角度看，佛性於眾生為本有。

從果的角度看，佛性於眾生為始有。

若就佛論，果性在現，佛性於佛是本有。因性過去。

若從理性的角度看佛性，無所謂本有或始有。

（10）一闡提有成佛可能。

佛性遍及木石等一切無情之物。但草木沒有真識心不能成佛。

三、三論宗吉藏之佛性觀

（1）地論師將佛性界別爲理性及行性兩種：

理性是非物所造，是本有。

行性是藉修行所成，是始有。

會通：理性是指正因。

行性指了因、緣因。

正因是非本非始[69]

（2）佛性是非因非果，是體用不二，不二中道，方是佛性。

（3）不生不滅是中道之異名，，……亦名佛性。

中道佛性即中道理體再加上佛性，亦是佛果之意。不生不滅，不一不異，不常不斷，不來不去，即是八不。

佛性者名爲第一義空。不見空與不空二邊爲中道。

會通：中道即是正因，即是非緣非了。非因非果才是正因佛性。

但即因即果才是佛，等同於即正即緣即了，當三因變成正因一因，才是佛。

（4）佛性是非本非始。[70]

（5）評破 11 家正因佛性說：

會通：第十家：眞諦爲佛性。眞諦是空，俗諦是假。空是：非無非有。俗諦是假：是非有非無。眞俗諦是對有無的雙遣的第一層中道。

而非空非假才是對空假雙遣的第二層中道，才是空假中的中。故眞諦仍非了義中道。

第十一家：第一義空是佛性。

---

[69] 大正 38、238
[70] 大正 45、39 中-下

第一義空即是：非空非假的中道義，故吉藏評破第一義空不是正因佛性，實自我矛盾。

又吉藏以爲正因等同於佛性。這是以佛而言，佛緣了因即正因。若以眾生而言，其實佛性尚有緣因、了因二因，只是佛爲三因成一因，而其他九法界眾生都是三因分別，緣了因並不等同於正因，只有佛是即了即緣即正，而九法界眾生的正因是非緣非了的菩薩初地位階而已。必須是正、緣、了三因修成正因一因，才是佛。

（6）評破地論學之見：清淨阿賴耶識是佛性正因。

會通：起信論指出阿賴耶識是生滅與不生滅和合的染淨和合識，而非純淨識，而且阿賴耶識的本體才是正因佛性，阿賴耶識是體相用的整體表現。

（7）中道佛性在迷的眾生爲隱而不顯，即如來藏。當轉迷成悟，中道佛性對他們來說是顯而非隱，名爲法身。

會通：中道佛性是正因佛性，在佛爲顯，在眾生爲隱。當以正法將了因及緣因修行成正因，則正因佛性即能顯而發露，名爲法身，此時三因成一因，才是佛。

當緣了二因成迷時，無法轉成正因，而各自以緣了因覆蓋正因，則正因隱而不顯，名爲如來藏。

（8）一闡提也可成佛。草木也具佛性，但未否定草木不能成佛。慧遠認爲草木不能成佛。

（9）慧遠以「如來藏眞心」爲正因佛性。吉藏以「中道」爲正因佛性。慧遠以佛性在因爲本有，在果爲始有。吉藏認爲佛性非本非始。

二人同認爲一闡提及草木有佛性。慧遠否定草木可成佛。吉藏則不否定。

四、法寶之佛性觀

（1）佛性的理事因果四門：

A.理：-因性：第一義空、中道

         -果性：法身涅槃

B.事：-因性：正因、緣因

         -果性：阿耨菩提

會通：

1. 理之因性即了因，第一義空、中道。

2. 理之果性即正因，法身涅槃。等同於即緣即了即正。即是佛果。

3. 事之因性有正因、緣因。

正因是指主因，不同於三因之正因指中道。在此指主要的緣因，其實也是緣因之一種。

4. 事之緣因：指事之助緣因。與智顗三因之緣因一樣含義。

5. 事之果性是阿耨菩提。等同於亦緣亦了之妙覺最後身菩薩。

（2）佛性分類

A.視佛性與佛法界同義：

1.性義

2.因義

3.藏義

4.眞實義

5.甚深義

B.佛性的性有「體」、「決定必得菩提」、「因中說果」。

1.體有二種，一理，二事。理體即是法界，……一切眾生悉皆同

也；事體即三十二相、十力等。

會通：理體即「體」。是正因佛性，一切眾生悉皆同也。

事體即「相用」。相是了因、三十二相。用是緣因、十力也。

2.決定必得義：

會通：因有理因（正因），決定必得將來成佛。

因有事因（緣、了因），有了因之有心故，有緣因之修習事性，成堪任持，決定必得當來佛。

3.因中說果義：

一理二事。

會通：理因性者，一切眾生皆有應得因：正因。遇種種緣（緣因），加以修習。

（3）法寶的佛性理事因果四門會通：

1.理：了因、智慧、或因。

理之因：理性、非了非緣、第一義空、中道、非因非果

理之果：即緣即了即正，法身涅槃

2.事：緣因、十二因緣、或果

-事之因：有正因及緣因。法寶所指正因與智顗之正因含義不同。前者正因是緣因的主因，所以也泛指緣因。後者之正因是即因即果，即正即緣即了。是佛性（因）也是性佛（果）。

-事之果：阿耨菩提、亦緣亦了、亦因亦果。

（4）法寶與涅槃經之因果說：

涅槃經：

因：十二因緣。法寶是善五陰。

因因：智慧。法寶是無明。

佛性：非因非果。法寶是第一義空。

果：阿耨菩提。法寶同。

果果：大般涅槃。法寶同。

五、慧沼之佛性觀

三種佛性分類：

1. 理性：真如，眾生定有

2. 行性：成佛之法：

        a.無漏（正因）-種子，眾生或有或無。

        -現行，凡夫不成。

        b.有漏（緣因）-種子，眾生定有

        -現行，眾生或成或不成

3.隱密性：煩惱法，眾生定有。

會通：

a. 分成理性、行性、隱密性。多一個隱密性，指煩惱法，可歸入行性的緣因。

b. 理性即正因。但此正因只表中道，等同於真如之離言真如。

c. 行性即了因及緣因。無漏正因即了因。有漏緣因即緣因。

六、唯識宗 窺基之佛性觀

佛性有理性、行性。理性是遍有，行性是或有或無。

以無行性解釋唯識宗五種性說之無性及聲聞、緣覺二定性。

七、靈潤、神泰之佛性觀

（一） 靈潤的見解：

1.立有一分無性眾生者，為是凡小不了義執。

2. 評破「一切眾生悉有佛性是少分一切，非全分一切」

3. 評破「理性平等，行性差別」：

理、行佛性並具，但只限於有情眾生，而不及於無情的草木。

（二） 神泰的反駁：

1. 涅槃經：善男子！或有佛性一闡提有，善根人無。或有佛性善根人有，一闡提無。或有佛性，二人俱有。或有佛性，二人俱無。善男子！我諸弟子若解如是四句義者，不應難言，一闡提人定有佛性、定無佛性。若言眾生悉有佛性，是名如來隨自意語。如來如是隨自意語，眾生云何一向作解？

2. 行性種子之有無不定，故得言亦有亦無，不能說眾生定有行性種子。

3. 大慧！一闡提者有二種。何等為二？一者、焚燒一切善根；二者、憐愍一切眾生，作盡一切眾生界願。大慧！云何焚燒一切善根？謂謗菩薩藏作如是言：『彼非隨順修多羅、毘尼解脫說。』捨諸善根，是故不得涅槃。大慧！憐愍眾生作盡眾生界願者，是為菩薩。大慧！菩薩方便作願，若諸眾生不入涅槃者，我亦不入涅槃，是故菩薩摩訶薩不入涅槃。

（三） 會通：

1. 理性即正因，行性是緣了因。有情眾生及草木無情悉具有佛性，而佛性必具三因，即正了緣三因。

故理行二佛性，眾生是為並具。但理佛性（正因佛性）遍一切法，所謂法身遍滿，包括所有有情及無情。而且十法界眾生及無情之正因皆相同，所謂真如無差。

但行性即緣了因，因佛性三因一體，緣了因隨理性正因應也遍在萬法，包括有情及無情，但九法界眾生之行佛性即緣了因彼此都不相同，

因爲會受染。也正因爲可以受染，所以可以藉修行正法以熏習緣因及了因，將緣因、了因雙遣，即達到中觀之雙非中道，非緣非了，此時即等同於中道正因。此時已證入菩薩初地。再地地進而修如來藏系的中道，即亦緣亦了，菩薩十地中地地進步，屬偏中階段，此時已進入菩薩二地-等覺，修行以斷具生無始無明（即無明住地）

最後再修「即緣即了即中」，即屬圓中階段，斷盡無始無明，進入菩薩妙覺位，即佛果。

以九法界眾生（六道及聲聞、緣覺、菩薩）而言，佛性、眞如、如來藏都是成佛的「因」。

以佛而言，佛性、眞如、如來藏是因亦是果。所以，以佛而言，佛性是因也是果，是體也是用，是性也是相，是理也是行，是眞諦也是俗諦。

2. 至於佛性、眞如、如來藏的關係如下，三者均有各自本身的體相用：

a 佛性：體是正因；相是了因；用是緣因。

b 眞如：體是離言（離垢）眞如、正因。相是依言（雜垢）如實空眞如、了因。用是依言如實不空眞如、緣因。

c 如來藏：體是空不空如來藏、正因。相是空如來藏、了因。用是不空如來藏、緣因。

三者是異名同義，但也各有稍異之義。

3. 一般而言：

佛性的煩惱在纏，名如來藏。

佛性的煩惱出纏，名法身。

當佛性呈現人我兩空之眞實如常狀態即名眞如。

緣因是對萬法存在的虛假、虛幻性的體認。即等同於假。

了因是對萬法無獨立自體的空無性的認知。即等同於空。

以中觀的雙遣而言，正因是非緣非了的中道。對緣因的假及了因的空都不執著。

以如來藏系的雙收而言，正因是亦緣亦因的中道。即見到空，也見到不空的假。

以佛而言，是圓滿的中道，即緣即了即正，即空即假即中，此時空即是色，色即是空，一因即是三因，三因亦是一因，世界全是佛性的展現，是整體一、絕對一的展現，亦沒有任何分別、妄想、執著。一即是多、多即是一，所有相對都變成絕對，體相用也沒分別，全體即用，全用即體。跳脫因果，即因即果。

八、華嚴宗法藏之佛性觀

（一）法藏五教判教與佛性會通：

-小：(等同天台之 藏)

1. 除佛陀一人外，其他一切眾生都沒有佛種性，因此都不能成佛。

2. 小乘所說的佛種性並非大菩提性，不具有窮盡未來，生繁興大用的功德。[71]

-始：(等同天台之 通)

唯識宗立五種種性差別，更有無種性者永遠不能成佛；及聲聞定性及緣覺定性兩種人只入無餘依涅槃不能成佛。[72] [73] [74]

-終：(等同天台之 別)

---

[71] 大正45、485 中-下
[72] 大正35、117 下
[73] 大正31、581 上
[74] 大正45、485 下

一切眾生悉有佛性，皆可成佛。

一切眾生有涅槃性，以水有濕性、火有熱性為喻說明。[75] [76] [77]

-頓：(等同天台之　圓)

佛種性是不可分析，不落言詮，超乎所有分別相。[78] [79]

-圓：（等同天台之　圓）

佛種性是因果不二，遍通依正，窮盡三世，該攝因果、性相、理事、解行。普通普攝，圓融無礙。[80] [81] [82]

一會通：

小乘教：人我空。了因空。

大乘始教：人法我二空。入中道，非緣非了。非空非假。

大乘終教：入偏中，亦緣亦了。亦空亦假。

頓教：非緣非了非正。

圓教：入圓中，即緣即了即正。即空即假即中。

（二）法藏的四宗分類：

1.隨相法執宗：小乘經論。一切眾生悉無佛種性，沒有眾生可達大菩提。等同於五教的小乘教。人我空。了因空。

2.眞空無相宗：中觀教說。非緣非了中道。

3.唯識法相宗：五種種性說。菩薩種性及不定種性可成佛。等同五教始教，非緣非了，眞如唯識性中道。

---

[75] 大正 35、117 下
[76] 大正 25、298 中
[77] 大正 12、524 下
[78] 大正 45、487 下
[79] 大正 15、755 上
[80] 大正 35、117 下
[81] 大正 9、444 下
[82] 大正 45、488 上

4.如來藏緣起宗：如來藏系教說，等同五教終教。亦緣亦了，偏中之中道。

（三）一闡提的「就位前後」說：一闡提在前位時因無佛性、斷善根狀態，此時定然無佛種性。

一闡提在後位時因發菩提心，修習正道，此時已不復名一闡提，定然有佛種性。[83]

（四）主張佛性遍通非情。

1.法藏認為終教的有佛種性只是理上的有而非事上的有。

圓教的眾生有佛種性是兼具理及事的有。[84]

2.法藏認為終教的真如（正因）遍有情及無情，但佛性（尚含緣了因）只局於有情，不涵攝無情。圓教的佛性則該通眾生以外的非情。[85]

3.法藏對二乘、五種種性、種性自身觀念等，皆以「分位」的觀念表述為不同階段、可以轉換的存在狀態。

4.主張佛性該攝一切無情，但不像法寶明白宣說「無情皆名有佛性」。

九、澄觀的佛性看法

「然佛性有二。一性得。二修得。佛性名第一義空。第一義空名為智慧。智慧者。即性得中道智慧覺性。

名智慧也有自性遍照法界光明義。故名智慧也。

佛性云何為空。第一義空故。云何非空。以其常故。云何非空非非空。能與善法作種子故。

---

[83] 大正 12、519 上
[84] 大正 35、405 下
[85] 大正 35、405 下-406 上

初云佛性者。名第一義空。第一義空。名爲智慧者。即雙標空智。

所言空者。即是牒上第一義空。以空有雙絕。方名第一義空。故云不見空與不空。智者見空及與不空下。釋上智慧。經文稍略。若具應云所言智慧者。能見於空及與不空。故此中者字。非是人也。祇是牒詞。此中言見。非約修見。但明性見。本有智性。能了空義及不空故。若無本智。誰知空不空耶。」[86]

澄觀指出佛性即是第一義空，即是觀智，可觀見空及不空。而這見是性見不是修見。性見是本性所具的本智見，能見空與不空。修見是透過後天修行才能見得。

會通：第一義空即是中道，即是正因佛性

十、地論師之佛性觀

地論師之理行性：理性本有，行性始有。理性：眞淨自體；行性：佛修行方法。

會通：理性是佛性正因。是非緣非了的中道。

行性是緣因及了因。

十一、三因與修行位階

-正因即是非緣非了之中道。

位階是菩薩初地。

-亦緣亦了即是偏中，即阿耨菩提。位階是菩薩二地-等覺。

-即緣即了即正，即是佛

位階是菩薩十地之妙覺，即是佛或性佛）。

---

[86] 大正 36、73 上

第三章 佛性的相關問題

第一節　佛性的偏局問題、無情有性

（一）湛然的「金剛錍」主張無情有佛性的理論依據：

1. 佛性猶如虛空，虛空何所不收，安棄墻壁瓦石？

2.教有大小、權實之分，無性之談是小宗，有性之說是大教

3.教有藏、通、別、圓；圓人主九界三道咸有佛性

4.一切唯心，色即是心，故一切無情色皆具佛性

5.眞如隨緣即佛性隨緣，言無情無性者，豈非萬法無眞如？

6.無佛性之法性，客在小宗；即法性之佛性，方曰大教。

7.眞如即佛性之異名，眞如遍在故，佛性亦遍在。

8.佛之法身遍在，何獨無情無耶？

9.一念理具三千，諸法當體實相，無情豈無佛性。

（二）佛性三因是互具的，故無情也具三因，除正因外尚包括緣了二因。

（三）草木雖具佛性三因，僅指佛之體性、理性遍在，但非指智斷

果上立言，換言之，非指草木自己可以修行成佛。[1]

（四）金剛錍以四十六問彰顯無情有性之相關問題：

1. 問佛性之名從因從果。從因非佛。果不名性。

會通：佛性在九法界眾生指成佛之因。在佛指即因即果。了因是正因之顯了因，緣因是正因之助成因，正因是非因非果之中道佛性。佛是亦因亦果之性佛。

2. 問佛性之名常無常耶。無常非性。常不應變。

會通：正因佛性是非常非無常之中道佛性。佛是常樂我淨之絕對常-即常即非常。

3. 問佛性之名共耶別耶。別不名性。共不可分。

會通：佛性之共指佛性三因遍有情及無情。但正因在所有萬法皆遍而相同。緣因、了因雖也遍萬法，但萬法之緣了因各各不相同。

4. 問佛性之名大小教耶。小無性名。大無無情。

會通：小乘只有佛有佛性。大乘則眾生悉有佛性。然大多主張無情沒有佛性。唯識主張有 5 種種性。其中無性者及定性二乘不能成佛。窺基、神泰認為理性遍，但行性或有或無。

地論認為理性本有，但行性始有。

慧遠認為因自體性、果自體性、覺性自體是能知性，法性自體是所知性。無情是所知性，不能成佛。

吉藏認為無情也有佛性，但僅及正因佛性，無緣了因，未明顯否定無情不能成佛。

法藏認為圓教無情有性，但未言及能否成佛。

5. 問佛性之名有權實耶。對體辯異其相何耶。

---

[1] 大正 46、7

會通：正因佛性是萬法的體，了因是相，緣因是用。了因有時偏向體，即體相。有時偏向用，即用相。

6. 問無情之名大小教耶。大教大部有權實耶。

會通：小教主無情無性，只有佛有佛性，而且其佛性之涅槃性也有局限。

大教大部如大般涅槃經，前經指一闡提沒有佛性，為權。後經主眾生悉有佛性，為實之說法。

7. 問無情無者，無情為色為非色耶。為二俱耶。

會通：依圓教，無情、有情無分。色及心是二而不二。

依唯識百法：有情之色法如法界所處色，有色亦有非色。有情之受想行識即是心法。器世界屬色法。然色是唯識所變現，是假有。

8. 問無情色等佛見爾耶。為生見耶。為共見耶。

會通：佛之佛眼、佛智見無情色即有情色，兩者都是佛性所顯現，是一非二。

一般眾生見有情色及無情色是不同的二體。均不見兩者之佛性。

9. 問無情敗壞故無性者。陰亦敗壞性亦然耶。

會通：無情敗壞是緣因、了因之改變，正因不增不減，不會敗壞。有情五陰會敗壞，但阿賴耶識之體不會敗壞，其中之正因佛性永遠不變，但緣了因會改變。

10. 問無情是色。法界處色為亦無耶。為復有耶。

會通：法界處色有極微、極略、妄遍計所執色、定中色，狂亂所見色。說無情是色，法處界色權教說有，實教而言非有非無。

11. 問唯心之言子曾聞耶。唯只是心。異不名唯。

會通：唯識是唯識變現之唯心，真常則是唯心也唯物之如來藏心。佛是心物一體，即心即物。

眾生是心物截然二分，無所謂唯。

12. 問唯心之言凡聖心耶。若聖若凡二俱有過。

會通：凡是六道眾生。聖是二乘、菩薩、佛。

六道眾生心物兩立，無所謂唯。

七住位之二乘心已立人我空之心，但物仍實有未空。

初地菩薩已證人法二空之真如心。後天之人及法已無分別。

佛是心物已不分，即心即物。

13. 問唯心名心造無心耶。唯造心耶。二俱有過。

會通：色心不二，若執無心是色或執造心是心，都是色心隔異。

14. 問唯心唯心亦唯色耶。若不唯色耶。

湛然十不二門，主張色心不二。

15. 問唯心所造唯依與正。依正能所同耶異耶。

湛然十不二門，主張依正不二，能所不二。

16. 問眾生量異，性隨異耶。不爾非內爾不名性。

十法界眾生俱有佛性三因，除佛是三因一因外，其餘九法界眾生均是三因各異。

佛性正因是一，不會隨眾生的形量不同而異。

17. 問眾生惑心。性遍不遍神我四句。為同異耶。

佛性是三身遍，但不同神我。惑心之本體亦是正因佛性體，惑心遍，佛性亦應遍。

18. 問眾生有性唯應身性亦法性耶。亦報性耶。

眾生之佛性有三因：正因是法性；了因是報性；緣因是應身性。法身遍，何隔無情，法身遍，應化身也常在。

19. 問眾生本迷迷佛悟耶。佛既悟已。悟生迷耶。

眾生在迷，但迷可轉悟。佛在悟，一悟永不再迷。佛既依正融通，

生豈情無情異。

20. 問眾生一身幾佛性耶。一佛身中幾生性耶。

眾生有三因佛性，但三因各別。佛也有三因佛性，但三因一因，緣了因亦是正因。眾生身中皆有一樣的佛性，一佛身中之佛性也同眾生，都是同一種正因佛性。

21. 問佛國土身爲始本耶。始本同耶。爲復異耶。

佛爲依正不二，佛身即國土。

若本無今有，則是無常法，圓教是因果不二，依正不二。

22. 問佛土佛身爲一異耶。一無能所。異則同凡。

佛是依正不二，能所不二，佛土佛身爲一也。

23. 問佛土界分生亦居耶。爲各所居佛無土耶。

佛的法身居常寂光土；佛的應化身或二乘三賢居方便無障礙土（三界以外之淨土）；眾生居凡聖同居土之同居穢土、聖者居凡聖同居土之同居淨土；佛的報身或菩薩（別教初地或圓教初住）居實報莊嚴土（色心無礙）。佛的法身雖居常寂光土，而常寂光土實無土也。常是法身、寂是解脫、光是般若。

24. 問佛土所攝爲遠近耶。何土與生一異共別。

同上。

25. 問佛佛土體爲同異耶。娑婆之處爲共別耶。

同上。眾生居娑婆之處，即凡聖同居土之同居穢土。

26. 問佛成道時土亦成耶。成廣狹耶。不成有過。

佛是依正不二，正報成佛，依報也隨之成佛。

27. 問佛成見性與生見處爲同異耶。離二不可。

聲聞、緣覺不見佛性。菩薩少分見佛性，佛了了全見佛性。

28. 問佛成土成。與彼彼成。彼彼不成爲一異耶。

彼彼不成是眾生有異，眾生所俱之佛性緣了因，彼彼不同，故眾生有異。

彼彼成是眾生無異，眾生皆具有佛性正因，故無異。

佛成，因依正不二，土必成。生佛眾生三無差別，因同具正因佛性。

29. 問佛成三身。與彼彼果及彼彼生爲一異耶。

天台宗分佛身爲法報應三種，法身是自性清淨，理法聚，中諦德，屬圓教，如毘盧遮那如來；報身有自受用、他受用，智法聚，空諦德，屬別教，如盧舍那如來；應身有勝應、劣應，功德法聚，假諦德，藏教是劣應身、通教是帶劣勝應身，

如釋迦牟尼如來

30. 問佛成身土成何眼智。見自他境初後如何。

佛是法報應三身一身，居常寂光土，成佛眼，成一切種智，見自他初後境一如。也不分有情無情。

31. 問眞如所造互相攝耶。不相攝耶二俱如何。

眞如是不變及隨緣，不變是佛性正因，隨緣是佛性緣了因。隨緣生起萬法，萬法即是不變眞如。

32. 問眞如之體通於修性。修性身土等不等耶。

眞如有離言眞如及如實空、不空依言眞如三種。只有離言眞如是佛性體，佛是依正不二，性修不二。

33. 問眞如隨緣變爲無情。爲永無耶。何當有耶。

眞如有不變、隨緣二分，不變是體是佛性正因，隨緣是相用，是佛性緣了因。萬法的生起是性起啓動緣起，性起之眞如體永遠不變，而緣起之生滅則隨緣有無而生滅。

34. 問眞如隨緣隨已與眞爲同異耶。爲永隨耶。

不變眞如隨緣而起萬法。不變眞如是體是眞，永遠不變。而隨緣而緣生萬法則會變。

35. 問眞如本有爲本無耶。與惑共住同異如何。

無明的體即是離言眞如，無明與眞如二者可以互熏。離言眞如是本有亦是本無。

36. 問波水同異。前後得失。眞妄同異。法譬如何。

眞是離言眞如，是體，是水性，水性不變。妄是生滅，是水波有清濁。風是無明，由無明風吹起生滅的水波，水波有清濁會變，是虛妄的。

37. 問病眼見華華處空處。同異存沒法譬如何。

病眼是無明，空處是眞如，花是生滅，無明的病眼誤認虛空中有花。

38. 問鏡像明體本始同異。前後存沒法譬如何。

鏡身是佛性，鏡像是生滅，鏡身本身的佛性不變，是鏡中的光明所呈現的生滅影像在變。

39. 問帝網之譬唯譬果耶。亦譬因耶。果無因耶。

帝網之譬是依正互融。依正融通，豈唯果上身土耶？

40. 問如意珠身身有土耶。唯在果耶。通因如何。

如意珠身指佛隨所應度而現十界身。若知果既是身土不二，因怎會有依正差別？

41. 問行者觀心心即境耶。能所得名同異如何。

佛是色心不二，心境不二，能所不二。色心不二。色既不二，豈有有情無情之別。

42. 問行者觀心一耶多耶。一多心境同異如何。

佛是佛性，也是性佛，一念三千，是一也是多，是心也是境。

43. 問行者觀心爲唯觀心亦觀身耶。亦觀土耶。

佛的境界是身心俱寂，依正不二，身土不二。所觀身是空假，能觀心也是空假，所依土也是空假。

44. 問行者觀心在惑業苦。內耶外耶同耶異耶。

佛性三因是：惑是了因，業是緣因，苦是正因，若能成佛，三因成一因，內外同異均無分別。

45. 問行者觀心，心內佛性爲本淨耶。爲始淨耶。

佛性本淨，但此淨是絕對淨，所以非本非始。

46. 問行者觀心，心佛眾生，因果、身土、法相融攝一切同耶。

天台宗主張心佛眾生三者無差。因果不二，依正不二，身土不二。

（五）止觀輔行傳弘訣之十義：

1.法身是遍，怎會排除無情呢？

一者約身。言佛性者應具三身。不可獨云有應身性。若具三身法身許遍何隔無情。

2. 法報應三身是一體，法身遍，報應身也應遍：

二者從體三身相即無暫離時。既許法身遍一切處。報應未嘗離於法身。況法身處二身常在。故知三身遍於諸法何獨法身。法身若遍尚具三身何獨法身。

3. 從理不分有情與無情，從事則有分有情無情，但無情也有「情具」啊。

三約事理。從事則分情與無情。從理則無情非情無別。是故情具無情亦然。

4. 依正不二，何隔無情？

四者約土。從迷情故分於依正。從理智故依即是正。如常寂光即法身土。身土相稱何隔無情。

5. 證道不分有情無情：

五約教證。教道說有情與非情。證道說不可分二。

6. 由眞之體一，二而不二，有情無情也是二而不二：

六約眞俗。眞故體一，俗分有無。二而不二思之可知。

7. 無情也一樣攝屬於心：

七約攝屬。一切萬法攝屬於心。心外無餘豈復甄隔。但云有情心體皆遍。豈隔草木獨稱無情。

8. 從果從悟而言，有情無情之佛性皆同：

八者因果。從因從迷執異成隔。從果從悟佛性恒同。

9. 說有情無情之分別，只是隨順世間：

九者隨宜。四句分別隨順悉檀。說益不同且分二別。

10. 隨權實教不同，圓教一切法如，不分有情無情：

十者隨教。三教云無圓說遍有。又淨名云。眾生如故一切法如。如無佛性理，小教權。教權理實亦非今意。」[2]

（六）慧遠之思想：

慧遠不但主張闡提有佛性，更進而倡說佛性遍及木石等一切無情之物。

將佛性分爲能知性和所知性兩門。所知性通於有情和無情。

。性有二種。一能知性。謂眞識心。此眞識心眾生有之外法即無。故上說言夫佛性者謂眾生也。又妄心處有此眞心。無妄心處即無眞心。故上說言凡有心者悉有佛性。二所知性。所謂有無非有無等一切法門。此通內外不唯在內。今此所論約初言耳。一切世間無非虛空對於虛空辨

---

[2] 大正 46、151 下

空異法。一切世間無有一處而無虛空知復對何說空爲有。

（七）吉藏之思想：

1 主張一切諸法包括無情悉有安樂性。

「云。一切諸法中悉有安樂性。亦是經文。唯識論云。唯識無境界。明山河草木皆是心想。心外無別法。此明理內一切諸法依正不二。以依正不二故。眾生有佛性則草木有佛性。以此義故。不但眾生有佛性。草木亦有佛性也」

2 主張所有眾生不論善惡，都具有佛性，更宣稱草木等無情之物亦具有佛性。

3 主張佛性爲中道義，故佛性非有非無，非內非外。故內外有無不定。

「義中自有四句。故內外有無不定。所以作此不定說者。欲明佛性非是有無故。或時說有。或時說無也。問若言定爲非者，不定爲是耶。答若言不定爲是者。還復成定。定既非是。不定亦非。具如論破。但破定故言不定有四句如前。若洗淨已。復不定而爲定亦何得而無定耶。今只就不定爲定者。有理外眾生理外草木。有理內眾生理內草本定何者有佛性。何者無佛性耶。若不定爲定說者。經中但明化於眾生。不云化於草木。是則內外眾生有佛性。草木無佛性。雖然至於觀心望之。草木眾生豈復有異。有則俱有無則俱無。亦有亦無非有非無。此之四句皆悉並聽觀心也。至於佛性非有非無。非理內非理外。是故若得悟有無內外平等無二。始可名爲正因佛性也。」

（八）智顗之思想：

1，佛性與「實相」、「實性」、「常樂我淨、慈、般若」同義。[3] [4] [5]

---

[3] 大正 39、8 中
[4] 大正 33、782 中-下

2，菩薩觀中道，見佛性，故非凡夫也。[6]

3，將中道與佛同辭。[7] [8]

4，認同一闡提可以成佛。[9]

5，草木亦具有佛的安樂性[10]；同吉藏草木具有佛性。

6，提出佛性三因：正因、了因、緣因。[11] [12]

佛性：永不改易的覺性。

正因：未證得佛果的眾生而言，是隱而不顯的覺性。

又稱：覺性、實相。理心。中道佛性。

了因：智慧的修習能使隱藏的覺性顯了。

又稱：般若波羅蜜。梵心。

緣因：積習善根，能資助智慧顯了覺性的作用。

又稱：五波羅密。善心。[13] [14]

7，會通三因的十種三法：

（1）三軌：正因：眞性軌（理）。了因：觀照軌（智）。緣因：資成軌（行）[15]

（2）三道：正因：苦。了因：惑。緣因：業。[16]

---

[5] 大正 46、53 上
[6] 續藏 28、49 前上
[7] 大正 46、477 下
[8] 續藏 28、37 後上
[9] 大正 46、79 中
[10] 續藏 99、15 前上
[11] 大正 12、530
[12] 上；大正 39、4 上
[13] 大正 33、802 上
[14] 大正 46、763 上
[15] 大正 33、744 下
[16] 大正 33、744 中

（3）三德：正因：法身（性德）。了因：般若（智德）。緣因：解脫（斷德）[17]

（4）十二因緣：

A.通觀：

正因：所觀見的十二因緣實理。了因：能觀見十二因緣的智慧。緣因：取得智慧的相關修行德行。

B.別觀：

正因：苦：識-名色-六入-觸-生-老-死。了因：惑：無明、愛、取。緣因：業：行、有。

（5）三般若：正因：實相般若。了因：觀照般若。緣因：文字般若。[18]

（6）三識：正因：阿摩羅。了因：阿黎耶。緣因：阿陀那。[19]

（7）三菩提：正因：實相菩提。了因：實智菩提。緣因：方便菩提。[20]

（8）三乘：正因：理乘。了因：隨乘。得乘：緣因。[21]

（9）三身：正因：法身（自受用身）。了因：報身（他受用身）。緣因：應身（化身、劣應身、勝應身）[22]

（10）三涅槃：正因：性淨涅槃（無住涅槃）。了因：圓淨涅槃（自性清淨涅槃）。緣因：方便淨涅槃（有餘涅槃、無餘涅槃）[23]

---

[17] 大正 33、745 下-746 上
[18] 大正 33、744 下-745 上
[19] 大正 33、744 中
[20] 大正 33、745 上
[21] 大正 33、745 上中
[22] 大正 33、745 中
[23] 大正 33、745 下

（11）三寶：正因：法。了因：佛。緣因：僧。[24]

（12）常樂我淨：正因：樂：不苦不樂。正因：常：法身：不生不死。

了因：淨：般若：無復煩惱、究竟淨。緣因：我：解脫自在。[25]

（九）窺基之思想

涅槃經據理性及行性中少分一切，唯說有一（機）。[26]

主張有一種根機的眾生，是理佛性爲「一切」眾生所有，而行佛爲爲「少分一切」眾生所有。以此解釋唯識宗主張有一分無性及定性二乘之眾生。

（十）法藏之佛性思想。

不但肯認現時爲一闡提的有情於未來可以成佛，更進而主張佛性遍通非情。

他認爲終教與圓教之不同如下：

1. 終教的眾生悉有佛性的「有」是指「理」上的有，並非「事」上的有，圓教盧舍那佛所證的佛果是該通眾生界，無所不包攝，眾生有佛種性兼具理和事兩方面的意。終教認爲以覺悟爲本質佛性，只局限於有情，不函攝草木等無情之物。[27] 圓教則認爲佛種性通遍非情。[28]

2. 湛然批評法藏誤引大智度論，將眞如分割爲二[29]：在無情名爲法性，在有情名爲佛性。

---

[24] 大正 33、745 下
[25] 大正 33、700 上
[26] 大正 43、611 上
[27] 大正 45、488
[28] 大正 35、405 下-406 上
[29] 大正 46、783 上

3. 但法藏主張圓教中的佛性是通遍依正，故非情亦有佛性。但仍以非情沒有覺佛性，是不許無情成佛。[30]

（十一）澄觀：

1. 從義：「金錍之作，正爲破於清涼（澄）觀師，傍兼斥於賢首（藏）師耳。」[31]

2. 澄觀：「譬如眞如，無有少法而能壞亂，令其少分，非是覺悟。如遍非情，則有少分非是覺悟」[32]

意指眞如若遍非情則有少分是非覺悟。但若以性從緣而言，有情與非情有異。泯緣從性，則非覺不覺。以二性互融而言，則無非覺悟。

3. 澄觀依智慧的有無，將佛性分爲「佛性性」及「佛性相」。依性非情有性，依相唯有情有佛性及智慧。[33]

4. 吉藏以無情無心，澄觀以無情無智慧，主張無情不得成佛。

5. 湛然認爲：

A.教部有權實：

若全然實教，則三因俱遍。

若全然權說，則三因俱局。

而涅槃經是帶權說實，帶權是緣了因不遍；說實是正因遍。

而頓教是實說，所以三因全遍。

B. 佛性有進否：

進是正因遍萬法。

否是就因位而言，緣了因只遍於有心的有情。

但就果位而言，不但無情無佛性，眾生亦無佛性。

---

[30] 大正 35、405-406 上
[31] 續藏 56、44 上
[32] 大正 35、726 中
[33] 大正 36、280 上-中

湛然主張實及進；反對權及否。[34]

C. 湛然認為應遵循天台的一念三千性具思想，於性具中顯示三因體遍的圓融佛性義涵，即有情無情皆本有正因佛性，而「傍遮偏指清淨真如」即緣了因也遍非情，非僅清淨真如的正因遍非情。[35]

D. 萬法是真如即不變義，真如是萬法即隨緣義。不變名性，隨緣名心。心即一念無明法性心，隨緣即起萬法。而萬法即不變的真如，因此真如與萬法互具融攝，即三因佛性俱遍有情無情。[36]

E. 但草木如何成佛，湛然並沒有清楚交代。

F. 良源提出草木能修行成佛。（草木發心修行成佛記）

草木有生住異滅：

生（草木發芽）即發菩提心；住即草木如如不動，好像在修行；草木長成即證悟達成；草木枯萎即進入涅槃。

良源之推論並無根據。

草木自己能修行成佛，尚無定論，即使湛然也未交代。

以下也是一種推論：圓教下之佛，因已是依正不二

故依也會隨正之成佛而成佛，「正」之了因及緣因可能促動「依」之了因及緣因，而促使它們轉化為正因而成三因一體之性佛。若以其他九法界眾生而言，他們的依正是分隔不同的，故他們眼中的依報是尚未成佛的，當然不同於正報，除非正報成佛才是依報成佛。但草木非情確也具有佛性三因包括緣因及了因。緣因是對萬法存在的「有」，從「實有」到「假有」到「妙有」的體驗。故需依賴修行五度及戒定才能將緣因轉成正因。了因是對萬法的自體的「無」的認知，從非無即「空」到

---

[34] 大正 46、784 中
[35] 大正 46、782 下
[36] 大正 46、783 中

「人法兩空」到「畢竟空」的空的認知智慧。故需依賴智慧的修成般若，才能將了因轉成正因。

只有當三因一體的時候才是佛，則依報的法、境、物、非情等將全變爲佛。

（十二）法寶：

法寶跟慧遠、吉藏一樣，雖然肯認無情事物在某一義上可說是具有佛性，卻並不認爲無情事物有成就佛果之可能。

第二節　佛性與無明

一、無明的種類

（一）　天台宗的三惑：

見思惑、塵沙惑、無明惑。

見思惑是小乘的「空諦」煩惱，以「一切智」及空觀，於七住位斷除，而證空智。

塵沙惑是十行菩薩的「假諦」煩惱，以「一切道種智」及假觀，於十行位斷除而證似中道智。

無明惑即無明住地，是中諦煩惱，十地菩薩以「一切種智」及中觀於菩薩初地證「眞中道智」，於佛才能破盡無明住地

（二）　勝蔓經的五住煩惱

「煩惱有二種。何等爲二？謂：住地煩惱及起煩惱。住地有四種。何等爲四？謂：見一處住地、欲愛住地、色愛住地、有愛住地。此四種住地，生一切起煩惱。起者刹那心刹那相應。世尊！心不相應無始無明住地。世尊！此四住地力，一切上煩惱依種，比無明住地，算數譬喻所

不能及。」

四住煩惱及塵沙惑屬一念無明。無明住地屬無始無明。

（三） 俱舍論的見思惑：

（1）本惑與隨惑：

煩惱有根本與枝末，或說爲本惑、隨惑。

根本煩惱有六：貪、瞋、慢、疑、無明、惡見。

惡見有身見、邊執見、邪見、見取見、戒取見。即本惑有十隨眠。

（2）見惑：八十八結使

（3）修惑：八十一品思惑。

小乘初果斷三界見惑。

二果斷欲界前六品思惑。

三果斷欲界九品思惑。

四果（阿羅漢）斷色界、無色界 72 品思惑。

（4）煩惱的分類

A.三縛：貪、瞋、癡

B.三漏：欲漏（欲界五欲所起）、有漏（色、無色界煩惱）、無明漏（三界之癡）

C.四暴流：欲、有、見、無明。

D.四軛：欲、有、見、無明。其惑體同四暴流。

E.四取：欲、我語、見、戒禁

F.五蓋：欲貪、瞋恚、惛眠、掉悔、疑。

G.五順下分結：身見、戒禁取見、疑、貪、瞋。

H.五順上分結：

色貪、無色貪、掉舉、慢、無明。

I.六垢：惱、害、恨、諂、誑、憍。

J.九結：愛、恚、慢、無明、見、取、疑、嫉、慳。

K.十纏：

三纏：貪瞋癡

八纏：無慚、無愧、嫉、慳、惡作、睡眠、掉舉、惛沈。

十纏：八纏加忿、覆。

十纏加九十八隨眠即一百零八煩惱。

（四）　華嚴宗的斷惑分齊：

A.修道階位有二門：次第行布門及圓融相攝門。

前者有十信、十住、十行、十迴向、十地、等覺、妙覺共五十二位階。

後者一位之中具一切位，得一位即得一切位，十信滿心即攝五位而成正覺。

B.小乘：分方便位（七位：三賢：五停心觀、別相念、總相念。四加行：煖、頂、忍、世第一。

見道位：四諦十六行相中之第十五心。斷三界見惑，即初果。

修道位：第十六心以後，斷盡三界修惑（思惑），即二、三果。

究竟位：斷盡三界見思二惑，即四果阿羅漢。

C.始教：有迴心教及直進教。

迴心教：有方便、見道、修道、無學。

有通教菩薩十地說。

直進教：有菩薩五十一位說：十信、十住、十行、十迴向、十地、佛果

D.終教：立四十一位，十信併入三賢初位即初住位：發心住。

有二類機：直入終教者、從始教來者。

E.頓教：一念不生即佛，不立階位。即顯離言真如。

F.圓教：有同教、別教二種。

同教攝前四教所明行位。

別教：有寄顯門，立階位差別。

直顯門：不立階位。一位即一切位，普賢因、遮那果，因果不二。

（五） 唯識宗的斷惑

五位漸修：資糧位、加行位、通達位、修習位、究竟位。

1.分別起二障斷惑位次：

煩惱障、所知障分

現行：資糧位漸伏。加行位頓伏。

種子：初地頓斷

習氣：初地頓捨

2.俱生起二障斷惑位次：

A.煩惱障

-前六識俱

現行：地前漸伏。初地頓伏。

種子：十地金剛無間道頓斷。

習氣：在地位漸捨；佛果永捨。

-第七識俱

現行：初地以上漸伏；第八地永伏。

種子：十地金剛無間道頓斷

習氣：地地漸捨；佛果永捨。

B.所知障

-前六識俱

現行：七地以前漸伏；第八地永伏。

種子：地地漸斷；十地金剛無間道永斷。

習氣：地地漸捨；佛果永捨

-第七識俱

現行：地地或伏或起；十地金剛無間道永伏

種子：十地金剛無間道頓斷

習氣：地地漸捨；佛果永捨。

3. 見思惑；煩惱障、所知障；我、法執。理、事障之會通。

二障：理障及事障。事藏即煩惱障即我執。

理障即所知障即法執。

我執、法執均有分別及俱生二種。

分別我執有見惑（見所斷煩惱）及思惑（修所斷煩惱）。

見惑即五住地煩惱之見一處住地。於初住斷。

思惑即五住地煩惱之欲愛、色愛、有愛三住地。於七住斷。八住-十住即通教辟支佛，斷見思惑習氣。

見思惑合稱分別我執。

分別法執即塵沙惑，包括十行，破塵沙惑。十迴向伏無明，均屬分別法執。

一念無明即包括見思惑、塵沙惑；即分別我執（見思惑）及分別法執（塵沙惑）

無始無明即無明住地，包括俱生我執及俱生法執。

菩薩初地斷一念無明即分別我法執。

菩薩二地-等覺：地地斷無始無明即俱生我法執。

理障即所知障即法執。

俱生法執及俱生我執即五住地之無明住地，因是俱生，所以是無始，稱為無始無明。

菩薩初地斷分別我執及分別法執種子，而顯出人法兩空之真如（依

言如實空眞如、有垢眞如）

　　菩薩八地斷俱生我執種子。

　　菩薩九地-等覺：斷俱生法執種子。

　　佛（妙覺）：斷盡俱生法執之種子及習氣。

　　4. 無始無明與一念無明

　　（1）「是心從本已來自性清淨而有無明，爲無明所染，有其染心。雖有染心而常恒不變，是故此義唯佛能知。所謂心性常無念故名爲不變。」

　　（2）「以不達一法界故心不相應，忽然念起名爲以不達一法界故心不相應忽然念起名爲無明　亦釋上無明得起所由。以不了眞如平等一義故。心不相應忽然念動。名爲無明。此顯根本無明最極微細未有能所王數差別。即心之惑故云不相應。非同心王心所相應也。唯此無明爲染法之源。最極微細。更無染法能爲此本。故云忽然念起也。如瓔珞本業經云。四住地前更無法起故。名無始無明住地。是則明其無明之前無別有法爲始集之本。故云無始。即是此論忽然義也。」

　　無明住地即是無始無明，是無始而有。

　　二、眞如、如來藏即是佛性

　　（1）金剛錍：

　　佛性即眞如：

　　「故佛性論云：佛性者，即人法二空所顯眞如。當知眞如即佛性異名。」

　　（2）楞伽經：

　　如來藏等同眞如：

　　「我說如來藏，不同外道所說之我。大慧！有時說空、無相、無願、如、實際、法性、法身、涅槃、離自性、不生不滅、本來寂靜、自

性涅槃，如是等句，說如來藏已」

（3）如來藏等同眞如：

一切諸眾生，平等如來藏，眞如清淨法，名爲如來藏。[37]

（4）法身等同眞如、等同佛性：

「佛法身遍滿，眞如無差別，皆實有佛性，是故說常有。」

「一切眾生皆悉有眞如佛性。偈言皆實有佛性故。」[38]

（5）我等同如來藏、等同佛性：

「我者，即是如來藏義；一切眾生悉有佛性，即是我義。」[39]

（6）什麼是如來藏、眞如、佛性及三者之會通：

A.如來藏（勝鬘經）：

「過於恒沙不離不脫不異不思議佛法成就說如來法身。世尊，如是如來法身不離煩惱藏名如來藏」

如來藏有空、不空如來藏：

空如來藏就是「空掉」（若離、若脫、若異）煩惱藏，而具有「不空」的恒河沙不思議佛法（無量性功德）。

B.眞如：眞如有：離言（無垢）眞如及依言（有垢）眞言。

依言眞如有如實空眞如及如實不空眞如：

「眞如者，依言說分別有二種義。云何爲二？一者、如實空，以能究竟顯實故。二者、如實不空，以有自體，具足無漏性功德故。所言空者，從本已來一切染法不相應故，謂離一切法差別之相，以無虛妄心念故。當知眞如自性，非有相、非無相、非非有相、非非無相、非有無俱相，非一相、非異相、非非一相、非非異相、非一異俱相。乃至總說，

---

[37] 大正、31、838 下
[38] 大正、31、728 上中
[39] 大正 12、407 中

依一切眾生以有妄心念念分別，皆不相應故說爲空，若離妄心實無可空故。

所言不空者，已顯法體空無妄故，即是眞心常恒不變淨法滿足，故名不空，亦無有相可取，以離念境界唯證相應故。」[40] [41]

C.佛性：佛性有三因：正因、了因、緣因。

D.佛性、眞如、如來藏之會通

a.佛性正因、等同離言眞如、等同空不空如來藏或不空如來藏。

b.佛性了因、等同依言如實空眞如、等同空如來藏

c.佛性緣因、等同依言如實不空眞如、等同不空如來藏

三、眞如、佛性、如來藏與無明的關係

（1）如來藏與煩惱之間是「依存」，而非「本具」的關係：

（2）眞如與無明的關係：

「以一切心識之相皆是無明，無明之相不離覺性，非可壞非不可壞。如大海水因風波動，水相風相不相捨離，而水非動性，若風止滅動相則滅，濕性不壞故。如是眾生自性清淨心，因無明風動，心與無明俱無形相、不相捨離，而心非動性。若無明滅相續則滅，智性不壞故。」

無明是風，水是眞如，心是水波。

無明風吹動水波之心相，但水之濕性眞如不變。

（3）佛性是萬法生起之「依止因」

無明是染法生起之「製造因」

3.1 如來藏緣起或眞如緣起：

如來藏是萬法生起的依止因。楞伽經：「如來藏是善不善因，能徧興造一切趣生，譬如伎兒變現諸趣，離我我所，不覺彼故」

---

[40] 大正 44、245 中
[41] 大正 32、576 上

是變現而非生出，變現是依止因而非親生因。

3.2 業因緣起或阿賴耶識緣起：

無始無明是染法「阿賴耶緣起」或「業因緣起」的生起因。勝鬘經：「世尊，又如取緣有漏業因而生三有。如是無明住地緣無漏業因，生阿羅漢辟支佛大力菩薩三種意生身。此三地彼三種意生身生。及無漏業生。依無明住地，有緣非無緣。是故三種意生身及無漏業緣無明住地。」

「如是過恒沙等上煩惱，如來菩提智所斷。一切皆依無明住地之所建立。一切上煩惱起，皆因無明住地緣無明住地」

「世尊，於此起煩惱剎那心剎那相應。世尊，心不相應無始無明住地。世尊，若復過於恒沙如來菩提智所應斷法，一切皆是無明住地所持所建立。譬如一切種子皆依地生建立增長，若地壞者彼亦隨壞。如是過恒沙等如來菩提智所應斷法，一切皆依無明住地生建立增長。」

一切染法皆依無明住地所生、所建立、所增長。

四、無始無明與佛性的關係？

（一）阿賴耶識是生滅與不生滅和合：

「心生滅者，依如來藏故有生滅心，所謂不生不滅與生滅和合，非一非異，名爲阿梨耶識。」[42]

阿賴耶識是世間出世間一切法的生起因，即阿賴耶識緣起。

如來藏則是一切法生起的「依止因」，無始無明才是一切世間法生起的「親因」。但「緣起」需依止「性起」，才能生起世間萬法。

（二）眞如與無明的關係：

---

[42] 大正 32、576 中

「謂眞如有二義。一不變義。二隨緣義。無明亦二義。一無體即空義。二有用成事義。此眞妄中。各由初義故成上眞如門也。各由後義故成此生滅門也。此隨緣眞如及成事無明亦各有二義。一違自順他義。二違他順自義。無明中初違自順他亦有二義。一能反對詮示性功德。二能知名義成淨用。違他順自亦有二義。一覆眞理。二成妄心。眞如中違他順自亦有二義。一翻對妄染顯自德。二內熏無明起淨用。違自順他亦有二義。一隱自眞體義。二顯現妄法義。此上眞妄各四義中由無明中反對詮示義。及眞如中翻妄顯德義。從此二義得有本覺。又由無明中能知名義。及眞如中內熏義。從此二義得有始覺。又由無明中覆眞義。眞如中隱體義。從此二義得有根本不覺。又由無明中成妄義。及眞如中現妄義。從此二義得有枝末不覺。此生滅門中。眞妄略開四義。廣即有八門。若約兩兩相對和合成緣起。即有四門。謂二覺二不覺。若約本末不相離。唯有二門。謂覺與不覺。若鎔融總攝。唯有一門。謂一心生滅門也。又若約諸識分相門。本覺本不覺在本識中。餘二在生起識中。若約本末不二門。並在一本識中。故云此識有二義也。問此中一識有二義。與上一心有二門何別耶。答上一心中含於二義。謂不守自性隨緣義。及不變自性絕相義。今此但就隨緣門中染淨理事無二之相明此識也。是則前一心義寬該收於二門。此一識義陝局在於一門。問此中本覺與上眞如門何別。答眞如門約體絕相說。本覺約性功德說。謂大智慧光明義等名本覺故。本者是性義。覺者是智慧義。以此皆爲翻妄染顯故。在生滅門中攝。以眞如門中無翻染等義故。與此不同也。是故體相二大俱名本覺。並在生滅門中。故得具三大也。」[43] [44]

眞如是無明的體，無明是其體相用的整體表現。

[43] 大正 44、267 上：p223,p219
[44] 大正 32、577 下

阿賴耶識有覺及不覺。覺有本覺，即眾生原有的自性清淨心即如來法身。始覺是經過修行始顯現的本覺。本覺被無明覆蓋而有不覺。

本覺有性淨本覺及隨染本覺。性淨本覺是體，隨染本覺是用。隨染本覺有二種相：智淨相及不思義業相。

性淨本覺有四種義相：如實空鏡、因熏習鏡、法出離鏡、緣熏習鏡。

不覺有根本及枝末。

根本不覺就是不如實知真如法體是絕對平等的唯一總相。根本無明衝動本覺，本覺微動產生枝末不覺，形成三細及六粗相。

在心生滅門中，真如是內因，無明是外緣，染心是緣起之相。

心生滅門中，九法界眾生的「真如」，其了因也有根本不覺的染的一面；緣因也有枝末不覺的惡的一面。

同時，九法界眾生的「無明」，其了因也有本覺的淨的一面；其緣因也有始覺的善的一面。

阿賴耶識有覺及不覺，是生滅與不生滅和合。其不生滅表現的真如體有不變及隨緣的作用。其生滅表現的無明有「無體即空」的體，及「有用成事」的相用表現。

心生滅：

1.隨緣真如

-覺：

本覺：翻對妄染顯自德（淨了因）

始覺：內熏無明起淨用（善緣因）

-不覺：

根本不覺：隱自真體（染了因）

枝末不覺：顯現妄法（惡緣因）

2.用事無明

-覺：

本覺：反對詮示性功德（淨了因）

始覺：能知名義成淨用（善緣因）

-不覺：

根本不覺：覆眞理（染了因）

枝末不覺：成妄心（惡緣因）

（三）眞如與無明互熏：眞如受無明熏而有染相，無明受眞如熏而有淨用

1.有四種熏習：淨法（眞如）、染因（無明）、妄心（業識）、妄境界（六塵）。

無明熏眞如而有妄心。妄心熏無明，不覺念起，現妄境界。回熏妄心，造種種業。

2.淨法熏習分爲妄心熏習和眞如熏習。妄心熏習分爲分別事識熏習和意熏習。眞如熏習有自體相及用熏習。用熏習有差別緣及平等緣。

「自體相熏習……。眞如本一，而有無量無邊無明，從本已來自性差別厚薄不同故。過恒沙等上煩惱依無明起差別，我見愛染煩惱依無明起差別。如是一切煩惱，依於無明所起，前後無量差別，唯如來能知故。眾生亦爾，雖有正因熏習之力，若不值遇諸佛菩薩善知識等以之爲緣，能自斷煩惱入涅槃者，則無是處。若雖有外緣之力，而內淨法未有熏習力者，亦不能究竟厭生死苦、樂求涅槃。

「用熏習者，即是眾生外緣之力。如是外緣有無量義，略說二種。云何爲二？一者、差別緣，二者、平等緣。差別緣者，此人依於諸佛菩薩等，從初發意始求道時乃至得佛，於中若見若念，或爲眷屬父母諸親，或爲給使，或爲知友，或爲怨家，或起四攝，乃至一切所作無量行

緣，以起大悲熏習之力，能令眾生增長善根，若見若聞得利益故。此緣有二種。云何爲二？一者、近緣，速得度故。二者、遠緣，久遠得度故。是近遠二緣，分別復有二種。云何爲二？一者、增長行緣，二者、受道緣。

二者平等緣者，一切諸佛菩薩，皆願度脫一切眾生，自然熏習恒常不捨。以同體智力故，隨應見聞而現作業。所謂眾生依於三昧，乃得平等見諸佛故。

復次，染法從無始已來熏習不斷，乃至得佛後則有斷。淨法熏習則無有斷，盡於未來。此義云何？以眞如法常熏習故，妄心則滅、法身顯現，起用熏習，故無有斷。

復次，眞如自體相者，一切凡夫、聲聞、緣覺、菩薩、諸佛，無有增減，非前際生、非後際滅，畢竟常恒。從本已來，性自滿足一切功德。所謂自體有大智慧光明義故，遍照法界義故，眞實識知義故，自性清淨心義故，常樂我淨義故，清涼不變自在義故。具足如是過於恒沙不離、不斷、不異、不思議佛法，乃至滿足無有所少義故」[45] [46]

五、萬法的生起：性起與緣起。

（一）性起是以佛性直接現起，不需依緣，所以不需再藉「緣起」生起萬法。十道只有佛能「性起」萬法。

（二）緣起是性空緣起，有阿賴耶識緣起及業因緣起。兩者均需藉性空的佛性「性起」啓動。

阿賴耶識緣起是依阿賴耶識中的如來藏「性起」啓動，再以阿賴耶識中的無始無明的俱生我法執的無漏種子爲親因緣，而生成四住煩惱的

---

[45] 大正 32、578 下
[46] 大正 44、292 上

一念無明，再以「業因緣起」生起染法。

故九法界眾生皆依「性起」為依止因，以無始無明為「親因緣」而生起萬法。佛只以性起頓現萬法。

六、佛性是不生不滅，法爾而有。

無始無明是無始而有。

（一）無始無明是無始而有：

「是心從本已來自性清淨而有無明，為無明所染，有其染心。雖有染心而常恒不變，是故此義唯佛能知。所謂心性常無念故名為不變。以不達一法界故，心不相應，忽然念起，名為無明」[47]

「以一切心識之相皆是無明，無明之相不離覺性，非可壞非不可壞。如大海水因風波動，水相風相不相捨離，而水非動性，若風止滅動相則滅，濕性不壞故。如是眾生自性清淨心，因無明風動，心與無明俱無形相、不相捨離，而心非動性。若無明滅相續則滅，智性不壞故。」[48]

（二）無始無明即無明住地煩惱：

四住煩惱及見思惑都是一念無明。而一念無明是由無始無明所緣生，故屬緣起法，凡緣起法都有生滅，故一念無明可以「斷斷」破除。

無始無明是無明住地，係無始而有，而且是非有非無，已非屬緣起法，故只能以「不斷斷」破除。

---

[47] 大正 32、577 下
[48] 大正 32、576 下

第三節　佛性的見與不見，兼論明心見性

壇經：「不識本心，學法無益，識心見性，即悟大意」[49]

「千經萬論，只是明心」

識心（明心）見性是禪宗的禪悟目標，即見性成佛。

「當知愚人智人，佛性本無差別，只緣迷悟不同，所以有愚有智」[50]

黃檗：「即心是佛，上至諸佛，下至蠢動含靈，皆有佛性，同一心體。……如今識取自心，見自本心，更莫別求」[51]

一、什麼是「明心」

（A）心是什麼？

心是本師、本心、自心、即心是佛。

最上乘論：五祖弘忍：「心是本師」

「識自本心，見自本性」[52]「不識本心，學法無益」（壇經行由品）

慧能：「惟論見性，不論禪定解脫」「自識本心，自見本性」「自心是佛，更莫遲疑」[53]

馬祖道一說：「自心是佛」；石頭希遷說：「即心是佛」；黃檗希運說：「心即是佛」

黃檗希運：「本心不屬見聞覺知，亦不離見聞覺知」「唯直下頓了自心本來是佛」

---

49 神會（景德傳燈錄卷二八）
50 壇經般若品
51 黃檗斷際禪師傳心法要
52 壇經行由品
53 壇經付囑品

（B) 明心是什麼？

「頓了自心本來是佛」就是明心，

明心就是識心。就是自識本心。

神會：「若覺妄念者，覺妄自俱滅，此即識心者也」[54]

（C）明心是於七住時觸證阿賴耶識或如來藏心。

這是有人的主張，明顯與禪宗「直下頓了自心本來是佛」的見解不同。

阿賴耶識是生滅與不生滅和合的一種積集種子的功能識，它不是生滅法，沒有形相，是一種潛意識，所以人死後它不會死，會轉變成中陰。如來藏是阿賴耶識的本體。

欲在生前觸證阿賴耶識這個無形的功能體或其如來藏體，不知是用眼睛看到還是用手觸摸到？

二、什麼是見性：

（A)性是什麼？

性是本性，本性也稱自性、真如本性、佛性、本來面目。

慧能：「真如自性起念，六根雖有見聞覺知，不染萬境，而真性常在」[55]

「若識自性，一悟即至佛地」[56]

大珠慧海：「今見著衣喫飯，行住坐臥，對面不識，可謂愚迷」自性在行住坐臥中。

壇經：「故知一切萬法，盡在自身中，何不從自心頓現真如本性。」

---

[54] 南陽和尚問答雜徵義
[55] 壇經定慧品
[56] 壇經般若品

「我於忍和尚處，一聞言下大悟，頓見真如本性，是故將此教法流行後代，會學道者頓悟菩提，令自本性頓悟」

由上知性是真如本性。明心見性也可以說從自心中頓現真如本性。

（B）見性是什麼？

見性成佛是徹見自己的佛性，悟明自己的佛性與佛等同，也就是照見自己本來的心性，只要徹見自己的佛性、心性便能成佛。

達摩：「直指人心，見性成佛」[57]

「若欲成佛，須是見性，性即是佛，若不見性，念佛誦經，持齋持戒，亦無益處」[58]

「黃梅付囑如何指授。能曰：指授即無，唯論見性，不論禪定解脫」

「用自真如性，以智慧觀照，於一切法，不取不捨，即是見性成佛道。」

「若欲入甚深法界及般若三味者，須修般若行，持誦金剛般若經，即得見性」

「若聞悟頓教，不執外修，但於自心常起正見，煩惱塵勞常不能染，即是見性」

菩薩戒經云：我本元自性清淨，若識自心見性，皆成佛道。

淨名經云：即時豁然，還得本心。

「善知識！我於忍和尚處一聞，言下便悟，頓見真如本性」

「若起正真般若觀照，一剎那間妄念俱滅，若識自性，一悟即至佛地」

「一僧法海，問曰：即心即佛，願垂指諭。師曰：前念不生即心，

---

[57] 悟性論
[58] 血脈論

120

後念不滅即佛。成一切相即心，離一切相即佛。

即心名慧，即佛乃定，定慧等持，」

「法海言下大悟，以偈讚曰：即心元是佛，不悟而自屈，我知定慧因，雙修離諸物」

（C）性可以用人的肉眼見到嗎？

C1 五眼各自不同：

眼（梵語：Cakṣus，巴利語：cakkhu），字面意義爲眼睛之意，在佛教理論中，眼可以分成五種層次：肉眼（六道中之人道、畜生道）、天眼（六道之天道）慧眼（二乘）、法眼（菩薩）和佛眼（佛），又稱五眼。

C2 六祖壇經：

「汝之本性猶如虛空，了無一物可見，是名正見；無一物可知，是名眞知；無有青黃長短，但見本源清淨，覺體圓明，即名見性成佛，亦名如來知見。於一切法不取不捨，即見性成佛道。」

本性像虛空，了無一物，那有物體可見。

C3 大般涅槃經：

「善男子！觀十二緣智，凡有四種：一者下，二者中，三者上，四者上上。下智觀者不見佛性，以不見故得聲聞道。中智觀者不見佛性，以不見故得緣覺道。上智觀者見不了了，不了了故住十住地。上上智觀者見了了故，得阿耨多羅三藐三菩提道。」

下智的聲聞及中智的緣覺均不見佛性。上智的菩薩可不了了見佛性，菩薩的位階是在十住地，所以須登菩薩初地才可以「不了了」見佛性。唯有上上智的佛才可以「了了」見佛性。

大般卷 28：「眼見者謂十住菩薩、諸佛如來，眼見眾生所有佛性」

十住是指「十住地」菩薩，而非指十住的二乘。

大般卷 27：「佛性亦爾，一切眾生雖不能見，十住菩薩見少分故，如來全見。……十住菩薩雖見佛性不能明了，以首楞嚴三昧力故能明了」

十住是指十住地菩薩。

大般卷八：「世尊！佛性如是微細難知，云何肉眼而能得見？佛言，如彼非想非非想天，亦非二乘所能得知，隨順契經，以信故知」

二乘的眼是慧眼，菩薩的眼是法眼，與人、畜的肉眼完全不同。

菩薩瓔珞本業經：「是人爾時從初一住中，若修第六般

見性不一定是佛？

無量義經：「是則諸佛不可思議甚深境界，非二乘所知，亦非十住菩薩所及，唯佛與佛乃能究了」

十住指十住地菩薩。

大般卷 23：「善男子，譬如有河，第一香象不能得底，則名為大。聲聞緣覺至十住菩薩不見佛性，名為涅槃，非大涅槃。若能了了見於佛性，則名為大涅槃也。是大涅槃唯大象王能盡其底，大象王者謂諸佛也」

十住指十住地菩薩。

大般卷 27：「聲聞緣覺見一切空，不見不空，乃至見一切無我，不見於我，以是義故，不得第一義空；不得第一義空故，不行中道；無中道故，不見佛性」

聲聞、緣覺只破我執，尚未破法執，尚未證我法兩空的真如中道，即菩薩初地位階。

大般卷 26：「善男子！一切菩薩住九地者，見法有性，以是見故不見佛性。若見佛性，則不復見一切法性。以修如是空三昧故，不見法性，以不見故，則見佛性。」

　　九地菩薩是指通教九地菩薩位，通教菩薩十地位即是通教佛，此時也才入別教初地位，只能不了了見佛性，只有別教佛，已證法無自性的法空，才能了了見佛性。

　　大般卷27：「十住菩薩見一切法無常、無樂、無我、無淨；非一切法分，見常樂我淨，以是義故，十分之中得見一分。」

　　十住指十住地菩薩，尚未證佛性四德之常樂我淨，故只能不了了見佛性，即只能十分見一分佛性。

　　「十住菩薩智慧力多，三昧力少，是故不得明見佛性。聲聞、緣覺三昧力多，智慧力少。以是因緣不見佛性。諸佛世尊定慧等故，明見佛性了了無礙」

　　二乘智慧力少不能見佛性；菩薩則三昧力尚不足，只能少見而不能明見佛性。只有佛定慧等持才能明見佛性。

　　「善男子！如汝所言，十住菩薩以何眼故，雖見佛性而不了了？諸佛世尊以何眼故，見於佛性而得了了？善男子！慧眼見故，不得明了；佛眼見故，故得明了。為菩提行故，則不了了；若無行故，則得了了。住十住故雖見不了；住不住故則得了了。菩薩摩訶薩智慧因故，見不了了；諸佛世尊斷因果故，見則了了。一切覺者名為佛性，十住菩薩不得名為一切覺故，是故雖見而不明了。

　　十住菩薩是指十地菩薩，而非指「十住」位階的二乘位。

　　有人嚴重誤解涅槃經的「十住」菩薩為五十二位階的十住位階的「二乘」位諧，導致有七住明心，觸證阿賴耶識或如來藏心及十住見性，以肉眼見到佛性的看法。

　　C4 金剛經：

　　善男子！見金剛經：「凡所有相，皆是虛妄，若見諸相非相，則見如來」

所有的相都是虛假不實的,即不是實體存在的。若想見佛的相,必須將佛的身相看成是「非相」,才能見佛。非相是假有或妙有而非實有。而人的肉眼只能看到實有的色相。

「無法相,亦無非法相,何以故?是諸眾生若心取相,則為著我人眾生壽者」「若取法相,即著我人眾生壽者。何以故?若取非法相,即著我人眾生壽者,是故不應取法,不應取非法。以是義故,如來常說:汝等比丘,知我說法,如筏喻者、法尚應捨,何況非法。」

法是性空緣起相,所以只是因緣的聚合相,是假有相或妙有相;而非法相是指自性是空相或畢竟空相。故法及非

法二相均不可取,法相雖肉眼可見,但是假相。非法相則非肉眼所能見。

「我相即是非相,人相、眾生相、壽者相即是非相。何以故?離一切諸相,則名諸佛」「一切諸相,即是非相,一切眾生則非眾生。如來所得法,此法無實無虛」

故一切相即是非相,均非肉眼所能見,何況法及非法的本性相如何能見。即佛性如何能以肉眼見。

「若菩薩通達無我法者,如來說名真是菩薩」

菩薩初地已能通達我法二空,故能少見佛性。

「若以色見我,以音聲求我,是人行邪道,不能見如來」「如來者,無所從來,亦無所去,故名如來」

不能見到如來的色相,因如來的色相是一種非相,所以若求見如來色相是人行邪道。如來的法身是無來去,是遍在,報身是智慧身,也只能人死後在淨土見到。應化身則必須能與佛感應道交,才能得見。

「一切有為法,如夢幻泡影,如露亦如電,應作如是觀」

有為法是指有生住異滅四相的世間法。本心及本性非有為法,須菩

薩初地才能少見，佛才能全見。

（D）　眼見佛性與聞見佛性。

「善男子！一切眾生實不能知如來心相，若欲觀察而得知者，有二因緣：一者眼見，二者聞見。若見如來所有身業，當知是則爲如來也，是名眼見；若觀如來所有口業，當知是則爲如來也，是名聞見。若見色貌一切眾生無與等者，當知是則爲如來也，是名眼見；若聞音聲微妙最勝，不同眾生所有音聲，當知是則爲如來也，是名聞見。若見如來所作神通，爲爲眾生，爲爲利養？若爲眾生，不爲利養，當知是則爲如來也，是名眼見；若觀如來以他心智觀眾生時，爲利養說？爲眾生說？若爲眾生，不爲利養，當知是則爲如來也，是名聞見。云何如來而受是身？何故受身？爲誰受身？是名眼見；若觀如來云何說法？何故說法？爲誰說法？是名聞見。以身惡業加之不瞋，當知是則爲如來也，是名眼見；以口惡業加之不恚，當知是則爲如來也，是名聞見。若見菩薩初生之時，於十方面各行七步，摩尼跋陀、富那跋陀鬼神大將，執持幡蓋，震動無量無邊世界，金光晃曜彌滿虛空，難陀龍王及跋難陀以神通力浴菩薩身，諸天形像承迎禮拜，阿私陀仙合掌恭敬。盛年捨欲，如棄涕唾，不爲世樂之所迷惑，出家修道樂於閑寂，爲破邪見六年苦行，於諸眾生平等無二，心常在定初無散亂，相好嚴麗莊飾其身，所遊之處丘墟皆平，衣服離身四寸不墮，行時直視不顧左右，所食之物物無完過，坐起之處草不動亂。爲調眾生故往說法，心無憍慢，是名眼見。若聞菩薩行七步已，唱如是言：『我今此身最是後邊。』阿私陀仙合掌而言：『大王當知，悉達太子，定當得成阿耨多羅三藐三菩提，終不在家作轉輪王。何以故？相明了故。轉輪聖王相不明了。悉達太子身相炳著，是故必得阿耨多羅三藐三菩提。』見老病死復作是言：『一切眾生甚可憐愍，常與如是生老病死共相隨逐，而不能觀常行於苦，我當斷之。』從

阿羅邏五通仙人受無想定，既成就已，後說其非。從欝陀伽仙受非有想非無想定，既成就已，說非涅槃是生死法。六年苦行無所剋獲，即作是言：『修是苦行空無所得，若是實者我應得之，以虛妄故我無所得，是名邪術非正道也。』既成道已，梵天勸請：『惟願如來當爲眾生廣開甘露說無上法。』佛言：『梵王！一切眾生常爲煩惱之所障覆，不能受我正法之言。』梵王復言：『世尊！一切眾生凡有三種，所謂利根、中根、鈍根。利根能受，惟願爲說。』佛言：『梵王！諦聽，諦聽！我今當爲一切眾生開甘露門。』即於波羅㮈國轉正法輪，宣說中道。一切眾生不破諸結，非不能破，非破非不破，故名中道。不度眾生，非不能度，是名中道。非一切成，亦非不成，是名中道。凡有所說，不自言師，不言弟子，是名中道。說不爲利，非不得果，是名中道。正語實語、時語眞語，言不虛發，微妙第一。如是等法，是名聞見。善男子！如來心相實不可見。若有善男子、善女人，欲見如來，應當依是二種因緣。」

（E) 如何見性：

1. 達摩：「諸緣欲息」「息業養神」（血脈論）

2. 慧能：「屏息諸緣、勿生一念」、「不思善、不思惡」[59]「但於自心常起正見，煩惱塵勞，常不能染，即是見性」「無憶無著，不起誑妄，……，以智慧觀照，於一切法不取不捨，即是見性成佛道」[60]

「離迷離覺，常生般若，除眞除妄想，即見佛性」[61]

---

[59] 壇經行由品
[60] 壇經般若品
[61] 壇經懺悔品

「一切善惡都莫思量，自然得入清淨心體」[62]

「但向心中除罪緣，各自性中真懺悔。……學道常於自性觀，即與諸佛同一類」（壇經懺悔品）

「臥輪有技倆，能斷百思想，對境心不起，菩提日日長」慧能回：「慧能沒技倆，不斷百思想，對境心數起，菩提作麼長」

由上知慧能反對斷妄心以求真心，而是即妄即真。

「若見一切法，從不染著，是為無念。用即遍一切處，亦不著一切處，但淨本心，使六識從六門走出，於六塵中，無染無雜，來去自由，通用無滯，即是般若三昧，自在解脫，名無念行。我此法門，從上已人來，頓漸皆立無念為宗。」

3.永嘉玄覺：「不求真，不斷妄，了知二法空無相」[63]

真為妄之體，妄是含真體的體相用總表現，真妄是一法而非二法。

4. 神會：「今修定得定者，自有內外照，以內外照，故得見淨，以心淨故，即是見性」

5. 起信論：「若能觀念知心無念，既能隨順入真如門」

6. 金剛經：「善知識，若欲入甚深法界入般若三昧者，直修般若波羅蜜行。但持「金剛般若波羅蜜經」一卷，即得見性入般若三昧」

金剛經：「凡所有相，皆是虛妄，若見諸相非相，則見如來」；「無法相，亦無非法相，何以故？是諸眾生若心取相，則為著我人眾生壽者」「若取法相，即著我人眾生壽者。何以故？若取非法相，即著我人眾生壽者，是故不應取法，不應取非法。以是義故，如來常說：汝等比丘，知我說法，如筏喻者、法尚應捨，何況非法。」「應無所住，而生其生念」「我相即是非相，人相、眾生相、壽者相即是非相。何以故？

---

[62] 壇經護法品
[63] 永嘉證道歌

離一切諸相,則名諸佛」「一切諸相,即是非相,一切眾生則非眾生。如來所得法,此法無實無虛」「若菩薩通達無我法者,如來說名真是菩薩」

三、明心就是見性嗎?

心性以一般而言,心與性是不同的。性是心的體,心是體相用總表現。

但禪宗的心是指本心、自心,「直下頓了自心本來是佛」,頓了自心即明心。性是指本性、自性,「若識自性,一悟即至佛地」,故頓了自心「本來是佛」及識自性「一悟至佛地」,可見明自心及識自性都能成佛,兩者結果是一致的,即明心及見性都能成佛。

四、明心見性與斷惑:

明心見性後有菩薩初地的少見佛性,及佛地的全見佛性。

(一) 少見佛性:

若登入菩薩初地,已斷分別煩惱所知二障種子,已證分別我法兩空之依言如實空真如,已斷分段生死,此時已「少見」佛性。

但仍有變異生死未斷,俱生二障未斷,俱生無始無明(無明住地)未斷。

(二) 全見佛性:

若一悟到佛地,已了了全見佛性,此時已斷盡所有煩惱習氣。

五、明心見性是頓悟還是漸悟?

楞伽經以為,事修則漸淨,理悟則頓悟。

(一) 小頓悟:指菩薩七地。

隋碩法師「三論遊意義」中說：「用小頓悟師有六家也。一肇師，二支道林師，三眞安埵師，四邪通師，五匡山遠師，六道安師也。此師云七地以上悟無生法忍也」

慧遠的「肇論疏」：「遠法師云：；二乘未得無生，始於於七地，方能得也；埵法師云：三界諸結，七地初得無生，一時頓斷，爲菩薩見諦也」

（二）　大頓悟：：指菩薩十地。

1. 竺道生認爲入理之慧若亦可分爲二，與「理不可分」之義不符。理既不可分，故悟則全悟，不容階級。故認爲七住頓悟者仍屬漸悟非頓悟。十住（十地）之內無悟道之可能，十住後的金剛心（十地出心）才能豁然大悟，證法身。

2. 反對頓悟最著名者是慧觀。是中土第一個作判教者。將全體佛說分爲頓、漸二教。頓是華嚴。漸分五時。大部分經典都納入漸教。

3.天台以圓頓爲究竟，漸次爲方便，但也主張大小頓漸相資。華嚴分小、始、終、頓、圓。以頓教爲高，但最終仍以圓爲究竟。

（三）　惠能的頓悟：

惠能與竺道生提倡的「大頓悟」十地以後。不一樣：

竺道生是理悟，從理論上說明悟理必爲頓。

惠能是立足於當下的無念心，

明心是即心即佛

見性是見性成佛

惠能所說的心，不是自性清淨心，也不是眞妄和合心，而是眾生現實的當下之心，這個當下之心圓滿具足一切，眾生只要在行住坐臥之中念念無著，即是悟，本心與本性自能任運顯現，如同自識本心，自見本心，而達自然解脫成佛道。若起心而修，口念而行，那就是著相的迷人

愚行。

任心自行，念念無著，便是常行智慧，即名般若行。

自心的覺悟就是自心般若智慧性的自然顯現。反對百物不思的絕念；及各種有所執著的觀心看淨。強調人心念念相續，念念無著的自然任運，自在解脫，而不用涅槃解脫來表示解脫境。

「自性若悟，眾生是佛，自性若迷，佛是眾生；自性平等，眾生是佛。」

自性是佛性，佛性有正因、緣因、了因三因，自性若悟就是佛，佛是三因平等，緣了因都已修行成正因，佛的三因是即正即緣即了。

悟是指將緣了二因修行使之變成正因，如此眾生能將緣了二因都「頓變成」正因，眾生即是佛。

而緣因及了因的體也是正因，只要「當體」能將現實心的念念正念且無著，即念念達到「無相-不分別」、「無念-不妄想」、「無住-不執著」，則念念都是自性清淨心的自然顯現，此任運自顯即是「頓悟」。

自性若迷，佛是眾生：

迷指眾生的佛性緣了二因成迷，緣因成迷是不能體驗萬法是假法或是妙有。了因成迷是不能認知萬法的自體是空或是畢竟空。

眾生的念念都是分別（有相），都是妄想（有念），都是執著（有住），則佛是眾生。

「自性平等，眾生是佛」：

佛是三因一因，正因即是緣因即是了因。所以是三因平等，自性平等。所有眾生的正因與佛的正因是相同平等的，差別只在緣了二因，此二因可以受熏，了因可以受熏成染也可以成淨，緣因可以受熏成善也可以成惡。

正因是非緣非了，非有非無，非因非果，是中道，所以不受分別或

後天的熏習。

但入菩薩初地的證中道後,已斷分別或後天的我執(煩惱障)及法執(所知障)。從二地-等覺,則地地修行斷「俱生或先天」的我法二執,即無明住地或無始無明,直到菩薩妙覺才達佛地。

但惠能的明心見性是頓悟,一悟即到佛地。

也有主張小頓悟(七地)及竺道生的大頓悟(十地)

及事漸修至四加行而後理頓悟進入初地。

將緣了因的初地以上的俱生我法執(俱生煩惱所知障)即無明住地或無始無明,以「即體即空」的「不斷斷」方式,直指緣了因的體,而讓即緣即了即正的佛性「任運顯現」。

所謂「不斷斷」無始無明,三因一因佛性即自然任運顯現。

這過程即是「頓悟」,此時念念皆是無相、無念、無住的佛性顯現。

天台的心:一念無明法性心、一念三千

華嚴的心:如來藏自性清淨心、一真法界

-惠能的心:眾生具體當下現實之人心。只要念念能「離相無念無住」的當下,便是自性本淨。客塵煩惱與心性非主客,更趨於二者一元。本來無一物,何處惹塵埃。塵埃當體即空即是悟自性。換言之,自性是煩惱的體,而煩惱是體相用的總表現,只要念念「無相無念無住」即是自性清淨體。也就是「即妄即真」。

-而部派佛教的心性本淨指心性是一法,外蓋煩惱也是一法,是附屬的,外鍊的,必須除去煩惱,另求本淨心性。即「除妄求真」。

大乘如來藏系的如來藏自性清淨心,是本性清淨被煩惱覆蓋住,只要除去煩惱即可顯現本淨自性,即「除妄顯真」

-大信起信論的一心:眾生心:含心真如心生滅二門,阿賴耶識是

生滅與不生滅和合。

　　-唯識的心：八識心。如來藏識心。

　　六、悟後起修

　　（一）　若悟入菩薩初地，已斷分別煩惱所知二障種子，已證分別我法兩空之依言如實空眞如，已斷分段生死，此時已「少見」佛性。

　　但仍有變異生死未斷，俱生二障未斷，俱生無始無明（無明住地）未斷，雖少見佛性，但仍需悟（小悟）起修，直至佛地能了了見佛性。

　　（二）　若一悟到佛地，已了了全見佛性，當然已大悟，無需再修。

　　（三）　若小頓悟到菩薩七地，仍需悟後起修。

　　（四）　若大頓悟則一悟即至菩薩十地金剛心。

　　七、諸問討論

　　1. 眼見佛性是以什麼眼看見佛性？

　　答：只有菩薩的法眼少見佛性，佛眼全見佛性，其他肉眼、天眼、慧眼均不能見佛性。

　　2. 二乘聖人能不能眼見佛性？

　　答：不能。

　　3. 眼見佛性只有諸佛才能證得嗎？

　　答：菩薩可以少見，諸佛全見。

　　4. 沒有眼見佛性就無法入地嗎？

　　答：入菩薩初地才可以不了了見佛性。

　　5. 眼見佛性者的證量都一樣嗎？

　　答：有菩薩少見及佛全見之別。

6. 阿賴耶識與如來藏的關係？

　　如來藏是阿賴耶識的本體，阿賴耶識是含如來藏體的體相用整體表現。

第四章 佛性的修行位階

一、華嚴宗

（一）斷惑分齊：

1.修道階位有二門：次第行布門及圓融相攝門。

前者有十信、十住、十行、十迴向、十地、等覺、妙覺共五十二位階。

後者一位之中具一切位，得一位即得一切位，十信滿心即攝五位而成正覺。

2.小乘：分方便位（七位：三賢：五停心觀、別相念、總相念。四加行：煖、頂、忍、世第一。

見道位：四諦十六行相中之第十五心。斷三界見惑，即初果。

修道位：第十六心以後，斷盡三界修惑（思惑），即二、三果。

究竟位：斷盡三界見思二惑，即四果阿羅漢。

3.始教：有迴心教及直進教。

迴心教：有方便、見道、修道、無學。

有通教菩薩十地說。

直進教：有菩薩五十一位說：十信、十住、十行、十迴向、十地、佛果

4.終教：立四十一位，十信併入三賢初位即初住位：發心住，等覺併入十地。

有二類機：直入終教者及從始教來者。

5.頓教：一念不生即佛，不立階位。即顯離言真如。

6.圓教：有同教、別教二種。

同教攝前四教所明行位。

別教：有寄顯門，立階位差別。

直顯門：不立階位。一位即一切位，普賢因、遮那果，因果不二。

（二）五教修道位階

（1）斷證：

-小教：此教斷證，如木作灰，如色歸空，斷煩惱障，滅分段死，顯生空理，證偏真果。

-始教：此教斷證，如鏡離垢，如月出雲，斷二障，滅二死，顯二空，證二果，初地至妙，每有十二品。

-終教：此教斷證，如器成金，如冰即水，初住至妙，每有四十二品，勝始教可知。

-頓教：此教斷證，如狂迷歇，如睡夢覺，本品準前，此中三地亦超終妙，增成五十二品。

-圓教：此教斷證，如拆錦花，如鎔金獅，初住至妙，品數準終，但此三地，超頓妙覺，便有六十二品。

（2）不覺：

-小：凡夫地位，覺性本具，無明迷障，成不覺故，此則不覺偏真性也。

-始：謂不覺二空法性也。

-終：謂不覺如來藏性也。

-頓：謂不覺眞如性也。

-圓：謂不覺法界性也。

（3）發心：

-小：發出界取滅心也。

-始：發行度利生心也。

-終：發慈悲深直心也。

-頓：發內證聖智心也。

-圓：發普賢廣大行願心也。

（4）十信位：

-小：

七信：總相念。始十向齊。

十信：加行。

-始：初伏二障。

-終：

初信：略伏二障

七信：伏二障分別，俱生粗現。

十信：伏二障分別，俱生細現，

小加行，始第一齊。

-頓：

初信：伏二障分別，俱生現，與小加行，始第一，終十信齊。

七信：除煩惱分別，俱生現，與小初果，始初地，終初住齊。

-圓

初信：除煩惱分別俱生現，與小初果，始初地，終初住，頓七信

齊。

七信：除所知分別俱生現，與小四果，始七地，終七住，頓七信齊。

九信：伏二障分別，俱生粗種，與始妙覺、終二行、頓七住齊。

十信：進伏細種。與終十行、頓十住齊。上明圓伏中伏斷，下方圓斷。

（5）十住位

-始：雙伏二障中，少伏煩惱分別現。

-終

初住：除煩惱，分別俱生現，與小初果、始初地齊。

七住：除所知，分別俱生現，與小四果、始七地齊。

-頓

初住：除所知分別，俱生現，與小四果、始七地、終七住齊

七住：伏二障分別，俱生粗種，與始妙覺、終二行齊

十住：進伏細種，與終十行齊。

-圓

初住：除二障分別，俱生粗種，與終初向、頓初行齊。

十住：進除細種與終十向、頓十行齊

（6）十行位：

-始：少伏所知分別現。

-終

二行：伏二障分別，俱生粗種，與始妙覺齊。三行已去，始教不知名目。

十行：伏二障分別，俱生細種。

-頓

初行：除二障分別，俱生粗種，與終初向齊。

十行：進除細種，與終十向齊。

-圓

初行：圓斷二障分別，俱生現種盡，更斷習氣一分，終終初地、頓初向齊

（7）十回向位：

-始

十向：伏除二障分別現，相資糧，空乾慧，與小總相念齊。

-終

初向：除二障分別，俱生粗種

十向：除二障分別，俱生細種

-頓

初向：頓斷二障分別，俱生現種盡，更斷習氣一分，與終初地齊。

十向：頓斷二障習氣十分，與終等十地齊。

-圓

初向：圓斷二障習氣十一分，與終等覺、頓初地齊。

十向：圓斷習氣二十分，與頓十地齊。

（8）四加行位：

-始：除二障分別現，伏分別種及俱生現、相加行，空性地，與小世第一齊。

-終：伏二障習氣。

-頓：十向習盡，進伏初地習

-圓：十向習盡，進斷初地習

（9）十地位：

-始

初地：始斷二障分別種，進斷俱生種現一分，相見道，空八人見地。與小初果齊。

三地：斷二障俱生種現三分，空薄欲地，與小二果齊。

五地：斷五分，空離欲地，與小三果齊。

七地：斷七分，空已辦地，與小四果齊。

八地：斷八分，空辟支佛地，與小支佛齊。

九地：斷九分，與小佛果齊。十地已上，小教不知名目。

等覺：斷二障俱生種現十一分，進斷佛地一分，空菩薩地，相修習地。

妙覺：頓斷二障分別俱生種現盡，空佛地，相究竟位，在淨化土，成勝應佛，天衣座上，說明空相法，令小乘及下根凡外，轉小成大。

-終

初地：斷二障分別俱生現種盡，更斷習氣一分。

十地：斷二障習氣十分。

等覺：斷二障習氣十一分，進斷佛地習氣一分。

妙覺：現種習盡，現受用身土，坐金剛座，說藏心法，令權教三乘并中根凡夫外道，轉權成實。

-頓

初地：頓斷習氣十一分，與終等覺齊。

二地頓斷習氣十二分，與終妙覺齊，三地已去，終不知名目。

等覺：頓斷習氣二十一分，進斷佛地習氣一分。

妙覺：頓斷二障現種習盡，在法性土，成法性佛，坐虛空座，說一乘真性法，令漸教三乘并上根凡夫外道，轉漸成頓。

-圓

初地：斷習二十一分，與頓等覺齊

二地：斷習二十二分，與頓妙覺齊。

三地：斷習二十三分，頓教不知名目。

等覺：圓斷習氣三十一分，進斷佛地習氣一分。

妙覺：圓斷二障無盡現種習盡，在無障礙法界土，成無障礙法界佛，坐普融無盡師子座，說緣起法界法，令偏教三乘並上上根，凡夫外道轉偏成圓。

（三）華嚴之位階與天台位階比較：

（1）天台化法四教與華嚴五教之會通：

天台：華嚴

藏=小；通=始；別=終；圓=頓、圓

（2）兩宗之不同：

A.別：終

-天台別教初地：初斷二障分別種子、現行。

進斷二障俱生種習

-華嚴終教初地：

斷二障分別，俱生之現種盡。更斷習氣一分。

B.圓：頓圓

-天台：別教初地等同圓教初住。

-華嚴：

終教初地斷二障習氣一分。十地斷二障習氣十分，等覺斷二障習氣十一分，進斷佛地習氣一分。

圓教初地斷習氣二十一分。三地斷習氣三十一分，進斷佛地習氣一分。

即終教等覺等同圓教的三地。

C.華嚴圓教：

初信：除煩惱分別俱生現。

=小初果=始初地（乾慧地）=終初住=頓七信

=天台別教

小初果=天台別二住=天台圓二信=華嚴終初住

D.華嚴圓七信：除所知分別、俱生現。

=小四果=始七地（已辦地）=終七住=頓初住

=天台別七往=天台通七地（已辦地）=天台圓七信

E.華嚴圓九信：伏二障分別、俱生粗種。

=華嚴始妙覺=華嚴終二行=華嚴頓七。

=天台別八九住=天台通支佛地+天台圓八信

F.華嚴圓十信：進伏細種。

=華嚴終十行=華嚴頓十住

=天台別教十行：破塵沙

=天台通教菩薩地=天台圓教八-九信

G.華嚴圓初住：除二障分別，俱生粗種。=華嚴終初向=華嚴頓初行

=天台別初地：除二障分別種。=天台通佛地=證中=開始斷無明住地（無始無明俱生二障種習。

H.華嚴圓十住：進除細種：

=華嚴終十向=華嚴頓十行

=天台別十向：伏無明住地=修中=天台圓十信

I.華嚴圓初行：圓斷二障分別、俱生現種盡、更斷習氣一分。

=華嚴終初地=華嚴頓初向。

=天台別初地：斷分別二障種。

=證中=開始斷無明=天台通佛地=天台圓初住=華嚴終初地=華嚴頓初向。

J.華嚴圓初向：圓斷二障習氣十一分。=華嚴終等覺=華嚴頓初地。

=天台別等覺=天台圓等覺=天台圓等覺=天台圓分眞即。

K.華嚴圓十向：圓斷習氣二十分

=華嚴頓十地

L.華嚴圓四加行：十向習盡，進斷初地習。

=天台未提及四加行

M.華嚴圓初地：斷習二十一分。=華嚴頓等覺。

=天台別十地

N.華嚴圓二地：斷習二十二分=華嚴頓妙覺

=天台別等覺

O.華嚴圓三他：斷習二十三分=華嚴頓教不知名目。

=天台別妙覺=天台圓妙覺。

P.華嚴圓等覺：圓斷習氣三十一分，進斷佛地習氣一分。

=天台圓妙覺

Q.華嚴圓妙覺：圓斷二障無盡現種習盡。在無障礙法界土，成無障礙法界佛，坐普融無盡師子座，說緣起法界法，令偏教三乘并上上根凡夫外道轉偏成圓。

　　華嚴圓七信=小四果。九信=始妙覺。初向=終等覺。初地=頓妙覺

　　華嚴圓初行=華嚴終初地=天台別初地

=天台圓教妙覺佛=天台別教妙覺。天台通教初地佛。天台藏教八九住辟支佛，七住四果。

　　-華嚴頓妙覺：頓斷二障現種習盡，在法性上，成法性佛，坐虛空座，說一乘眞性法，令漸教三乘并上根凡夫外道，轉漸成頓。

　　-華嚴終妙覺：現種習盡，現受用身土，坐金剛座，說藏心法，令權教三乘并中根凡夫外道，轉權成實。

華嚴終七住=小四果=始七地=天台七住四果。華嚴終教二行=華嚴始教妙覺。

-華嚴始妙覺：頓斷二障分別，俱生種現盡，空佛地，相究竟位，在淨化土，成勝應佛，天衣座上，說空相法，令小乘小根凡外，轉小成大。

華嚴始教七地=小四果；八地=小支佛；九地=小佛果。

-華嚴小佛：頓斷見思習氣，在染化土，成劣應佛，生草座上，說諦緣法，令下下凡夫外道，轉凡成聖。

（四）位階與佛性的關係：

（1）小教：只有佛一人有佛種性。種性即佛性。

（2）始教：非遍一切有情，五種性中有一分無性眾生。

（3）終教：偏一切眾生皆悉有佛性。

（4）頓教：唯一眞如，離言說相，名爲種性。

（5）圓教：非情亦有佛性。

同教一乘：所明種性，並皆具足，主伴成宗，攝方便故。

別教一乘：種性甚深，因果無二，通依及正，盡三世間，該收一切理事解行等諸法門，本來滿足已，成就訖。

（6）總說修行分五位，資糧位、加行位、通達位、修習位、究竟位。

於通達位的初地入心通達二空無我理的見道位，即證入眞如中道佛性。

於修習位，初地住心位-第十地終金剛無間道，斷俱生二障，證得轉依。

二、唯識法相宗

（一）唯識的斷惑

五位漸修：資糧位、加行位、通達位、修習位、究竟位。

A.分別起二障斷惑位次：

煩惱障、所知障分

現行：資糧位漸伏。加行位頓伏。

種子：初地頓斷

習氣：初地頓捨

B.俱生起二障斷惑位次：

1.煩惱障

-前六識俱

現行：地前漸伏。初地頓伏。

種子：十地金剛無間道頓斷。

習氣：在地位漸捨；佛果永捨。

-第七識俱

現行：初地以上漸伏；第八地永伏。

種子：十地金剛無間道頓斷

習氣：地地漸捨；佛果永捨。

2.所知障

-前六識俱

現行：七地以前漸伏；第八地永伏。

種子：地地漸斷；十地金剛無間道永斷。

習氣：地地漸捨；佛果永捨

-第七識俱

現行：地地或伏或起；十地金剛無間道永伏

種子：十地金剛無間道頓斷

習氣：地地漸捨；佛果永捨。

（二）位階與佛性的關係

通達位就是見道位，見道所見之真見是無分別的根本智，所見之道即是二空真如，也是菩提實相，唯識實性。而真如即是佛性，故入菩薩初地，即斷能所二取，證二空真如佛性，證入正因佛性之非緣非了中道。

入修習道，以後得智修習之。即修即緣即了二因。

三、三論宗

依真諦言之，一切有情本來是佛，無迷無悟，湛然寂滅。若說別有佛道可成者，即是頭上安頭，成為戲論。

（一）但若依俗諦立五十二行證位。

五十二位聖賢程序

十信：伏見一切住地

十住：斷見一切住地盡，伏欲愛住地

十行：伏色愛住地

十迴向：伏有愛住地

十地：初住初心 ，斷四住地盡，初地至十地，斷十重無明

等覺

妙覺

（二）位階與佛性關係：

（1）三論宗創始人為吉藏。吉藏認為「非真非俗」的「中道」才

是眞正的「正因佛性」。

「河西道朗法師與曇無讖法師，共翻「涅槃經」，親承三藏，作「涅槃義疏」，釋佛性義，正以中道爲佛性」[1]

事實上，中道佛性也超越了因果、本有始有及任何兩相矛盾對立的概念。[2]

大乘玄論卷四：「二是假名，不二爲中道，中道就是實相」

「二諦義」卷上：「離斷常二見，行於中道，見於佛性」

（2）由上表位階，初地初心（入心）斷四住地盡，開始斷十重無明，十重無明是指十地的無明住地，地地分斷。

可見菩薩初地即入證中道佛性地。

四、律宗

南山律師對於菩薩經三阿僧祇劫，歷五十二位，曾判立四位以統攝之，最後歸於究竟的諸法實相，所以本宗仍契合於大乘中的一乘圓教。

（一）四位：

願樂位：願樂信解，自利利他，此當十信、十住、十行、十回向，爲第一阿僧祇劫所修。

見位：爲見道位，此爲初地。

修位：爲修道位，此當二地至七地。

究竟位：漸進至於佛地，此八地至妙覺，爲第三阿僧祇劫所修。

（二）位階與佛性之關係：

因律宗仍契合一乘圓教，因此會涉及佛性。

---

[1] 大正 45、35 下
[2] 大正 12、524 上

上表位階可知見道位的初地或究竟位的八地可能是中道佛性證入位。

五、俱舍宗

（一）修行位次：七加行、有學、無學

（1）賢

1 加行位：三賢、四善根

A.三賢（外凡）

五停心

別相念住

總相念住

B.四善根（內凡）

煖

頂

忍

世第一法

（2）聖

2 有學位

a.見道：預流向

b.修道： 預流果、 一來向、一來果、不還向、不還果

阿羅漢向

3 無學位：阿羅漢果

（二）位階與佛性關係：

俱舍宗屬小乘教，只有佛一人有佛性，其他人尚未涉及佛性。

其所謂見道是見初果位，不同於大乘菩薩初地的見道，是見中道佛性。

六、成實宗

（一）修行位階：

二十七賢聖位

1.有學

預流向

　隨信行：聞思位（三賢）

　隨法行：四善根位

　無相行：見道

預流果

一來向

一來果

不還果：中般、生般、有行般、無行般、樂慧、樂定、轉世、現般、信解、見得、身證

阿羅漢向

2.無學

阿羅漢果：退法相、守護相、死相、住相、可進相，不壞相、慧解脫、俱解脫、不退相

（二）位階與佛性之關係：

成實宗乃在破三心。假心：認爲眾生實有，以聞思慧破之。法心：認

爲五蘊實有，以空智破之。空心：認爲涅槃實有，以重空義即空

空，達滅盡定或無餘涅槃。

故成實宗已有某程度的我法二空，但尚未證無住涅槃，尚未破無明住地，僅得部分的中道佛性。

其二十七賢聖位也非常類似於俱舍宗，見道位仍在初果向-預流向，尚未見菩薩初地的見道位即中道佛性，我法二空所顯眞如。

七、禪宗

禪宗不立文字，闡明直指人心，見性成佛之旨，沒有修行位階，頓悟而明心見性。

（1）明心見性的心與性同義，心指如來藏心，即阿賴耶識的本體如來藏。性是指佛性。而如來藏即是佛性，故明心即見性。

（2）見性是指菩薩初地能「不了了」見到佛性的正因佛性。或佛能「了了」見到佛性的三因一體佛性。換言之，只有菩薩初地及佛才能見性-見到佛性。

人的「肉眼」及二乘的「慧眼」都見不到佛性，只有菩薩的「法眼」才不了了，隱約見到佛性及佛的「佛眼」可以了了見佛性。

（3）此宗有「本證」、「妙修」之說。

本證：吾人本來具足佛心，圓成佛性，故曰本證。

妙修：信得本證上所起之修行，名曰妙修。

木證妙修，即證上之修，而修證不二之義。

（4）本宗之修法有先悟後修，即一般坐禪者。以頓悟漸修爲正則。其次悟修同時，如六祖。此指利根上器者。

八、淨土宗

（一） 往生內因

1.菩提心

2.厭離心欣求心

3.至誠心深心迴向發願心

4.定散二善

定善：息慮以凝心。即十三觀法。

散善：廢惡以修善。即三福（世、戒、行）九品諸行。

5.正助雜三行

6.五念門：禮拜、讚歎、作願、觀察、迴向。

7.念佛三昧

8.四修：恭敬、無餘、無間、長時。

（二） 往生外緣

1.彌陀經第十八願：設我得佛，十方眾生,至心信樂，欲生我國，乃至十念，若不生者，不取正覺。

2.觀經第九觀，增上三緣：

-明親緣：口常稱佛、身常禮敬佛、心常念佛。

-明近緣：眾生願見佛。

-明增上緣：眾生稱念，即除多劫罪，命欲終時，佛與聖眾自來迎接。

（三） 修行方法

1.淨土三資糧：信願行。

2.三種念佛方法：

稱名念佛、觀想念佛、實相念佛。

3.五正行、五念門、四修

五正行：讀誦、觀察、禮拜、稱名、讚歎供養。

五念門、四修已如上述。

（四） 與佛性關係：

此門有三輩九品，其最上修行者為上品上生，即生前順發至誠心、深心、迴向發願心，還要慈心不殺，具諸戒行，讀誦大乘方等經典，修行六念（佛法僧戒天施捨），迴向願生彼國，命終即得往生。

上品中生：不必受持讀誦方等經典，善解義趣，但於第一義，心不驚動，深信因果，不謗大乘，以此功德，迴向願求生彼國，命終即得往生。

從上文，但於第一義，心不驚動。第一義即指諸法實相，心不驚動，若能見證第一義之真如，即見菩薩初地之真如佛性，此時能登佛之實報莊嚴土。

上品中生能見佛性，上品上生理應也能藉修行六念而能見菩薩初地以上之佛性。

第五章 禪宗的佛性思想與心性

第一節　禪宗的佛性思想與心性

一、心性的定義

心性分開而言，性是心的本體、本性。心是含心體的對外整體「體相用」的呈現。

心性之意義：

各宗對心性的解釋不同。尤其天台、三論、唯識、華嚴、禪宗都有各自的心性論立場解讀。

天台的「性具」善惡、生佛互具、一念三千、貪欲即道。將心體解為「一念無明法性心」

唯識有八識、真如、三性三無性學說。將心體解為如來藏心、藏識即阿賴耶識。

華嚴：心體是自性清淨圓明體。生佛相即。一真法界。性起。

禪宗的本心、本性即自心、自性。所謂一心是指眾生「當下的現實之心」。

宗密的看法，

小乘是「假說的一心」；始教是「異熟賴耶的一心」；終教是「如來藏的一心」；頓教是「泯絕染淨的一心」；圓教是「總該萬有的一心」。

二、中國各時期的「禪學」思想

（1）安世高：善開禪數、止觀俱行

禪數：對佛的教法之數分類稱「數法」，指阿毗曇即小乘阿含經的「論」。

善開禪數即於阿毗曇中，特說禪定的法數。

陰持入經：

內容有九品惑業（痴愛貪恚惑受更法色）二本罪症（痴、愛）、九絕（九種對治惑業的方法：止、觀、不貪、不恚、不痴、非常、苦、非身、不淨。

止觀雙俱行

四禪：對於常樂我淨四顛倒的四種慧（非常、苦、非身、不淨）的體現。

安般守意經：

六事：數息、相隨、止（止在鼻頭）、觀（觀五陰身而悟非常苦空無我之理）、還（棄身七惡及還五陰）、淨（無欲、無想、不受五陰之境）

十六特勝

六事結合三十七道品、十二因緣、四諦

最早提到「坐禪」即早期習禪的主要形式。及非有非無的空觀思想。

（2）支婁迦讖

首楞嚴三味經：達到「勇者（菩薩）的一種禪定」。首楞嚴即是健行、健相。又譯爲健相三味、健相定、勇伏定、勇健定

菩薩第十地得此定，有神通，獲涅槃永樂。

般舟三味經：般舟是「出現」、「佛立」之意。又譯佛立三味、佛現前定。

首次將阿彌陀佛淨土思想傳到中國內地

常行三味：不間斷地常行念佛

獨一處止念西方阿彌陀佛的修行法

了知人法「本無」之般若學性空重要概念

念所念、見所見皆是「意所想耳」、「無所有也」即證得佛智及涅槃解脫

三界到佛都是自心所造，意所作。心有想爲痴心，無想是涅槃。認識一切皆夢幻不實，心不起任何念，念空、無想之時，就達到般若空觀的要求。

提倡一心念阿彌陀佛，這是對淨土思想在中土傳播的影響。

主張心是佛心，心作佛，一切「無所有」，無想是涅槃，對禪宗思想的相似，對師的地位及作用很重視，與禪宗的藉師自悟有相當通。

（3）康僧會：明心說

傳安世高系的小乘禪學。

安般守意經序：用四禪及六事相配合論述安般守意的過程與要求。

追求禪定引發神通，修持安般禪就像磨鏡，可使「淨心」復明，即明心如磨鏡，「心淨觀明，得一切智」（六度集經、禪度無極章）。

（4）鳩摩羅什：

禪學與大乘般若學結合

坐禪三味經：大小乘兼有。五門禪法（不淨觀、慈心、因緣、數

息、念佛）

禪法要解：四禪、四無量心、四空處等小乘禪法但也包括觀諸法實相之大乘禪法思想。

首楞嚴三昧經：大乘禪經，統攝大乘六度。

本人不傾心於禪法，用般若空觀來貫通大小乘禪學。

（5）佛陀跋陀羅

達摩多羅禪經：又名不淨觀經、修行方便禪經

禪窟：與弟子慧觀、寶雲在江南大弘禪法，所住道場寺。本人通達禪業，習禪之風自此盛行於大江南北。

以小乘五種觀法為主，尤重數息觀及不淨觀，稱二甘露門。但也融入了大乘將生滅法與不變之如性結合。對中國後來禪學發展影響很大。

弟子慧觀：「定慧相和，以測真如」

弟子玄高，以神異見稱於世。

北魏佛陀禪師傳慧光至僧稠而大顯。

僧稠：重修心禪法，依四念處法及十六特勝法。

僧實：重「雕心」及「慧心」，依九次第定。

道宣之續高僧傳，對二人評價頗高。然以菩提達摩對後世影響最大，但達摩系禪法直到道信、弘忍開東山法門後，才在中土蔚為大觀。

中土禪學在與魏晉般若學相融貫之後，又與南北朝佛性論會通之後，確立了自性自度，自我解脫的主體，由般若真空轉向涅槃妙有及頓悟法門，竺道生起了十分重要的推動作用。

（6）道安

將大乘般若與小乘禪學二大系融會。

本無論：安般守意就是要「宅心本無」。

強調「以慧探本」，確立起「正覺」。

不以神通爲重，主張當心契入「本無」之境，即心的「本然狀態」，才能與眞如實相契合，對後來禪宗思想的形成有很大關係。

（7）慧遠：反本求宗。

心神之不滅及法性論：法性與本無，同實而異名，是宇宙人生的終極根源，不滅的心神與之冥然相合，體認不變的法性，即是證得解脫。

主張禪智雙運，就能統本運末。

反本求宗，反是返意，本是涅槃。

傾心大乘念佛禪，其念佛是觀想念佛，不同淨土宗之稱名念佛，但仍發願期生西方淨土，因此也被尊爲淨土宗初祖。

他將大乘般若學與大乘禪法相貫通，重在「洗心」「御心」以達到冥懷至極，智落宇宙。認爲以宅心才能御心，御心才能反本求宗以統本，統本才能運末，統本運末才能任運自然。

（8）支道林：即色遊玄論。

道安的「宅心本無」仍有心可宅，有無爲本；慧遠的反本求宗、冥神絕境，更強調法性實有，心神不滅。而支遁的即色遊玄論，才進一步將禪法引向「忘念絕慮」、「無心逍遙」。

以好清談玄理聞名當世，注「莊子、逍遙遊」，名噪一時。

也是東晉般若六家七宗中之「即色宗」（即色是空）的代表人物。色之爲有，隨心而起。而忘言無心，逍遙自在，沒有任何執著的自心解脫。支遁雖說沒有執著「本體」，但對追求超脫境界也是一種執著。直到羅什才是畢竟空。

（9）僧肇

羅什譽爲秦人解空第一。以不落兩邊的否定方法來破邪顯正，將羅什所傳中觀理概括爲「不眞空」，即不眞故空。是非有非無、非動非靜、非有知非無知、涅槃非有非無。

主張「非離眞而立處，立處即眞也」。

僧肇也善於用老莊玄學化的語言來表達般若空義。

他的動靜一如、有無齊觀、事理不二等思想，及得意忘言、不落二邊處中道等方法，影響了日後禪宗思想的形成。

他以維摩經的「不二法門」主張出來世不離入世，使思辨哲理轉向現實生活的觀念，也影響日後的禪宗思想。

（10）僧叡：

精通般若深義，又十分重視禪法。注重禪法的「厝心」，即視禪法爲「向道之初門，泥洹之津徑」。又由般若性空轉向佛性實有。

極端力主張禪智雙修。「禪非智不照，智非神不成」。

將般若空性與涅槃妙有佛性作爲佛教不可或缺的組成。

（11）竺道生

撰寫「佛性當有論」，享有「涅槃聖」之美稱。

竺道生不但深得龍樹中觀學之眞義，也頗得法華、涅槃之義旨，大倡涅槃佛性論，並將佛性等同於自心自性，也影響日後禪宗甚鉅。同時將實相無相與涅槃佛性結合，去除神我及實我之色彩。僧肇對於「所見之外」之實並未進一步說明，道生則以無形無相、不可言說之實相，在法曰「法性」；在佛曰「法身」；在眾生曰「佛性」。而實相即佛性，實相爲本體、本性，則一切眾生也皆有佛性。這種般若實相無相，即是「佛性我」，不同於外道的「神我」及眾生的「實我」。佛性是眾生的本性、自性，也是自心的心體，從而導出自性自度。

竺道生的涅槃佛性實相論，及認爲理不可分割的頓悟說，對日後禪宗的影響十分巨大，包括自性自悟，頓悟頓修，明心見性、頓悟成佛、涅槃生死不二等。

（12）寶誌：即心即佛。破語言文字、見諸法實相。苦行無益。觸

目會通。道不假修、但息知解。

不解即心即佛,真似騎牛覓牛。崇尚數日不起的坐禪入定。也有種種神異事跡。

受南方老莊玄佛義學及梁代再興的般若三論之學影響甚多。

也受維摩經不二思想的影響,主張菩提煩惱不二、佛與眾生不二、色空不二、生死不二、真俗不二、解縛不二。等維摩經的不二思想。

「智者知心是佛,愚人樂往西方」,這一觀點被六祖慧能所吸收。但六祖進一步提出了「在家修行,人間佛教」。

「一切無非佛事,何須攝念坐禪?妄想本來空寂,不用斷除攀緣」,此不執坐禪的觀點直接影響六祖慧能。

「佛性天真自然,亦無因緣修選」,這種道不假修的觀點也是影響六祖慧能的頓悟頓修說。

(13)傅大士

心王銘:傅大士所作?由於其神異傳說很多,是否有後世禪宗的塑造?

主旨:「欲求成佛,莫染一物」「了本識心,識心見佛,是心是佛,是佛是心,念念佛心,佛心念佛」

答梁武帝問:菩薩所說,非長非短、非廣非狹、非有邊、非無邊。何為真諦?息而不滅。臨財無苟得、臨難無苟免;一切諸法不有不無。

創設「輪藏」:有發菩提心者,能推輪藏,是人即以持誦諸經功德無異。

以禪修為業,不重視但不完全排除經教。

主張虛懷為本,不著為宗。體現般若毛老莊的旨趣。

(14)教下諸宗的禪學思想:

a. 天台宗:慧文「一心三觀;慧思「法華三味,無相安樂行」;智

顯「三諦圓融、一念三千、止觀並重、定慧雙修」

b.三論宗：什肇般若學；僧朗「坐禪行道、大弘三論之學」；僧詮「此法精妙、識者能行、不重言說」；法朗「禪門宏敞、慧聲遐討、四句朗」；智辯「定慧兩舉、兼存禪眾、領語辯」；慧勇「專講論文、銳志禪誦、文章勇」；慧布「常樂坐禪、遠離囂擾、得意布」；吉藏「三種二諦、四重二諦、四種中道、八不正觀」

c.法相唯識宗：玄奘「無暇修禪」；窺基「五重唯識觀」

d.華嚴宗：杜順「法界觀門、五教止觀」；

智儼「通觀、唯識觀及空觀、五種觀：不淨觀、慈心觀、緣起觀、安般念觀、界分別觀、孔目章十八觀、華嚴一重十玄門」；法藏「一眞法界觀、妄盡還源觀、十重唯識觀」；澄觀「四法界觀」、宗密「禪教合一說」

e.淨土宗：慧遠「念佛三昧、觀想念佛」；曇鸞「念佛三昧、禪定憶念兼及口念佛號，等同心念、口念」；道綽「稱名念佛、般舟三昧經」；善導「完成創宗、稱名念佛易行道，駁斥修禪難行道、念佛與修禪分家」

三、禪宗的心性佛性論

從如來禪-達摩-東山法門（四祖道信及五祖弘忍）-北宗禪（神秀），均以本寂眞心爲心體，以除妄歸眞的漸修方式，注重禪坐。

而六祖慧能則以「自心、自性」爲心體，即「當下現實之心」，以頓悟方式，即妄顯眞，直指人心，見性成佛。

當下現實之心即超越眞妄二元對立的眞心理體。

（一）達摩以來中土各時期禪宗大師的禪學及心性、佛性思想：

1.達摩：二入四行，凡聖等一，藉教悟宗。

「深信含生同一眞性，但爲客塵妄想所覆，不能顯了。若也捨僞歸眞，……此即與理冥符」[1]

達摩：「直指人心，見性成佛」（悟性論）

2.慧可：身佛不二、是心是佛、是心是法。

「本迷摩尼謂瓦礫，豁然自覺是眞珠」[2]

3.僧璨：任性逍遙，一心爲用。

信心銘：「放之自然，體無去住，任性合道，逍遙絕惱」

「一心不生，萬法無咎；心若不異，萬法一如」[3]

4.道信：一行三昧安心法門、藉教悟宗：我此法要，依楞伽經諸佛心第一，又依文殊說般若經一行三昧。想以般若思想來改造如來藏自性清淨心，就性空而說生佛不二。

「百千法門同歸方寸，河沙妙德總在心源」[4]

5. 法融（牛頭禪）：

a. 心境本寂，絕觀忘守（一切莫作，一切莫執，無心用功）

法融、心銘：「心性不生，何須知見？本無一法，誰論熏煉」

b. 將定慧、智境歸之於一心的卷舒、寂照。

c. 頓悟是通過無修而修可以「頓息」諸緣以達涅槃解脫之境。

6. 弘忍(東山法門)：守本眞心，即自性圓滿清淨自心。亦可稱我心、本心、眞心、眞如佛性。兼具當下自然之心和佛性兩重意義。眾生具此眞心可成就佛而說生佛不二。並通過識心而守心。而且不必藉經教來達到理悟，但守一心即得成佛，建立了禪宗教外別傳的特色。對於頓悟，傾向於漸修頓悟。悟就是自識本心，從而守本眞心，妄念不生，即

[1] 菩提達摩略辨大乘入道四行觀
[2] 景德傳燈錄卷三
[3] 信心銘
[4] 景德傳燈錄卷四

與佛平等無二。

「此守心者，乃是涅槃之根本，入道之要門，十二部經之宗，三世諸佛之祖」

「若有一人不守眞心得成佛者，無有是處」

「三世諸佛皆從心性中生」[5]

7. 弘忍門下大弟子：

a.法如系：「世界不現」爲法界一相，「空中月影」以喻禪修之法，以自得本心（息除了妄念的清淨心）爲禪修之境。其禪風樸實，晦名寄跡，棄世浮榮。

b.老安系：頓悟心性，逍遙自在。

不重禪定的漸修，而重當下的頓悟自證，並以行爲動作來啓發學人擺脫言相的執著。

c.玄賾系：依持眞如清淨心坐禪自證。無法可說，無心可言，自性空閑，返歸於本。兼容般若及楞伽兩種禪學特色。

d.智詵系：無憶無念莫妄三句的頓悟心性，息念坐禪，見性成佛。

無憶是戒等同無住；無念是定，等同壇經無念；莫妄是慧，等同無相。

e.宣什系：以傳香爲師資之信，而後授法。慧解與行證並重，同時以「念佛」爲方便進行實際的修習。

「正授法時，先說法門道理，修行意趣，然後令一字念佛」

念佛要由口念、意念而至心念，最後一切意念心想均不起，便能淨心而得道解脫。與道信的念佛禪十分相近。

8. 南宗慧能：識心見性、見性成佛、自性自度、自性空寂、心性

---

[5] 最上乘論

不二、定慧等學、心轉法華、禪非坐臥。

a.識心見性：識及見非指一般意義下的知見，而是一種證悟，沒有心被能識所識、也沒有性被能見所見，而是自心自性的自我觀照、自我顯現。

慧能：「自識本心，自見本性」[6]

b.見性成佛：

慧能：「無有青黃長短，但見本源清淨，覺體圓明，即名見性成佛」[7]

c. 自性自度

慧能：「即自心中邪見煩惱愚癡眾生，將正見度。即有正見，使般若智打破愚癡迷妄眾生，各各自度。邪來正度，迷來悟度，愚來智度，惡來善度」「於一切時，念念自淨其心，自修其行，見自己法身，見自心佛，自度自戒」[8]

d. 自性空寂：

，猶如虛空」「世人妙性本空，無有一法可得，自性真空，亦復如是」[9]

「若不思萬法，性本如空」[10]

e. 心性不二

慧能：「弟子自心常生智慧，不離自性」17）壇經行由品）「自識本心，自見本性，即無差別」「萬法盡在自心，何不從自心中頓見真如本

---

[6] 壇經付囑品
[7] 壇經機緣佛心是佛，妄念是凡夫」（楞伽師資記）
[8] 壇經懺悔品
[9] 壇經般若品
[10] 壇經懺悔品

性」[11]

　　f. 定慧等學

　　「我此法門，以定慧爲本」「定慧一體，不是二；定是慧體，慧是
定用」「若心口俱善，內外一如，定慧即等」[12]

　　g. 心轉法華、禪非坐臥：

　　「心正轉法華，心邪法華轉」

　　「外離相曰禪，內不亂爲定」「道由心悟，豈在坐也」

　　h. 唯心淨土、頓悟成佛，頓悟不假漸修，融修於悟中，即頓悟頓
修。頓修實際上也無法可修，無行可行，修而無修，以無修爲修，而且
自性自悟，是當下即悟而非理悟。

　　「迷人漸修，悟人頓契」「我此法門，從上以來，頓漸皆立無念爲
宗，無相爲體，無住爲本」

　　「若識自性，一悟即至佛地」「前念迷即凡，後念悟即佛」

　　I. 藉師自悟，自性自悟，非藉教悟宗：藉師外還得靠自，悟，強調
自性自度，但不廢言教師傳。

　　9. 北宗神秀：拂塵看淨的觀心論，息妄修眞的觀心修行法。

　　a. 觀心是指明了自心起用而有染淨二心的道理，攝心守眞，觀心
看淨。主張念佛就是觀心看淨。念佛是心念，而非口念。念在於心，念
從心起。了知自心清淨，才是正念，只有正念才能達到心體離念，妄想
並除，常守本覺眞心，才能解脫。神秀繼承了道信的念佛禪及弘忍的守
本眞心。神秀反對修伽藍、鑄形象、燒香、散花、燃長明燈等外在形式
主義的求佛道之行，認爲「若不內行、唯只外求」是不可能解脫的。神
秀也主張「時間」的頓悟，只要一念淨心，絕三毒心，可以超三大阿僧

---

[11] 壇經定慧品
[12] 壇經定慧品

衹刼而頓超佛地。但此頓悟只是超越時間，息妄仍需漸修，此不同於惠能的不假修習，直了心性的頓悟。神秀即主張法門漸修而頓悟。

b.宗密在圓覺經經大疏鈔中認爲神秀北宗的特色是「拂塵看淨，方便通經」。

神秀將道信的五方便門經經教會通，稱方便通經。

五方便爲：

b.1.總彰佛體：依大乘起信論的心體本覺立論

b.2.開智慧門：依法華經的開示悟入佛之知見而立的由定發慧的禪修方便。

b.3.顯不思含義解脫門：依維摩經而立的。

b.4.明諸法正性門：依思益梵天所問經而提出來的。

b.5.了無異自然無礙解脫門：依華嚴經圓融無礙思想提出來的。

（二）六祖慧能以下各禪宗大師的禪學及心性、佛性思想：

六祖慧能的南宗禪後分三系：荷澤、洪州、石頭。

（1）菏澤禪系，菏澤神會：知是心性本體也是智慧發用，體用一如。所謂見性成佛，即以能知的智慧本體照見清淨的如如本體。

1.荷澤神會：自性具足、無心無得：

a.自性具足：

神會（荷澤宗）：「一一身具有佛性」「本空寂體上，自有般若智能知」[13]「知心空寂，即是用處」

b.無心無得

神會：「念不起，更無餘，見本性，等虛空，有作有求非解脫，無

---

[13] 南陽和尚問答雜徵義

作無求是工夫」[14]

　　「眞如之信，即是本心」「眾生心即是佛心，佛心即是眾生心」「若約不了人論，有眾生有佛；若其了者，眾生心與佛心元不別」「眾生本有無師智、自然智，眾生承自然智，得成於佛」「佛性本有今無；今言無佛性者，爲被煩惱蓋覆不見，所以言無」「本空寂體上，自有般若智能知，不假緣起」「知即知心空寂，見即見性無生」

　　2. 宗密

　　將心分爲肉團心、緣慮心、集起心、堅實心。「唯心者，即是眞如之心」「畢竟平等，無有變異，不可破壞，唯是一心，故名眞如」「空寂之心，靈知不昧，即此空寂之知，是前達摩所傳空寂心也」「迷時煩惱亦知，悟時神變亦知」「空寂是體，是涅槃；知是用，是覺」「理是本覺，智是始覺，始本不二，爲究竟覺」「禪家返照者，即是以他始覺照我本覺」「當知，始自發心，乃至畢竟，唯寂唯知也」

　　3. 南陽慧忠：無心可用、無情有性。

　　「發心出家本擬求佛，未審如何用心即得？師曰：無心可用，即得成佛」「曰：無心可用，阿誰成佛？師曰：無心自成，佛亦無心」[15]

　　4. 永嘉玄覺：三諦一境、三觀一心。

　　「三諦一境，法身之理恒清；三智一心，般若之明常照；境智冥和，解脫之應隨機」

　　(2) 石頭禪系：石頭希遷

　　觸目會道，無心合道。即事而眞，理體派或眞心本體派。廢禪修，頓悟法門，直指當下現實之心。後傳曹洞宗、法眼宗、雲門宗。

　　石頭希遷：即心即佛。

---

[14] 南宗定邪正五更轉
[15] 景德傳燈錄卷二八

「自己心靈，體離斷常，性非垢淨，湛然圓滿」「眞物不可得，汝心見量意旨如此也，大須護持」「但除卻一切妄運想念見量，即汝眞心」

(3) 洪州禪系：馬祖道一。後傳臨濟宗、潙仰宗。

平常心是道、性在作用、觸類是道，無心是道、即眞即妄、非眞非妄。天眞自然之用即是道。後傳臨濟宗。

1.　馬祖道一：平常心是道，自心自佛，心外無別佛，佛外無別心。

「平常心是道」「自心自佛，此心即是佛心」「心外無別佛，佛外無別心」

2. 百丈懷海：體露眞常，不拘文字，心性無染，本自圓成。

「靈光獨耀，迴脫根塵；體露眞常，不拘文字。心性無染，本自圓成；但離妄緣，即如如佛」

a. 南泉普愿：智不是道，心不是佛，大道無形，眞理無對，理絕思量。

「智不是道，心不是佛」「大道無形，眞理無對，所以不屬見聞覺知，無粗細想」「大道無形，理絕思量」「若言即心即佛，如兔馬有角；若言非心非佛，如牛羊無角」

b. 趙州從諗：道不可說，佛不可求。以各種靈活多變的接機方便來破除學人的思量。以性空實相來解說萬法本質。以答非所問打破學人的情解執著。

「狗子無佛性」成爲著名的公案或話頭。

c.大珠慧海：心者是總持之妙本，萬法之洪源，善惡一切，皆由自心。

強調無修無證，無念無著。在無心任自然的生活中去體悟自己本來

是佛。

「心者是總持之妙本，萬法之洪源」「善惡一切，皆由自心，所以心爲根本也」「其心不青不黃，不赤不白，不長不短，不去不來，非垢非淨，不生不滅，湛然常寂」

大珠慧海：「迷人求得求證，悟人無得無求」[16]

d. 黃檗希運：此心即是佛，更無別佛，亦無別心，直下無心，本體自見。

「此心是本源清淨佛，人皆有之，蠢動含靈，與諸佛菩薩，一體不異」「達摩從西天來，唯傳一心法，直指一眾生本來是佛，不假修行，但如今識取自心，見自本性，更莫相求」「直下無心，本體自見」

「無人無我，無貪瞋，無憎愛，無勝負」「不可以心更求於心，不可以佛更求於佛，不可以法更求於法。故學道人，直下無心，默契而已」[17]

黃檗希運：「但能無心，便是究竟。學道人若不直下無心，累刼修行，終不成道」[18]

黃檗希運：「心性不異，即性即心，心不異性，名之爲祖」[19]

黃檗希運：「無心即是無一切心，離一切相」「無人無我，無貪瞋，無憎愛，無勝負」「不可以心更求於心，不可以佛更求於佛，不可以法更求於法。故學道人，直下無心，默契而已」[20]

黃檗希運：「但能無心，便是究竟。學道人若不直下無心，累刼修

---

[16] 頓悟入道要得論
[17] 黃檗斷際禪師傳心法要
[18] 黃檗斷際禪師傳心法要
[19] 黃檗斷際禪師宛陵錄
[20] 黃檗斷際禪師傳心法要

行，終不成道」[21]。

（三）惠能後的五家宗風

A. 臨濟宗：創始人臨濟義玄。

A.1.臨濟義玄：無位眞人「赤肉團上有一無位眞人，常從汝等諸人面門出入，赤證據者看看」

「山僧分明向你道，五陰身田內，有無位眞人，堂堂露現，無毫髮許間隔，何不識取？」[22]

a.四料簡：對不同根器者的四種不同教學方法：

奪人不奪境：針對我執重的人，破除對我的執著。

奪境不奪人：針對法執重的人，破除對法的執著。

人境俱奪：針對我執及法執都很重的人，破除其我法二執。

人境俱不奪：對我法二執都不執著的人，二執都不須破。

b.四賓主：

賓看主：參學者的見識超過禪師，禪師還不懂裝懂。

主看賓：禪師的見識超過參學者，參學者不懂裝懂。

主看主：禪師及參學者都掌握了禪理。

賓看賓：禪師及參學者都不懂禪理又都裝懂。

c.四照用：

先照後用：針對法執重者，先破除其對客體的執著。

先用後照：針對我執重者，先破除其對主體的執著。

照用同時：針對我法二執均重者。同時加以破除。

照用不同時：針對已經不再執著我法二執的人，即可應機接物，運用自如。

---

[21] 同 18

[22] 祖堂集卷一九

A.2.黃龍派，惠南黃龍：黃龍三關。

三關是生緣處、佛手、驢腳。

黃龍慧南：「人人盡有生緣處，那個是上座生緣處？又復當機問答，正馳鋒辯，卻復伸手云：我手何似佛手？又問諸方參請宗師所得，卻復垂腳云：我腳何似驢腳？三十餘年示此三問，往往學者多不湊機。叢林共目爲三關」[23]

生緣指人皆因緣轉生而來，擺脫不了業道輪迴。佛手指人即是佛。驢腳指人與其他眾生也無二。

從輪回解脫的角度看，生佛不二，凡聖無別，所以要參學者

識心見性，只可自悟，自成佛道，而不應該尋文追義，死於句下。

A.3. 楊岐派，方會楊岐：立處即眞。

「立處即眞，者里領會，當處發生，隨處解脫」

繼承臨濟機鋒棒喝或法語啓發學人的風格，又與雲門三句中的函蓋乾坤義旨有相通之處。

五祖法演有中興臨濟的美譽。

圓悟克勤之碧嚴錄乃禪學名著。

大慧宗杲大倡看話禪，編成正法眼藏。

B. 溈仰宗：創始人溈山靈祐、仰山慧寂。

三種生：

人天眼目卷四：「吾以鏡智爲宗要，出三種生，所謂想生、相生、流注生」

想生是主觀心識的想，相是客觀塵境的相，流注是心識流注不停。

只要打破這三種生，徹底否定主客觀世界及心識微細流注的變化，

---

[23] 建中靖國續燈錄

才能得自在解脫。

不說破：溈仰宗強調不假語言思維的自心頓悟，因此在接機時倡導「不說破」的原則。溈山說：「我若說似汝，汝已後罵我去。我說底是我底，終不干汝事」。

各種手勢：溈仰宗根據不可說、不可破的原則，依學人根機不同慣用各種不同手勢來啓悟學人。

C. 曹洞宗：創始人洞山良價、曹山本寂。

C.1. 五位君臣、偏正迴互：「正」代表理（空界），「偏」代表事（色界），「兼」代表非正非偏的中道。

理事偏正互回，互相配合，便成五種形式，再配以君臣之位，便成「五位君臣」。

-正位：君位、理本體、本來無物。

-偏位：臣位、事位、有萬象形。

-正中偏（主中賓：體中用也）：即君視臣，唯見事相，不見事理，背理就會事。

-偏中正（賓中主：用中體也）：臣向君，唯見事理，不見事相，捨事入理。

-兼帶：即君臣合道，理事圓融，染淨不二，混然無內外，和融上下平。

-洞山教人「行鳥道」：即於日常行事中無心任自然之意。洞山說：鳥道是直須足下無私去。雖行鳥道，但也不執著鳥道：「如何是本來面目？答：不行鳥道」。

C.2. 萬松行秀：真妄不二，事理雙照。融會儒佛道三教。

D. 雲門宗：創始人文偃。

雲門三句：

函蓋乾坤：即事而眞，一色一味，無非妙體，頭頭物物，悉皆眞現，一切現成。

截斷眾流：截斷情識心念，不要用語言文字去把握眞如，而應於內心頓悟，本非解會，排疊將來，不消一字，萬機頓息。

隨波逐浪：對學者應病與藥，應機說法。

E. 法眼宗：創始人清涼文益。

E1.一切現成：文益說：佛法現成，一切具足……若會得，自然見聞覺知路絕，一切諸法現前。何故如此？爲法身無相，觸目皆形；般若無知，對緣而照。

E2.事理不二，貴在圓礎。不著他求，盡由心造。

「若論佛法，一切見成」「一切聲是佛聲，一切色是佛色」

（四）禪宗的頓悟法門

六祖慧能之南宗禪，屬頓悟法門，直指人心（當下現實心），頓悟成佛。尤以石頭系更爲明顯。廢禪坐漸修，頓悟見性。

慧海[24]：

頓悟之義：頓是頓除妄念，悟是悟無所得。

禪定之義，禪是妄念不生，定是坐見本性。

本性者，即汝無生心。定者，對境無心，八風不能動。

「欲修何法，即得解脫？答：唯有頓悟一門，即得解脫。云何爲頓悟？答：頓者，頓除妄念；悟者，悟無所得。問：從何而修？答：從根本修？云何從根本修？答：心爲根本。夫修根本，以何法修？答：惟坐

---

[24] 頓悟入道要門論

禪，禪定即得。云何爲禪？云何爲定？妄念不生爲禪，坐見本性爲定。本性者，即汝無生心。定者，對境無心，八風不能動」「心住何處即住？答：住無處住即住。云何是無住處？答：不住一切處，即是住無住處。不住切處者，不住善惡、有無、內外、中間，不住空，亦不住不空；不住定，亦不住不定，即是不住一切處」

心住何處即住？

答：心住「無處住」就是住。

云何是無住處？

答：不住一切處，即是住無住處。

不住切處者，即不住善惡、有無、內外、中間，不住空，亦不住不空；不住定，亦不住不定，即是不住一切處。

禪宗的自心、自性即指佛心、佛性。

識心見性即自識本心，自見本性。

慧能主張見性成佛，即心是佛。

所謂明心見性，依涅槃經，有入菩薩初地的「少分」見佛性，及入佛地的「全分」見佛性。

也有支道林等主張入菩薩七地的「小頓悟」，及竺道生主張入菩薩十地金剛心的「大頓悟」。

惠能的識心及見性，識非指心識所識，見也非指眼睛所見，見及識均指「證悟」之意。而且心也不可識，性也不可見，心即性均指真如佛性，不可見、不可識。

惠能之頓悟是指頓悟頓修，而非頓悟漸修或漸修頓悟。即頓之時即是修，修已融入頓中，頓修同時。

楞伽經主張事要漸修，但理則是頓悟。

神秀主張漸修而後頓悟，但修行時間可從三大阿僧祇劫頓縮爲刹

那。竺道生認為理體不可分，故菩薩七地的小頓悟還是在修的階段。涅槃經則認為菩薩初地可少見佛性。

作者認同涅槃經及楞伽經之說法，即事漸修至菩薩初地，少見佛性後，才地地漸修至妙覺，而頓入佛地。慧能之修頓同時，只有一悟即到佛地才有可能，其他九法界眾生可能需先悟到菩薩初地少見佛性後，才地地漸修至佛地成佛，但入佛地時是頓入而非漸入。

（五）禪宗的實踐及修心養性：

1. 直透三關

破初關：若能凡情頓盡，真境現前，悟得無生無滅的本地風光，即名破初關或改本參。

作者見解：破初關等同於入菩薩初地證得分別我法二空之依言如實空真如。

過重關：學者見性之後，若能脫離根塵能所，保持佛心，久而不失，即名過重關。

作者見解：重關相當於菩薩二地到等覺。八地破俱生我執，等覺破俱生法執。

透末後牢關：縱使五欲當前，千軍交殺時，還能運用自如，剎那不離，才算透末後牢關。

作者見解：末後牢關即佛境地。

2. 達摩的二入四行

二入：理入、行入。

行入有四行：報冤行、隨緣行、無所求行、稱法行。

3. 慧可：不用求真，唯須息念。

4. 僧璨：任性逍遙：

信心銘：「放之自然，體無去住，任性合道，逍遙絕惱」

5. 道信

a.二種禪修方便法門：

a1 依於究竟處自明淨心，任運而爲。即日後惠能的隨緣任運。

a2 可諦看明淨心，或三五年，心更明淨。即日後神秀的觀心看淨。

b.五種方便：

b1.知心體：知心之體性本來清淨，與佛不二。

b2.知心用：知心之作用生法寶，與理相契。

b3.常覺不停：覺心在前，覺法無相。圓滿自足的本覺之心念念不滯於言相，正念不斷，妄念不起。

b4.觀身空寂：而明諸法皆空：入身於法界之中，達到我佛一如之境。

b5.守一不移：了知能緣所緣皆空幻，而守住清淨之自心。

「守一不移，動靜常住，能令學者明見佛性，早入定門」「守一不移者，以此空淨眼，注意看一物，無間晝夜時，專精常不動。其心欲馳散，急手還攝來。如繩繫鳥足，欲飛還掣取。終日看不已，泯然心自定」[25]

6. 弘忍：守本眞心。

「但於行知法要，守心第一。此守心者，乃是涅槃之根本，入道之要門，十二部經之宗，三世諸佛之祖」[26]

7. 慧能：常行直心，即妄即眞、隨緣任運。

慧能：「莫心行諂曲，口但說直，口說一行三昧，不行直心。但行直心，於一切法勿有執著。迷人著法相，執一行三昧，直言常坐不動，

---

[25] 入道安心要方便法門
[26] 最上乘論

妄不起心，即是一行三昧。作此解者，即同無情，卻是障道因緣」

8. 神秀：住心看淨、攝心內證

神秀：「凝心入定，住心看淨，起心外照，攝心內證」[27]

神秀結合用心念佛，及藉教悟宗，使他成為達摩禪法的真正傳人。

9.臨濟義玄四料簡

見上文。

10. 曹洞宗：偏正迴互及五位，見上文。

洞山良价：「混然體用，宛轉偏圓，亦猶投刃揮斤輪扁得手，虛玄不犯，迴互傍參」[28]

11. 雲門三句：見上文。

文偃：「我有三句語示汝諸人，一句函蓋乾坤，一句截斷眾流，一句隨波逐浪」

12. 黃龍三關

黃龍慧南：「人人盡有生緣處，那個是上座生緣處？又復當機問答，正馳鋒辯，卻復伸手云：我手何似佛手？又問諸方參請宗師所得，卻復垂腳云：我腳何似驢腳？三十餘年示此三問，往往學者多不湊機。叢林共目為三關」[29]

13.看話禪

一念未生之前，就是話頭。說話之前，一句未起那個不生不滅的真心即是話頭。以惠能之「那個是明上座本來面目」為最早之話頭。宋代以楊岐派的大慧宗杲為大力提倡者。他力排默照禪及文字禪，為了掃蕩知解，杜塞思量分門，而大倡看話禪。話頭如下：庭前柏樹子、麻三

---

[27] 菩提達摩南宗定是非論
[28] 玄中銘
[29] 建中靖國續燈錄

斤、干屎橛、狗子無佛性、一口吸盡西江水、東山水上行、念佛是誰等，其中以趙州的一則公案中的「狗子無佛性」爲最常參的話頭。其後法演也力倡參「無」字。

宗杲強調參話頭要參活句，不能參死句。「有解可參之言乃是死句，無解之語去參才是活句」。而且參話頭必須生「疑」，不疑不悟，小疑小悟，大疑大悟。「若棄了話頭，卻去別文字上起疑，經教上起疑，古人公案上起疑，日用塵勞中起疑，皆是邪魔眷屬」

而且必須「時時提撕話頭」，於日常生活行住坐臥中，時時念念不斷才能奏效。

14. 默照禪：宏智正覺以「默照」二字，靜坐默照。即於默然靜坐中進行內心。

他認爲人心本覺、本寂，因煩惱塵垢污染而不能顯其清白圓明的妙靈之體，若通過「靜坐默究」，去諸妄緣幻習，使心地下空寂，便能使虛心自照，證得般若智慧，達到解脫。

「默默忘言，昭昭現前」、「妙存默處，功忘照中」。默照禪在宋代曾盛極一時，曹洞宗也得到興盛。

但受到大慧宗杲等人的猛烈攻擊及批評。

他力排默照爲邪，認爲照來照去，轉加迷悶，無有了期。

15. 禪淨教融合

a. 禪淨雙修

最早東晉慧遠倡導念佛禪，以觀想念佛發願生西。之後逐漸形成持名念佛的淨土宗及禪修心悟的禪宗。入宋以後，教下各宗都相對衰微，只有禪宗及淨土宗仍廣泛流傳，而禪淨雙修也逐漸成爲主流。

最早是法眼宗永明延壽認爲萬行皆善，同迴向往生西方淨土。視禪淨合修爲最佳佛教修行。其後，雲門宗契嵩、義懷、曹洞宗長蘆（有淨

土集行世）及宋宗賾等都主張禪淨融合。

b.禪教兼重

早在石頭希遷已吸取華嚴教理，而首倡禪教並重的是宗密。並以三教配三宗，學人稱為華嚴禪。

法眼宗文益也引用華嚴六相義闡發禪理。永明延壽更以「經是佛語，禪是佛意」編成宗鏡錄一百卷，可說是華嚴禪的進一步開展。天台德韶則引天台的性具實相說發揮禪學，被稱為智顗的後身。

16. 文字禪

入宋以後的禪宗有獨特的風格，大量「燈史」、「語錄」、「擊節」、「評唱」等出現，從不立文字的中國禪宗日漸走上「文字禪」之路。尤其宋以後許多燈錄都是由好禪的士大夫參與編撰。士大夫參禪早在唐代已成風尚，至宋代更為盛行。

禪師的「語錄」，唐代已有，宋代更是風行。著名者如宋 賾藏 主集的「古尊宿語錄」。

「燈錄」則是宋代始有，兼語錄及史傳特點，是一種禪宗史書。宋代最早是法眼宗道原編纂的「景德傳燈錄」，另又有四部「燈錄」。

此外，宋代還出現了大量對「公案」的文字解釋。公案是指前輩祖師的言行範例，用來判斷是非迷悟。參公案是求開悟的一種修學方法。早在唐代黃蘗的傳心法要：「既是大丈夫，應看個公案」。但公案的大量應用是在宋代。

宋代禪門對公案進行語言文字的解釋乃至文字考證，由此開始了「文字禪」。

文字禪倡導者是雲門宗的汾陽善昭，作成「頌古百則」，另作「公案代別百則」及「詰問百則」。代語是禪師代眾自答。別語是公案已有答語，另外再說一答句。

頌古之「繞路說禪」及「不說破」的原則，禪師們紛紛仿效。此後以雲門雪竇重顯最爲突出，作「頌古百則」。

與頌古相聯的還有「拈古」，即拈起古則（公案），以含蓄的語言讓人去體悟言外之旨。拈古自雲門爲始。

拈古後又出現「評唱」即對頌古進行注解。最有代表性如圓悟克勤評唱重顯的「頌古百則」而成「碧巖錄」。而其大弟子大慧宗杲反對這種「學人泥於言句」，而焚毀碧巖錄的刻版，但元代又有流傳，如林泉之「空谷集」，萬松行秀評唱天童正覺的頌古而成「從容錄」等，都是文字禪的典型。

17. 宗密的禪觀五階

a.外道禪：帶異計，欣上厭下而修者。

b.凡夫禪：正信因果，亦以欣厭而修者。

c.小乘禪：悟我空偏眞之理而修者。

d.大乘禪：悟我法二空所顯眞理而修者。

e.最上乘禪：若頓悟自性，本來清淨，元無煩惱。無漏智性本來具足，此心即佛，畢竟無異，依此而修者，是最上乘禪，亦名如來清淨禪，亦名一行三昧，亦名眞如三昧。達摩門下展轉相傳者，是此禪也。

18. 憨山德清的修悟下手處及修悟六原則

a. 修悟下手處：初心修悟法要：

a.1.先要捨去知解，的的只在一念上做。此一念，本自無生。現前種種境界，都是幻妄不實，唯是眞心中所現影子。

a.2.於妄念起滅處，一覷覷定，看他起向何處起，滅向何處滅。如此著力一拶，任他何等妄念，一拶粉碎，當下冰消瓦解，切不可隨他流

轉，亦不可相續。

a.3.虛妄浮心，起時便咄，一咄便消。切不可遏捺，則隨他使作，只要把身心世界撇向一邊，單單的的，提此一念，如橫空寶劍，任他是佛是魔，一齊斬絕。所謂「直心正念真如」，正念者，無念也，能觀無念，可謂向佛智矣。

a.4.修行最初發心，要求諦信唯心法門。佛說「三界唯心，萬法唯識」。聖凡二途，只是唯自心中，迷悟兩路。如今說迷，只是不了自心本無一物，不達身心世界本空，被他障礙，故說為迷。

如今發心趣向，乃返流向上一著，全要將從前知解，盡情脫去，只是將自己現前身心世界，一眼看透，全是自心中所現的浮光幻影，都是變幻不實的事。即自心妄想情慮，一切愛恨種子，習氣煩惱，都是虛浮幻化不實的。

a.5.凡一念起，決定就要勘他個下落，切不可輕易放過，亦不可被他瞞昧。

a.6.唯有心內煩惱，無狀橫起，或慾念橫發，或心生煩悶，或起種種障礙，此處最要分曉，先要識得破，透得過，決不可被他籠罩，決不可隨他調弄，決不可當作實事。提起本參話頭，就在等念頭起處，一直捱追將去，我這裡元無此事、問渠向何處來？畢竟是甚麼？決定要見個下落。

a.7.若有一念捱得破，則一切妄念，一時脫謝。過此一番，便得無量輕安，無量自在，此乃初心得力處。又不可生歡喜心，歡喜魔附心，又多一障矣。

a.8.話頭用力不得處，觀心照不及處，自己下手不得，須禮佛、誦經、懺悔，又要密持咒心，仗佛密印，以消除之。

b. 修悟六原則

b.1.不得貪求玄妙：玄妙即是識神彰明。

b.2.不得將心待悟：此待心便是生死根株。

b.3.不得希求妙果：希求是欣厭心。

b.4.不可自生疑慮：疑慮是邪思臆見，礙正知見。

b.5.不得生恐怖心：工夫念力太急切，一念頓歇，忽然身心脫空，便見大地無寸土，深至無極，則生大恐怖。須將此空再空，即作勝妙，若認此空則大邪見，撥無因果。

b.6.決定信自心是佛：信心不足便生毀謗、怕怖、退墮之心。

19. 慧能：唯心淨土、頓悟成佛。

a. 唯心淨土：

慧能：「凡愚不了自性，不識身中淨土，願東願西，悟人在處一般。……念念見性，常行平直，到如彈指，便覩彌陀。……若悟無生頓法，見西方只在刹那。不悟，念佛求生，路遙如何得達？（壇經疑問品）

b. 頓悟成佛：

頓悟不假漸修，融修於悟中，即頓悟且頓修。頓修實際上也無法可修，無行可行，修而無修，以無修為修，而且自性自悟，是當下即悟而非理悟。

「迷人漸修，悟人頓契」「我此法門，從上以來，頓漸皆立無念為宗，無相為體，無住為本」

「若識自性，一悟即至佛地」「前念迷即凡，後念悟即佛」

惠能主張藉師自悟，自性自悟，但非藉教悟宗。藉師外還得靠自悟，強調自性自度，但不廢言教師傳，協助自悟。

此宗又有本證妙修之說。吾人本來就具足佛心，圓成佛性，故名之曰本證。由本證上所起之修行，名之曰妙修。所謂本證妙修者，意謂

證上之修，即修證不二義，

　　也可以說即證即修，證修同時，所以說頓悟頓修，如六祖。

　　但修禪者也有持頓悟漸修，指已頓悟本性，但無始習氣卒難頓除，須依悟而修，漸熏功成，長養聖胎，久久成聖，故云漸修了，此謂頓悟漸修。

　　但也有持漸修頓悟者，如神秀即是。

　　慧能是屬悟修同時，頓悟頓修。

　　20. 永明延壽：一心為用：此一心即如來藏之異名，即心真如門。

　　「一切法中，心為上首」「如來藏者，即一心之異名」「一乘法者，一心是。但守一心，即心真如門。」「識如夢幻，但是一心；心寂而知，目之圓覺；彌滿清淨，中不容他」[30]。

---

[30] 宗鏡錄卷二

第六章 天台宗的佛性思想與心性

第一節　天台宗的佛性思想與心性

一、天台宗的心性論

天台宗的心性，心是指一念無明法性心；性是性具。

華嚴宗的心性，心是如來藏清淨圓明體；性是性起。

禪宗的心性，心是自心即當下現實之心；性是自性、本性。

（一）一念無明法性心：

一念即一心，即實相心；即空即假即中心。而無明與法性相即。

一念無明法性心，即因緣所生心，即空即假即中。要將一念無明心觀其本體之明心即法性心

「若外觀十法界即見內心。當知若色若識。皆是唯識。若色若識皆是唯色。今雖說色心兩名。其實只一念。無明法性十法界即是不可思議一心。具一切因緣所生法。一句名爲一念無明法性心。若廣說四句成一

偈。即因緣所生心。即空即假即中。」[1]

智顗：「觀心者，觀一念無明即是明」[2]

智顗：「三諦具足，只在一心。……若論道理，只在一心，即空、即假、即中。三諦不同，而只一念」[3]

智顗：「一念心起，即空、即假、即中。……當知一念即空、即假、即中，……非三而三，三而不三」[4]

知禮：「今釋一念乃趣舉根塵和合一剎那心」[5]

智顗摩訶止觀：「無明轉即變爲明，如融冰成水，更非遠物，不餘處來，但一念心普皆具足」[6]

智顗：「無明癡惑本是法性。以癡迷故法性變作無明。起諸顛倒善不善等。如寒來結水變作堅水。又如眠來變心有種種夢今當體諸顛倒即是法性。不一不異」[7]

以上論述可見一念心是指六根與六塵會合之剎那而啓動八識心即稱一念心。一念心實已啓動無明及法性，而無明與法性是相即之關係。無始無明是無始而有，法性是不生不滅。前者只能以「不斷斷」加以破除，後者則不生不滅，永不能破壞。

但無始無明之生起，雖是無始而有，但仍以法性爲「依止因」，無始無明是一念無明的「製造因」。

無明癡惑本體即是法性。以癡迷故法性變作無明，而致引起諸顛倒善不善等。若能當體諸顛倒即是法性。無明與法性不一不異，法性是

---

[1] 大正 46、577 上
[2] 大正 33、700 下
[3] 大正 46、74 下-85 上
[4] 大正 46、8 下-9 上
[5] 大正 33、707 上
[6] 大正 46、9 中
[7] 大正 46、56 中

體，無明是相用。

一念心起，無明與法性普皆具足，而即空、即假、即中。當知一念即空、即假、即中，非三而三，三而不三。

（二）一念三千

摩訶止觀卷五上：「夫心具十法界，一法界又具十法界、百法界。一界具三十種世間，百法界即具三千種世間。此三千在一念心，若無心而已，介爾有心，即具三千」。

一念三千是由十法界（佛、菩薩、緣覺、聲聞、天、阿修羅、人、畜牲、惡鬼、地獄）互具成百法界，每一法界具十如是（性、相、體、力、作、因、緣、果、報、本末究竟），於是成百千如法界。

百千如法界又有三種世間（五蘊、眾生、國土），故成一念三千。一念三千是指一念心即心具三千，性具三千，圓教甚至色具三千，理事均具三千。

（三）性具

1. 性具善惡

知禮（十二門指要鈔）：「應知圓家明理已具三千，而皆性不可變，約事乃論迷解眞，似因果有殊」[8]

「今爲易成觀故，故指一念心法爲總。然此總別不可分，對理事應知，理具三千，事用三千，各有總別，此兩相即，方稱妙境」[9]

又云：「又復應知，若事若理，皆以事中一念爲總，以眾生在事未悟理，故以依陰心，顯妙理故」[10]

性具是天台宗五教中「圓教」的特色。圓教的性是指理事圓融，事

---

[8] 大正 46、708 上
[9] 大正 46、708 中
[10] 大正 46、708 下

事無礙,性既具三千,則理事、色心均具三千,即性具善惡、染淨,然事事無礙,故所有相對二元(敵對種、反背、背面、相對)均圓融無礙,二而不二,不二而二。

一念心法為總。然此總別不可分,對理事應知,理具三千,事用亦具三千,各有總別,此兩相即,方稱妙境。

2. 色具三千

「以隨自意歷諸惡事者。夫善惡無定。如諸蔽為惡事度為善。人天報盡還墮三塗已復是惡。何以故。蔽度俱非動出體皆是惡。二乘出苦名之為善。二乘雖善但能自度。非善人相。大論云。寧起惡癩野干心。不生聲聞辟支佛意。當知生死涅槃俱復是惡。六度菩薩慈悲兼濟。此乃稱善。雖能兼濟如毒器貯食食則殺人。已復是惡。三乘同斷。此乃稱好。而不見別理還屬二邊。無明未吐已復是惡。別教為善。雖見別理猶帶方便不能稱理。大經云。自此之前我等皆名邪見人也。邪豈非惡。唯圓法名為善。善順實相名為道。背實相名非道。若達諸惡非惡皆是實相。即行於非道通達佛道。若於佛道生著不消甘露。道成非道。如此論善惡其義則通。」[11]

十法界除佛是善外,其他九法界相對於佛都是惡。

圓教性具善惡,即使佛的性也具性善及性惡,只是佛的善惡無分不二。

佛是斷修惡盡,仍有性惡,但佛能達惡即善,所以雖有性惡也不會再修惡。

一闡提是斷修善盡但仍存性善,只要有性善的原動力,他日即有修善的機會而成佛。

---

[11] 大正 46、17 中

圓法名爲善。善順實相名爲道，背實相名非道。若達諸惡非惡皆是實相，即行於非道通達佛道。

若於佛道生執著不消甘露，道亦成非道。

佛性有三因，只有正因是眞正的性因，不改不壞，而且遍一切時、一切地、一切眾生。而緣了佛性二因則可受熏，因此可改。佛的緣了因都已成非緣非了的正因，所以佛可以「了達」緣了因的善惡而「非」之成正因，故佛雖有性惡（緣了因的惡已變成正因的非善非惡），並不會再作惡。一闡提的緣了因具善惡，而且緣了因尚未「非之」變成非緣非了，非善非惡的正因，故一闡提會分別及妄想執著善惡，然因尚有性善在，只要他日遇善緣，即可修善成佛。

3. 別理隨緣

知禮（指要鈔）：

「引大論云，如大池水，象入則濁，珠入則清。當知水爲清濁本，珠象爲清濁之緣，據此諸文別理豈不隨緣邪？故知若不談體具者，隨緣與不隨緣皆屬別教。何者？如云梨邪生一切法，或云法性生一切法，豈非別教有二義邪？」[12]

知禮（指要鈔）：「子云：指要爲破安國師立問故，特立別理隨緣者」[13]

安國師（別理隨緣二十問）：「如彼問云：別教眞如不隨緣，（起信）眞如能隨緣，未審起信爲別？爲圓？若別，文且相違；若圓，乖彼藏（法藏）疏（指起信論疏）」[14]

別理隨緣二十二問(并序)

---

[12] 大正 46、715 下
[13] 大正 46、876 中
[14] 大正 46、876 中

「有當宗學者。問余曰。仁於指要鈔中。立別教眞如有隨緣義耶。
余曰然。客曰。且如法藏師。著疏釋起信論。專立眞如具不變隨緣二
義。乃云。不變即隨緣。隨緣即不變。仍於彼五教中。屬乎終教。亦兼
頓教。而對破唯識宗談眞如之理。唯論不變不說隨緣。審究唯識。正是
今家別教。彼終頓二教所明不變隨緣。乃是今家圓教之理。仁那云別理
隨緣耶。余語曰。藏師約何義。判唯識所談眞如不隨緣耶。客曰。起信
疏云。唯識宗只以業相爲諸法生起之本。彼之眞如無覺無知。凝然不
變。不許隨緣。但說八識生滅。縱轉成四智。亦唯是有爲。不得即理。
故詮法分齊唯齊業識。余曰。灼然。若云眞如性有覺知。則可熏變。乃
說隨緣。既唯頑騃。乃不受熏。既不受熏。安能隨緣。變造諸法。因詰
之曰。別教眞如無覺知耶。若無覺知。何故得名佛性。故輔行云。今家
教門所明中道唯有二義。一離斷常。屬前二教。二者佛性。屬。後二
教。別教中道既名佛性。佛非覺義耶。若中理頑騃。本無覺知。焉是大
覺果人之性。況性以不改爲義。若因無覺義。至果方有。此則改轉。那
名性耶。」[15]

　　唯識宗立眞如凝然，不受熏不隨緣，而且立五種性及一分無性，故
而唯識宗被天台宗立爲通或別入通教，被華嚴宗立爲始教的相始教。

　　天台的圓教別教及華嚴的終教圓教均主張眞如可隨緣（受起信論影
響所及）。

　　佛性三因中，正因佛性非善非惡，非空非假，不生不滅，是眞正的
理體及本體，不受熏，不隨緣，它是以「性起」頓現萬法。而佛性三因
中的緣了因，在佛已是三因一體，因此也不隨緣；在九法界，三因各
別，緣了因各具善惡、染淨，而且有分別妄想執著，所以緣了因可以隨

---

[15] 大正 46、874 下-875 上

緣而變。所以九法界各自有別。

智顗認爲眞如性有覺知，所以可熏變，乃說可以隨緣。

天台別教及圓教均談中道佛性，眞如有覺知，可以隨緣。若眞如無覺知，何故得名佛性呢？何況性是不改之意，在眞如因中即有隨緣覺義，而不是至佛才改爲有隨緣覺義。

4. 理毒性惡

知禮（妙宗鈔）：「行者應知，圓宗大體非唯報應稱爲法身，亦乃惑業名爲理毒」[16]

圓教不只報身、應身，因爲一身三身，稱爲法身，連無明業也稱爲理毒。

知禮（請觀音經疏）：「用即爲三；一事、二行、三理。事者，虎狼刀劍等也；行者，五住煩惱也；理者，法界無閡，染而染，即理性之毒也」[17]

知禮（消伏三用）：「今事毒在欲界，此約果報，故受事名。行毒從色界，盡別教教道以不即理，故別受行名。理毒唯圓，從談即故也。蓋煩惱中，分即不即異故，名行名理不同」[18]

知禮（消伏三用）

「理者者。牒理消伏用也。法界無礙無染而染即理性之毒也者。所消伏也。雖不出能消之相。應以所消顯之。且明所消者。法界是所迷之理。無礙是受熏之德。所迷本淨故無染。受熏變造故而染。全三德而成三障。故曰即理性之毒。然即理之談難得其意。須以具不具簡方見即不即殊。何者。若所迷法界不具三障染故有於三障。縱說一性隨緣。亦乃

---

[16] 大正 37、221 下
[17] 大正 39、968 上
[18] 大正 46、872 中

惑染自住。毒害有作。以反本時三障須破。即義不成。不名即理性之毒，屬前別教等，名爲行毒也。若所迷法界本具三障，染故現於三障，此則．惑染依他，毒害無作，以復本時，染毒宛然，方成即義，是故名爲即理性之毒，的屬圓教也」[19]

知禮，四明尊者教行錄：「法界是所迷之理，無礙是受熏之德，所迷本淨故無染，受熏變造故而染，全三德而成三障，故曰即理性之毒」[20]

法界是所迷之理，無礙是受熏之德，所迷之法界理本淨，故無染。但法界會受熏變造諸法，故而染。

三德（法身性德、般若智德、解脫斷德）因受染而成三障（惑、業、苦），所謂理性之毒即指三德之理受染成三障之毒。

法界無礙無染（指三德，而染（指受三障所染），即理性之毒也者。

智圓認爲理毒不是性惡，這是別教的觀念，若以圓教而言，理毒即是性惡，三障即是三德。理及性，以圓教而言是等同詞。圓教講理事圓融，事事無礙，生死即涅槃，煩惱即菩提，所有二元的對立在圓教已予超越。

性善惡於圓教而言，已無善惡分別。性善即性惡。知禮等特別強調性惡，除可解釋佛可藉性惡到其他九法界度生外，實屬頭上安頭。

（四）天台智顗大師之唯心論

（1）天台宗乃依「法華經」及龍樹「中觀論」及「大智度論」而成立，法華經講會三乘歸於一乘；中觀論談中道：大智度論討論畢竟空。三者都不是成立於唯心的基礎上，亦即視心物爲同等，並不特別著

---

[19] 大正 46、872 中下
[20] 大正 46、872 中下

重於唯心，而是立論於真實理體之「實相」論。

（2）天台宗理論上是心物同體的「實相」或「中道」論，然其實踐的修行方法所謂「止觀」，則必須側重於唯心論。

天台三大部，法華玄義是就「法華經」的題目所做的教理達意論，內容有通解五章及別解五章。別解五章有釋名（釋法、妙、蓮花、經）；顯體；明宗；論用；判教相，對天台教理深入探討。

法華文句是解釋法華經的文句。

摩訶止觀則是實踐「法華經」的觀心法指導，廣說心法。就心法講十界，辨十如，說百界千如，並且分配三世間，開展為三千如。

摩訶止觀分十大章，尤以第七正觀一章為要。第七章又分十章，尤以第一章陰入境為要。陰入境即所觀境，包括五陰、十二入、十八界三科，可謂上自佛界下至地獄界，十界的依正二法，沒有不屬陰入境的，天地萬有都收藏在陰入境之中。而十乘的止觀法，除去十二入、十八界而就五陰，五陰中又除去前四陰只取識陰，所以一切陰入界以心為本，所以說一心即為所觀境，而浩瀚的陰入境可以縮小到只取「唯心」一法。

三法：心、佛、眾生中，眾生法廣博，難以觀察。佛法高遠也一樣難以觀察，只有就自己的「一心」即心法，最為容易入手起觀。

「然界內外一切陰入皆由心起。佛告比丘。一法攝一切法所謂心是。論云。一切世間中但有名與色。若欲如實觀。但當觀名色。心是惑本其義如是。若欲觀察須伐其根。如灸病得穴。今當去丈就尺去尺就寸。置色等四陰但觀識陰。識陰者心是也。」[21]

十乘的止觀法，除去十二入、十八界，即是五陰，而就五陰，五陰

---

[21] 大正 46、52 上

中又除去前四陰只取識陰，所以一切陰入界以心爲本，所以說一心即爲
所觀境，而浩瀚的陰入境可以縮小到只取「唯心」一法。

一法攝一切法所謂心即是。

置色等四陰但觀識陰。識陰者即是心。

（五）湛然之唯心觀

湛然：「故攝十妙爲觀法大體」[22]

知禮：「攝乎十妙入一念心，十門示者爲成觀體故也」[23]

以色心等「十對」來顯示十妙和一心的不二，從這十對了解我人妄
心中具足十妙。

圓教成立於事理不二，所以理具三千以外無事造三千，事造三千以
外也無理具三千。十界萬有唯是三千。

摩訶止觀圓頓章：「十不二門，三千在理，同名無明，三千果成，
咸稱常樂，三千無改，無明即明」

除了圓教外，其他藏通別三教，均無法達致「十不二門」之佛境
界。尤其色心不二，內外不二、修性不二、因果不二、染淨不二、依正
不二、三業不二等尤其困難。

（1）十不二門：

色心不二、內外不二、修性不二、因果不二、染淨不二、依正不
二、自他不二、三業不二、權實不二、受潤不二

（2）十妙配對十不二門：

色心不二-境

內外不二-智及行

修性不二-智及行

---

[22] 大正 46、702 下
[23] 大正 46、706 上

因果不二-位及三法

染淨不二-感應

依正不二-感應

自他不二-感應及神通

三業不二-說法

權實不二-說法

受潤不二-眷屬及利益

（3）色心不二

「既知別已，攝別入總，一切諸法無非心性，一性無性，三千宛然」[24]

一切諸法有總別。別有色心，總則爲心性。攝別入總，將色心總歸爲一心之心性。而心性一性無性，這無性即是本性，而本性是性具三千，所以說一性無性，三千宛然。

「當知心之色心即心名變，變名爲造，造謂體用，是則非色非心而色而心，唯色唯心良由於此，故知但識一念，遍見己他生佛，他生他佛尚與心同，況己心生佛寧乖一念？故彼彼境法差而不差。」[25]

心之色心，即心名變，變名爲造，造是由體起用。若全體即用，全用即體，則非色非心，而色而心，唯色即是唯心。

若能識一念之本性，即可遍見自己、其他眾生及佛等也是同一本性。他生他佛尚與心同，何況己心、眾生、佛會不同於此一念本性嗎？所以種種的境及法性差而不差。

色心不二是色由心現，而心即是本性，即是空假中，故色亦是空假中，故色心不二。

---

[24] 大正 33、918 中
[25] 大正 33、918 中

（4）內外不二門

「凡所觀境不出內外，外謂託彼依正色心即空假中，即空假中妙故，心色體絕唯一實性無空假中，色心宛然豁同眞淨，無復眾生七方便異，不見國土淨穢差品，而帝網依正終自炳然。所言內者，先了外色心一念無念，唯內體三千即空假中，是則外法全爲心性，心性無外，攝無不周，十方諸佛、法界有情，性體無殊一切咸遍，誰云內外色心己他，此即用向色心不二門成。」

所觀境有內外二種。外境是正色心之依境，由色心不二知外境即空假中，即空假中之妙境。

心色本體性是絕對唯一實性的空假中，換言之，色心均是空假中，都同眞淨本性，已不同於眾生的七方便；而且也不見國土的淨穢差別，如同帝網，依正不二。

所言內者，先明了外色的心是一念無念，而這內體的一念即具三千，即是空假中，因此外法全爲心性，心性也攝外法無不周。可以說心性、外法不二，均是空假中。

（5）脩性不二

「性德秖是界如一念，此內界如三法具足，性雖本爾，藉智起脩，由脩照性，由性發脩，在性則全脩成性，起脩則全性成脩，性無所移、脩常宛爾。脩又二種：順脩、逆脩。順謂了性爲行，逆謂背性成迷。迷了二心，心雖不二，逆順二性，性事恒殊，可由事不移心，則令迷脩成了，故須一期迷了，照性成脩，見性脩心，二脩俱泯。」

性德是界如一念，此界如三德具足，性雖本爾，仍需藉智起脩，由脩照性，才能顯現性德；由性發脩，才能修成性德。在性則全脩成性，起脩則全性成脩，性未曾變，而若脩成也是不變。脩有二種：順脩、逆脩。順是了性而行，逆是背性成迷。迷了二心，心雖不二，逆順二性，

性事不同。若能使事不移心，則迷可脩成了。故須一期迷了，照性成脩，見性脩心，二脩俱泯。

作者認為性是指佛性三因，修是將三因中的緣了因修成正因，使三因成一因，而成佛。

（6）因果不二

「眾生心因既具三軌，此因成果，名三涅槃，因果無殊始終理一。若爾，因德已具何不住因？但由迷因各自謂實。若了迷性實唯住因，故久研此因，因顯名果。祇緣因果理一，用此一理為因，理顯無復果名，豈可仍存因號？因果既泯，理性自亡。祇由亡智親疏，致使迷成厚薄，迷厚薄故強分三惑，義開六即名智淺深，故如夢勤加空名惑絕。幻因既滿，鏡像果圓，空像雖即義同，而空虛像實，像實故稱理本有，空虛故迷轉應成性，是則不二而二立因果殊，二而不二始終體一。若謂因異果，因亦非因，曉果從因，因方克果，所以三千在理同名無明，三千果成咸稱常樂，三千無改無明即明，三身並常俱體俱用，此以修性不二門成。」

眾生心因具有三軌（性軌、觀照軌、資成軌），由此心因可成三涅槃果。因果無殊始終理一。

因為因果理一，用此一理為因，理顯就不再稱為果，既無果就不存因名，故因果既泯，理性自亡。

只由亡智的親疏，才使迷成厚薄。迷有厚薄，才使三惑有強弱，如此所開六即名，就是智淺深。

虛幻因若滿，鏡像果即圓滿，而空虛的鏡像果圓滿即是實，像實故稱理本有，如此迷可轉應成性，因此不二而二立因果殊，二而不二始終性體一。若謂因異果，因亦非因，曉果從因，因方克果。

所以三千在理，同名無明；三千果成，咸稱常樂；三千無改無明即明；三身並常俱體俱用。

（7）染淨不二門者「若識無始即法性爲無明，故可了今無明爲法性，法性之與無明，遍造諸法名之爲染，無明之與法性，遍應眾緣號之爲淨，濁水清水波濕無殊，清濁雖即由緣，而濁成本有，濁雖本有而全體是清，以二波理通、舉體是用，故三千因果俱名緣起。迷悟緣起不離剎那，剎那性常、緣起理一，一理之內而分淨穢，別則六穢四淨，通則十通淨穢，故知剎那染體悉淨，三千未顯驗體仍迷，故相似位成六根遍照，照分十界，各具灼然。豈六根淨人謂十定十，分眞垂迹十界亦然，乃由果成，等彼百界。故須初心而遮而照，照故三千恒具，遮故法爾空中，終日雙亡終日雙照，不動此念遍應無方，隨感而施淨穢斯泯。亡淨穢故以空以中，仍由空中轉染爲淨，由了染淨空中自亡，此以因果不二門成。」

眾生無始以來以法性爲無明，故今應了無明爲法性。法性受無明染，遍造諸法名之爲染。無明受法性熏，遍應眾緣號之爲淨。濁水與清水之水濕性（法性）都一樣，清濁雖即由緣，而濁成本有，濁雖本有（水波本具清及濁），而全體是清（但全體水濕性是不變是清），以清濁二波同具水濕性理，故清濁染淨不二。故初心須也遮也照，照故一念三千恒具，遮故萬法都是空中，若能終日雙亡雙照，則可不動此念而能遍應四方，隨感而施淨穢斯泯除。亡淨穢（即染淨不二）故以空以中，仍由空中轉染爲淨，因爲染淨之體均是空中。

（六）山家山外之爭：

（1）前後三段諍論

A.第一段：十義書[26]

山家派-山外派

-知禮、釋難扶宗記（山家派）

a.晤恩、金光明玄義發揮記

b.洪敏　源清、難詞二十條

-知禮、問疑書-慶昭　智圓、辨訛書

-知禮：慶昭……詰難書-答疑書；問疑書-五義書；覆問書-五義書、釋難書；十義書-釋難書；觀心二百問-答十義書

-知禮：智圓……金光明玄義拾遺記-金光明玄議表徵記

真心觀與妄心觀：

觀心之諍始於宋真宗咸平三年（1000）至真宗景德四年（1007）結束。

「往復各五，綿歷七年」[27]

c 山家派、山外派諍論的五個回合：

第一回合：知禮認為晤恩在「金光明玄義發揮記」中，純談法性真心，不立觀妄心。嚴斥晤恩但教無觀。

昭恩弟子慶昭撰「辨訛書」加以回應。

第二回合：知禮以「問疑書」詰難「辨訛書」，慶昭復以「答疑書」。

知禮：「揀示識心，觀三千法。十法成乘，策進行人，入內外凡，登於初住」[28]

---

[26] 大正 46、831 中下
[27] 大正 46、831 下
[28] 大正 46、833

慶昭答疑書：「謂「玄文」（金光明玄義）直顯心性，義同理觀」[29]

第三回合：知禮又以「詰難書」而責之，慶昭再以「五義書」回復：「觀心之義有三種，唯止觀約行觀心，乃立陰等爲境，揀示識心，以爲所觀。若附法、託事二種觀心，但是直附事相、法相觀之，攝事成理，皆不立陰入爲境」[30]

第四回合：知禮再投「問疑書」駁斥慶昭。知禮：「託事附法之觀，何嘗不依陰入爲境」，又說：「顯示三種觀法，皆以陰入爲境」[31]

慶昭答：「十乘妙理爲所觀境」

第五回合：知禮將雙方往返論辯書信結集成「十義書」，並從觀心的面向對慶昭一一批判。並強調「金光明玄義」的觀心正是觀照陰入。

B. 第二段：佛祖統紀、[32]及十不二門指要鈔詳解、萬續藏 100.308 下

-知禮：源清……十不二門指要鈔：十不二門示珠指

-知禮：宗翌……十不二門指要鈔：註十不二問

-知禮、二十問-繼齊、指濫

-元穎、徵決及子玄、隨緣撲-知禮、二十問

-淨覺、十門析難-子玄、隨緣撲

C. 第三段：四明尊者教行錄、[33]及萬[34]

-知禮、辨用十九問-智圓、闡義鈔

-咸潤、籤疑-知禮、消伏三用章

---

[29] 大正 46、833 上
[30] 下正 46、833 中
[31] 大正 46、833 下
[32] 大正 49.192 上中
[33] 大正 46.872 上、873 上
[34] 續藏 95.840 上

-淨覺、止疑-咸潤、籤疑

（2）爭議之問題

A. 眞心觀與妄心觀：知禮是山家，主妄心觀。智圓是山外，主眞心觀。

山外主張直接觀一念心，了知一切諸法唯心，唯心無性即是眞性，即是實相。一心三觀一念心爲空假中。爲眞心即眞如法性心，即事而理，即妄而眞。適利根。

源清指出三種利根，根性極利（才聞即解，頓獲證入）；根性亦利（才聞即解，如聞思修，當觀一念，即空即假即中）；根性雖利（因聞得解，深修理事，種種調練，方獲證入）。

山外智圓即妄而眞，即妄心是眞心，故言一念三千。觀陰心煩惱心病心皆是不可思議，反對知禮偏立妄心爲境。

山家知禮主張先觀一念妄心性本具，就迷就事而觀，觀有兩重能所，一念妄心是所觀。能觀是不思議觀智及不思議境，這是第二重能所；而不思議觀智是能觀，不思議境是所觀，這是第一重能所。

對內對外都有唯識觀及實相觀二種觀法。唯識觀是先了達外法唯一念造，由照起心變照十界，皆即空即假即中。

實相觀是此一念本無念性，體其本寂，三千宛然，即空即假即中。

內觀妄心或心法即空即假即中，外觀妄色境或眾生法佛法即空即假即中，觀妄顯眞，由迷妄之心入，配合十乘觀法，入內凡外凡位，登於初住，才是理觀。體悟其虛幻不實，彰顯眞如實相。適鈍根。

善月的調合：理體的性與作爲事用的修是相即圓融的，則眞妄同源，所出本一，眞即是妄，妄即是眞。但仍需解行同修以觀照陰境。

智顗：觀心即觀照陰妄之心。

湛然：以陰妄之心爲所觀之境。

會通：先觀阿賴耶識妄心，再觀阿賴耶識之本體即離言眞如；空不空如來藏及三因一因佛性。

B. 三法能所論：

山外主張心法能造，生佛所造。

山家卻以三法都具能造能具，所造所具。

會通：眾生心與佛心都具佛性三因。而佛是三因一因，緣了因已非緣非了，緣了因即是正因，因此已無能所，而是性起生起萬法，緣起即是性起。佛心與眾生心均具三千，但佛三千即一法，而眾生三千各自有別。

眾生是緣因、了因、正因三因各不同，尚需修行緣了因成非緣非了因，即正因。

C.非情佛性：

山外（智圓）：獨頭之色不具三千，唯心中之色才具三千。故主張無心的草木不能成佛。

山家（湛然）：有情無情均具佛性三因。

會通：有情無情均具佛性三因，但無情沒有心識，能否自成佛尚無定論。不過，由依正不二及無情唯識所變，因此有情若成佛，其依之無情也成佛。

D.理具有相無相（法身有相）

知禮：法身有相，寂光有土。

丈六之生身被藏通二教之機，以尊特之報身應別圓二教之機。

若依權，所現相爲生身。若依實，所現相是尊特身。

仁岳：撰「十諫書」非難法身有相，知禮以「解謗書」堅持己見。仁岳再以「雪謗書」回難。

神智從義也批判法身有相說。

會通：佛身有三身，法身、報身、化身。以人之肉眼而言，法身無形無相，報身乃智慧身，也是無相，應化身隨所化之九法界而成身相，但九法界中，人肉眼只能見人道及畜生道。

佛的法身已超越有無相。

E.空中有無相

山外：空中無相。

山家（知禮）：空中是法界之理，稱為理別三千。

會通：空諦是非有非無。中諦是非空非假，二諦均超越有無。

F.三千三諦論

山外（智圓、神智）：三千唯假。

山家（知禮）：三千即三諦。

會通：三千包括十如是之如是性（了因）如是相（緣因）、如是體（正因）、如是本末究竟。因此含空

假中三諦。

第二節　天台宗的佛性思想與心性

一、天臺宗的止觀

（1）三止三觀

A. 智顗，摩訶止觀卷九下：「若觀一念禪定，二邊寂無，名體眞止；照法性淨，無障無礙，名即空觀。又觀禪心，即空、即假、即中，雙照二諦而不動眞際，名隨緣止，通達藥病，稱適當會，名即假觀。又深觀禪心，禪心即空、即假、即中，無二無別，名無分別立；達於實相、如來藏、第一義諦，無二無別，名即中觀。三止、三觀在一念心，

不前不後，非一非異」

上文指出三止是真體止、方便隨緣止、息二邊分別止；三觀空觀（由假入空觀）、假觀（由空入假觀）、中觀（非空非假中道觀）

-體真止：觀一念禪定，二邊寂無。

-即空觀：照法性淨，無障無礙。

-隨緣止：觀禪心，即空、即假、即中，雙照二諦而不動真際。

-即假觀：通達藥病，稱適當會。

-無分別止：深觀禪心，禪心即空、即假、即中，無二無別。

-即中觀：達於實相、如來藏、第一義諦，無二無別。

三止、三觀在一念心，不前不後，非一非異

B. 三止三觀之配對關係

a.體真止：佛性了因-假入空觀-具慧眼-證證空智、一切智-破見思惑-去分別我執-成般若德-空諦-藏教-初住至七住-七住是小乘四果，出三界。

b.方便隨緣止：佛性緣因-從空入假觀-具慧眼-證出假智、似中智、一切智-破塵沙惑-去分別法執-成解脫德-假諦-通教-八住至十迴向

c.息二邊分別止：佛性正因-偏中道觀-具法眼-証偏中智、一切道種智-破住地無明-去俱生我法執-成性德-中諦-別教-菩薩初地至等覺

d. 三止同具：佛性三因同具-圓中道觀-具佛眼-證圓中智、一切種智-破盡無明、習氣-去盡煩惱、所知二障-同成三德-圓融三諦-圓教-妙覺菩薩、佛

（2）小止觀（二十五方便）

二十五方便：

1.具五緣：持戒清淨、衣食具足、閒居靜處、息諸緣務、近善知識

2.呵五欲：色、聲、香、味、觸。

3.棄五蓋：貪欲、瞋恚、睡眠、悼悔、疑。

4.調五事：食、眠、身、息、心

5.行五法：行欲、行精進、行念、行巧慧、行一心（一心修習止觀）

（3）六妙門：數息、隨息、止、觀、還、淨

（4）四種三昧

三昧即正定，住心一處，寂然不動。

四種三昧：常坐、常行、半行半坐、非行非坐。

「行法眾多，略言其四：一常坐，二常行，三半行半坐，四非行非坐」（摩訶止觀卷二上）

（5）一心三觀

摩訶止觀卷一上：「圓頓者，初緣實相，造境即中，無不真實，繫緣法界。一念法界，一色一香，無非中道。己界及佛界眾生界亦然。……法性寂然名止，寂而常照名觀。初後無二無別，是名圓頓止觀」

-止觀：法性寂然名止，寂而常照名觀。

-圓頓止觀：初後無二無別，一心三觀，無有次第，一次空假中三諦齊觀。

-圓頓：初緣實相，造境即中，無不真實。繫緣法界，一念法界，一色一香，無非中道。己界及佛界眾生界亦然。

（6）止觀十境及十乘觀法

止觀十境：陰界入境、煩惱境、病患境、業相境、魔事境、禪定境、諸見境、增上慢境、二乘境、菩薩境。

十乘觀法：

1.識正因緣境：

-藏：無明因緣。知無明因緣生一切法，由此入觀。

-通：諸法無生。體解諸法皆如幻化，善分別諸法無生。

-別：如來藏、實相、妙有、真實法。

-圓：中道實相，即空即假即中不可思議境。

2.發心真正：

-藏：發二乘之出離心，志求涅槃。

-通：覺悟生死，志求涅槃。但有菩薩大悲化物之心。

-別：起四弘誓願。

-圓：興起無緣之大慈大悲，即是真正發菩提心。

3.巧安止觀：

-藏：須修五停心觀及四念處之定慧。其慧為析法空慧。

-通：安心於定慧二法中。其慧為體法空慧。

-別：具足定慧，安心修道，安心於法。其慧為非空非假中道慧。

-圓：體生死即涅槃，名為定；達煩惱即菩提，名為慧，其慧為即空即假即真之圓覺慧。需定慧均等。

4.破法遍：

-藏：以無常之智慧遍破一切知見執著。

-通：以幻化之慧，遍破四見、六十二見及一切法執。

-別：以妙有之慧遍破生死涅槃諸見。

-圓：以生死即涅槃之妙慧，遍破分段變易生死苦，以煩惱即菩提之智慧，遍破一切知見。

5.識通塞：

-藏：種種知見皆是塞，故有苦集。若能識其為無常顛倒，是因緣生滅法，不生計著，如是通達即是道滅，即是通。

-通：知幻化中苦集為塞，知幻化中道滅為通。

-別：一一法於二乘是苦集，於菩薩則是滅道。

-圓：生死、生死過患及煩惱惱亂是塞，生死即涅槃及煩惱即菩提是通。法法執著是塞，法法不執是通。

6.修道品

-藏：修三十七道品：四念處、四正勤、四如意、五根、五力、七覺支、八正道。

-通：以不可得心修三十七道品法。

-別：修三十七道法，離十相之空三昧，亦不見空相之無相三昧，不作願求之無作三昧。

-圓：道品指圓教無作之三十七道品，調適道品指道品之間的相生。觀生死即涅槃而知二者不二之一實諦道理。

7.對治助開：

-藏：修助道為援。

貪欲起修不淨、八背捨；緣中不自在修八勝處；緣中不廣普修十一切處；少福德修無量心；欲出色修四空。

-通：遮障皆如幻化，以無所對治而學諸對治。

-別：對治門指樂觀諸對治門，包括常無常、恆非恆、安非安、為無為、斷不斷、涅槃非涅槃、增上非增上等，助開實相。

-圓：以觀生死即涅槃對治報障，以觀煩惱即菩提對治業障、煩惱障。

8.知位次：

-藏：修三七道品及助道法後，不貢高我慢。

-通：識乾慧地至佛地皆為幻化之位。

-別：五十二階位：十信、十住、十行、十迴向、上地、等覺、妙覺，

-圓：知六即涅槃。

生死之法本即涅槃，理涅槃也。

解知生死即涅槃，名字涅槃也。

勤觀生死即涅槃，觀行涅槃也。

善根功德生，即相似涅槃也。

眞實慧起，即分眞涅槃也。

盡生死底，即究竟涅槃也。

9.能安忍

-藏：於前述修道法中，能善修安忍法。

-通：不爲外魔所動，內障所退。

-別：內忍善惡兩覺，外忍八風。（利衰毀譽稱譏苦樂）

-圓：觀生死即涅槃，不爲諸境所動壞。觀煩惱即菩提，不爲諸見、增上慢境所動壞。

10.無法愛：

-藏：於四善根中，法愛不生，得入見道。

-通：諸法雖不生，而般若生，且亦不愛著，即得入眞。

-別：於諸相似證位法中，不執著，則能入菩薩位。

-圓：諸障難已除，諸功德已生，但於法不取著。

（7)跡門十妙及本門十妙：

跡門十妙：境妙、智妙、行妙、位妙、三法妙（三法即三軌：眞性軌、觀照軌、資成軌）、感應妙、神通妙、說法妙，眷屬妙、功德利益妙

本門十妙：本因妙、本果妙、本國土妙、本感應妙、本神通妙、本說法妙、本眷屬妙、本涅槃妙、本壽命妙、本利益妙

（8）境妙及智妙：

1. 境妙：六種眞理境：

十如境：如是相、如是性、如是體、如是力、如是作、如是因、如是緣、如是果、如是報、本末究竟。

十二因緣境：無明-行-識-名色-六入-觸-受-愛-取-有-生-老死。

四諦境：苦、集、滅、道。

二諦境：眞諦、俗諦。

三諦境：空諦、假諦、中諦

一諦境：一實諦，即實相。

A.藏教：六道十如、思議生滅十二緣、生滅四諦、析空二諦、俗諦（因緣所生法、無中之二諦）、生滅之一實諦、生滅之無諦（生生不可說）

B.通教：二乘十如、思議不生不滅十二因緣、體空二諦緣、無生滅四諦、眞諦（我說即是空、含中之二諦）、無生滅之一實諦、無生滅之無諦（生不生不可說）

C.別教：菩薩十如、不思議生滅十二因緣、無量四諦、離邊中道、中道諦（即是假名亦是中道、顯中之二諦）、無量之一實諦、無量之無諦（不生生不可說）

D.圓教：佛界十如、不思議不生不滅十二因緣、無作四諦、即邊中道、中道諦（同上別教）、無作之一實諦、無作之無諦（不生不生不可說）

E.七種二諦及七種二諦境：

E.1.藏教二諦：實有爲俗、實有滅爲眞。

E.2.通教二諦；幻有爲俗、幻有空爲眞。

E.3.別入通教：幻有爲俗、幻有空不空爲眞

E.4.圓入通二諦：幻有爲俗、幻有即空不空及一切法趣空不空爲眞

E.5.別教二諦：幻有、幻有即空皆是俗、不有不空爲眞

E.6.圓入別二諦：幻有、幻有即空皆是俗、不有不空及一切法趣不有不空爲眞

E.7.圓教二諦：幻有、幻有即空皆是俗、一切法趣有、趣空、趣不有不空爲眞。

2. 智妙：二十種智：

A.藏教智（下智）：世智、五停心四念處智、四善根智、四果智、支佛智、六度智、三藏佛智

B.通教智（中智）：通教方便聲聞智、通教支佛智、通教菩薩入眞方便智、通教出假菩薩智、通教佛智

C.別教智（上智）：別教十信智、別教三十心智、十地智、別教佛智

D.圓教智（上上智）：圓教五品弟子智、六根清淨智、初住至等覺智、妙覺佛智。

E. 四智觀：涅槃經所提出觀十二因緣的四種觀智。

a. 藏教：下智觀

觀無明是現世所受果報之因。觀無明是無常、苦、空、無我，則無明滅，而行乃至老死皆滅，不造業，不受生死苦。

b. 通教：中智觀

觀無明是幻化不可得。進一步觀無明是體相本自不有，如幻如化，則行乃至老死亦幻化不可得，由此得解脫。

c. 別教：上智觀

觀惑業苦三道，各各不同，而進一步以種種方便破除三道障，若無明破則般若現；業破則顯出解脫；識名色等破則顯出法身。除自度外，亦起一切道種智，化導眾生。

d. 圓教：上上智觀

觀惑業苦三道即是三德。煩惱即般若，業道即解脫，苦道即法身。由此知三道與三德不二，且三道具足一切佛法。

F. 次第三觀智：一切智、一切道種智、一切種智

G. 七番二智：

a.藏教二諦：析法權實二智

b.通教二諦：體法二智

c.別入通二諦：體法含中二智

d.圓入通二諦：體法顯中二智

e.別教二諦：別二智

f.圓入別二諦：別含圓二智

g.圓教二諦：圓二智

H. 二十智與修行位階：

1.藏教：七智：世智（發心位）、五停四念智（三賢地）、四善根智（四善根地）、四果智（初果向-四果）、支佛智（通教支佛地）、六度智（別教妙覺外全部位）、三藏佛智（別教妙覺位）

三賢-四善根-初果向（開始斷見思惑，即證空，通教八人地，別教初住）-初果（斷三界見惑，通教見地，別教二住）-二果（斷欲界前六品思惑，通教薄地）-三果（斷欲界後六品思惑，通教離欲地）-四果（斷三界見思惑，即出界，通教已辦地，別教七住，圓教七信）

2. 通教：五智：體法聲聞智（藏教四果、別教七住）、體法支佛智（通教支佛地）、體法菩薩入真方便智（別教七住）、體法菩薩出假智（別教七住-別教十行）、通教佛智（別教妙覺位）

乾慧地（三賢）-性地（四善根）-八人地（初果向、開始斷見思惑）-見地（初果，斷三界一切見惑，別教二住）、薄地（二果，斷欲地

前六品思惑）、離欲地（三果，斷欲色後三品思惑）、已辦地（四果，斷色界、無色界 72 品思惑）、支佛地（斷習氣）、菩薩地（別教十行、破塵沙惑，即正假，入似中智）-佛地（別教初地，證中，斷四住煩惱及塵沙惑，圓教初住）

3. 別教：四智：十信智（別教十信）、三十心智（別教十住、十行、十迴向位）、十地智（別教十地位）、別教佛智（別教妙覺位）

十信（通教性地、乾慧地）-初住（通教八人地）-二住（通教見地、藏教初果）-七住（通教已辦地、藏教四果，即出界）-十行（通教菩薩地，破塵沙惑，即正假，進入似中智）、十迴向（伏無明即修中）-初地-十地-等覺-妙覺（佛）

4. 圓教：四智：五品弟子智（別教十信位）、六根清淨智（圓教十信位）、初住等覺智（圓教初住位）、圓教妙覺智（圓教妙覺位）

五品弟子（別教十信、通教乾慧地、性地）-初信（入圓位，別教初住、通教八人地、藏教初果向）-二信（別教二住、通教見地、藏教初果）-七信（別教七住、通教已辦地、藏教四果）-初住（別教初地、通教佛地、證中、斷四住煩惱及塵沙煩惱即一念分別無明）-十住、十行、十迴向、十地（別教十地）-等覺-妙覺（佛）

二、天台宗的心性與佛性關係

（一）一念無明法性心，法性即佛性。無明即法性。

「問。無明即法性法性即無明。無明破時法性破不。法性顯時無明顯不。答。然。理實無名對無明稱法性。法性顯則無明轉變為明。無明破則無無明。對誰復論法性耶。無明法性心，一心一切心，如彼昏睡；

達無明即法性，一切心一心，如彼醒悟」[35]

上文指出無明即法性，法性即無明。

無明可破。一旦醒悟，無明即法性。

（二）一念即實相心，實相即佛性

智顗：「心如幻焰，但有名字，名之爲心。適言其有，不見色質；適言其無，復起慮想。不可以有、無思度故，故名心爲「妙」。心本無名，亦無無名。心名不生，亦復不滅，心即實相」[36]

心如虛幻的火焰，但有名字，名之爲心。若說其有，卻不見有色質；若其無，卻會起慮想。所以不可以有、無思度心，所以稱心爲「妙」。

心名不生，亦復不滅，心即實相。

「出異名者，實相之體祇是一法，佛說種種名，亦名妙有、眞善妙色、實際、畢竟空、如如、涅槃、虛空佛性、如來藏、中實理心、非有非無中道、第一義諦、微妙寂滅等。無量異名悉是實相之別號，實相亦是諸名之異號耳。惑者迷滯，執名異解。」[37]

實相有很多異名，亦名妙有、眞善妙色、實際、畢竟空、如如、涅槃、虛空佛性、如來藏、中實理心、非有非無中道、第一義諦、微妙寂滅等。無量異名悉是實相之別號。

由上知實相也是眞如、如來藏、佛性。

（三）一念是即空即假即中，而即空即假即中就是佛性，就是性佛

「此之觀慧。只觀眾生一念無明心。此心即是法性。爲因緣所生。即空即假即中。一心三心。今雖說色心兩名，其實只一念無明法性十法

---

[35] 大正 46、83
[36] 大正 33、685 下
[37] 大正 33、782 中

界，即是不可思議一心，具一切因緣所生法。一句名爲一念無明法性心。若廣說四句成一偈，即因此緣所生心，即空即假即中」[38]

「如是性者，性以據內，總有三義：一、不改名性，「無行經」稱不動性，性即不改義也；又性名性分，種類之義，分分不同，各各不可改；又性是實性，實性即理性，極實無過，即佛性異名耳。不動性扶空，種性扶假，實性扶中」[39]

由上文知無明即法性，法性即佛性，一念無明法性心就是即空即假即中心。

文中性有三義：不動性（不改）就是空；種性（種類）就是假，實性（理性）就是中。

不動性扶空，種性扶假，實性扶中。

---

[38] 大正 46、578 上-下
[39] 大正 46、53 上

第七章　華嚴宗的佛性思想與心性

第一節　華嚴宗的佛性思想與心性

一、華嚴宗的心性論

（一）華嚴宗心性論

（1）心體與理體

1.心是「一心」即真心，亦即「自性清淨圓明體」。也即是如來藏的法性體，性自滿足。受染不會污垢，修治也本來即淨，所以自性清淨，不受污染。性體可以遍照幽暗，所以說圓明。

法藏，修華嚴奧旨妄盡還源觀：「顯一體者，謂自性清淨圓明體。然此即如來藏中法性之體，從本已來，性自滿足。處染不垢，修治不淨，故云自性清淨；性體遍照，無幽不燭，故說圓明」

法藏，同上還源觀：「是心則攝一切世間、出世間法，即是一法界大總相法門體，唯依妄念而有差別，若離妄念，唯一真如，故言海印三昧也」

自性清淨圓明體是法界大總相法門體，可以攝持一切世間、出世間

法。眾生因妄念而引致有世間差別法，若能離妄念，就是出世間的真如，就是海印三昧。

2.一心法界

一切世間法，皆依一心為主。真如理體不離於一心，以此指一心法界說，又稱為一真法界。此一心可以畫造各種眾生的五陰及一切世界法。三界及十二因緣也都是依此心所造。此心融造萬有而成四法界，即事法界、理法界、理事圓融法界及事事無礙法界。

華嚴經明難品：「一切世間法，唯以心為主」

夜摩天宮菩薩說偈品：「心如工畫師，畫種種五陰，一切世界中，無法而不造，……」

十地品：「三界虛幻，但是心作，十二緣分，是皆依心」

宗密：「統唯一真法界，謂總該萬有，即是一心，然心融萬有，便成四種法界」（註華嚴法界觀門）

此一心即是法界本體，而法界似如其所顯相之諸相（由「性起」啟動「緣起」而生諸相）。其實一心即是一心法界，即是法界。心外無另有法界，法界就是一心，所以法界外也沒有另一個一心。

「一心之外別無法界，法界之外，別無一心。法藏以華嚴經所詮宗趣為「因果緣起、理實法界」[1]

法界是即因即果，因果一體，這一體即是以法界為真實的理體，以普賢法界為因，以舍那法界為果。

3. 真妄交徹與從真起妄

澄觀致力融會天台宗的性具思想及禪宗的迷悟論，融於自家的染淨緣起學說之中。

---

[1] 大正 35、120 上

心是總相，心若得悟即名佛，成淨緣起；心若迷則作眾生，成染緣起。然而緣起雖有染淨不同，其所依的心體理體卻是一樣。

澄觀：「然心是總相，悟之名佛。成淨緣起。迷作眾生。成染緣起。緣起雖有染淨，心體不殊。佛果契心同眞無盡。妄法有極故不言之。若依舊譯。云心佛與眾生。是三無差別。則三皆無盡。無盡即是無別之相。應云心佛與眾生。體性皆無盡。以妄體本眞故亦無盡。是以如來不斷性惡。亦猶闡提不斷性善。又上三各有二義。總心二義者。一染二淨。佛二義者。一應機隨染。二平等違染。眾生二者。一隨流背佛。二機熟感佛。各以初義成順流無差。各以後義爲反流無差。則無差之言含盡無盡。又三中二義。各全體相收。此三無差成一緣起。」

心佛眾生三無差別，是指三者之本體都是一樣的佛性眞如理體。其中，心、佛、眾生各有二義：

心有染淨；

佛有應機隨染、平等違染；

眾生有隨流背佛、機熟感佛。

以初義（心染、佛應機隨染、眾生隨流背佛）成順應生死流而三無差別。

而後義（心淨、佛平等違染、眾生機熟感佛）爲從生死流返解脫，也三無差別。

又無差之言包含盡、無盡，而且又各全體相收。此三無差成一緣起相同相了。

眞妄有如下對應觀係：

A.眞妄兩法，同一心故：眞妄屬同一心。

B.妄攬眞成，無別妄故：妄可以變成眞，因爲無別妄。

C.眞妄名異，體無二故：眞妄體同一，只是名不同。

D.真外有妄，理不遍故：真妄是二種不同法，因理不遍而不同理體。

E.妄外有真，妄無依故：妄外另存有真，真不是妄依體。

澄觀，演義鈔卷一：「真妄兩亡，方說真妄，真妄交徹，定無始終」

真妄其實是同一法，其體也是同一體。真妄是同一體的不同相用顯現。所以真妄必須兩亡，都不可執，這樣才能補捉真妄的同一本體：「即真即妄」。

（2）生佛關係：生佛互即，即生即佛

華嚴宗主張因即是果，心體與性體合一，性體又即理體，一切即一，一即一切，世間法、出世間法相融互即，眾生即是佛。

「因佛性」是真如理體，「果佛性」是菩提和大涅槃。華嚴三聖中，普賢、文殊是因，如來是果。

（3）本體與色法：

1.心造萬法、一真心界：

法藏，修華嚴奧旨妄盡還源觀：「三界所有法，唯是一心造，心外更無一法可得，故曰歸心。謂一切分別，但由自心」

宗密，禪源銓集都序：「唯心者，直是真如之心。無為，無相，離諸緣慮分別。緣慮分別，亦唯一心」

三界所有法，都是心所變現，心外更無一法可得。

這心就是真如之心，是無為無相，離緣慮分別。

2.明辨色空：

法藏：「謂無自性，即空也；幻相宛然，即有也」（修華嚴奧旨妄盡還源觀）

色空一體，色空不二。法藏：「觀色即空，成大智而不住生死。觀

215

空即色，成大悲而不住涅槃」（同上）

　　所謂色空，是指色的自性是空。空與色是差別和對立，但不妨礙二者之統一融通不二。

　　法藏說：觀色即空，則此觀智即成大智，如此即不會執著生死，因為生死是空。觀空即色，就會生起大悲心，在生死中度世人，如此就不會執著追求涅槃。

　　杜順：「由不即色，故即色也」（華嚴法界觀門）。法藏：「色空乃相成而非相破壞也」（華嚴一乘教義分齊章卷四）

　　杜順：「空是不礙有之空，即空而常有；有是不礙空之有，即有而常空」（華嚴五教止觀」

　　色空二者是相成而非相破壞，而且二者是互不相礙。

　　空不會阻礙由空生起有，所以即空而常有；由空生起的有，其自體是空，所以有而常空。

　　（4）心性與解脫：妄盡還源，源指自性清淨圓明體，妄指妄心、妄念、妄法。

　　妄盡是斬除心與境，代之以「心一境性」之無生、無念、無慾之本來清淨心體，而顯現其圓明自在的本相。

　　宗密，中華傳心地禪門師資承襲圖：「真心本體，有二種用：一者自性本用，二者隨緣應用。猶如銅鏡，銅之質是自性體；銅之明是自性用；明所現影是隨緣用」

　　真心本體有二種作用，其一是自性本用，即自性體，猶如銅鏡的鏡體，鏡面的明亮即是自性用。其二是隨緣應用，由體起用，如鏡中所現影像。

　　（二）華嚴宗的心性論，性是「性起」

　　（1）性起

A.性起：

1. 性起是由法性（佛性、本性體）頓現而起，不藉他緣，而且會其起相入實，即性起之萬法即入實相，它所頓現的法都是實相法。

如來是從「如實道」或「自性住」來「成正覺」或「至得果」，意即從真如實道或自性住，而來的正覺或至得佛果，叫如來。真理名「如」或「性」，顯用名「來」或「起」，故如來即性起。

澄觀的性起論：

華嚴經疏第四十九卷：「性有二義，一種性義，因所起故。二法性義，若眞若應皆此生故」

性有二義，一種是種性義，即因義；一種是法性義，若眞若有應。性起之性是指第二種。

智儼，華嚴經搜玄記卷四下：「如來者，如實道來成正覺，性者體也，起者現在心地耳，此即會其起相入實也」

智儼，華嚴五十要問答卷下：「一切凡聖皆從佛性而得生長」

法藏，探玄記：「從自性住來至得果，故名如來。不改名性，顯用稱起，即如來之性起」

法藏，華嚴探玄記卷一六：「不改名性，顯用稱起，即如來之性起。又眞理名如名性，顯用名起名來，即如來爲性起」

法藏，同上：「若約留惑，而有性用，亦入性起故。……何以故，是所救故，所斷故，所知故，是故一切無非性起」

2. 性起，

在佛是「因性起」也是「果性起」，是因也是果。佛果的「緣起」也變成「性起」，佛實際已無緣起。

在其他九法界或非情，其佛性是成佛之因，所以性起是「因性起」。

B.性起與緣起之關係

1.緣起是不起而起，是一種因加緣而起果的「因緣生起」法。而性起不是一種因緣生起法，它不需緣，直接由本性頓現，不是生起，是起而不起，是直接頓現。二者不同但又相即，二者二而不二。也可以說性起是體，緣起是用，兩者是體用關係。

智儼：「因緣因內有二種義，一無自性義故空；二因緣有力故生得果法」

「由是緣起性故，說爲起，起即不起，不起者是性起」

緣起的「起」是眞正的生起。但需藉由性空的性起，以「不起」的方式，來驅動緣起的「起」。

所以性起的「起」是「不起」，是頓現。

緣起的「起」，是因緣生起。

華嚴經問答：「問。性起及緣起。此二言有何別耶。答。性起者即自是「言不從緣」言緣起者。此中入之近方便。謂法從緣而起。無自性故。即其法不起中令入解之。

其性起者。即其法性。即無起以爲性故。即其以不起爲起。

問。若爾者即不起何故言爲起耶。答。言起者即其法性離分別。菩提心中現前在故云爲起。是即以不起爲起。如其法本性故名起耳。非有「起相」之起。

問。若爾要待離分別心方起者。爲本不起別。何即之以本不起爲起乎。答。雖待無分別心方起與本不起非別相。起與不起同無異故。無增減故。」[2]

2. 緣起諸法本爲性起的果法。但緣起的起是起自「諸法無自性」，

---

[2] 大正 45、610 中

即是性空。故緣起是「不起即起」，是起自空無自體的「性空」的不起。

性起是「起而不起」，這起其實不是「起相」，它是一種「不起」，是依真如、佛性而頓現，不是一種因緣生起法。

如智儼所說，性起者是一乘法界，緣起的本際，本來究竟，離造修，離相。起在大解大行，離分別菩提心中，名為起。

3. 緣起是以「性起」為依止因。以無始無明為製造生因。

萬法之生起均是「性空緣起」，而性空本身即是性起。藉由性起啟動緣起，故性起是緣起的依止因。

緣起有小乘的業因緣起，唯識的阿賴耶緣起，真常系的如來藏緣起或真如緣起，華嚴宗的法界緣起及中觀的性空緣起。

而性空的本質就是性起。

所以上述的真如、如來藏、法界等緣起其實也是性起，只是各自從不同角度言之而已。

智儼，搜玄記：「因性起是果性起絕言離相，云何有因果，有二義：一、為經內因中辨性起，果中明性起。二、性不住故起，起時離相順法故有因果」

因中辨性起是指九法界及非情以性起為因。

果中明性起，是佛以性起為果。

性不住（自性性空）才有緣起，緣起性空指緣起法是離相性空，而性空緣起指藉由性空而能緣生的萬法。

4. 性起乃恒常的法體，故不起而起。而緣起是需因與緣結合而生起。由因與緣，因全有力，緣全無力的相奪而成果者，就是緣起。

所以緣起與性起是彼此相由而生。緣起依止性起，性起啟動緣起。性起是體，緣起是相用。前者是不生不滅的本體，後者是生滅因果法的

體相用表現。性起是由本性頓現，不必依緣而生起，即因即果。緣起則是必須依緣才能生起的因果法。

C.性起與性具

性起的「性」是性具染淨諸法，而緣起的「緣」也是染淨法皆具。

佛性三因之正因是「非染非淨」的中道。正因是三因的體。緣了二因則是其相用。

法藏認爲性起是純淨，澄觀則引用天台的性具思想，認爲性起是性具善惡染淨。佛性三因中的「緣了因」可觸動「無明」本身相對應的「緣了因」，而生起染淨法。無明的體，是即體即空，其體也是佛性的正因，即是眞如。

演義鈔第七十九卷：「性起有二義，一「從緣無性」爲性起，有染淨二種，以染奪淨，是屬於眾生，所以是緣起。以淨奪染，是屬於諸佛，所以是性起」

法藏，遊心法界記：「流轉時，無明有力，淨心無力，而還滅時，淨心有力，無明無力」

染淨緣起，皆由「無自性」的性起而顯。而性起的作用，不待他緣，直接由其本性性能頓現而起。

當生滅流轉時，是淨心無力，無明有力；當返流解脫時是淨心有力，無明無力。這也是大乘起信論眞如無明互熏的說法。

（2)法界緣起

A.法界緣起之意義

法藏：「法界是所入法有三義。一是持自性義。二是軌則義。三對意義。界亦有三義。一是因義。依生聖道故。攝論云。法界者謂是一切淨法因故。又中邊論云。聖法因爲義故。是故說法界。聖法依此境生。此中因義是界義。二是性義。謂是諸法所依性故。此經上文云法界法

性。辯亦然故也。三是分齊義。謂諸緣起相不雜故。」[3]

　　主峰：「統唯一眞法界。謂總該萬有。即是一心。然心融萬有。便成四種法界。一事法界。界是分義。一一差別。有分齊故。二理法界。界是性義。無盡事法。同一性故。三理事無礙法界具性分義。性分無礙故。四事事無礙法界。一切分齊事法。一一如性融通。重重無盡故。」[4]

　　界有三義。一是因義。法界是指一切淨法的因。二是性義。是諸法所依的性質、特性。三是分齊義，即種類之意。

　　四種法界之「界」之義如下：事法界，界是種類之意。理法界，界是因意。理事圓融法界，理是因，事是種類。事事無礙法界，界是因也是分齊。

　　澄觀：「一心總該萬有，以統攝即爲一眞法界」「以一眞法界爲玄妙之體」（華嚴經隨疏演義鈔卷一）

　　一心即是一眞法界，統攝一切萬法。所以一眞法界是萬法的玄妙本體。

　　B. 法界緣起之原因

　　a.因門六義

　　「謂一切因皆有六義。一空有力不待緣。二空有力待緣。三空無力待緣。四有有力不待緣。五有有力待緣。六有無力待緣。」

　　空、有是約體所看。有力、無力是約用所看。待緣、不待緣是從發動方面看。

　　一、空有力、不待緣：等同種子剎那滅。

　　二、空有力、待緣：等同種子果俱有。

---

[3] 大正 35、440 下
[4] 大正 45、684 中

三、空無力、待緣：等同種子待眾緣。

四、有有力、不待緣：等同種子性決定。

五、有有力、待緣：等同種子引自果。

六、有無力、待緣：等同種子恒隨轉。

三及六，待眾緣及恒隨轉統合，代表不自生。

一及四，剎那滅及性決定統合，代表不他生。

二及五，果俱有及引自果統合，代表不共生。

統合一至六，代表非無因生。

事物作爲結果來說，只有空、有二義：因是從他而生，沒有自性，所以是空；又因從他生，是存在著，所以是有。事物作爲原因而言，即上述六義。法藏認爲，由於果的二義及因的六義，決定了宇宙萬象是一幅無窮無盡，交錯複雜的因果聯繫網絡，各事物可互爲原因也可互爲結果，同一事物可作爲原因，也可作爲結果。

b.緣起相由

法界緣起，圓融無礙的原因有十種如下：

緣起相由、法性融通、各唯心現、如幻不實、大小無定、無限因生、果德圓極、勝通自在、三味大用、難思解脫。

法藏認爲上述十種理由中，最爲重要的是第一種「緣起相由」，事物是相對而起，是相對的。

緣起相由再分爲十義：

1.諸緣各異義：表示事物的差別性。

2.互偏相資義：表示事物的普遍性。

3.具存無礙義：差別性與普遍性，同時具足而無礙。

4.異體相入義：自他的有力無力，互能相容相入而無礙。

5.異體相即義：自他空有之體相即無礙。

6.體用雙融義：體之相即及用之相入無礙。

7.同體相入義：所具之德與能具之體相容無礙。

8.同體相即義：容有之體相即無礙。

9.俱融無礙義：體之相即及用之相入無礙。

10.同異圓滿義：異體同體相即相入無礙。

因門六義及緣起十義是著重對緣起原因的分析及論述宇宙萬物的生起原因，是一種宇宙生成論哲學。

c. 三性一際

法藏：「三性一際，舉一全收，真妄互融，性無障礙」、「真（圓成實）中二義者：一不變義，二隨緣義；依他二義二者：一似有義，二無性義；所執中二義：一情有義，二理無義。真中不變，依他無性，所執理無，由此三義故，三性一際，同無異也。此則不壞末而常本也。……經云。眾生即涅槃。不復更滅也。又約真如隨緣‧依他似有‧所執情有。由此三義亦無異也。此則不動本而常末也。」

（華嚴一乘教義分齊章）

三性同義是在強調性相融通，一切現象都是真如所現。

遍計所執性是能迷之迷心；依他起性是色心諸法依分別而生，依四緣之他而生；圓成實性是真如。

不變、無性、理無是本三性；隨緣、似有、情有是末三性。

此本三性與末三性亦形成對立，但無性與理無都是真如，所以本三性的三性是同一無差別。而三種末三性也都是真如所隨緣而出，末三性實也同一無別，故本末三性均不出三性一際，相即一體，互融無礙。三性、六義的相對世界是絕對真如的具體內容，也可說相對是絕對的具體表現。

三法同異、因門六義、緣起十義來論述法界緣起的原由，最主要利

用相對性原理。法藏通過一系列對應範疇-染淨、眞妄、本末、因果、因緣、同異、體用、一多等,揭示其中的雙向作用,互相對立,互相依存,互相滲透,互相同一,互相轉化,由此說明法界緣起之圓融自在。

C. 法界緣起之內容

1.六相圓融

法藏:「初列名者。謂總相‧別相‧同相‧異相‧成相‧壞相。總相者。一舍多德故。別相者。多德非一故。別依比總滿彼總故。同相者。多義不相違。同成一總故。異相者。多義相望各各異故。成相者。由此諸緣起成故。壞相者。諸義各住自法不移動故。」

六相之中,總相、同相與成相,是屬於圓融門;別相、異相、壞相是屬於行布門。

圓融不礙行布,行布不礙圓融,相即相入,所以總相即別相,別相即總相,同異、成壞各種二相亦然,都是相即相入,六相圓融,所以萬物無不圓妙,事事圓融無礙。

2. 十玄緣起

2.1 法藏提出十義將現象界分爲十對,即以十對概括一切事法。

十對爲:教義、理事、境智、行位、因果、依正、體用、人法、逆順、應感十對。

2.2 智儼「一乘十玄門」是古十玄,法藏改變次序而稱新十玄。

法藏新十玄:

1.同時具足相應門:緣起的體用,同時顯現,重重無盡,而成一大法界緣起。

2.廣狹自在無礙門:大小世界互容無礙。

3.一多相容不同門:一佛土與十方佛土互容無礙時,也不妨礙一多之相。

4.諸法相即自在門：一多、同異、有無、始終均相即自在。

5.隱密顯了俱成門：表裏、顯隱均互攝無礙。

6.微細相容安立門：不壞諸法大小相，同時相容安立。

7.因陀羅網境界門：表示法界的無盡緣起，交參如帝釋天宮的珠網。

8.託事顯法生解門：：隨拈一事一物，得具見無量法界。

9.十世隔法異成門：過現未三世，每一世又各含過現未三際，即九世，再加當前一念即十世。一念具十世，靈明無滯。

10.主伴圓明具德門：：圓教會通諸法，主伴圓融，具足眾德。

其中，同時具足相應門、諸法相即自在門、因陀羅網境界門、主伴圓融具德門、等四門均主諸法圓融，相即自在。

十世隔法異成門代表時間自在。廣狹、一多、隱顯、微細等代表空間自在。

託事顯法因解門代表事事無礙。

2.3 法藏「探玄記」：比對　杜順「周偏含容觀」十門義：比對　智儼「一乘十玄門」

1.同時具足相應門：理如事門：同時具足相應門

2.廣狹自在無礙門：事如理門：因陀羅網境界門

3.一多相容不同門：事含理事無礙門：秘密隱顯俱成門

4.諸法相即自在門：通局無礙門：諸法相即自在門

5.隱密顯了俱成門：廣狹自在門：十世隔法異成門

6.微細相容安立門：偏容無礙門：諸藏純雜具德

7.因陀羅網境界門：攝入無礙門：一多相容不同門

8.託事顯法生解門：交攝無礙門：託事顯法生解門

9.十世隔法異成門：相在無礙門：唯心回轉善成門

10.主伴圓明具德門：普融無礙門：託事顯法生解門

2.4　智儼與法藏之新舊不同十玄門：

智儼之「諸藏純雜具德門」、「唯心迴轉善成門」

不同於

法藏「廣狹自在無礙門」、「主伴圓明具德門」

2.5　法藏認為，一切事物都具足此十玄，也即任舉一法，皆事事無礙。萬法相即相入，圓融無礙，而差別相狀依然存在；雖隔歷差別，而無障無礙，重重無盡，成一大緣起，即是十玄緣起無礙法門。

十玄之第一、二、三、九門，是著重時間、空間、數量方面，指出一切緣起事物的相入關係。第四、五、六門則是著重從不同形態說明一切緣起事物的相即關係。第七門是比喻一切緣起事物的相即相入關係。第八門說悟解無盡緣起的途徑。第十門及第一門一起概括全部十玄的內容，強調萬有森羅，同時具足，然主伴分明，互融無礙。

十門之間，任何一門又都容攝其餘九門，每門也都具有六相。

總之，以上十門、十義、六相，悉皆同時會融，無礙自在，重重無盡，成為一大法界，悟此即遠成佛境界。

（三）華嚴宗之思想特色

（1）四種法界及事事無礙

宗密：「總該萬有，即是一心，然心融萬有，便成四種法界。

一、事法界：界是分齊義，一一差別，有分齊故。

二、理法界：界是性義，無盡事法，同一性故。

三、理事無礙法界：具性、分齊義，性分齊無礙故。

四、事事無礙法界：一切分齊事法，一一如性融通，重重無盡故（註華嚴法界觀門）

事法界即世間現象論。

理法界即本體論，宇宙萬物的體性同於一理，即無差別的宇宙真理。

理事無礙法界即理事互融不相妨礙，理遍於事，事遍於理，本體與現象融合。

事事無礙法界：以理融事，所以事物與事物可以圓融交滲，一方面泯除對立矛盾，一方面又重重無盡，事事都是一心（佛心）的呈顯，一即一切，一切即一。故心佛眾生三無差別，淨土與穢土容攝，生死即涅槃，煩惱即菩提，是法界無盡緣起的佛境界。

（2）三聖圓融（華嚴三聖）

三聖指毗盧遮那佛、文殊菩薩及普賢菩薩。毗盧遮那佛是法身佛，盧舍那佛是報身佛，釋迦牟尼佛是應身佛。

華嚴的華是指普賢菩薩所具有的大行因華，嚴字代表文殊菩薩所具有的大智慧利劍，斬斷煩惱眾障，嚴飾菩提佛果。

文殊菩薩專掌智慧門，在諸菩薩中，號稱智慧第一，密號吉祥金剛或般若金剛。此菩薩發十八種大願，嚴淨佛國，當來成佛，稱為普現如來，其佛教土在南方，號離塵垢心世界、無垢世界、清淨無垢寶真世界。

另據新華嚴經如來名號品載，過東方十佛剎塵數之世界有一「金色世界」，其佛號不動智，此世界之菩薩即稱文殊師利。

文殊代表智慧與信仰統一的象徵，故有「七佛之師」之譽。

普賢菩薩之普賢意是無所不在的光或無處不有的慈。都是具有徧吉祥或圓滿之意。

探玄記有十普賢行：

一、達時劫，二、知世界，三、識根器，四、了因果，五、洞理性，六、鑒事相，七、常在定，八、恆起悲，九、現神通，十、常寂

滅。

　　普賢行願品：「若欲成就此功德門，應修十種廣大行願。何等為十，一者禮敬諸佛，二者稱讚如來，三者廣修供養，四者懺悔業障，五者隨喜功德，六者請轉法輪，七者請佛住世，八者常隨佛學，九者恒順眾生，十者普皆迴向。

　　華嚴經普賢菩薩行品：「菩薩摩訶薩，起一念瞋恚心者，一切惡中無過此惡」

　　普賢菩薩力說要以十種正法之修習來斷除此種惡業。

　　澄觀，三聖圓融觀：「竊以大聖文殊師利，表乎真智；普賢菩薩，旌乎真理；二法混融，即表毘盧遮那之自體也，理包萬行，事括千門，廣喻太虛，周齊罔極」

　　總言之，以文殊的大智，去運普賢的大行，由兩者來莊嚴毘盧遮那佛果上的體大、相大、用大。

　　文殊代表信、智、照；普賢代表理、行、體。由這二聖法門所各自具足三事的因圓，互相融攝，自能彰顯毘盧遮那法身佛果滿的華嚴無盡法界緣起，一真法界的無障礙解脫境界。

　　（3）華嚴三昧

　　三昧，即定。又作佛華嚴三昧、華嚴定、佛華三昧。修此定乃以一真法界無盡緣起為理趣，為達此理趣而修萬行，莊嚴佛果，稱為華嚴；一心修之，稱為三昧。此三昧乃統攝法界，入一切佛法之大三昧。據舊華嚴經卷三十六離世間品載，普賢菩薩正受三昧，其三昧名為佛華嚴。華嚴遊心法界記釋此三昧，以「華」有生實作用，而釋華為菩薩萬行；以「嚴」為行成果滿契合相應，垢障永消，證理圓潔；以「三昧」為理智無二，交徹鎔融，彼此俱亡，能、所皆絕。又謂華即嚴，以理智無礙故；華嚴即三昧，以行融離見故；或華即嚴，以一行頓修一切行故；華

嚴即三昧，一行即多而不礙一多故；或華嚴即三昧，以定慧雙融故；或三昧即華嚴，以理智如如故。若將此三昧與「海印三昧」相對照，則此三昧乃約解行而言，係從因而立名，海印三昧係依果而立。然因果本無二，故此二者爲一體之二用。唐代法藏著「妄盡還源觀」，即謂自性清淨圓明之體有二用，一爲海印森羅常住之用，即海印三昧；一爲法界圓明自在之用，即華嚴三昧。

　　海印三昧是佛的境界，華嚴三昧是菩薩的境界。〔無量壽經卷上、華嚴經探玄記卷十七、華嚴經疏卷五、卷十六、華嚴五教止觀〕

　　（4）海印三味

　　法藏：「海者，即諸像重重無盡，際限難源。窮一竟無有窮，隨一宛然齊現，是故云海也。印者，眾像非前後，同時品類萬差。即入無礙，一多兩現，彼此無違，相狀不同，異而非異，故云印也。定者，類多差別，唯一不殊，萬像競興，廓然無作，故名爲定也」（華嚴遊心 法界記）

　　「言海印者，眞如本覺也，妄盡心澄，萬象齊彰。猶如大海，因風起浪，若風止息，海水澄清，無象不現。……唯依妄念而有差別，若離妄念，唯一眞如，故言海印三昧也」（修華嚴奧旨妄盡還源觀）

　　法藏將海印釋爲「眞如本覺」，即一心或自性清淨心。如能捨離妄念，深入禪定，則可呈現唯一的眞如本覺，即是海印三昧。

　　（5）華藏世界

　　八十華嚴，華藏世界品：「此華藏莊嚴世界海，是毗盧遮那如來，往昔於世界海微塵數劫修菩薩行時，一一劫中，親近世界海微塵數佛；一一佛所，淨修世界海微塵數大願之所嚴淨」

　　華藏世界的結構如下（同上）：「有須彌山微塵數風輪所持。」

　　這無數風輪分爲十層，最上層風輪「名殊勝威光藏，能持普光摩尼

莊嚴香水海。此香水海有大蓮華，名種種光明藥香幢華藏莊嚴世界海」

華藏世界的四方是由金剛輪山周匝圍繞的。大輪圍山也聳立在蓮花之上，山本身由種種寶物構成。

華藏世界包容一切淨土佛國。

華藏世界又遍布著數不清的香水海，各個香水海裡，有無數的世界安立其中。

華藏世界的一切事物，互不相同，又彼此趣入，圓融無礙。

藏世界共有二十層，最近中心的香水海叫做無邊妙華光香水海，海中長出一朵大蓮花，其上有一個世界稱為「普照十方熾然寶光明」，娑婆世界就在這系統之中。

透過修習禪定可以觀照華藏世界,普賢菩薩即是。

所以稱「蓮華」，乃是以蓮華雖在泥水之中，不為泥水所汙，藉此譬喻「法界真如」雖在世間而不為世間法所汙。「藏」有含攝義、出生義、具德義。謂此土內含攝一切人法等，能生諸法門故，具一切利生功德故；又含攝一切諸餘剎故。

若就廣義而說，蓮華藏世界實為諸佛「報土」之通名，例如：《華嚴經》所說者即釋迦佛之華藏世界；《觀經》所說之極樂即阿彌陀佛華藏世界；《大日經》所說之胎藏界與《密嚴經》所說之密嚴國，即大日如來之華藏世界。

（四）華嚴宗五祖的心性論

（1）杜順

A.杜順的一心法界

法是規範或任持。法的種類很多，有七十五法、八十四法、百法、八萬四千法和無量之法，而且種種法之間，有統一，有組織，而形成「全一」的世界。這個主客一體的宇宙，叫做一心法界。法界不出一

心，一心即是全宇宙，法界即是一心。

　　B. 杜順的法界觀（華嚴三觀）：

　　B.a 真空觀

以四句十門方式泯除知見情執，以彰顯緣起無自性真空道理。

四句十門如下：

1.會色歸空觀

a.色即是真空，而非斷空。

b.色是青黃之相，而青黃之相無體，色即空。

c.空中無色，色不即空，而會色無體，色即空。

d.色無自性，色即空。

2.明空即色觀

a.斷空與幻色不相即

b.真空與實色不相即

c.從所依的關係顯示空不即色與空即色之雙層涵義

d.真空乃指法無我，非斷滅空，真空必不異色，所以空即色。

3.空色無礙觀

空色平等一如，色即空與空即色是平等無礙。

4 泯絕無寄觀

上述的空即色的觀念之言思，逼至無所寄處，唯證相應。

　　B.b 理事無礙觀

有十門：

1.相遍門

1.1 理遍於事門

1.2 事遍於理門

2. 相成門

2.1 依理成事門

2.2 事能顯理門

3. 相害（奪）門

3.1 以理奪事門

3.2 事能隱理門

4. 相即門

4.1 眞理即事門

4.2 事法即理門

5. 相非門

5.1 眞理非事門

5.2 事法非理門

B.c 周遍含容觀

略辨十門：

1.理如事門

2.事如理門

3.事含理事門

4.通局無礙門

5.廣狹無礙門

6.遍容無礙門

7.攝入無礙門

8.交涉無礙門

9.相在無礙門

10.普融無礙門

諸事法之間是同時頓顯且是普融無礙之關係。

C. 杜順的五教止觀

1.小乘：法有我無門

主要觀「五停心觀」（不淨觀、慈悲觀、緣起觀、界分別觀、數息觀）中的界分別觀，觀身心爲地水火風空識六界的因緣和合，以治我見。

2.大乘始觀：生即無生門

有無生觀及無相觀。

前者觀法無自性，由空始能成立一切法。

後者觀萬法無相。

3.大乘終教：事理圓融門

4.大乘頓教：語觀雙絕門

5.一乘圓教：華嚴三味門

（2）智儼

A.唯心論

杜順的觀法是杜順內觀的理想表現，其理想的歸結不出事事無礙法界，而事事無礙即是乘嚴的一心法界，而杜順的態度似乎不知「十地論」、「攝論」沒有作唯心的說明，到了智儼的「孔目章」第一卷立「唯識章」才有涉及唯心「唯識」的說法。

一乘別教雖運用了三乘始教之唯識等文，然仍基於無盡法界之教義闡述，如以一心顯性起具德；又如以十心顯無量。一乘之論心及心所法同三乘終教一樣，即有無量心數及心所法。

1.轉四識成四智：此是三乘始教之教義，不可定執此義。

一乘顯示末那識之染法在於凡夫，而聖人無。

2.阿賴耶識受熏

一乘認同三乘終教眞如與無明互熏是實。

3.心數及心所法

大乘終教及一乘別教認爲心數無量，其數量如法界緣起。

B.別教一乘

「又華嚴經文前之五會，及十明已後，盡不思議品。即以一乘別教，從三乘說。十地中文，即用一乘圓教。從三乘教，以顯一乘別教說。所以知者。故文中以悉曇字音，會成無盡故也。普賢性起用，彼一乘別教，以顯一乘文義。由彼文中是廣大說故，離世間下二會之文。一乘行法，以始標終說故。教義俱一乘也。」[5]

「一乘教有二種：一共教、二不共教。圓教一乘所明諸義文文句句皆具一切，此是不共教，廣如華嚴經說。二共教者，即小乘三乘教，名字雖同，意皆別異，如諸大乘經中廣說」[6]

B.1　智儼之別教一乘：

就成佛而論：

a.初念即是成佛

或成佛不捨初念，因爲因果相即，同時相應。雖一念成佛，但不可混爲凡聖不分。

b.一乘佛是義佛；見佛其義甚廣，從見聞至會知無生相，皆可說是見佛。所見有十佛：1.無著佛，安住世間成正覺故。2.願佛，出生故。3.業報佛，信故。4.持佛，隨順故。5.涅槃佛，永度故。6.法界佛，無處不至故。7.心佛，安住故。8.三味佛，無量無著故。9.性佛，決定故。10.如意佛，普覆故。[7]

三乘有三佛：法身、報身、化身。小乘有二佛：生身佛及化身佛。

c. 成佛的對象：明眾生依正二報皆能成佛；念念中盡眾生界成佛

---

[5] 大正 45、586 上
[6] 大正 45、522 中
[7] 大正 9、634 下

遍滿無有前後。小乘一時中唯菩薩一人作佛。三乘始教認為有五種性，其中聲聞定性、緣覺定性及無性者不能成佛。三乘終教一切眾生悉可成佛。

d. 一乘主張十信已來即成佛，故無別時別修相好業，若有別修是為迴心聲聞而示現別修。

e.一乘乃就緣起本法來論諸情根，離緣起之外則別性可變可改。一乘就德和相明佛相貌，另方面也以非德非相明佛相貌。

f.一乘就九世及十世明佛轉依，且視本有、本有修生、修生、修生本有三佛皆是究竟常然，不同小乘及三乘僅就一世之一三世明轉依。

g.一乘視佛身為常、無常、非常非無常，就十佛論佛身。小乘視佛身無常。三乘視佛身亦常亦無常。

h.有關佛德之攝生化用，一乘就行境十佛及解境十佛來明佛功德。

-行境十佛：（華嚴經離世間品）：無著佛、願佛、業報佛、持佛、涅槃佛、法界佛、心佛、三昧佛、性佛、如意佛。

-解境十佛：眾生身、國土身、業報身、聲聞佛、辟支佛、菩薩身、如來身、智身、法身、虛空身等。

I.入佛境界：一乘所謂的佛境界，即舉出與十一法相應者即是佛境界。

十一法：

一佛境界。齊如虛空。此是總也。

二據一乘因無量劫修。

三應其所入與九世相應。智慧寂然。不同世見。

四隨順度生盡佛境界一得一切得。

五起隨俗智三世無礙。皆悉如空。

六隨順眾生所說諸法。皆如機性一一差別。住佛境界。

七欲知眾生性類不同。與無分別合。如實無分別。

八所知佛境非染識能識。亦非染心境界。九何相決定知佛境界。謂決定知性起之門。無師智自然智等。究竟眞淨能示群生。是決定知佛境界。

十欲明照佛境。生死等法煩惱業報等寂滅無所住。無明無所行。平等行世間。如是明照佛境界。

十一欲知一乘境界寬廣。知眾生心。盡其十世。以如來心。一念中遍一切。悉明達是境界廣。若此等法是一乘佛境界。

j.佛境界因果問題：

一乘則明一即一切，一切即一，因果教義等如因陀羅網相攝相入。

B.2　法藏之一乘。

與三乘之不同：

2.1　權實差別：一乘大白牛車是實，三乘牛車是權

2.2　教義差別：一乘是圓教，別於三乘。

2.3　所期差別：一乘是別教，三乘是同教。

2.4　德量差別：別教一乘主伴具足攝德無量之無盡教義。

2.5　寄位差別：同教是寄同(一乘法寄託於三乘)、融同(融三乘於一乘)、交同(三乘一乘交參互涵)。

2.6　付囑差別：欲付囑者是一乘。

2.7　根緣受者差別：未聞一乘經典者是假菩薩。

2.8　難信易信差別：一乘難信。

2.9　約機顯理差別：無盡佛法是指主伴具足的一乘法。

2.10　本末開合差別：一乘是本，三乘是末。

三乘無不歸向一乘。

B.3　法藏之三乘即一乘，一乘即三乘。

三乘即一乘：三乘爲一乘所攝。

一乘即三乘：三乘攝一乘

故三乘與一乘互攝。

因唯有相攝性，以顯示彼此的差別，發揮同教一乘之道理。

以同教一乘處理三乘一乘差別相問題。

以別教一乘明三乘一乘之相攝關係。

B.4　三乘、別教一乘、同教一乘：

1.若唯一乘，此即是別教一乘，教義是指露地牛車十十無盡主伴具足。

2.若唯三乘，此即三乘教，三乘其教非義，以界內所示爲教，其義非教，以出世法爲義。

3.若亦一乘亦三乘，此即同教一乘。以三乘爲教，以一乘爲義。

4.若非一乘非三乘，此指果海不可說而言。

（3)法藏

A.唯心之去向

五教章所依心識：

第一心識差別者。如小乘但有六識。義分心意識。如小乘論說。於阿賴耶識但得其名。如增一經說。若依始教。於阿賴耶識。但得一分生滅之義。以於眞理未能融通。但說凝然不作諸法。故就緣起生滅事中建立賴耶。從業等種辨體而生。異熟報識爲諸法依。方便漸漸引向眞理。故說熏等悉皆即空。

若依終教，於此賴耶識。得理事融通二分義。故論但云不生不滅與生滅和合非一非異。名阿梨耶識。以許眞如隨熏和合成此本識。不同前教業等種生故。楞伽云。如來藏爲無始惡習所熏名爲藏識。又云。如來藏受苦樂。與因俱若生若滅。又云。如來藏名阿賴耶識。而與無明七識

俱。

又起信云。自性清淨心。因無明風動成染心等。如是非一。

故勝鬘中云。不染而染者。明隨緣作諸法也。染而不染者。明隨緣時不失自性。

此終教中。約體相鎔融門故。說二分無二之義。

如勝鬘經說。依如來藏有生死。依如來藏有涅槃等。乃至廣說。是故當知二門別也。

若依頓教。即一切法唯一真如心。差別相盡離言絕慮不可說也。

若依圓教。即約性海圓明法界緣起無礙自在一即一切一切即一主伴圓融。故說十心以顯無盡。如離世間品及第九地說。又唯一法界性起心亦具十德。如性起品說。

此等據別教言。若約同教。即攝前諸教所說心識

由此甚深緣起一心具五義門。是故聖者隨以一門攝化眾生。

一攝義從名門。如小乘教說。

二攝理從事門。如始教說。

三理事無礙門。如終教說。

四事盡理顯門。如頓教說。

五性海具德門。如圓教說。

是即不動本而常末。不壞末而恒本。故五義相融唯一心轉也。

二約機明得法分齊者。

或有得名而不得義。如小乘教。

或有得名得一分義。如始教。

或有得名得具分義。如終教。

或有得義而不存名。如頓教。

1或有名義俱無盡。如圓教。

B. 探玄記之十項原則：

諸緣各異義、互遍相似性、俱存無礙義、異門相入義、異體相即義、體用雙融義、同體相入義、同體相即義、俱融無礙義、同異圓滿義

C. 華嚴經旨歸的十項無礙

性相、廣狹、一多、相入、相是、隱顯、微細、帝網、十世、主伴

D. 金師子章之六門

同時具足相應門、諸藏純雜俱德門（廣狹自在無礙門）、一多相容不同門、諸法相即自在門、秘密隱顯俱成門、

E. 十重唯識

1.相見俱存

2. 攝相歸見：攝相分歸於見分。

3.攝數歸王：攝心所歸於心王。

4.以末歸本：攝前七識歸於第八識。

5.攝相歸性：攝第八識歸於如來藏。

6.轉真成事；轉真如成事法。

7.理事俱融：理事相即相入。

8.融事相入：事法之用相入。

9.全事相即：事法之體相即。

10.帝網無礙：事事無礙，如帝網重重無礙。

法藏的十重唯識，實際上只有二重，攝相歸性及攝數歸王吸收了窺基的觀點，另有二重，相見俱存及以末歸本採納了窺基的思想，其餘六觀都是法藏自己的理事無礙及事事無礙的體現，用圓融無礙的觀念帶上華嚴宗的色彩，同時又有判教的意義，前三重是大乘始教，次四重是大乘終教及頓教，後三重是圓教別教一乘，全部十重則是圓教的同教一乘。

窺基

唯識宗五重唯識

1.遣虛存實：空有相對。遍計所執都是虛妄分別，體用都無，應遣為空；觀依他是諸法之事相、圓成是諸法之理性，皆不離識，應正存留為有。

2.捨濫留純：心境相對。四分有相分、見分、自證分、證自證分。相分是外境之投影，為濫應捨。後三分是心，留能緣心，以觀唯識理。

3.攝末歸本：體用相對。心識之本指自體分，末指見分、相分。攝末之見相分，歸自體分，觀其唯識理。

4.隱劣顯勝：王所相對。自體分有心王、心所。心王勝，心所劣，觀心王自體分之唯識理。

5.遣相證性：事理相關對。心王有事有理，理是性體，事是相用。於依他事相，遣而不遍計執取，唯就圓成性，求證唯識理。

F. 妄盡還源觀

1.顯一體：體是自性清淨圓明體。

2.起二用

a.海印森羅常住用（海印三味）

b.法界嚴明自在用（又名華嚴三味）

3. 示三遍

a.一塵普周法界遍

b.一塵出生無盡遍

c.一塵含容空有遍

4.行四德

a.隨緣妙用無方德：依真起用，隨順眾生樂欲根機機緣，廣利眾生，起萬千妙用。

b.威儀住持有則德：整肅行住坐臥四威儀，堪任住持，可爲軌範。

c.柔和質直攝生德：以調柔和順、慈悲平等；體無妄僞、言行相符，以攝化眾生。

d.普代眾生受苦德：於三惡趣，救贖一切受苦眾生，令捨惡行善，離苦得樂。

5. 入五止

a.照法清虛離緣止：觀照眞諦法自性空寂，俗諦法虛妄假有，因緣俱離。

b.觀人寂怕絕欲止：觀五蘊假合之身是寂然淡泊（怕），諸多欲望俱絕，無願無求。

c.性起繁興法爾止：觀眞如理體隨緣生起萬法，任運常然，古今不變。

d.定光顯現無念止：定光是萬字輪王的寶珠所顯的體性明徹，十方齊照。此定光能遠近齊照，分明顯現，無思無慮，不爲二乘、外道塵霧煙雲之所障蔽。

e 理事玄通非相止：觀無性的理體及幻玄的事法，互通俱融，性相雙泯。

6. 起六觀

a.攝境歸心眞空觀：止息一切境的分別心，境不入心，心不至境，由心不起，外境本空。

b.從心現境妙有觀：心指眞如理體，境是眞如所現，境是假有。需修萬行，證悟眞如心。

c.心境秘密圓融觀：觀無礙心及無礙境，心境圓融，方成佛心及佛淨土，依正不二。

d.智身影現眾緣觀：智身指佛智體，眾緣是佛智體如鏡般顯現的鏡

像。

e.多身入一鏡像觀：指事事無礙法界，昆盧遮那佛十身互用無有障礙

f.主伴互現帝網觀

（4)澄觀

A. 唯心之觀點

a.一心即是法界、一眞法界

重視起信論的一心，並由理事無礙而說明事事無礙。

一心即是法界，心體離念，唯一圓覺，形奪雙亡，離覺所覺，以心傳心，頓證法界，爲其教禪一致的頓圓合一的「一心說」。無住的心體，靈知不昧，心心作佛，一心即佛心，一塵皆佛國。其靈知的觀點很類似神會。以知爲心體，而非了別，心爲「總相」，悟之於佛而成淨緣起，迷之於眾生而現染緣起，而心體不變，故如來不斷性惡，闡提不斷性惡。這是接近天台的性具說。

「統唯一眞法界，謂總該萬有，即是一心，然心融萬有，便成四種法界」[8]

「一眞者，未明理事，不說有空，直指本覺靈源也」[9]

「起信論於此一心，方開眞如、生滅二門，此明心即一眞法界」[10]

「空有雙絕，但是覺心，獨鑒明明，靈知不昧」[11]

「眞界者，即眞如法界，法界類雖多種，統而示之，但唯一眞法界，即諸佛眾生本源清淨心也」[12]

---

[8] 大正 45、684 中
[9] 續藏第十四套第二冊 146 頁
[10] 續藏第七套第五冊 399 頁
[11] 續藏第十四套第二冊 146 頁
[12] 同上第七套第五冊 399 頁

「一法界心成諸法者，總有二門：一、性起門；二、緣起門」[13]

本質上，法界、一眞法界、一心法界、圓覺妙心、眞心、眞界，靈知眞心等都是同一層次的概念。

b.眞妄交徹

法相宗認眞妄爲二法，法性宗以眞妄交徹爲本義。

眞妄相對而能交徹，交徹而不失相對。在眾生凡夫心中能見佛心，正是眞妄交徹的目的。法性宗說：「初發心時，便成正覺」，也是即心即佛的禪宗思想之根據。

c. 形成四法界說及發揮性起說。

法界說有二法界、三法界、四法界、五法界、十法界等看法，澄觀建立四法界以建立其法界緣起說。

至於性起，法藏是站在「果上現」的立場而說「法」，澄觀是立在「因位」，以性起趣入爲立場。

澄觀「演義鈔」79 卷：「性起有二義，一「從緣無性」爲性起，二「法性隨緣」爲性起，而緣起即性起（成佛時），緣起有淨染二種，以染奪淨，是屬於眾生，所以是緣起；以淨奪染，是屬於諸佛，所以是性起」。眾生的生起萬法是依止性起以啓動緣起，而緣生萬法。佛是緣起即是性起，已無緣起，直接以性起頓現萬法。

d. 觀法即教相

澄觀的觀法原則大體與法藏相同，以「觀法即教相」的立場，直接把握眞理而闡明了「心要觀」或「三聖圓融觀」，不過，澄觀的觀法，是帶有濃厚的禪宗色彩。

B. 四法界觀：如前文所述。

---

[13] 同上 399 頁

C. 十重唯識

第一、假說一心

第二、相見俱存，故說一心

第三、攝相歸見，故說一心

第四、攝數歸王，故說一心

第五、以末歸本，故說一心

第六、攝相歸性，故說一心

第七、性相俱融，故說一心

第八、融事相入，故說一心

第九、全事相即，故說一心

第十、帝網無礙，故說一心

與法藏相比，澄觀去掉了法藏的第六轉真成事唯識，增加了假說一心唯識。

補充法藏所缺之小乘教。

D. 華嚴三味大定：已於前文所述。

E. 三聖圓融觀：如前文所述。

F. 相宗、性宗十異

第一異

相宗：三乘真實，一乘方便

性宗：三乘方便，一乘真實

第二異：

相宗：五性各別是了義，一性皆成是未了義

性宗：五乘各別是方便，一性皆成佛是真實

第三異：

相宗：萬法從阿賴耶識而生

性宗：無明與眞如和合而緣起諸法

第四異：

相宗：眞如凝然，不作諸法

性宗：眞如有不變隨緣二義，由隨緣而作諸法

第五異：

相宗：遍計是空，依圓是有，有爲無爲各別

性宗：依他的無性即是圓成實性，遍計是空

第六異：

相宗：眾生界不減（有無種性者），佛界不增

性宗：生佛二界，不增不減（一理平等，生佛不二故）

第七異：

相宗：俗諦空，眞諦有，空有各別

性宗：眞諦是即有的空，俗諦是即空的有，眞空妙有故

第八異：

相宗：生住異滅四相，前後異時

性宗：四相一時，具在一刹那，生滅相即

第九異：

相宗：智與惑，心與理各別

性宗：智外無惑，智與眞如不二

第十異：

相宗：如來四聖，自他受用，皆由種子而生，都是有爲無漏

性宗：色心即是法性，佛之色心，皆無爲常住

（5)宗密

A.眞心論、十重唯心、圓覺妙心

心有肉團心、緣慮心、集起心、眞心。

眞心是阿賴耶識的識體，即本體。

A.a 眞心的一般特徵：

1.豎通：無來無去，冥通三際。眞心在時間上永恒不變，圓通三世，無來無去。

2.橫遍：行非中非外，洞徹十方。

3.眞常：眞心不變，故不生滅。盡未來際，究竟常住不滅。

4.絕跡：離性離相，超越性相的對待。

5.不變：心眞如門，即是一法界大總相法門體，所謂心性不生不滅。

6.隨緣：起信論心生滅門以隨緣爲心的表現

A.b 眞心的本質特徵：寂知

1.空寂：寂若虛空。

空：如虛空。非有非無的狀態，稱「冲虛」。

寂：眞心的自性之體

2.靈知：眞心自性空寂體上所本來具有的自性用。寂是知的自性體，知是寂的自性用。任運寂知，知寂不二。本空寂體上，自有般若智能知，不假緣起。

3.知的特點

a.知與智：一是知與智相通，都指智慧；二是知作動詞用，指了知，屬認識行爲。

惠能：「菩提、般若之知，世人本自有之」

神會：「今言智證者，即以本覺之智慧知，故稱爲智證」

大程度上，宗密的知很接近惠能及神會的知，都是指眞心本體的智慧，但宗密的知是體用一如，既是體也是自性用。

故宗密總結：「知與智異，智局於聖，不通於凡，知即凡聖皆有，通於理智」

知既可以觀照佛性聖理，又可以認識心外之境。

b.知與識：

「識屬分別，分別即非眞知」

知所認識的不是這些分別性的對象，而是世界的本質。

c.知與見

「能知，所知，皆名知見」

「言知言見，事得牢固，譬如繩，二合爲一，則牢固」

以解悟爲知，以親證爲見，以直接經驗對知的證實爲見。

但眞知非境界，不可以智證，若可以智證又落入求證心及所證境，就不是眞知。

知見若落入知解，又非眞知了。

A.c 圓覺妙心

清淨無污的靈知之心，稱之爲圓覺之心。

1. 圓覺的意義

「圓者，滿足周備，此時外更無一法案；覺者，虛日月靈照，無諸分別念想」[14]

「圓覺自性，本無偶妄變異，即只眞如；無法不知，本無煩惱，無法不寂，本無生死，即是菩提涅槃；無慳貪禁毀，嗔恚懈怠、動亂愚癡，即是波羅密」[15]

2. 圓覺的基本特點

a.本有

---

[14] 續藏、第十四套第二冊，121 頁
[15] 同上，第 132 頁

b.不動

c.平等

圓覺經十大平等：得念與失念；成法與破法；智慧與愚癡；菩薩與外道；無明與真如；戒定慧與淫怒癡；眾生與國土；地獄與天宮；有性與無性；煩惱與解脫。

3. 圓覺性即佛性

「如來圓覺，妙語心涅槃，即名佛性」[16]

「圓覺自性，非性性有，循諸性起，無取無證，於實相中，實無菩薩及諸眾生」[17]

「非性者，指圓覺自性非前五性及輪迴之性；性有者，前差別性皆有圓覺」[18]

「生本成佛，唯是圓覺、華嚴」[19]

宗密依五教的成佛觀點：

3.1.一生成佛論：小乘說一切有部，只有佛一人有佛性，能此生成佛，其餘眾生沒有佛性，不能成佛。

3.2.三祇成佛論：大乘始教唯識宗。只承認菩薩種性及不定種性經三大阿僧祇劫修行始能成佛。

3.3.相盡成佛論：大乘終教。一切眾生悉有佛性，只要相盡即可成佛。相盡是指斷離事相之執，達性相融合，成佛速度有快有慢，全在於眾生息妄的遲速而定。

3.4.初住成佛：頓教。

只要覺知妄念本空，初發心頓成正覺。

---

[16] 大正、17、917 上
[17] 同上
[18] 續藏第十四套第二冊 169 頁
[19] 續藏，同上，154 頁

3.5.一念成佛：圓教。即妄即眞，一念頓悟成佛。

3.6.本來成佛論：華嚴經觀點。眾生本具佛性，心佛眾生三無差別。

4. 本覺眞心

圓覺之覺也是本覺之覺，圓覺妙心即是起信論的本覺眞心。

「覺海元眞，萬法非有，混融一相，體用恒如，但以迷倒情深，強生分別，違其正理，失本眞常。今既返本歸眞，銷迷殄相，對治斯遣，垢淨雙融，剪拔生源，成究竟覺」[20]

「理是本覺，智是始覺，始本不二，爲究竟覺」[21]

惠能是本覺論者；宗密是本知論者。

但宗密的本知除指本覺外尚包括始覺，而神會只言本覺。

5.圓覺融合即圓合

「若諸菩薩，以圓覺慧，圓合一切，於諸性相，無離覺性，此菩薩者爲圓修三種自性清淨隨順」[22]

「圓融和合一切事理、性相、眞妄、色空等類，舉體相應，是爲圓合」[23]

「以圓合一切，是從體起用；性相無異覺性，是會用歸體；體用無礙，寂照同時，是爲圓滿無上妙覺」[24]

B. 宗密的五教一心說

1.愚法聲聞假，假說一心

2.大乘權教，以阿賴耶識爲一心

---

[20] 續藏第十四套第二冊 172-173 頁
[21] 同上第五冊 438 頁
[22] 大正 17、919 上
[23] 續藏第十四套第二冊 182 頁
[24] 同上，182 頁

a. 相見俱存，故說一心

b.攝相歸見，故說一心

c.攝所歸王，故說一心

3. 大乘實教，以如來藏識爲一心

a.攝前七識歸於藏識

b.總攝染淨歸如來藏

4. 大乘頓教，泯絕無寄，故說一心

5. 大乘圓教，總該萬有，即是一心

a.融事相入，故說一心

b.融事相即，故說一心

c.帝網無盡，故說一心

與法藏的十重觀相比，宗密的第二、三、四、五、六、八、九、十等八重，與法藏一致，這八重也與澄觀相同。

宗密-澄觀：取消澄觀的第七性相俱融唯識，改爲泯絕無寄唯識，本覺眞心不寄情染淨，染淨皆空，泯絕無寄。明確加入了大乘頓教。

2.始教：思熟賴耶的一心

3.終教：如來藏的一心

4.頓教：泯絕染淨的一心

5.圓教：總該萬有的一心

C. 教禪合一說

C.a 提出禪教合一的原因（十所以）

1.師有本末，憑本印末：教禪一致係歷代祖師所說。

2.疑有多般。

3.法義不同

4 悟修頓漸

5.經有權實

6.心通性相

7.禪有諸宗，互相違阻：禪宗諸派主張各異，必須依經論思想作為統一禪宗各派的標準。

8.經如繩墨，楷定邪正。

9.量有三種，勘契須同。

10.師資傳授，須識藥病。

C.b　禪教合一的三個層次：

1.三教及禪宗三宗

a.三教：

將識破境教（法相宗＝唯識）

破相顯性教（三論宗＝中觀）

真心即性教（華嚴宗＝如來藏）

b.禪的三宗：

息妄修心宗：北宗、南侁、保唐、宣什；印度唯識、中國唯識宗、華嚴五教的相始教

泯絕無寄宗：牛頭宗、石頭；印度的般若、中觀、中國的三論宗、華嚴五教的空始教。

直顯心性宗：洪州宗、荷澤宗；中國華嚴宗。（實應包括中國天台宗）

c.三教、三宗之配對：

將識破境教-息妄修心宗

密意破相顯性教：泯絕無寄宗

顯示真心即性教-直顯心性宗

2. 三個層次

a.息妄修心宗與密意依性說相教的融合

融合之法：「息我法之妄，修唯識之心」

但宗密並未指出二者之異，只刻意尋找二者之同。唯識是萬法唯識所變，因此需轉識成智。息妄修心是自性清淨心爲妄無明所覆，因此需禪坐息妄而顯現自性清淨心。二者之修行方法也有不同處。

b.泯絕無寄宗與密意破相顯性教的融合

c.直顯心性宗與顯示眞心即性教的融合

3. 空宗與性宗的十點不同

第一異：

空宗：法即是差別相（俗諦），以無爲、無滅爲眞諦。

性宗：法是一眞之性（眞諦），以種種差別爲俗諦。

第二異：

空宗：諸法的本源是「性」（空寂）

性宗：諸法的本源是心（常知）

第三異：

空宗：以諸法無性爲性。

性宗：以靈明不空之體爲性。

第四異：

空宗：分別是知（淺），無分別是智（深）

性宗：以證理的妙慧爲智，以該理智及通凡聖之靈性爲知。

第五異：

空宗：有我是妄，無我是眞

性宗：無我是妄，有我是眞（直明本體顯有）

第六異：

空宗：遮銓（有遮無表），不生不滅，不垢不淨，無因無果，非凡非聖

性宗：有遮有詮，知見覺性，靈鑒光明，朗朗昭昭，惺惺寂寂，並遮詮。

第七異：

空宗：標名

性宗：認體

第八異：

空宗：立二諦

性宗：立三諦

第九異：

空宗：遍、依是有，圓是空，三法皆無性（空）

性宗：遍計是情有理無，依他是相有性無，圓成是情無理有，三性皆空有。

第十異：

空宗：佛以空為德，無色聲五蘊。

性宗：佛之自體，有常樂我淨十身十智之功德，而無盡本有。

D. 華嚴禪

宗密，禪序：「禪定一行，最為神妙，能發起性上無漏智慧。一切妙用，萬德萬行，乃至神通光明，皆勞定發」

宗密將禪學的發展由淺至深分為五個階段：外道禪，凡夫禪，小乘禪，大乘禪

及最高階段的如來清淨禪即神會的荷澤禪。

所謂華嚴禪是指宗密是華嚴五祖宗密，他所提出的定慧合一，禪教合一。

（五）華嚴宗的觀法

（1）華嚴觀法之特色

華嚴觀法若以圓教而言，除教義之外別無觀法，不談論限定或特定的觀法是其特色。也可以說「教即觀」，而且重「止觀雙運」，其性起觀法是「寂寞智雙流，方成佛果」，即止觀雙運之意。教之當體心定當下就是觀，因此需要有自覺，如十玄緣起，又是教義，又是行門，華嚴被非難為有教無觀，實是不妥當之說法。華嚴是以依、正、色、心，一塵一法無不成為觀境。

（2）華嚴五祖之觀法

（A）杜順的觀法

A1.法界觀：如前文所述。

A2.五教止觀：如前文所述。

（B）智儼的觀法

B.1 通觀

此一觀法為了消滅一切凡夫的煩惱。

B.2.二種觀

1.唯識觀：先近行知識及解知識二知識，次持戒清淨，至心懺悔，身結跏趺坐，閉目調息，習經月日，其心則止，次連成定，辨煩惱減少，是觀成相。

2.空觀：其空有四，併成觀境：有為無為虛空、擇數滅空、成實論教性空、地論教性空。

唯識觀成於正定；空觀為止觀的體。二觀通一乘及三乘，小乘無此觀法。

B.3 五種觀

1.不淨觀：觀身不淨。破貪及貪色。

2.慈心觀：破瞋。

3 緣起觀：破癡。

4.安般念觀：安般是觀入息出息。破散亂。

5.界分別觀：觀地水火風空識六界爲虛妄，五蘊無我。破我執。

B.4 十八種觀

孔目章、第九迴向：

「所以於此釋諸觀門。爲第九迴向。初作始終義。說普賢法故。於此明但初發心入道之法。隨根差別。設觀不同。所謂眞如觀。通觀。唯識觀空觀。無相觀。佛性觀。如來藏觀。壁觀。盲觀。苦無常觀。無我觀。數息觀。不淨觀。骨觀。一切處觀。八勝處觀。八解脫觀。一切入觀等。並於修道初門。隨病施設。」[25]

以上十八種觀法，分別見於大小乘的修法中，爲隨順眾生根器不同而方便施設。華嚴別教著重於眞如觀及性起觀。

（C.）法藏的觀法

1.妄盡還源觀：如前文所述。

2.十重唯識觀：如前文所述。

（D）澄觀的觀法

1.華嚴心要觀

「至道本乎其心，心法本乎無住。無住心體，靈知不昧，性相寂然，包含德用，該攝內外，能深能廣，非有非空，不生不滅，無始無終，求之而不得，棄之而不離」

至道以無住心爲根本。

而無住心體有如下特徵：靈知不昧，性相寂然，包含德用，非有非

---

[25] 大正 45、559 上

空，不生不滅，無始無終。

「迷現量則惑苦紛紜，悟眞性則空明廓徹。雖即心即佛，唯證者方知。（需證悟方知）。然有證有知，則慧日沉沒於有地（慧日會照明有地之黑暗）。若無照無悟，則昏雲掩蔽於空門（昏雲會掩蓋空悟之門）。

若一念不生，則前後際斷，照體獨立，物我皆如，直造心源，無智無得，不取不捨，無對無修。

然迷悟更依，眞妄相待。若求眞去妄，猶棄影勞形。若體妄即眞，似處陰影滅。（眞妄是同一本體所展現的不同相用，不是二法，故不可求眞去妄，只能體妄即眞）。

若無心忘照，則萬慮都捐。若任運寂知，則眾行爰起。……

言止則雙忘知寂，論觀則雙照寂知，語證即不可示人，說理則非證不了。是以悟寂無寂，眞知無知。以知寂不二之一心，契空有雙融之中道，無住無著，莫攝莫收，是非兩忘，能所雙絕，斯絕亦寂，則般若現前。（寂是眞如的空體，知是眞如的相用。雙忘知寂是非知非寂，雙照知寂是亦知亦寂，以知寂不二之心，契空有雙融之中道，則般若現前）。

般若非心外新生，智性乃本來具足。然本寂不能自現，實由般若之功。般若之與智性，翻覆相成。本智之與始修，實無兩體。雙忘正入，則妙覺圓明。始末該融，則因果交徹。心心作佛，無一心而非佛心；處處成道，無一塵而非佛國。

故眞妄物我，舉一全收。心佛眾生，渾然齊致。是知迷則人隨於法，法法萬差而人不同。悟則法隨于人，人人一智而融萬境。」

智性本來具足，智性是體，般若是用。

然本寂之智體不能自現，實由般若相用之功來呈現。般若與智性，翻覆相成，即體即用。本智與始修，實無兩體。雙忘正入，體用相即相

入，則是覺圓明之佛。

2.三聖圓融觀：如前文所述。

3.十二因緣觀

十二緣起之一心所攝門

關於一心所攝門引用的經文部分，綜合三枝充悳的整理如下：

3.1 大方廣佛華嚴經

又作是念：「三界虛妄，但是心作。十二緣分是皆依心。所以者何?隨事生欲心。是心即是識，事是行。行誑心，故名無明。識所依處名名色。名色增長名六入。三事和合有觸。又觸共生名受。貪著所受名為愛。愛不捨名為取。彼和合故名為有。有所起名為生。 生變名為老。老壞名為死」。[26]「了達三界但從貪心而有，知十二因緣在一心中。如是則生死但由心起。心若得滅，生死則亦盡。」[27]

了達三界但從貪心而有，知十二因緣在一心中。十二因緣從無明惑，起行業，由業以種子存在識（阿賴耶識）中。此識進入名色（胚胎）中，生名（前七識）及色。名色增長形成六入（六根），六根可由三事和合（識、根、塵三事）而生觸，

又觸共生名受，貪著所受名為愛，愛不捨名為取，愛取產生業力的有，有所起名為生，生變名為老，老壞名為死。

如是則生死但由心起。心若得滅，生死則亦盡。

3.2 大方廣佛華嚴經

佛子！此菩薩復作是念：「三界所有，唯是一心。如來於此分別，演說十二有支。何以故?隨事共生貪欲與心。心是識，事是行。於行迷惑是無明。無明及心共生是名色。名色增長是六處。六處三分合為觸。

---

[26] 五五八 下
[27] 五六 ○上

與觸共生是受。受無厭足是愛。受攝不捨是取。彼諸有支生是有。有所起名生，生熟爲老，老壞爲死。」[28]

3.3 佛說十地經

即，此菩薩作是思惟：「所言三界，此唯是心。如來此分別演說。」

4.法性融通門

由眞如法性來融通諸種事相，顯現無礙。

（E）宗密的觀法

a.十重唯識觀：如前文所述

b.融合的法界觀

b.1 無礙即是圓融

b.1.1 體用無礙：體是理，是無生無性一味，當理事圓融即是智，智照理，事的相用會宛然而生。

華嚴經義海百門：「了達塵無生無性一味，是體；智照理時，不礙事相宛然，是用」[29]

「由理事互融，故體用自在」[30]

b1.2 本末無礙

「塵空無性，是本；塵相差別，是末」[31]

b.2 無礙方法運用

「性相無碳，眞妄融通，凡聖交徹，本末自在。無雜無亂，千門萬義，一一成就，無疑滯耶」[32]

---

[28] 一九四上
[29] 大正 45、635 上
[30] 同上 635 上
[31] 同上 635 中
[32] 續藏第十五套第一冊 39 頁

（F）其他觀法

a.普賢觀：三聖法門既能相融，則普賢因滿，離相絕言，沒同果海，是名昆盧遮那光明遍照。普賢代表所信的法界，所起的萬行，所證明的法界。

b.華藏世界觀：見第二節華藏世界文。

c.五蘊觀：觀五蘊無我，正觀四大地水火風及受想行識皆是無我空性，照五蘊皆空，斷除我法二執。

二、華嚴宗的心性與佛性

（一）華嚴宗的心性：

（1）心性的意義：心指眾生本具的心，在各宗有不同含義，心是心識，有六識、八識、心意識之別。宗密將心分為四種：肉團心、緣慮心、集起心、堅實心。

心性合在一起時，性是心之體，即上述四心之堅實心；心是性之用，即上述之另三心。

（2）十地經的三界唯心：三界唯是一心所造。

（3）杜順的唯心觀

杜順的「法界觀門」及「五教止觀」其所依不外事事無礙法界，而事事無礙法界即是華嚴的一心法界。但杜順未作唯心的說明，直至智儼才有涉及。

（4）智儼的唯心觀

4.1　智儼的心識論

分為一心、三法、八識、九識、十心、十一識、四識、無量。

其中一心、十心、無量，乃依「地論」；九識、十一識、四識，乃依「攝論」；三法、八識乃依「成唯識論」，但以「地論」的一心-第一

義清淨心而統攝，故其究竟性，乃依如來藏的心體爲所依。

4.2 主張眞如緣起。不認同玄奘主張賴耶緣起。華嚴經並無阿賴耶說或八識九識的辨別，只有下述的明難品有類似六識差別的文字，有提及眼耳鼻舌身心意之詞。但指出六識只是妄心分別，各各不相知，一切空無性。

「佛子！心性是一。云何見有種種差別？」

「……諸法無作用，亦無有體性，是故彼一切，各各不相知。……

又如眾地界，展轉因依住，各各不相知，諸法亦如是。眼耳鼻舌身，心意諸情根，以此常流轉，而無能轉者。

法性本無生，示現而有生，是中無能現，亦無所現物。

眼耳鼻舌身，心意諸情根，一切空無性，妄心分別有。」[33]

4.3 心意識義

華嚴五十要問答第二十五問：「於諸教內建立心意識差別云何？答；若依小乘，但有六識，義分心意識，餘如小論釋。

依三乘教，初教文中，立有異熟賴耶，受熏成種，所以知之。」

（5）法藏的唯心觀

5.1 十種十二因緣觀及依止一心觀

華嚴經問答：「依止即十二因緣，此能依止，以梨耶一心爲所依，故名依止一心觀」[34]

「一梨耶唯識，即以眞識爲體，二意識唯識，即以妄識爲體」

妄境還源六觀之「攝境歸心眞空觀」即表明三界唯心的見解。

「三界所有法，唯是一心造，心外更無一法可得，故曰歸心；……由心不起，外境本空」

---

[33] 大正 10、66 上
[34] 大正 45、605 中

「未達境唯心，起種種分別，達境唯心已，分別即不生，知諸法唯心，便捨外塵相，由此息分別，悟平等真空」

法藏，華嚴一乘教義章：「第一心識差別者。如小乘但有六識。義分心意識。如小乘論說。於阿賴耶識但得其名。如增一經說。若依始教。於阿賴耶識。但得一分生滅之義。以於真理未能融通。但說凝然不作諸法。故就緣起生滅事中建立賴耶。

若依終教，於此賴耶識。得理事融通二分義。故論但云不生不滅與生滅和合非一非異。名阿梨耶識。以許真如隨熏和合成此本識。不同前教業等種生故。此終教中。約體相鎔融門故。說二分無二之義。

若依頓教。即一切法唯一真如心。差別相盡離言絕慮不可說也。

若依圓教。即約性海圓明法界緣起無礙自在一即一切一切即一主伴圓融。故說十心以顯無盡。

此等據別教言。若約同教。即攝前諸教所說心識。

由此甚深緣起一心具五義門。是故聖者隨以一門攝化眾生。一攝義從名門。如小乘教說。二攝理從事門。如始教說。三理事無礙門。如終教說。四事盡理顯門。如頓教說。五性海具德門。如圓教說。

是即不動本而常末。不壞末而恒本。故五義相融唯一心轉也。

二約機明得法分齊者。或有得名而不得義。如小乘教。或有得名得一分義。如始教。或有得名得具分義。如終教。或有得義而不存名。如頓教。或有名義俱無盡。如圓教。」[35]

5.2 五教心識差別如下：

1.小乘只有六識說，六識分為心意識。

增一經曾提到阿賴耶識的名字而已。

---

[35] 華嚴一乘教義章，卷四，一所依心識

2.始教：已有阿賴耶識之八識說，阿賴耶識只有生滅作用，認爲眞如不受熏，不能生起諸法。

3.終教：已經了知

理事融通之義。

阿賴耶識是不生不滅與生滅和合，非一非異。而且眞如隨熏和合成此本識。眞如可以隨緣受熏。

如起信說：自性清淨心因無明風吹動而成染心。

如勝鬘中說：不染而染者，明隨緣作諸法也。染而不染者，明隨緣時不失自性。

4.頓教：即一切法唯一眞如心。差別相盡離言絕慮不可說也。

5.圓教：即約性海圓明，法界緣起無礙自在，一即一切，一切即一，主伴圓融。故說十心以顯無盡。

6.一乘別教就是指上述的圓教。

一乘同教，即指一乘同攝其他四教。

7.法藏，賢首五教釋要：

「小乘教：說唯六識義，分爲心意識。

始教：說賴耶識爲諸法依，從業種生，唯是生滅。

終教：說梨耶識，乃是眞如隨緣合成，是故八識通如來藏，非唯生滅。

頓教：說一切法唯一眞如。

圓教：說一法界性起爲心，或開十心，以彰無量」[36]

（6）澄觀的唯心觀

---

[36] 賢首五教釋要，心識

澄觀認爲一切認知方法皆由一心。三觀一心，佛之体用無不現矣。主張三觀俱運。以知寂不二之一心，契空有雙融之中道。

（7）宗密的唯心觀：

迷悟同一眞心，所稟之氣，即混一之元氣也；所起之心，即眞一之靈心。

A. 眞心本體論

原人論第四章：「當知迷悟同一眞心，大哉妙門，原人至此」

原人論第四章：「今約至教原之，方覺本來是佛。故須行依佛行，心契佛心，返本還源，斷除凡習，損之又損，以至無爲，自然應用恒沙，名之曰佛」

原人論第五章：「然所稟之氣，展轉推本，即混一之元氣也；所起之心，展轉窮源，即眞一之靈心也。究實言之，心外無別法，元氣亦從心之所變。……據此則心識所變之境，乃成二分：一分即心識和合成人，一分不與心識和合，即成天地、山河、國邑。三才中唯人靈者，由與心神合也」

B. 寂知即是心

寂是知之自性體，知是寂之自性用。本空寂體上，自有般若智，由智之體起知之用。

大鈔：「寂是知寂，知是寂知。寂是知之自性體，知是寂之自性用……用而常寂，寂而常用。知之一字，眾妙之門」[37]

神會：「本空寂體上，自有般若智能知，不假緣起」[38]

C. 十重唯心：如果前文所述。

（二）華嚴宗的佛性（種性）論

---

[37] 續藏第十四套第三冊 213 頁
[38] 荷澤神會禪師語錄第六節

（1）智儼的佛性論

智儼，五十要問答

a.:「佛性者，略有十種，謂體性、因性、果性、業性、相應性、行性、時差別性、遍處性、不變性、無差別性」[39]

以上以三乘菩薩而言，屬三乘教義。

「依佛性論，小乘諸部解執不同，若依分別部說一切凡聖眾生並以空爲基本，所以凡聖眾生皆是從空出故，空是佛性，佛性者即大涅槃；若依昆曇薩婆多等諸部說者，則一切眾生無有性得佛性，但有修得佛性」[40]

以上爲小乘教之佛性看法，以空爲佛性或以修得論佛性。

修得佛性分三種：

1.定無佛性，如一闡提，永不得涅槃。

2.不定有無佛性，若修才得，不修不得。

3.定有佛性，即三乘人。聲聞從若忍以上即得佛性；緣覺從世第一法以上即得佛性，菩薩十迴向以上是不退位得於佛性。[41]

b. :「佛性者。諸佛所師。所謂法也。其性平等。猶如虛空。於諸凡聖。無所限礙。名爲佛性。既無限礙。何故偏云佛性。佛性者。據覺時語。所以知者。爲隨其流處成種種味。法身流轉五道。名曰眾生。據此因緣。不名佛性。今對聲聞淳熟人。說有其佛性。爲聲聞人先向無餘不求作佛。今迴聲聞並堪作佛故說佛性。教興如此。」[42]

成佛時是爲法身，說有佛性以讓聲聞能迴心向佛。

「略說佛性有三種。一自性住佛性。二引出佛性。三至得果佛性。

---

[39] 大正 45、534 中
[40] 大正 45、534 中
[41] 大正 45、534 中
[42] 大正 45、549 中

自性住佛性。即是本性。引出佛性。即修得性。至得果性。修因滿足名至得果。又自性住性。即是本性。引出佛性。本性引出至得果性。本性至果名至得果。」[43]

佛性有三種：自性住佛性、引出佛性、至得果佛性。

自性住佛性：即是本性。

引出佛性：即修得性。

至得果性：修因滿足名至得果。

c.　：「次當十信心後成一乘佛義種性義者。謂性種性。習種性。性種性者。約本性說。習種者。約修習說。亦有解者。性種性者。是本有性。習種性者。是修生性。此非佛法所樂。何以故。夫論種性者。順因緣門說。豈容不對因緣而說種性。故今性種性。不得為本有。又習種性。不得修生。何以故。若法性外有修生者。緣起可增。是故不得說修生。」

性種性是指本性說，本有性。

習種者是指修習說，修生性。

若法性外有修生者，緣起可增，是故不得說修生。

（2）法藏的佛性論(華嚴一乘教義章)：

A. 小乘只有佛一人有佛性：

「若依小乘種性有六種。謂退・思・護・住・昇進・不動。不動性中有三品。上者佛種性。中者獨覺性。下者聲聞性。如舍利弗等。雖於此中說佛一人有佛種性。然非是彼大菩提性以於佛功德不說盡未來際起大用等故。是故當知於此教中除佛一人餘一切眾生。皆不說有大菩提性。餘義如小乘論說。」

B. 始教立佛種性有五種，有「無種性」眾生。並以「就位前後有無」解釋一闡提之前後有無佛性：

「若依三乘教種性差別略有三說。一約始教。即就有爲無常法中立種性故。即不能遍一切有情。故五種性中即有一分無性眾生。第五種性無有出世功德因故。永不滅度。」

C. 終教立種性遍一切眾生：

「約終教。即就眞如性中。立種性故。則遍一切眾生。皆悉有性故。如經說言。眾生亦爾。悉皆有心。凡有心者定當得成阿耨多羅三藐三菩提。以是義故。我常宣說一切眾生皆有佛性。」

D. 終教立眾生皆當作佛，眾生不會減，佛也不會增。佛也不會因眾生減而沒有眾生可以度化：

「問若依終教。一切眾生皆當作佛。即眾生雖多亦有終盡。若如是者。最後成佛即無所化。所化無故利他行闕。利他行闕成佛不應道理。令諸佛利他功德有斷盡故。由此建立無性有情。離上諸過失。此義云何。答若謂眾生由有性故並令成佛。說有盡者。是即便於眾生界中起於減見。眾生界既減佛界必增。故於佛界便起增見。如是增減非是正見。是故不增減。

經云舍利弗大邪見者。所謂見眾生界增。見眾生界減。

乃至廣說。設避此見故。立此一分無性有情。爲不增減者。彼終不能離增減見。

是故雖欲避上諸失建立無性。不謂彼過還墮此宗。是故無性非爲究竟了義也。」

E. 隨機攝化五教有五義：

「由此種性緣起無礙具五義門。是故諸教各述一門隨機攝化。義不相違。何者爲五。

一是隨執非有門。如小乘說。

二隨事虧盈門。如始教說。

三隨理遍情門。如終教說。

四絕相離言門。如頓教說。

五性備眾德門。如圓教說。

義雖有五。然種性圓通隨攝遍收。隱顯齊致也。」

F. 五教佛性得法有不同：

小乘一切皆無，唯除佛一人。

始教亦有亦無，許一分無性

終教一切皆有，唯除草木。

頓教非有非無，以離相故。

圓教即因具果通三世間：

「明得法分齊者。

或一切皆無。唯除佛一人。如小乘說。

或一切皆有。唯除草木等。如終教說。

或亦有亦無。如始教說。以許一分無性故。

或非有非無。如頓教說。以離相故。

或具前四。如一乘方便處說。

或即因具果通三世間。如圓教說」[44]

G.　賢首五教釋要：「小乘教：除佛一人有菩提性，餘諸眾生，無佛種性。

始教：就有為中，立五種性，由法爾故，無始時來，一切有情，有無永別。

---

[44] 華嚴一乘教義章，卷四，二明佛種性

終教：就眞如中，立種性故，遍諸眾生，皆有佛性。

頓教：離言說相，名爲種性。

圓教：菩薩種性，即因即果，盡三世間，一切諸法，甚深廣大，與法界等」[45]

（3）澄觀的佛性論

3.1 三因佛性

三因佛性：正因、了因、緣因。

a.1 正因也可稱爲生因：

「五蘊名生者，能生諸法，故名生因，今因五蘊能得菩提，豈非生因？如乳生酪」[46]

a.2 了因是佛性之體：

「佛性能了菩提，故名菩提了因，明知佛性之體即是了因」

a.3 緣因是成佛的助緣，佛法及善知識即是緣因：

「關於緣因，雖內有慧，不成了因，不見眞性」

a.4 三因關係：正因通緣因、了因；緣因通生因、了因；了因不通生因。

「了謂照了，不通於生；緣謂眾緣，義通生了。今從別義，又對正因是眞如故。云通緣了，如不可生，故但名了」[47]

3.2 即境即佛與無情無性

a.即境即佛：今人只解即心即佛，而不知即境即佛

---

[45] 賢首五教釋要求，種性
[46] 演義鈔卷 37，381 頁
[47] 演義鈔 25 卷 240 頁

268

「故今人只解即心即佛，是心作佛。不知即境即佛，是境作佛。今明以如爲佛，心境皆如，心如即佛？又心有心性，心能作佛，境有心性，安不作佛。以心收境，則心中見佛是境界之佛；以境收心，則境中是唯心如來。……心境兩亡，境境相望，心心互研，萬化紛綸皆一致也，唯證相應」[48]

b.無情無性：指無情有佛性因，故言無情有性。但無情無智慧，自己不能成佛，故言無情無性。

b.1　無情有性：從以下三點談無情有性。

b.1.1　從性相雙融談無情有性

b.1.2　從眞如遍在談無情有性

b.1.3　從涅槃經及大智度論談無情有性

b.2　無情無性

「然第一義空是佛性性，名爲智慧即佛性相。第一義空不在智慧但名法性，由在智慧故名佛性。若以性從相，則唯眾生得有佛性，有智慧故。牆壁瓦礫無有智慧，故無佛性，……今性相故分二義。若以智慧爲佛性者，即是了因」[49]

b.3　總結：從性而言，無情也有性；從相而言，無情無性。

1.將佛性再分性相討論，性指佛性因，相指佛性相用果。

若從性該相，相從性講，　則無情也具有佛性性，即佛性因，故無情有性。

若依性從相，佛性的果相即是智慧，無情無智慧，自己不能成佛，故言無情無性。

---

[48] 玄談卷九 334 頁
[49] 演義鈔 37 卷 380 頁

2.作者已於先前無情有性文詳細討論過。無情也同樣具有佛性三因,但無情之緣了因,因無情本身無心識,不能修具智慧,故本身自己能否成佛,尚有爭議,大抵以依正不二及境由心現可以推論若有情成佛,則其心識所現依境之無情也能成佛,不過無情自己能否成佛仍在爭論中。

(4)宗密的佛性看法及頓漸合一

4.1 佛性看法:佛性是空寂眞心,性自清淨,了了常知,常住不滅,由隱覆故,亦名如來藏,亦名心地。有二種用:自性本用、隨緣應用。依如來藏,故有生滅心相。

都序:「一切眾生皆有空寂眞心,無始本來,性自清淨,明明不昧、了了常知,盡未來際,常住不滅,名爲佛性,亦名如來藏,亦名心地」[50]

承襲圖:「眞心本體,有二種用:一者自性本用;二者隨緣應用。猶如銅鏡,銅之質是自性體,銅之明是自性用,明所現影是隨緣用」[51]

原人論第五章:「謂初唯一眞靈性,不生不滅,不變不易,眾生無始迷睡,不自覺知,由隱覆故,名如來藏,依如來藏故,有生滅心相」

4.2 頓漸合一:禪宗自惠能、神秀之後,出現了南北二系統,有南能北秀,南頓北漸。與南北二宗並立的,當時還有牛頭、洪州等系。

宗密說牛頭是:「以達空故,於頓悟門而半了;以忘情故,於漸修門而無虧」。

對於洪州禪評之曰:「彼宗於頓悟門雖近,而未得於漸修門」。依宗密看,北宗主漸,洪州主頓,牛頭頓漸兼半,南宗先頓後漸,先悟後

---

[50] 大正 45、404 中下
[51] 續藏 110、437

修。

作者看法：南宗慧能是頓悟頓修，悟修同時，頓漸合一。

4.2.1 頓漸的分類

a. 從傳道方面：

儀式有：稱理頓說、隨機漸說。

頓有二種：逐機頓（對凡夫中之上根機者）、化儀頓（對宿世緣熟上根之流）

b.從眾生根機：

有證悟：漸次修行而達到認識上的覺悟。包括漸修頓悟、漸修漸悟、頓修漸悟。

有解悟：由認識指導下的修行，指頓悟漸修。

宗密主張頓悟漸修。

4.2.2 頓悟漸修

1.頓悟之義：一刹間豁然開朗，大徹大悟。

2.禪宗：心、性、理，名異實同，即性即理即心，心外更無一物。直下頓了自心本來是佛，此悟非漸必頓。

竺道生：一悟得意，得本稱性，得本自然，悟者自悟。

惠能：離相無念

神會：無相、無念、無思、無知見。

慧海：頓者頓除妄念（妄心不起），悟者悟無所得（無念）

希運：直下便是，運念即乖，然後爲本佛；直下無心便是，實無修證可言。

宗密：在導師指導啓發下，忽地覺悟眞性，從無明到覺悟瞬間完成

3.宗密的頓悟漸修：

a. 已頓悟之後在理論指導下的修行，通過修行經驗對理論的親

證。是頓悟資於漸修的簡稱。

宗密反對將教門歸爲漸，禪門歸爲頓。認教門中也有頓悟理論，如華嚴宗；禪門也有漸修方法，如北宗。主張禪教合一。

b. 頓悟漸修意指先頓悟而後需再漸修才能眞正成佛。可見此頓悟不同於竺道生的一悟到佛地的大頓悟。

我們無法得知宗密的頓悟到底是悟到什麼境地。

然而如何能先達到頓悟呢？宗密有提出他的看法。他提出知即是心的本質，也是心體本覺，心性合一。這種本覺及知可透過心（心性合一的本覺）去運用佛教智慧以認識（即知）自心的佛性。這種頓悟是一種內省式的自我認識。

宗密認爲頓悟必須漸修。理由是頓悟是一種信解，仍須藉修行體驗親證佛性。其次頓悟之後，煩惱並不能頓除。煩惱必須損之又損，乃至無損，即名成佛。

由上又可知宗密的頓悟義完全不同於竺道生的大頓悟。竺道生認爲理不可分割，佛性之悟也不能分割。

c. 宗密將眾生的迷執煩惱分爲十重：第一本覺。第二不覺。第三念起（妄念）。第四見起（妄念引起不正見）。第五境起（執境爲有）。第六法執（執法爲有）。第七我執（執我爲有）。第八煩惱。第九造業。第十受執（受報）

針對上十重迷執，提出十重修證說，即所謂漸修：

第一頓悟本覺（對治不覺）。第二怖苦發心（對治受執）。第三修五行、覺妄念（對治造業）。第四開發（對治煩惱）。第五我空（對治我執）。第六法空（對治法執）。第七色自在（對治境現）。第八心自在（對治見起）。第九離念（對治念起）。第十成佛。

d. 宗密的頓悟是覺悟煩惱本空，自心清淨的佛教眞理。但宗密本質

上還是主張無念無修，提出頓悟漸修只是對佛教內部各派的融合。

宗密認為只有華嚴宗及菏澤宗才講頓悟漸修。

e.作者認為宗密的頓悟可以視為涅槃經菩薩初地的不了了見佛地，然後從初地悟後起修，漸修至十地金剛地才了了見佛性。

（三）華嚴宗五祖的性起思想

（1）智儼的性起思想：

「性者，體；起者，現在心地耳，此即會其起相入實也」[52]

性是本性、本體；起是本體所展現的現在心性，而且這起相所顯現的法是以實相展現。

「因緣生二種義：一、無自性義故空；二、因緣有力故生得果法」[53]

因緣法是法的自性空，而遇有力的主緣及助緣而生成果法。

「性起者，明一乘法界。緣起之際，本來之際，本來究竟，離於修造。何必故？以離相故，……由是緣起性故，說為起，起即不起，不起者性起」[54]

一乘法界才能展現緣起即性起。緣本身自性空，這自性空即是本來究竟的法性，法爾具有，不必修造，而且離相，這性起不是依緣生起諸法，而是自性德頓現諸法，所以是不起。而緣起是一種生起的因緣法。

（2）法藏的性起思想

2.1　從自性的體用關係探討性起：

探玄記：「從自性住來至得果，故名如來；不改名性，顯用稱起，

---

[52] 大正 35、79
[53] 大正 35、66
[54] 大正 45、580

即如來之性起。又眞理名如、名性，顯用名起名來，即如來爲性起」[55]

如來即是性起，如及性同指不改的自性住及眞理如，來是來到至果，起是顯用，二者也是同義。

探玄記：「如來藏舉體隨緣，成辦諸事，而其自性，本不生滅」[56]

如來藏有不變及隨緣義，不變即本不生滅，隨緣而能現起諸事。

探玄記：「若圓教中佛性及性起者皆通依正，是故成佛三世間，國土身等皆是佛身，是故局唯佛果，通遍非情」[57]

圓教的佛性及性起的三世間（五蘊、身、國土）均通依正不二，而且不局限於佛，非情也是依正不二，所以非情也具佛性也能性起。，

2.2　性指人性本具足的法性，可分理、行、果性起三種。

探玄記：「性有三種。謂理行果。起亦有三謂理性得了因顯現名起。二行性由待聞熏資發生果名起。三果性起者。謂此果性更無別體。即彼理行兼具修生至果位時。合爲果性。應機化用名之爲起。是故三位各性各起故云性起。」

理性起是指，理性得了因而加以顯現，名起。

行性起，由聞正法熏習資發而生起果，名起。

果性起，即由理行兼具，修生至果位時合爲果性，應機化用名之爲起。

「二依持門者。一行證理成。即以理爲性。行成爲起。此約菩薩位。以凡位有性而無起故。二證圓成果。即理行爲性。果成爲起。此約佛自德。三理行圓成之果爲性。赴感應機之用爲起。是即理行徹至果用

---

[55] 大正 35、405-406
[56] 大正 35、347
[57] 大正 35、405-406

故起。唯性起也。」[58]

從依持門言之：一行證理成，即以理爲性。行成爲起，此約菩薩位，因凡夫有性而無起。

二證圓成果：即理及行爲性，果成爲起。

此約佛自德。

三理行圓成之果爲性，赴感應機之用爲起。是即理行徹至果用故起，即是性起。

2.3　法藏主張唯淨性起：性起只有淨，沒有染。

探玄記：「染淨門者。問一切諸法皆依性立。何故下文性起之法。唯約淨法不取染耶。答染淨等法雖同依眞。但違順異故。染屬無明。淨歸性起。問染非性起。應離於眞。答以違眞故不得離眞。以違眞故不屬眞用。如人顛倒帶靴爲帽。倒即是靴故不離靴。首帶爲帽。非靴所用。當知此中道理亦爾。以染不離眞體故說眾生即如等也。以不順眞用故非此性起攝。

若約留惑有淨用。亦入性起收。問眾生及煩惱皆是性起不。答皆是。何以故。是所救故。所斷故。」[59]

染淨法雖然同是依眞。但「違」及「順」不同。染是無明，淨屬性起。染雖非性起，但染「違」眞，不過也不得「離」於眞，因違眞故不屬眞用。

以染不離眞體，所以眾生即如等也，以不順眞用，所以不是性起所攝，所以性起不是染。

但留惑有淨用，也是性起所收攝。所以眾生及煩惱都是性起，因爲眾生是性起所救，煩惱是性起所斷。

---

[58] 大正 35、405 中
[59] 大正 35、405 中

華嚴經義海百門：「初明緣起者。如見塵時。此塵是自心現。由自心現。即與自心爲緣。由緣現前。心法方起。故名塵爲緣起法也。經云。諸法從緣起。無緣即不起。沈淪因緣。皆非外有。終無心外法。能與心爲緣。……塵體空無所有。今悟緣非緣。起無不妙。但緣起體寂。起恒不起。達體隨緣。不起恒起。如是見者。名實知見也。……

謂塵是心緣。心爲塵因。因緣和合。幻相方生。由從緣生。必無自性。何以故。今塵不自緣。必待於心。心不自心。亦待於緣。由相待故。則無定屬緣生」[60]

緣起體寂，緣本身體空，所以起恒不起。若達體空而能隨緣，不起也是恒起。

如此之見才是實知見。

塵是心緣，心是塵因，因緣和合，幻相才生。所以凡從緣生，必無自性。但塵不自緣，必待於心。心也不自心，亦待於緣。因此兩者是相待互爲因，並無一定有所謂緣生。

華嚴問答：「謂眞如平等義，無明迷自義，非眞如無無明，非無明無眞如，是故互熏也」

華嚴遊心法界記：「流轉時，無明有力淨心無力，而還滅時，淨心有力無明無力」

華嚴經問答：「約實說，一切順逆、染淨之法無不從性起之法」[61]

性起之性，如同天台宗之主張性具，性具染淨善惡是指三因佛性中之緣因了因，正因是非染非淨。而且佛性或如來藏是世間法生起的依止因而非生因，是依性起啓動緣起，才由緣起緣生世間萬法。

2.4 緣起與性起之關係

---

[60] 大正 45、627
[61] 大正 45、611 上

「其無緣起即無性起，無性起即不成緣起。然即其緣起離相順體故
爲性起，即是性起隨緣爲緣起，雖無二體，二義不相是也」[62]

緣起若離相並順應本性體而頓現，即是性起；性起若隨緣而促動因
緣生起，即是緣起。性起可以說是一法的體，緣起可以說是相用，雖是
同一法，但體相用之義也各自不同。

「不起而起，是爲緣起；起而不起，是爲性起」[63]

緣起是不起而起，是由性空的不起而賴緣生起，是有「起」相。所
以是不起而起。

性起是直接由佛性本性現起，雖說言起，其實沒有起相，只是一種
頓現而非生起，所以是起而不起。

「華嚴經問答：「問。不知云何爲緣修因果。云何爲性起因果耶。
答。從聞熏習等三慧方便緣。以修行所生顯之義名爲緣修因果。即此緣
修因果法順自不住實性故。雖隨緣生顯而從本不生。不生故生即不生。
不生相不可得之義等名爲性起因果。……實爾。其無緣修即無性起。無
性起即不成緣修。……」

從聞熏習等三慧方便緣，以修行所生顯之義，名爲緣修因果。這緣
修因果法是順應「自不住實性」。

雖隨緣而生，而緣生是從性空無自性，藉緣而生，這性空無性即是
從本不生。這自空本性是生即不生，不生即相不可得，此即性起因果。

實際而言，無緣修即無性起，性起需依緣修展現。無性起即不成緣
修，緣修需依性起啓動。

「問。其緣修德即離性相。故與體無差別。與性起離相有何別耶。
答。雖二俱離性相。而緣修離緣不成。性起離緣不損。故有別也。」

---

[62] 現代佛教學術叢刊 34 卷 245 頁
[63] 同上 33 卷 265-266 頁

緣修是起自自性空的無相,需有緣助才能生起,所以離緣不成。

性起是起自本性的無相,然不需依緣,它是頓現而不是生起,所以離緣不損。

「問。若性起離緣不損者。非待緣修可成耶。答。言不損者。緣集時中不增。自無我量故緣散時亦不損。自無我性故云不損。非謂無緣自體有也。」

性起所謂無緣不損,不是指本性自體有而不需待緣,而是本性自體空而緣也即體即空。

「問。若爾者即非緣修無性起。非性起無緣修。非性起無緣修故修生由無不本有。非緣修無本有故本有非修生無由。既其力齊。何故其有本末義。答。如是緣起無分別法中。其能隨順解者隨先舉爲本。無礙之何有定本末之義乎。可思解也。」[64]

並不是說「緣修」沒有「性起」,也不是說「性起」沒有「緣修」。因爲修生需有本有。本有也需修生。兩者既是互需力齊,爲何有本末之說?答。緣起無分別法只是能隨順解者,以「隨順先舉者」爲本,也無礙於一定要有本末之說。

2.5 一乘緣起與三乘緣起不同

華嚴經問答:「三乘緣起者,緣集有,緣散無。一乘緣起即不爾,緣合不有,緣散不無故」

一乘的緣起已是性起,故緣合不有,緣散不無,已是緣起中道義,非有非無。

(3.) 澄觀的性起思想

3.1 從眞如不變隨緣說明性起:

---

[64] 大正 45、610

278

華嚴疏鈔：「性有二義：一、種性義，因所起故；二、法性義，若真若應，皆此生故」[65]

華嚴經疏：「復次，性有二義：一者、有義；二者、空義。復有二義：一者、不變；二者、隨緣。……又若性離於法則成斷滅，法離於性則本無今有；又法若即性，性常應常，性若即法，法滅應滅。」

若性離於法，則成斷滅；若法離於性，則是本無性而今卻有法。又法若即性，性常法也應常，性若即法，法滅性也應滅。可見性非離法，法也非離性；法也不即性，性也不即法。法與性的關係是不即不離。

演義鈔：「空性即有性不變，能隨緣則有性即是空性，若非實有，將何隨緣而成諸法。若唯不變，何預於法？真如何得為諸法之性，則性與法異何相干耶？若但隨緣，豈稱真性者，緣有生滅，則非真故」[66]

空性就是有性不變。有性能隨緣則表示，有性無自體，是隨緣而生起，所以有性是空性。

若真如非實有，將如何能隨緣而形成諸法？若真如不能隨緣只有不變，又如何能參預形成法呢？

真如與諸法之性，有何相異，有何關係？若真如只能隨緣，豈能稱為真性。只能隨緣生滅，則非真也。

可見真如既不變且能隨緣，即隨緣而性不變；性不變但能隨緣而生。

以三因佛性言之，正因是不變；緣了因能隨緣。

3.2 緣起與性起的關係

演義鈔：「今初。立理即不相違門。然出現義亦名緣起。亦名性起。若取相說覽緣出現故名緣起。謂由眾生業感如來大悲而出現故。八

---

[65] 華嚴疏鈔第七冊 62 卷 6-7 頁
[66] 演義鈔卷 32、323-324

相成道從法性生故名性起。今以從緣無性緣起。即名性起。又淨緣起常順於性。亦名性起故云應雖從緣不違性故。」

若取相並依緣出現,即名緣起。

如來因對眾生業感而起大悲出現於世,並且八相成道,如來如此從法性生,即名性起。

今以從緣之無自性空本身緣起,從自性之無性緣起,即名性起。

又淨緣起常順於性,亦名性起,雖從緣但不違性故。

「此性起自有二義。一從緣無性而爲性起。二法性隨緣故名性起。前段即初義。今段即後義。亦應云無不還證此法身故。此乃緣智相成即緣成性。即是前義。但前取無違。今取相成是故此爲相成門也。」

性起有二義。

一從緣無性而爲性起,即從無性直接而起。二法性隨緣故名性起,即從法性隨緣而起。

前者是緣智相成即緣成性,是取「無違」其無性之本性。佛之性起即是。即是無違法性,直接由法性而起。

後者是取「相成」,即相成於由法性隨緣而起。其他九法界眾生之性起,即是性起隨緣相成而起。

「疏。以淨奪染性即起者。第三明相奪門。亦是通妨。謂有問言。性起唯淨緣起通染。云何緣起即是性起。故爲此通。謂緣起有二。一染二淨。淨謂如來大悲菩薩萬行等。染者。謂眾生惑業等。若以染奪淨則屬眾生故唯緣起。今以淨奪染唯屬諸佛故名性起。」[67]

九法界眾生之性起受以染奪淨,而以染緣起生起世間萬法。

佛之性起受以淨奪染,而以淨緣起生起萬法。

---

[67] 大正 36、615

3.3　澄觀性起之染淨：

演義鈔：「無明熏眞如成染緣起，眞如熏無明成淨緣起。染成萬類，淨至成佛，以修淨緣斷彼染緣，方得成佛」[68]

3.4　從心性看緣起、性起

經疏：「國由心現，故有而即空」[69]

國土器世界是由心現而生，由心現生是緣起法，緣起而有之萬法是空無自性的假法。

玄談：「法無定性者，既唯心現.從緣而生，無有定性」[70]

緣生法空無自性，所以沒有決定獨立的自性，即無定性。法均由心現。

演義鈔：「言本末相收者，內即是本，外即是末，以唯心義，則內收外託境生心，叫末亦收內。若以法性爲本，法性融通緣起相由，則塵包大身毛容刹土」[71]

若以本體的法性緣起，相互融通，互爲緣起，即是法界緣起，則一微塵可以包大身，一毛孔可以容刹土。

（4）宗密的性起思想

「性起爲相，境智歷然；相得性融，身心廓爾」[72]

性起是性相互融，以智代替心識來面對六塵境，而且身心廓然不二。

「一法界心成諸法者，總有二門：一性起門，二緣起門。性起看，性即上句眞界，起即下句萬法。謂法界性全體起爲一切諸法也。……既

---

[68] 大正 36、627 下
[69] 經疏 53 卷 535 中
[70] 玄談卷 6、277 下
[71] 演義鈔卷 64、746
[72] 大正 39、524 上

出世間一切諸法全是性起，則性外更無別法。……塵塵色色的世界，相即相入，無礙鎔融，具十玄門，重重無盡，良由全是性起也。」[73]

性起即是法界無盡緣起，也是十玄緣起。萬法依性起啓動緣起而生。

（四）性起與法界緣起

4.1 澄觀：「一心總該萬有，以統攝即爲一眞法界」

智儼：「今且就此華嚴一部經宗，通明法界緣起，不過自體因之與果。所謂因者，謂方便緣修，體窮位滿，即普賢是也。所謂果者，謂自體究竟，寂滅圓果」[74]

法藏：「因果緣起，理實法界」[75]

宗密，法界觀門：「統唯一眞法界。謂總該萬有。即是一心。然心融萬有。便成四種法界。一事法界。界是分義。一一差別。有分齊故。二理法界。界是性義。無盡事法。同一性故。三理事無礙法界具性分義。性分無礙故。四事事無礙法界。一切分齊事法。一一如性融通。重重無盡故。」

宗密之四種法界。

一事法界。界是分義。事事一一有分齊、有差別。

二理法界。界是性義。無盡事法，都是同一性。

三理事無礙

法界具性分義，性分無礙，故理事無礙。

四事事無礙法界。

一切分齊事法，一一如性融通，重重無盡。

---

[73] 華嚴疏鈔 9 冊行願品疏鈔卷一 7 頁
[74] 大正 45、514 上中
[75] 大正 35、120 上

4.2　法界緣起與性起同義

a.　方立天、法藏：「法界緣起，又稱無盡緣起，因宇宙森羅萬象，相待相資，相即相入，互爲主從，互爲緣起，圓融無礙，重重無盡，故名。因同樣理由，還稱法界無盡緣起，十十無盡緣起，十玄緣起，又稱性起緣起，指體性現起，謂眞如法性，不待因緣，依自性本來具有的德用生起萬有，故名。又稱一乘緣起。」[76]

法界緣起的名稱很多，又稱法界無盡緣起，十十無盡緣起，十玄緣起，又稱性起緣起，指體性現起，謂眞如法性，不待因緣，依自性本來具有的德用生起萬有，故名。又稱一乘緣起。

b.法界緣起之界若爲因義或性義，則法界等同法性、如來藏、眞如。故法界緣起即是眞如緣起，如來藏緣起。

法界緣起之界若是分齊義，法界緣起即是事事無礙，等同於性起的果性起，即指佛果的境界。

（五）性起與佛性之會通

5.1　性起的意義

5.1.1　性起的性就是法性、佛性，起是「起而不起」，不起就是頓現，而非因緣生起。

性起是由佛性或法性，不須待緣，直接頓現。

性起在佛，指果性起，直接由佛性或佛果頓現萬法。而無需緣起，或緣起即是性起。

性起在九法界或非情，指因性起。萬法的生起要「依止」因佛性的性空無自性，而啓動「緣起」的無始無明，再由「無始無明」的主緣，借助其他助緣，以因緣法而生起果法。故性起直接由佛性而起，此起

---

[76] 法藏，方立天、86 頁

「起而不起」，是一種頓現，而非因緣法的生起。而緣起則需由無始無明爲親因，再加上助緣而生起世間萬法。藉緣而生起，即業因緣起，即一般所言之性空緣起。性空是指自體無自性，需藉親因或主緣，加上助緣而生起果法。而這性空的無自性即是性起。

故性空緣起之性空即是性起，緣起即是緣起。佛直接由性起頓現萬法；其他九法界或非情則由性起啓動緣起而生起萬法。

5.1.2 佛性有三因，故性起也有三因，理性起即了因；行性起即緣因；果性起即正因。佛是三因一因，故正因即了因即緣因，故只有性起，而無緣起。

其他九法界或非情，三因各自獨立而不同，所以緣了因仍非正因，而正因是非緣非了，是中道無自性。佛性三因必需驅動無明的「體相用」所對應的三因，才能啓動緣起。無明的體即是佛性正因，無明的相用即是無明對應的緣了因。所以無明的體與佛性的體都是佛性正因。佛性正因是遍一切法，一切處，一切時，不生不滅，不增不減，不垢不淨的萬法本體。

5.2 性起與緣起的關係

性起與緣起可以說是一法，而且是一法的體用關係，性起是體，緣起是用。佛是依性起頓現萬法，即體即用，全體即用，全用即體，萬法即一法，一法即萬法。

九法界及非情是依性起的「體」及緣起的「用」，才能生起萬法。而所生世間萬法各自有別。

5.3 性起的染淨

性起若以佛而言，因佛性三因一因，故即染即淨，已超越相對染淨而屬「絕對淨」或「純淨」。故佛是純淨，佛的果性起也是純淨。佛性性具善惡，但善惡對佛而言也沒分別。

性起若在九法界及非情，因其佛性三因的緣了因可受熏，因受熏而染淨善惡兼具。故九法界及非情的「因性起」是通染淨的。

5.4. 性起與性具

天台宗主張一念三千，性具萬法，性具善惡。澄觀的思想曾涉及天台的性具觀念，提及佛具性惡，一闡提具性善。

性起已如上述，在「因性起」及在九法界眾生及非情，其性起是通染淨，故性起有性具之內涵。而佛之「果性起」雖純淨，然此純淨是絕對淨，它可開展為相對染淨，即是一而二，但其染淨也是二而一。

故言佛具性惡及性善，其實是頭上安頭，佛性即性佛，佛是性修不二，因果不二，染淨不二，善即惡，惡即善。但一闡提具性善，只要日後修善因緣，仍可成佛，則是的論。

第八章 三論宗的佛性思想與心性

第一節　三論宗的佛性思想與心性

一、三論宗的心體與理體

印度中觀學的心性真理論有二，一是諸法實相是超言絕慮的第一義空。二是現象界是假有，是眾生虛妄分別的產物。

元康，肇論疏：「什法師立義，以實相為宗，作實相論，是為命宗也」

僧肇，不真空論：「萬物非真，假號久矣」

涅槃無名論：「涅槃非有亦復非無，言語道盡，心行處滅」

三論宗是遠繼印度的中觀思想及直續羅什、僧肇、及僧朗、法朗等之學，實已初具心性合一，理體與心體合一的傾向。

（一）三論宗的主要思想

（1）二諦圓融

「次第二就因緣釋義者。明俗真義。真俗義。何者。俗非真則不俗。真非俗則不真。非真則不俗。俗不礙真。非俗則不真。真不礙俗。

俗不礙眞。俗以眞爲義。眞不礙俗。眞以俗爲義」[1]

「非眞非俗爲二諦體，眞俗爲用，亦名理教，亦名中假。……不二爲體，二爲用」（同上）

眞俗二諦可以視爲同一法，有共同的體，眞俗只是不同顯現的體相用。眞、俗的體是「眞俗不二」，即非眞非俗之「中」，及亦眞亦俗之「假」。

眞俗二諦視爲同一法，即是二諦圓融。

（2）八不及中道二諦

A. 中論八不：「不生亦不滅，不常亦不斷，不一亦不異，不來亦不去」

八不之不生不滅即是中道理體。不常不斷是超越時間；不一不異是超越空間；不來不去是超越速度。

不生不滅是體，其他三不都是相用。

中論疏：「諸法不自生，亦不從他生，不共不無因，是故知無生」[2]

諸法不是自生，也不是他生，也不是自他共生，也不是自然生，而是性空緣起而生，即是自性空，而需藉主因、助緣的和合才能生起。自性空本身即是性起。

B. 中道二諦說：

實有生滅是俗諦；但從道理上推論無實生滅，只有假生滅，所以應是非生非滅，此稱「俗諦中道」。

但非生即不生，非滅是不滅，而「實不生「實不滅」也是偏見，也應否定，如此非不生非不滅即是「眞諦中道」。

將二中道合起來即是「二諦合明中道」。有了這樣的中道才能發生

---

[1] 大正 45、95
[2] 大正 42、20

二種智慧：實智及權智。實智是般若，權智是「漚和」（方便）

　　C. 正觀二諦：正觀二諦的體正及用正，觀體正用正，即是一觀二諦。體正是非眞非俗體，用正是眞俗二諦。一觀二諦是同時觀二諦的「體正」及「用正」。

　　D. 四中：一中即一道，一道即中道；二中即世諦中，眞諦中。三中是二諦中及非眞非俗中。四中是對偏中（對治偏弊的中道）、盡偏中（盡除偏弊的中道）、絕待中（摒除對偏中及盡偏中的絕對中道，偏病既除也不執中，非偏非中的絕對中）、成假中（成於有無是假的非有非無中道）。

　　成假中：

　　「即其事也成假中者。有無爲假。非有非無爲中。由非有非無故說有無。如此之中爲成於假。謂成假中也。所以然者。良由正道未曾有無。爲化眾生假說有無故。以非有無爲中。有無爲假也。就成假中有單複疎密橫豎等義。具如中假義說。如說有爲單假。非有爲單中。無義亦爾。有無爲複假。非有非無爲複中。有無爲疎假。非有非無爲疎中。不有有爲密假。有不有爲密中」

　　最高眞理是不可言詮，但爲了宣說，勉強說中。

　　「單」是只說相對詞的一邊如假有、假無是單假，非有、非無是單中。

　　「複」是同時說相對詞的二邊，如假有假無是複假，非有非無是複中。

　　「假」即假之意，如假有是單假；非有是單中；假有假無是複假，非有非無是複中。

　　「中」即非之意。非有是單中，非有非無是複中。

　　「密」是相反詞。非有非不有、非無非不無是密中。

「疏」是非相反詞。非有非無是疏，非有非不有是密。

疏是橫，密是豎。

（3）絕於四句

A. 絕於四句

龍樹中論觀法品：「一切實非實，亦實亦非實，非實非非實，是名諸佛法」

中論：「如來滅度後，不言有與無，亦不言有無，非有及非無」

吉藏中論疏：「諸言本不言，以無定性故。在言既爾，心行亦然：一者、實相絕四句，四句心不能緣；二者、即緣是實相，雖遍言萬法，亦常是四絕也」（大正42、126）

中道實相是絕於四句，不可言詮。四句是有、無、非有非無、亦有亦無。

B. 四句之種類：

a.單四句：有、無、非有非無、亦有亦無

b.複四句

「今次複明四句。一者有有有無。名之爲有。二者無有無無。目之爲無。三者亦有有有無亦無有無無。爲亦有亦無。四非有有有無非無有無無。名非有非無。如釋論就生滅無生滅。複論四句也。

次明不二法門絕此四句者。非有有有無。非無有無無。非亦有有有無。非亦無有無無。非非有有有無。非非無有無無。即不二法門。淨名沖默之旨也。問。何故明絕複四句也。答。諸部立宗。尚不得預複四句。況有絕複四句耶。今欲釋淨名默然之旨深。顯異執之宗淺。故須明絕複四句。」

c.重複四句

「明重複四句。總上來四句。皆名爲有。所以然者。有有。有無。有亦有無。有非有非無。故皆名爲有。如龍樹云。無法中有心生。即名爲有。次絕此四句。名之爲無。亦有四句亦絕四句。爲亦有亦無。非有四句非無四句。爲非有非無。次明絕此四句。非有四句。非無四句。非亦有四句。亦無四句。非非有四句。非非無四句。故名絕四句也。問。何故明此四句義也。答。異部眾師。立大乘之宗者。但在複四句中有無二句之義耳。尚不得預四句之宗。安有絕四之旨。何以知然。南方眞諦之境。北方摩羅之心。皆明絕於有無四句。故墮第二句中。世諦之與八識。皆在四句之中。即爲有門所攝。故知皆墮二句之內。無絕四句之言也。又重複四句者。所上單複四句之有。爲有句。上單複四句之無。爲無句。乃至亦有亦無非有非無。如此絕四。其致淵遠。眾師之宗。都不預斯四句內義。況有絕四之言耶。

d. 鑒深四句

「明鑒深四句。初階絕單四句。次階絕複四句。第三絕複重四句。雖復次第漸深。而或者終謂窈[穴/俱]之內有妙理存焉。即名爲有。若無此妙理。則名爲無。亦有此理亦無此理。名爲亦有亦無。非有此理非無此理。爲非有非無。若然者。終墮四句之內。何有絕四之宗。是故今明生心動念。則便是魔。若能懷無所寄。方爲法印。問。何故明絕此四句。答。經云。是法不可示。言辭相寂滅。淨名所以杜言。釋迦所以掩室者。在斯一轍之內。方言始得爲極。是故明此絕四句也。」[3]

豎深四句否定重複四句；重複四句否定複四句；複四句否定單四句。

絕對的眞理，沒邪正之分，不可言詮，說四句是不對的，要加以否

定；說復四句也是不對的，要加以否定；說重複四句也是不對的，要加以否定；說豎深四句也說不對的，也要加以否定。

吉藏的理論否定到最後，卻仍存有一個「有」，即佛性是無所得不二之真性，這真性也是一種有。但龍樹否定到最後的畢竟空，還是要再空空。

其實真空的盡頭就是妙有，真空即妙有，妙有即真空。就如禪宗以為寂空即是靈知。

空要有不空，而後空、不空圓融不二，才是最高真理。

總之，生心動念則便是魔。若能懷無所寄。方為法印。

（4）中道佛性

「善男子佛性者。名第一義空。第一義空名為智慧。斯則一往第一義空以為佛性。又言第一義空名為智慧。豈不異由來義耶。今只說境為智。說智為境。復云。所言空者。不見空與不空。對此為言。亦應云。所言智者。不見智與不智。即不見空除空。不見不空除不空。除智又除不智。遠離二邊名聖中道。又言。如是二見不名中道。無常無斷乃名中道。」[4]

空即不空，智即不智才是究竟中道，才是圓覺佛。

（5）諸法實相與名言戲論

龍樹中論觀四諦品：「以有空義故，一切法得成；若無空義者，一切則不成」

中論觀法品：「諸法實相者，心行言語斷；無生亦無滅，寂滅如涅槃。……。自知不隨他，寂滅無戲論，無異無分別，是則名實相」

大智度論卷 31：「語言度人皆是有為虛誑法」

---

[4] 大正 45、37 中

　　實相是心行言語斷，無生無滅，寂滅無戲論，實際是不可言詮，但為宣說佛法，方便度眾，也是要勉強作方便說。

　　（二）吉藏的中觀思想

　　（1）吉藏之前的中觀哲學

　　1.印度的中觀哲學

　　A. 初期中觀派（二-五世紀）

　　龍樹、提婆、羅侯羅跋陀羅所活躍的時期。

　　B. 中期中觀派（五-七世紀）

　　佛護、清辨、月稱等之「中論」注釋家出現而分裂為歸謬論證派及自立論證派之時期。

　　C. 後期中觀派（八-十一世紀）

　　自立論證派的寂護、蓮華戒等人，完成了中觀思想與瑜伽行思想之總合時期。

　　2.中國的中觀哲學

　　A. 鳩摩羅什來長安（401年）以前的早期般若學

　　六家七宗般若學甚至十二家之多。其中只有支道林的「即色宗」較與般若經的精神相合，其他各家各宗都是「格義」意味濃厚的般若學。

　　元康，肇論疏：「論有六家，分成七宗。本無宗，本無異宗，即色宗，識含宗，幻化宗，心無宗，緣會宗。……」

　　B. 鳩摩羅什到吉藏之間（401-623）的三論宗哲學。

　　鳩摩羅什：翻譯了許多般若經及印度中觀學派的論典。

　　元康，肇論疏：「什法師立義，以實相為宗，作實相論，是為命宗」

　　僧肇：

　　「夫有若真有，有自常有，豈待緣而後有哉？譬彼真無，無自常

無,豈待緣而後無也!若有不自有,待緣而後有者,故知有非真有。有非真有,雖有,不可謂之有矣。不無者,夫無則湛然不動,可謂之無。萬物若無,則不應起;起則非無。以明緣起故不無也。」[5]

攝山僧朗:

重振三論雄風,為第三代祖師。對三論學養豐盛。

興皇法朗(507-581)繼承僧銓的止觀,闡述中、百、十二門、大智度四論各二十餘遍,二十五載流潤不絕。

(2) 吉藏的中觀概念

1. 二諦,二種二諦,四重二諦

a.二諦:

二諦是一種「教說」,在說有無「道」,明一二「理」。二諦是在描述「境界」的教法,所以也是境界法寶。迷境界是無佛境界,悟境界是有佛境界。

「二諦者乃是表中道之妙教。窮文言之極說。道非有無。寄有無以顯道。理非一二。因一二以明理。故知。二諦是教也。所以明二諦是教者有二義。一者為對他。二者為釋經論。為對他明二諦是境。彼有四種法寶。言教法寶。境界法寶。無為果法寶。善業法寶。二諦即境界法寶。有佛無佛常有此境。迷之即有六道紛然。悟之即有三乘十地故。二諦是迷悟之境。今對彼明二諦是教也。」

「言釋經論者。中論云。諸佛依二諦為眾生說法。百論亦爾。諸佛常依二諦。是二皆實不妄語也。大品經云。菩薩住二諦中。為眾生說法。又涅槃經云。世諦即第一義諦。隨順眾生故說有二諦。以經明二諦是教故。」

---

[5] 大正 45、152 下

b. 二種二諦

「解云。有兩種二諦。一於諦二教諦。於諦者如論文。諸法性空。世間顛倒謂有。於世人爲實。名之爲諦。諸賢聖眞知顛倒。性空於聖人是實。名之爲諦。此即二於諦。諸佛依此而說。名爲教諦也。」

二諦有二種，於諦及教諦。

於諦又有二種：

b.1 所依於諦：凡聖自以爲是的眞理。釋迦隨順他們所說。

俗諦說「有」：凡人自認法爲實有，釋迦依之。但凡夫之世法實有見爲失。

眞諦說「無」：聖人自認自性空，釋迦依之。聖人所見自性空爲得。

b.2 迷教於諦：迷於釋迦所教不可言銓最高眞理之言教。

俗諦說「有」：凡夫迷於釋茄眞理說實有，當然是失。

眞諦說「無」：聖人以爲自性空，但眞理連空皆不可言銓，故失。

b.3 教諦：依釋迦所說言教。

俗諦：有。凡夫依釋迦教認爲假有，故得。

眞諦：無。聖人依釋迦教認爲自性空，故得。

b.4 辨正：眞諦是指萬法的自性是空無自體，是性空緣起的「性空」，等於是佛性三因的了因，換言之，了因即是對萬法自性空的認知能力。

俗諦是性空緣起的「緣起」，即是緣生的萬法是假有而虛幻的假法。等於是佛性三因的緣因。萬法的生起，因無自性，所以需藉助他緣才能生起，一旦緣滅，法即崩壞，故屬假法。所以緣因是體認萬法是假法的體驗能力。

c. 二諦的體是非一非異

　　吉藏以爲眞理是不可言詮，超越有無，所以成實論的龍光主張二諦的體是異體的「不相離即」及開善主張一體的「即是即」，二者均是錯誤的。

　　「若使大經云世諦者即第一義諦。第一義諦即是世諦。此直道即作不相離。故言即。

　　開善明二諦一體。用即是即。龍光明。二諦各體。用不相離即。眾師雖多不出此二。

　　若言常無常一體者。燒俗時應燒眞諦。俗生滅時。眞應生滅。若言一體者。俗即眞時。俗應是常。二諦但常。若眞即俗時。眞應無常。二諦俱無常。若是一體而言俗無常眞常者。我亦言。一體故俗常眞無常。

　　龍光二諦異體。開善一體。今明二諦非一非異。離四句爲體。亦明。非一非異，非「不相離」即，非「即「是即。離四句爲即。」6

　　二諦的體是非眞非俗，即眞即俗。故眞俗二諦之體，不是一也不是異。所以龍光的二諦異體及開善的二諦一體都不對，應是二諦體是「離一異之四句」才是二諦的體。

　　d. 四重二諦

　　「他但以「有」爲世諦。「空」爲眞諦。（第一重）

　　今明。「若有若空」皆是世諦。「非空非有」始名眞諦。（第二重）

　　三者空有爲二。非空有爲不二。「二與不二」皆是世諦。「非二非不二」名爲眞諦。（第三重）

　　四者「此三種二諦」皆是教門。說此三門。爲令悟不三。「無所依」得始名爲理。（第四重）

　　問何故作此四重二諦耶。答對毘曇事理二諦。明第一重空有二諦。

---

6 大正 45、21 下

　　二者對成論師空有二諦。汝空有二諦是我俗諦。非空非有方是眞諦。故有第二重二諦也。

　　三者對大乘師依他分別二爲俗諦。依他無生分別無相不二眞實性爲眞諦。今明。若二若不二。皆是我家俗諦。非二非不二。方是眞諦。故有第三重二諦。

　　四者大乘師復言。三性是俗。三無性非安立諦爲眞諦。故今明。汝依他分別二眞實不二是安立諦。非二非不二三無性非安立諦皆是我俗諦。言忘慮絕方是眞諦。」[7]

　　四重二諦：

　　第一重：空是眞諦，有是俗諦。

　　第二重：空及有都是俗諦，非空非有才是眞諦。

　　第三重：空、有、非空非有等都是二法，二法是俗諦，不二法才是眞諦。

　　第四重：二、不二都是俗諦，言絕慮亡才是眞諦。

　　第一重眞諦「空」是對治小乘毘曇的事理二諦。

　　第二重眞諦「非空非有」是對治成實論的空有二諦。

　　第三重眞諦「非二非不二」是對治大乘的圓成實是眞諦，依他及分別是假諦。

　　第四重眞諦「言亡慮絕」是對治大乘的三無性是眞諦，三性是假諦。

　　2. 中道論

　　a. 中道的種類：有四種。

---

[7] 大正 45、15 下

-對偏中：對治大小學人持斷常二邊之偏病。

-盡偏中：盡除大小學人之斷常二邊偏病。

-絕待中：上二種偏病既除，中亦不立。非中非偏，謂絕待中。

-成假中：有無為假。非有非無為中。成於有無之假，說非有非無之中，謂成假中。

「所言一中，道者即一中道也。所言二中者。則約二諦辨中。謂世諦中真諦中。以世諦不偏故名為中。真諦不偏名為真諦中。所言三中者。二諦中及非真非俗中。所言四中者。謂對偏中。盡偏中。絕待中。成假中也。」

「對偏中者。對大小學人斷常偏病。是故說對偏中也。

盡偏中者。大小學人有於斷常偏病則不成中。偏病若盡則名為中。是故經云。眾生起見凡有二種。一斷二常。如是二見不名中道。無常無斷乃名中道。故名盡偏中也。

絕待中者。本對偏病是故有中。偏病既除中亦不立。非中非偏。為出處眾生強名為中。謂絕待中。……

成假中者。有無為假。非有非無為中。由非有、非無，故說有、無。如此之中，為成於假，謂成假中。所以然者，良由正道未曾有、無，為化眾生假說有無，故以非有無為中，有無為假也」[8]

b. 中道是第三諦

「今天意有第三諦，彼無第三諦，彼以理為諦，今以教為諦。彼以二諦為天然之理，今明唯一實諦，方便說二」[9]

「二諦合明中道者，非真非俗為二諦合明中道，此異真諦中道。真

---

[8] 大正 45、14 上-中
[9] 大正 45、19 中

諦中非有非無，不非眞非俗；二諦合明中道即非眞非俗也」[10]

二諦合明是非直非俗。

眞諦只是非有非無。

非眞非俗才是第三諦。

c. 中道是絕於四句

「二諦非一非異，離四句爲體。亦明非一非異，非不相離即，非即是即，離四句爲即」[11]

d. 中道是正因佛性

「佛性不但是非眞非俗的中道，而且是非因非果乃至非本有非始有的」[12]

e. 八不就是中道

「八不包含了二諦、緣起、中道、畢竟空、實相等佛教的根本義理」[13]

「常是一邊，斷是一邊，離是二邊，行於中道，是爲般若波羅密」[14]

八不是超越生滅（不生不滅）的中道；是超越時間的中道（不常不斷）；是超越空間的中道（不一不異）；是超越速度的中道（不來不去）

f. 中道與空、假名同義

中論：「因緣所生法，我說即是空，亦爲是假名，亦是中道義」

g. 中道與實相同義

大乘玄論卷四：「二是假名，不二是中道，中道就是實相」。

---

[10] 大正 45、108 中
[11] 大正 45、21 下
[12] 楊惠南吉藏，229 頁
[13] 韓廷傑、三論宗通論 217 頁
[14] 大智度論卷四三

（三）吉藏的佛性思想

（1）吉藏對十一家正因佛性說的批判

1. 十一家之內容：

「古來相傳釋佛性不同。大有諸師。今正出十一家。

第一家云。以眾生爲正因佛性。……

第二師以六法爲正因佛性。……

第三師以心爲正因佛性。……

第四師以冥傳不朽爲正因佛性。……

第五師以避苦求樂爲正因佛性。……

第六師以眞神爲正因佛性。……

第七師以阿梨耶識自性清淨心。爲正因佛性也。……

第八師以當果爲正因佛性。即是當果之理也。……

第九師以得佛之理爲正因佛性也。……

第十師以眞諦爲正因佛性也。……

第十一師以第一義空爲正因佛性。……」[15]

2. 十一家分三大類：

大玄玄論卷三：「然十一家。大明不出三意。何者。

a.第一家以眾生爲正因。第二以六法爲正因。此之兩釋。不出「假實二義」。明眾生即是假人。六法即是五陰及假人也。

b.次以心爲正因。及冥傳不朽、避苦求樂及以眞神、阿梨耶識。此之五解。雖復體用眞僞不同。並以「心識」爲正因也。

c.次有當果與得佛理及以眞諦、第一義空。此四之家。並以「理」爲正因也。」

---

[15] 大正 45、36

3. 破十一家

「1.今次第須破之。第一師以眾生為正因者。今只問。何者是眾生。而言以此為正因耶。經云。若菩薩有我相人相眾生相則非菩薩。又言。如來說眾生即非眾生。正因本為菩薩。經既說言有眾生相則非菩薩。寧得以眾生為正因耶。故知。有眾生者皆是妄想。何可以妄想顛倒得為正因耶。」

若菩薩有我相人相眾生相則非菩薩。

如來說眾生即非眾生。

可見有眾生皆是妄相,怎可以妄相顛倒為正因呢?

「又難第二家。經云。佛性者不即六法不離六法者。言此是何語而橫引之此文乃明佛性。非是即六法。復非是離六法。何時明六法是佛性耶。若言不離六法故六法是佛性者。復言不即六法故六法非是佛性。此語若為得通。明知。以不解讀經故。所以致謬耳。」

經說佛性不即六法,也不離六法,並未說佛性就是六法。

「次問中有五家。雖復五解言異或體或用。而皆是心家體用。前第三家。以心為正因佛性者不然。經云。有心必得菩提者。此明有心之者必得菩提。何時言心是正因佛性耶。于時畏有如此謬故。即下經云。心是無常,佛性常。故心非佛性也。經既分明。言心非佛性而強言是者。豈非與佛共諍耶。心既不成。心家諸用冥傳不朽、避苦求樂等。悉皆同壞也。勝鬘經云。若無如來藏者。不得厭苦樂求涅槃者。此正明由如來藏佛性力故。所以眾生得厭苦求樂。何時明厭苦求樂是正因佛性耶。」

經中只說有心者必得菩提,並未說心是佛性。而且心是無常,佛性是常,故心非佛性也。

既然心不是佛性,則與心相關的冥傳不朽及避苦求樂都不是佛性。

勝鬘經說若無如來藏,不得厭苦樂求涅槃,可見如來藏才是佛性

力，經也未明說避苦求樂是正因佛性。

「彼師云。指當果爲如來藏。以有當果如來藏故。所以眾生得厭苦求樂者不然。性品云。我者即是如來藏。如來藏者即是佛性。明佛性本來有之如貧女寶藏。何勞指當果爲如來藏。且當果體。猶尚未有而能令眾生厭苦求樂。豈非是漫語者哉。」

性品經說我是如來藏，是佛性。佛性如貧女寶藏，本來就有，而不是當果才有。而且若將來才有如來藏，如何能讓眾生現在就能厭苦求樂呢？

「乃至第八阿梨耶識。亦非佛性故。攝大乘論。云是無明母生死根本。故知。六識七識乃至八九。設使百千無量諸識皆非佛性。何以故皆是有所得五眼所不見。」

說第八識是佛性，這是南道地論宗的說法。攝大乘論說，第八識是無明母，是生死根本，而不是佛性。假使第八識是佛性，爲何五眼都看不見？

「故次有第三四家。並以理爲正因佛性。而不無小異。前之兩家。以當果與得佛之理爲正因佛性者。彼言是世諦之理。

當果與得佛之理，是世諦之理，而非佛性之理。

「次有兩家。以眞諦與第一義空爲正因佛性者。此是眞諦之理也。以第一義空爲正因佛性者。此是北地摩訶衍師所用。今問。若依涅槃文，以第一義空爲佛性者。下文即言空者。不見空與不空名爲佛性。故知。以中道爲佛性。不以空爲佛性也。眞諦爲佛性者。此是和法師小亮法師所用。問眞諦爲佛性。何經所出。承習是誰。無有師資亦無證句。故不可用也。」

眞諦空並非佛性，非眞非俗的中道才是佛性。

而且說眞諦爲佛性，是何經所出？承習是誰？沒有師資也無證句，

不可用也。

「當果爲正因佛性。此是古舊諸師多用此義。此是始有義。若是始有。即是作法。作法無常。非佛性也。」

當果是佛性，是佛性始有之義，若是始有，就是作法，而作法是無常，不合佛性之常義。

「得佛理爲佛性者。此是零根僧正所用。此義最長。然闕無師資相傳。學問之體。要須依師承習。今問。以得佛理爲正因佛性者。何經所明。承習是誰。其師既以心爲正因佛性。而弟子以得佛理爲正因佛性者。豈非背師自作推畫耶。故不可用也。」

以佛理爲佛性者，與其師以心爲佛性不同，而且何經有明佛理爲正因佛性？又承習自何師？故不可用。

「通論十一家。皆計得佛之理。今總破得佛之理。義通十一解。事既廣。宜作三重破之。

第一作「有無」破。只問。得佛之理，爲當有此理爲當是無。若言是有。有已成事。非謂爲理。若言是無。無即無理。即墮二邊不得言理也。第二作「三時」破。只問。得佛之理。爲是已理爲是未理爲是理時有理。若言已理。則理已不用。無復有理。若言未理。未理故未有。若言理時有理者。若法已成則是已。若法未有則墮未。故無別第三法稱爲理也。

第三「即離」破。只問。得佛之理。爲當即空爲當離空。若言即空者。則早已是空。無復有理。若言離空有此理者。空不可離。豈得離空而言有理。又離空而有理者。則成二見。經云。諸有二者。無道無果。豈可以二見顛倒爲正因耶。作此三條推求不可得。非唯四家義壞。通十

302

一計皆碎也。」[16]

大乘玄論第三卷：「次釋別名，先言正因佛性，非因非果。故有二因，謂境界因與了因。非果而果，故有二果，謂菩提與涅槃也。言境界因者，即是十二因緣能生觀智，以是觀智境界，故名境因，以能生觀智之前緣故，亦名緣因。言了因者，觀智能了出佛果，故名因」

吉藏將它們分爲三大類：

a.以假實爲正因佛性（一、二家）：眾生是假。六法是五蘊及假人我。也是假法。

b.以心識爲正因佛性（三-七家）：心是無常，佛性是常。大涅槃經處處在談佛性，但未見有冥傳不朽，避苦求樂爲佛性之說法；如來藏佛性力才能避苦得樂。如來藏才是佛性而且本來具有，何需當果才有如來藏。第八阿賴耶識是無明母，生死根本，心識都是有所得，五眼所不見，故非佛性。

c.以理爲正因佛性：八-十一家）前二家當果及得佛之理是世諦之理；後二家眞諦及第一義空是眞諦之理，非空非不空，才是佛性。當果是始有，是有爲無常法，佛性是無爲常法。得佛之理是何經所說？繼承者是誰，他的老師反以心爲佛性。

佛性是非有無；得佛之理，現在過去未來三時俱不可得；佛性非即非離。

（2）中道爲正因佛性

「今時何者爲正因耶。答一往對他則須併反。彼悉言有。今則皆無。彼以眾生爲正因。今以非眾生爲正因。彼以六法爲正因。今以非六法爲正因。乃至以眞諦爲正因。今以非眞諦爲正因。若以俗諦爲正因。

---

[16] 大正 45、36

今以非俗諦爲正因。故云非眞非俗中道爲正因佛性也。」[17]

大乘玄論卷三：「善男子，佛性者，名第一義空。第一義空名爲智慧」

「是以文云佛性者，即是三菩提中道種子也。是故今明第一義空名爲佛性，不見空與不空，不見智與不智，無常無斷名爲中道，只以此爲中道佛性也。……若了中道，即了第一義空；若了第一義空，即了智慧；了智慧，即了金光明諸佛行處；若了金光明諸佛行處，則了此經。云光明者，名爲智慧。若了智慧，即了佛性；若了佛性，即了涅槃寂靜」

非因非果，非空非不空，非常非斷，非智非不智，第一義空智慧才是正因佛性。

金光明的金是法身是正因；光是般若是了因；明是解脫是緣因。

第一義空是空即不空，見空亦見不空。

第一義空也是智慧，空智及不空智。

（3）佛性非本非始

「本與始爲異。云何相即。本有是常始有無常。常無常異。不得即也」[18]

大乘玄論卷三：「今一家相傳，明佛性義，非有非無，非本非始，亦非當現。……故知佛性非本非始，但爲眾生說言本始也」

大乘玄論卷三：「至論佛性，不但非是本始，亦非是非本非始，爲破本始故，假言非本非始，若能得悟本始非本始，是非平等，始可得名正因佛性」

佛性是非本非始，也不是非本非始，也不是當現。它是破本始，超

---

[17] 大正 45、37 上
[18] 大正 45、21 下

本始，說本始只是方便說。

（4）理內、理外佛性論

1.吉藏之理論：

中道佛性理有：

1.1.唯識理：

a.理外：眾生、羅漢、草木皆無佛性（因為萬法皆是唯識理所現，理外無法，無眾生、羅漢、草木之存在，故三者理外皆無佛性）

b.理內

b.1 通論：眾生、羅漢、草木皆有佛性（唯識理即指佛性，萬法皆有佛性，故理內有佛性）

b.2 別說：眾生，羅漢有佛性；草木無佛性（草木沒有心識，故理內無佛性）

1.2. 修證理

a. 理外：眾生，羅漢有佛性（修證理是經修證而得的真理，若未證得真理，以為尚有眾生可度，有眾生就有佛性可證，故言理外有佛性）

b. 理內：眾生、羅漢無佛性（若已修證得真理，修證是不可言銓，超越有無，絕四句，故理內均無佛性），草木無心識，不能修證，故草木無佛性。

2.吉藏之最後結論：

述理內外有無佛性，只是「為成交互辨」，其實佛性是不定有無的。

（5）草木也是具有佛性三因，亦即具唯識理，但草木無心識，故其了因無法自行作用。

草木能否自行成佛，目今仍爭議中。

不過若依據「依正不二」及「萬法唯心現」，只要「正」成佛，「依」即成佛。

a. 理內有佛性，理外無佛性：

「今辨佛性內外有無義。此重最難解。或可。理外有佛性理內無佛性。或可理內有佛性理外無佛性。

問爲理外眾生有佛性。爲理內眾生有佛性耶。

答曰。問理外眾生有佛性不。此不成問。何者理外本自無有眾生。那得問言理外眾生有佛性不。故如問炎中之水。本自不曾有。何得更問炎中之水從何處來。是故理外既無眾生。亦無佛性。五眼之所不見。故經云。若菩薩有我相人相眾生相。即非菩薩。是故我與人乃至今人無有佛性。不但凡夫無佛性。乃至阿羅漢亦無佛性。以是義故。不但草木無佛性。眾生亦無佛性也。」[19]

b. 理內無佛性，理外有佛性：

「第二明理外有佛性理內無佛性。如般若經云。如是滅度無量眾生。實無眾生得滅度者。華嚴亦云。平等眞法界一切眾生入。眞實無所入。既言一切眾生入。當知。是理外眾生入。而實無所入者。此入理內無復眾生。故言實無所入。是知。理外有眾生故得入也。如是滅度實無度者。亦作此釋。此至理內。實無眾生得滅度者。當知。理內既無眾生。亦無佛性。理外有眾生可度。故言理外眾生有佛性也」[20]

（6）一切草木亦得成佛

吉藏認爲依正不二，若正之眾生成佛，則其所依之器世界、草木亦皆成佛。但草木無心識，故非草木自己能成佛。

「唯識論云。唯識無境界。明山河草木皆是心想。心外無別法。此

---

[19] 大正 45、40 中下
[20] 大正 45、40 下-41 上

明理內一切諸法依正不二。以依正不二故。眾生有佛性則草木有佛性。以此義故。不但眾生有佛性。草木亦有佛性也。」[21]

　　草木都是心想所現，非實有，而且依正不二，所以只要「正」之眾生有情成佛，「所依之器世間，非情草木也能成佛。

　　「若悟諸法平等。不見依正二相故。理實無有成不成相。無不成故。假言成佛。以此義故。若眾生成佛時。一切草木亦得成佛。」

　　「故經云。若彌勒得菩提一切眾生皆亦應得。眾生既爾。草木亦然故知。眾生有心迷故得有覺悟之理。草木無心故不迷。寧得有覺悟之義。喻如夢覺不夢則不覺。以是義故。云眾生有佛性故成佛草木無佛性故不成佛也。成與不成。皆是佛語。有何驚怪也。」

　　所謂草木不成佛是指草木不會心迷，沒有夢醒覺悟，故草木自己不能成佛，但草木仍具佛性，可依其「正」成佛。

　　(7) 佛性非有非無，非定非不定

　　「故涅槃經云。若有人說一闡提人定有佛性定無佛性。皆名謗佛法僧。今既不欲謗佛法僧。豈敢定判。義中自有四句。故內外有無不定。所以作此不定說者。欲明佛性非是有無故。或時說有。或時說無也。問若言定為非者不定為是耶。答若言不定為是者。還復成定。定既非是。不定亦非。具如論破。但破定故言不定有四句如前。若洗淨已。復不定而為定亦何得而無定耶。今只就不定為定者。有理外眾生理外草木。有理內眾生理內草本定何者有佛性。何者無佛性耶。若不定為定說者。經中但明化於眾生。不云化於草木。是則內外眾生有佛性。草木無佛性。雖然至於觀心望之。草木眾生豈復有異。有則俱有無則俱無。亦有亦無非有非無。此之四句皆悉並聽觀心也。」[22]

---

[21] 大正 45、40 下
[22] 大乘玄論卷三

　　若說是定，理外有眾生及草木，理內也有眾生及草本。經中但明化於眾生。不云化於草木。故內外眾生有佛性。草木無佛性。但若觀心則草木都是心所現，豈有不一樣，故四句若使用於兩者，應無差異。

　　「至於佛性非有非無。非理內非理外。是故若得悟有無內外平等無二。始可名爲正因佛性也。故涅槃論云。眾生有佛性非密。眾生無佛性亦非密。眾生即是佛乃名爲密也。所以得言眾生無佛性者。不見佛性故。佛性無眾生者。不見眾生故。亦得言眾生有佛性。依如來藏故，亦得言佛性有眾生。如來藏爲生死作依持建立故。」[23]

　　佛性是非有非無，非理內非理外。故若得悟「有無內外佛性平等無二」，才是正因佛性。

　　（8）佛性就是一乘、涅槃

　　法華經、維摩詰經及般若經都有闡述佛性、一乘、常住的道理。以佛性而言，一切大乘經是平等而無差別的。

　　大乘玄論卷三：「一乘體者，正法中道爲體。……問：乘以運出爲義，中道佛性不運出，云何名爲乘體？答：以其不動故，能令萬善動出，亦令行者動出生死，住彼涅槃，故名爲乘。小乘初教以果爲乘，故言三車在門外，此是盡無生智果，。大乘因與果爲乘」

　　大乘玄論卷三：「靈正云：涅槃體者，法身是也。……今以中道正法爲涅槃體」

　　「有人言，此經明因未辨佛性，但明萬善緣因成佛，……今以十種文義推之，不同此釋：

　　「一者、大乘若有三則有三性，既道理唯一佛乘，所以唯一佛性也。」

---

[23] 大乘玄論卷三

大乘只有一佛乘，所以也只有一性，即佛性。

「二者、若言此經但明善人有佛性、惡人無佛性，異《涅槃經》者，常不輕菩薩見增上慢四眾惡人云「我不輕汝等，汝等行菩薩道，必當作佛」。《法花論》釋云「示一切眾生皆有佛性，故悉當作佛」。以此推之，知非善人獨有佛性。又〈譬喻品〉勸信文云「汝等若能信受是語，一切皆當得成佛道」，此分明說一切成佛，豈簡惡人？」

一切眾生皆有佛性，而不是只有善人有佛性，惡人則無佛性。

「三者、若此經但有一乘名故不明佛性者，蓋是未識一法多名故生此謬耳。《涅槃》云「佛性有五名，一乘則五中之一」，又言「佛性亦一非一。云何為一？一切眾生同一乘故為一。云何非一？非數法故」，則知佛性與一乘皆是異名。」

涅槃經說佛性有五種名字，一乘只是五種中之一種。佛性亦是一，亦是非一。一指

一切眾生是同一乘。非一指不是數法。

「四、引例釋之，若言此經無佛性語即是未明佛性者，《涅槃》、《華嚴》無八識之名，亦無變易生死之語，則》涅槃》》華嚴》應未明八識及二生死也。」

不能說經未提到佛性就是不明佛性。華嚴經及涅槃經也是未提及八識及變易生死，就可說二經未明八識及二生死嗎？

「五者、《寶性論》云「《究竟一乘經》說有如來藏及三寶無差別」，此經既明究竟一乘，則知亦辨如來藏，故〈信解品〉云「而不為我分別汝等當有如來知見寶藏之分」，其證也。」

本經既提及究竟一乘也於信解品中也提及「如來知見寶藏」即是如來藏。

「六者、《中論·四諦品》云「雖復懃精進修行菩提道，若先無佛

性終不得成佛」。長行釋云「如鐵無金性，雖復鍛鍊終不成金」。若此經不明佛性，雖修萬善不得成佛。」

若沒有佛性，即使辛勤精進也難成佛。

「七者、天親《釋金剛波若》上已明佛性，況《法華》耶？」

世親已在「釋金剛般若」中明示佛性，何況法華經呢？

「八者、《涅槃經》引《摩訶波若》云「我無我無有二相」，此明眾生無我與佛性真我更無有異，而《大品》已明佛性，況《法華》耶？」

涅槃經曾引摩訶般若說我及無我沒有二相，此明眾生無我與佛性真我沒有差異，而大品般若經已明佛性，何況法華經呢？

「九者、夫見佛性方得常身，〈壽量品〉既明常，豈得此經不明佛性？」

見佛性才能得常身，壽量品既已明常，怎會此經不明佛性呢？

「十者、人語難依聖語宜信，天親《法華論》七處明佛性。」[24]

人語難依，聖語宜信。世親已在「法華論」中有七處明示佛性。

(9) 佛性可見不可見

「明見性第八。迦葉問言。云何諸菩薩能見難見性。師子吼問言。若一切眾生有佛性者。何故不見一切眾生所有佛性。十住菩薩。以何等眼不了了見佛。以何眼而了了見也。性品答。見有二種。一者十地。或言十住。名為慧眼見。舉珠喻釋。二者外道凡夫名為信見。或如羊角。或如火聚等。師子吼品明慧眼見故。見不了了。佛眼見故則了了。

經文如此。判釋多言。十住菩薩。方見佛性猶如羅縠。九住以還未見佛性。但華嚴經云初發心時便成正覺。若如此者。初發心時則見佛性。故一師云。涅槃所明十地。應是地前。未得真悟菩薩故。見性不

---

24 大正 34、642 上中

明。而華嚴所明十地。從佛智慧出。此是眞悟菩薩。故云初發心時便成正覺。但地論師據行位判。行通位別。涅槃辨位別義。故菩薩位智猶未極。故十地菩薩見性不明。九地猶未見。華嚴明行通義。故云初發心時便成正覺也。又涅槃經云。十地菩薩。但見其終不見其始。諸佛如來始終俱見。諸師釋此文種種不同。或言。十地菩薩未斷無明。故言不見其始。而伏惑已周，去佛近，故言見終也。又云。十地菩薩。去終近故云見終。去無明住地遠故言不見其始。又云。十地去初地遠故。言不見其始但見其終。佛既眾惑已盡。因圓果備。故云始終俱見。一師云。因果本來不二。乃是無二無不二。故名爲不二。雖復不二。而開因果二。菩提心爲因。佛則是果。此是一重開也。

又明果不可頓階。所以因中開爲十地。此是第二重開也。

如是於一一地中。或更開爲三。乃至爲四。如初地先開爲十迴向。乃至十住等。斯則初地爲始。十地爲終。十地非初故。云不見其始。則是第十故言見終。亦得對言初地見始不見終也。果既不開。所以始終俱見。此故是無始終始終。不見而見也。」

依涅槃經，菩薩初地可不了了見佛性；佛地可了了見佛性。

菩薩不了了見佛性，稱爲慧眼見，外道凡夫不能見佛性，稱爲信見。佛以佛眼了了見佛性。

十地菩薩見性不明。九住以還（指菩薩初地以前之位階）猶未能見佛性。

華嚴經以圓教而言，初發心即成正覺。

又涅槃經云。十地菩薩。但見其終不見其始。諸佛如來始終俱見。

解釋如下：

a.十地菩薩未斷無明（住地無明），故言不見其始。而伏惑已周，去佛近，故言見終也。

b.十地菩薩。去終近故云見終。去無明住地遠，故言不見其始。

c.第十地去初地遠故。言不見其始但見其終。(第十地是終)

d.佛既眾惑已盡。因圓果備。故云始終俱見。

（四）吉藏的心性說

4.1 如來藏、自性清淨心，阿梨耶識等都與佛性、中道是同義語。

南道地論師認為阿賴耶識即是如來藏，是屬純淨。北道地論師同攝論師，認為阿賴耶識是染淨兼具。

「經中有明佛性法性真如實際等。並是佛性之異名。何以知之。涅槃經自說佛性有種種名。於一佛性亦名法性涅槃。亦名般若一乘。亦名首楞嚴三昧師子吼三昧。故知。大聖隨緣善巧。於諸經中說名不同。故於涅槃經中，名為佛性。則於華嚴，名為法界。於勝鬘中，名為如來藏自性清淨心。楞伽名為八識。首楞嚴經名首楞嚴三昧。法華名為一道一乘。大品名為般若法性。維摩名為無住實際。如是等名。皆是佛性之異名。」[25]

4.2 萬法皆由中道佛性所生。

中道佛性即是真如、如、空性、自性。

1.徹底體悟-解脫成佛（絕對善）

2.歪曲誤解（無明住地的污染）-如來藏（阿賴耶識）

-真分-解脫成佛（相對善）

-假分-六道輪迴（相對惡）

3.絕對善+相對善+相對惡=萬法

4.3 作者之辨正：

---

[25] 大正 45、41 下

萬法是「依止」佛性之「性起」，啟動無始無明之「緣起」而生起萬法。

所謂性空緣起生起萬法，而性空即是性起，加上無始無明的緣起而生起萬法。

染緣起是「有力無明」熏「無力真如」。

淨緣起是「有力真如熏「無力無明」

真如即佛性，有緣了二因會受熏，故呈有力、無力之別。

無明各九法界眾生本來即厚薄不一，有無力不同。

無始無明是無始而有，乃依迷惑真如而有。

離言真如、空且不空如來藏、正因佛性是不生不滅。三者之起即性起，可以啟動無始無明的緣起。

二、三論宗的心性實踐

（一） 觀八不正觀。

八不即是中道。中即是正，即「體正」，可以啟動「用正」，即真俗二諦。中道是非真非俗。正觀體正及用正。

以中道觀智觀真俗二諦為非真非俗，二諦圓融不二。

（二） 觀七菩提分（諸法無行經）

七菩提分：

念：見一切法無憶念

擇：一切法若善若不善若無記，不可選擇不可得，無決定故。

精進：若不取一切三界相，善壞三界故。

喜：若一切有為法中不生喜相。

除：若一切法中，除卻其心，緣相不可得故

定：若一切法不可得，善修壞相故

捨：若於一切法無所依止不貪不著，不見一切法律。

文殊師利，行者應如是觀七菩提分。

（三）　如果不理解事物的無生、無滅、無相和諸法無相，就等於「破戒」，破戒比丘有十憂惱箭，受到種種懲罰。（佛藏經）

（四）　大乘玄論之「正觀」：「我觀如來，前際不來，後際不去，中亦不住，如此觀者，名為正觀」

觀是直接觀辨於心的認知而後實行；論是依所認知宣說於口。

因中道實相而生正確的觀點智慧，就是「觀」

對這些正確觀點進行宣講就是「論」。

中觀論解釋如下：「中」是中道實相；「觀」是認識中道實相並依之而行；「論」是如行而說。

中是實相般若，觀是觀照般若，論是文字般若。

第九章　唯識宗的佛性思想與心性

第一節　唯識宗的佛性思想與心性

一、唯識宗的心體與理體

（一）唯識宗的心體與理體

心體是第八識阿賴耶識

理體是我法兩空所顯的真如及圓成實性

唯識宗的心體與理體不同，所以心性未合一，導致生佛有別。

（1）唯識的八識

1.1 阿賴耶識

八識規矩論：

性唯無覆五遍行，界地隨他業力生，二乘不了因迷執，由此能興論主諍，浩浩三藏不可窮，淵深七浪境為風，受熏持種根身器，去後來先作主公，不動地前才捨藏，金剛道後異熟空，大圓無垢同時發，普照十方塵剎中。

唯識三十頌：

由假說我法，有種種相轉。彼依識所變，此能變唯三，謂異熟思量，及了別境識。初阿賴耶識異熟一切種，不可知執、受、處、了。常與作意、觸、受、想、思相應，唯捨受，是無覆無記，觸等亦如是，恒轉如暴流，阿羅漢位捨。

a.阿賴耶識的異名：

本識、種子識、第一識、宅識、現識、阿陀那識（執持根身器世界及種子）、所知依（染淨諸法之所依）、神識、異熟識（引生死善不善的異熟果報）、無垢識（淨阿賴耶識，當入菩薩八地以上，捨異熟識為無垢識）

b.又名藏識，有能藏：能含藏種子。所藏：所受前七轉識之熏習。執藏：第七識執第八識之見分為我。

c.無覆無記，為前七

轉識所熏。

d.其相應心所有 5：徧行之作意、觸、受、想、恩。

e.隨著前六識所造業力在三界九地輪迴受報。

二乘不了解而說沒有阿賴耶識，而且因只斷我執，尚有法執未斷之迷執。

是業力的受報主，生死輪迴的主體，在死亡時最後離開身體；在投生時又最先投入母胎。

修到八地不動地才能捨去阿賴耶識，轉成無垢識。到等覺菩薩之金剛道才能完成空掉異熟識。此時大圓鏡智也同時出現，這菩提之光可以普照十方塵剎。

1.2 末那識

八識規矩論：

帶質有覆通情本，隨緣執我量為非，八大徧行別境慧，貪癡我見慢

相隨，恒審思量我相隨，有情日夜昏迷，四惑八大相應起，六轉呼爲染淨依，極喜初心平等性，無功用行我恒摧，如來現起他受用，十地菩薩所被機

唯識三十頌：

次第二能變，是識名末那，依彼轉緣彼，思量爲性相，四煩惱常俱，謂我癡我見，並我慢我愛，及餘觸等俱，有覆無記攝，隨所生所繫，阿羅漢滅定，出世道無有

a.末那名意，恆審思量義。以第八識爲所依，又緣第八識之見分爲自我，並恒審思量這個自我，念念執著。第八識是恆而不審，第六識是審而不恒。

b.第七識是帶質境，錯認第八識的見分爲實有自我。三性是無記，是有覆無記，有覆是指帶有四煩惱即我貪、我愛、我見、我慢。三量是非量，誤執第八識的見分爲實自我，所以是非量。有十八個心所，包括八大隨煩惱、五遍行、別境的慧、及四煩惱（貪、癡、慢、我見）。

c. 第七識是恒審思量，永遠思量第八識的見分爲自我。並與四煩惱（貪癡慢我見）及八大隨煩惱相應生起，執著一個自私自利的我相，才日夜鎮昏迷。前六識以第七識爲染淨依，而第七識爲染污有覆，所以即使前六識行善，也是有漏善，除非第七識轉智才能是無漏善。

d. 入菩薩初地證法我二空之眞如後，第六識及第七識已經轉識成智，第七識轉爲平等性智，觀自他及一切諸法悉皆平等。

入菩薩八地不動地，完成破除俱生我執，才具無功用行。此時已證如來三身之他受用報身。受用身有：自受用身及他受用身。前者是諸佛自住法樂的境界；後者是爲十地的菩薩說法的他受用身。

1.3 第六意識

八識規矩論：

三性三量通三境，三界輪時易可知，相應心所五十一，善惡臨時別配之，性界受三恒轉易，根隨信等總相連，動身發語獨為最，引**滿**能招業力牽，發起初心歡喜地，俱生猶自現纏眠，遠行地後純無漏，觀察圓明照大千。

唯識三十頌：

次第三能變，差別有六種，了境為性相，善不善俱非，此心所遍行，別境善煩惱，隨煩惱不定，皆三受相應，初遍行觸等，次別境謂欲，勝解念定慧，所緣事不同，善謂信慚愧，無貪等三根，勤安不放逸，行捨及不害，煩惱為貪瞋，癡慢疑惡見，隨煩惱為忿，恨覆惱嫉慳，誑諂與害憍，

無慚及無愧，掉舉與惛沈，不信並懈怠，放逸及失念，散亂不正知，不定謂悔眠，尋伺二各二

a. 意識所對的境是法境，即宇宙萬法。

意識有五俱意識，即明了意識及不俱意識，即獨頭意識。明了意識有五同緣意識及不同緣意識。

獨頭意識有夢中、定中、散位、狂亂四種獨頭意識。

b. 第六識是三性都有，三量都有，三境都有。而且可到三界九地。其相應心所五十一種。

c. 性界受：性是三性、界是三界、受是五受，第六識受這三種恆常轉變更易。

根隨性：根是根本煩惱、隨是隨煩惱、性是十一善。第六識也與它

們互相牽連而生起。表現在外的是身口二業，及引滿業。引業是六道四生的業；滿業是各自的壽命長短，貪富貴賤果報。

d. 唯識宗只立四十一位階。入菩薩初地即斷盡後天（分別）我法二執，證得了我法二空的「如實空眞如」及根本智，並起修後得智。入菩薩七地斷俱生我執，八地斷盡俱生我執的現行、種子、習氣。此時有漏已變無漏，捨阿賴耶識名爲無垢識，識也轉爲妙觀察智。直至佛地，第八識轉成「大圓鏡智」及前五識轉成「成所作智」，後得智轉成根本智而合一。

1.4　前五識

八識規矩論：

性境現量通三性，眼耳身三二地居，遍行別境善十一，中二八大貪瞋癡，五識同依淨色根，九緣八七好相鄰，合三離二觀塵世，愚者難分識與根，變相觀空唯後得，果中猶自不詮眞，圓明初發成無漏，三類分身息苦輪

唯識三十頌：

依止根本識，五識隨緣現，或俱或不俱，知濤波依水，意識常現起，除生無想天。及無心二定，睡眠與悶絕，是諸識轉變，分別所分別，由此彼皆無，故一切唯識，由一切種識，如是如是變，以輾轉力故，彼彼分別生

a. 三性是皆有；三境是性境；三量是現量。三界是色界初禪的離生喜樂地沒有香味二識了，只有眼耳鼻三識；二禪以上，眼耳鼻三識也沒有了，常在禪定的精神世界中。

前五識共有 34 個心所：五遍行、五別境、十一善、二隨煩惱、八

大隨煩惱、三個根本煩惱。

　　沒有的心所是 10 個小隨煩惱；3 個根本煩惱；4 個不定。

　　b.六根都有扶塵根及淨色根。眼識要生起需具備九緣：根、境、空、明、作意、分別依、染淨依、根本依、種子依。

　　耳識不需「明」緣；鼻舌身識不需「空」及「明」緣。

　　c. 根本智，又稱無分別智。是遣相既盡，證得無相，智體無漏，實證眞如，就是直接「親緣」眞如。

　　後得智，體雖無漏，而仍有分別，不能直接親緣眞如，又名差別智、世俗智。

　　根本智是入菩薩初地證得法我二空所顯眞如，即得根本智，而後隨生起後得智。

　　菩薩十地中依根本智的理體去修「依體起用」的後得智。根本智是已斷分別我法二執，後得智是在十地中一地一地斷俱生的我法二執，第八地斷盡俱生我執，到佛地才斷盡俱生法執而得根本智、後得智合一的佛境界。

　　何謂根本智與後得智？根本智，又名根本無分別智，乃是諸智的根本，契證眞如妙理之智，是任運徹照法體，契會眞理，又名如理智、實智、眞智。《成唯識論》卷十云：「緣眞如故，是爲無分別」。至於後得智，又名分別後得智，即是在得到無分別智之後所起的慧用。根本智，非能分別，亦非所分別，後得智爲所分別及能分別。根本智爲如理智，後得智爲如量智。眞諦譯《攝大乘論》卷十二云：「根本智不取鏡，以境智無異故，後得智取境，以境有異故；根本智不緣境如閉目，後得智緣境如張目。」前五識轉爲成所作智，即是後得智，不是根本智，故謂「變相觀空唯後得」。

　　1.5　五位百法及六位心所

　　a：五位百法：

　　心（8）、心所（51）、色（11）、心不相應行（24）、無爲（6）

　　b：六位心所：徧行（5）、別境（5）、善（11）、煩惱（6）、隨煩惱（20）、不定（4）

　　c：三科：五蘊、十二處、十八界

　　d：五蘊：色、受、想、行、識

　　e：十二處：六根(眼耳鼻舌身意)、六塵（色聲香味觸法）

　　f：十八界：六根（眼耳鼻舌身意）、六塵（色聲香味觸法）、六識（眼耳鼻舌身意）

　　（2）唯識的理體：

2.1　離言眞如

離言眞如是不可言詮的眞如。

　　又作絕言眞如爲依言眞如之對稱。指眞如之法體，即自眞如絕言語、絕思惟之立場而言。大乘起信論（大三二·五七六上）：一切法從本已來，離言說相，離名字相，離心緣相；畢竟平等，無有變異，不可破壞，唯是一心，故名眞如。

　　蓋言說、名字等，皆依妄念而成差別，若離妄念則無名字、言說等，亦無一切差別之境界相，如此始得住於畢竟不可得之境界；故以一切法不可說、不可念即是眞如，亦即離言眞如。

　　2.2　七眞如：成唯識論卷八：

　　流轉眞如：有爲法流轉實性。

　　安立眞如：苦實性。邪行眞如：集實性。清淨眞如：滅實性。正行眞如：道實性。實相眞如：無我所顯實性。

　　唯識眞如：染淨法唯識實性。

　　此七實性圓成實攝，根本、後得二智境故。隨相攝者，流轉、苦、

集三，前二性攝，妄執雜染故。餘四皆是圓成實攝。

真諦、三無性論：七種如如：生、相、識、依止、邪行、清淨、正行

2.3 六無為：虛空、擇滅、非擇滅、不動、想受滅、真如。

有為法是有生住異滅四相的生滅變異法，如百法之九十四法均為有為法。無為法是清靜寂滅的，是真如實相，是離言真如。

真如實相無從言詮，只能借事理間接表達。真如實相是不生不滅的法性，本來不一不異，分為六種，前五種或依其原因，或依其作用而言，真如無為才是離言真如的本體。

1.虛空無為：虛空比喻「無礙」及偏偏及世間及虛空之不變性。真如法性也遍及世間萬法，而且不礙一切物，而常住不改。

2 擇滅無為：由智慧揀擇的力量，斷除一切煩惱，所得的寂滅。

3.非擇滅無為：不用刻意用智慧揀擇的力量，而自然所表現的寂滅真理。煩惱體空，只要缺緣不生，煩惱即體即空。而且無為也是自性清淨，沒有煩惱，不用以揀擇之智慧去滅煩惱。

4.不動無為：修到色界第四禪天即捨念清淨，不為一切苦樂所動猺的真理境界。

5.想受滅無為：即滅盡定，五蘊的想及受滅所顯現的無為真理。

6.真如無為：

前五種無為都是方便說，而真如無為也是言詮的方便說，只有離言真如才是證得而非說得的真實真如。

真如的證得需：破我法二執；斷煩惱障、所知障二障；證我法二空；得菩提、涅槃二轉依果。

如此才能證得真如實相。

2.4　四重二諦與中道

A. 窺基的四重二諦

1 世俗諦有：

世間世俗諦：世人認爲實有，依俗安立名字，其實是假名而無實體。

道理世俗諦：道理是指五蘊、十二處、十界之佛法知識，事項差別易知，稱爲世俗諦。

証得世俗諦：佛安立四聖諦，讓世人能知苦、斷集、證滅、修正道，此稱證得。有因果的相狀可知，所以叫世俗諦。

勝義世俗諦；二空所顯之眞如是聖者之智慧所內證之智解，稱勝義。依世俗安立名言稱世俗諦。

2 勝義諦有：

世間勝義諦：超越世俗諦之假法，而知道假法之勝義即是體空用假。即體用顯現諦。

道理勝義諦：前蘊界處只是佛教法的道理，進一步知其勝義道理是殊勝無漏的法無分別智。即因果差別智。

證得勝義諦：超越前面之四諦修證，勝義是證得言詮眞如。即依門顯實諦。

勝義勝義諦：證得超絕言詮的不可安立法，即廢詮談旨諦。

B. 唯識的中道

有二種：言詮中道及離言中道。

言詮中道有二種：三性對望中道及三性各具中道。

離言中道是無分別智自所內證的理智冥合的眞勝義諦，非言詮所及及情識所測，有無俱非，心言路絕，才是眞正的中道。

1 三性對望中道

偏計有執-體相都無-非有

依他起（如幻假有）、圓成實（眞空妙有）-非空

非有非空即三性對望中道。

2 三性各具中道

徧計所執-情有（非空）、理無（非有）

情有理無即中道。

依他起-假有（非空）、實無（非有），假有實無即中道。

圓成實-眞實（非空）、無相（非有）

眞實無相即中道。

（3）心體與理體的聯繫：三性三無性

及相名五法

A. 三性：

1.徧計所執性：普徧計較所生的執著。乃是以妄情計較一切因緣假合而生的事物而執其名相，而妄認爲實我、實法。能徧計是第六識，而且是普徧計。第七識只計較自我，不及其他，所以是計而非徧。前五識唯取五塵境，所以是非徧非計。第八篋唯緣根身、器界、種子，而且無計度分別，所以徧非計。

所徧計是徧計所緣的色心諸法。

徧計所執是妄執實有我法自性。

2.依他起性：他是指緣，依因緣和合而生起世間色心萬法，所生萬法無實體自性，也是假法。心法依四緣，色法唯依因緣及增上緣。

3.圓成實性：圓滿成就眞實的體性，即六種無爲法。於依他起上，離徧計所執之實我實法。即我空、法空之後所顯的圓滿成就的諸法實性，也是依他所起諸法的實體、自性。

遍計所執是「妄有性」；依他起是「假有性」；圓成實是「真有性」。

B. 三無性：

1.相無性：依遍計所執所立，相無自性，是妄相，這些假相如幻化夢影陽燄回響，全不是真實的。相無自性即是相無性。

2.生無性：依依他起性立。因為無自性，所以它的生起是藉許多助緣和合而生，這生起的事物是沒有一個固定不變的自性，這一種生是無性的假生，沒有真實性，所以稱生無性。

3.勝義無性：依圓成實所立。圓成實性就是真如，為絕待之法，不帶任何相，是虛空無為，因此說勝義無性。

C. 相名五法：相、名、分別、智、如

-相：宇宙萬有之法皆是緣起的有為法，有為法各有各的相狀。

-名：對萬有立下種種名稱以表詮諸法，相是所詮，名是能詮。

-分別：對前述名相二法，能思量分別，故名分別。

-正智：指無漏心及心所，離分別妄想，觀名與相非實，如相而知，稱正智。分別是雜染的了知，是有漏；正智是清淨正確的了知，是無漏。

-如如：由前正智所證得之真如。一切法常如性，真實不變。真如又名如如，由如理智證得之真如。

（4）唯識無境

萬法唯識，此識既是認識的主體，此指阿賴耶識；又是萬法得以存在的本體，此指真如唯識性。除了識的分別功能及變化現過程外，並無真實的，實在的「外境」存在，此謂「唯識無境」。妄識的本體又如何變現出現象世界？概有二種說法：識變說及種子熏習說。識變說指八識分三種即三能變。

成唯識論卷一：「由假說我、法，有種種相轉，彼依識所變。此能變唯三，謂異熟、思量及了別境識」

辨中邊論卷上：「識生變似義、有情、我及了」。

第八識初能變現起作用之時，能夠「變現」出類似於色的外境（即義）、五根身(即有情）及第七末那識（即我）和能了別外境的前六識（即了），此謂識變論。

種子熏習說：第八識中的有漏種子，可以種子生種子，種子生現行，現行熏種子，簡言之為種子熏習說。

（5）阿賴耶緣起

5.1. 四緣、六因：

a.四緣：因緣（親因緣）、等無間緣（由第八識直至前五識之前後念相續無間斷的心念）、所緣緣（能緣的心識去緣所緣的境）、增上緣（增長的助緣）

b.六因：能作因（與果無直接關係的餘因之總和，即除因緣外之其餘三因）、俱有因（所有的因都互相為因，也互相為果，相對也互因，相望也互因）、相應因（心王心所互為因果）、同類因（與等無間緣相似）、遍行因（是同類因的一種，但遍行於一切染污法之生起）、異熟因（眾生的生死流轉因）

5.2. 五果：異熟果（由異熟因所得果）、等流果（由同類因所得果）、士用果（由俱有因所得果）、增上果（由能作因所得的果）、離繫果（遠離繫縛的無為道果，非自六因生之，惟以道力生之）

5.3.賴耶緣起

四種緣起：業因緣起（小乘之因緣法）、阿賴耶緣起（唯識之阿賴耶緣起）、如來藏（天台宗、禪宗、之真如緣起亦是性起）、法界（華嚴

宗之無盡緣起或性起）

　　阿賴耶識中所藏的種子，遇緣生起現行，就是阿賴耶緣起。所謂種子是生起色心諸法的功能，種子有本有及新熏，本有種子遇緣起現行，現行再新熏成種子，如此展轉同時為因果，而且展轉無斷即是阿賴耶緣起。

　　（6）九緣生識

　　1 生起眼識需具九緣：

　　眼識九緣：空（空間）、明（光明）、根（眼根）、境（色境）、作意（注意）、分別（第六識分別外境）、染淨（第七識生起染淨心）、根本（第八識根本識）、種子（親因緣）

　　2 耳識八緣：同上，不需光明。

　　3 鼻舌身三識七緣：不需空、明。

　　（7）五種唯識、六門唯識

　　1 窺基五種唯識：

　　境唯識（就境以明唯識之義，同一境所見不同因能觀之見分心識不同也）、教唯識（經論中說唯識教義者）、理唯識（成立唯識之理，識變之理）、行唯識（唯識之修行之道，在於三學，四尋思觀，四如實智，四十一位階及六度萬行）、果唯識（佛果的妙勝境界）

　　2 大乘法苑義林章舉出六門類以統攝諸教：

　　a.依所執辨唯識：如楞伽經說，心似外境題現，以彼外境非有，故說唯心。

　　b.依有漏辨唯識：如華嚴經說，三界唯心，以此彰明唯識。

　　c.依所執及隨有為辨唯識：如唯識三十頌說，由假說我法，有種種相轉，彼依識所變。

　　d.依有情辨唯識：如第八阿賴耶識的淨分稱無垢識。

e.依一切有無諸法辨唯識；如解深密經說，諸識所緣，唯識所變。

f.隨四趣有情所變各別辨唯識：如境唯識所說，同一河水，人見之是河水；天人視爲爲琉璃寶嚴地，魚視之爲其窟宅，鬼見之爲膿河猛火，以此說明唯識。

（8）三雜染、二種生死

1 三雜染：惑、業、苦

十二因緣：無明-行-識-名色-六入-觸-受-愛-取-有-生-老死。

前世之惑業苦：

惑：無明

業：行

苦：名色、六入、觸、受

今世之惑業苦：

惑：愛、取

業：有

苦：生、老死

2 二種生死：分段生死、變易生死

分段生死：生命有段落期限的生死。三界內的六道眾生都是分段生死。

變易生死：已無一期一期分段生死，而是仍有改變性的神識存在。

二乘果已斷六道輪迴的分段生死，但仍受變易生死。

菩薩初地開始斷變易生死，因已斷分段生死，故已有意生身。直至佛才斷盡變易生死，成不生不滅。

（9）唯識七難及九難

1. 唯識二十頌之七難

a.四事不成難：唯識之理不成；沒有外境，外境的處所時間不成；

能緣之心具有普遍性不成；世間的事物各具有其作用不成。

　　b.外人現量難：若無外境，怎有現量的認識。

　　c.夢境不同難：夢中境唯心所變幻境，但醒時所見的現境又執爲實有，其故何在？

　　d.二識決定難：若無外境，親近善惡友聞正邪法，豈能成立？

　　e.夢境業果不同難：夢中的善惡業爲何沒有果報？

　　f.殺業不成難：殺羊之時，若羊無外境，有殺生之罪嗎？

　　g.他心智難：若有他心智，能知有他人存在，他人之外境不是無嗎？

　　2. 成唯識論之九難

　　a.唯識所因難

　　b.世事乖宗難

　　c.聖教相違難

　　d.唯識成空難

　　e.色相非心難

　　f.現量違宗難

　　g.夢覺相違難

　　h.外取他心難

　　i.異境非唯難

　　-世事乖宗難：唯識論的四個要害：是外境有時間決定，處所決定，有情不決定（多人共見），作用是實。以共業來解釋多人可以共見。

　　-夢覺相違難：唯識以夢中也有場所、時間、作用，但非實有。夢境也能讓人產生喜怒哀樂及遺精等作用。

　　-現量違宗難：唯識所言現量不是用五根感受了別的現量，而是指

不經分別的「直覺」。

-色相非心難：是第六識的見分見到外境的相分而非見到外境本身。另一解釋是因第六識無始以來展轉熏習妄執的習氣而執取外境為有。

-異境非唯難：他人之心是不能成為自心之能緣心。他心也是現在自心的相分上。

-外取他心難：而他心智是緣「他心」現在自心的相分上，而非見到他心是外境。

-夢覺相違難：夢中覺相指凡夫都是活在夢中，所以覺得夢中事是真實，一旦覺悟夢醒之後就會覺得夢境是假。因覺悟時識已轉智，唯識性已變成唯識實性。境無而假有，識雖有而仍空，不可定執二邊，應取中道。

法藏的唯識十觀，不但觀境無心無，連唯識實性之如來藏也空也不空，性相融合，理事無礙，甚至到事事相入相即的事事無礙，帝網相融無礙。

二、唯識的熏習與種子說

（1）種子、現行、熏習

1. 種子：

1.1 種子六條定義

a.剎那滅

b.果俱有：現行因同時產生新熏種子。

c.恆隨轉

d.性決定：善生善，惡生惡

e.待眾緣

f.引自果：色生色，心生心。

1.2　種子的異名

種子、功能、習氣（前七識現行熏習第八識生新熏種子）、氣分、粗重（煩惱、所知二障種子）、隨眠（小乘有部指為煩惱，唯識指種子）

1.3　種子的種類

a.

1.名言種子：有表義名言（能詮釋實體的事物或義象、義理、概念）及顯境名言（以見聞覺知去了別某種境界，或心識變現某種境界）。其所生果是等流果，故也稱等流習氣。其本身為無記，必須藉善惡業種子的助力才能變現。就是業種子能夠推動名言種子令生現行，以展開現起宇宙萬法。

2.我執種子：成唯識論將之歸類在名言種子。

3.有支種子（業種子）：由身口意所造作的善惡現行所熏成的種子，與第六識「思」心所相應。業種子所感的果是異熟果。也稱異熟習氣。業種子也是是三有之因，也是生六道之因。

業種子受一期異熟果報後即不再受。而名言種子則生果無窮，長劫中每一逢緣即生果。

b 依生起說：本有種子（本性住種）、新熏种子（習所成種）

c 依三性說：有漏種子：善種、惡種、無記種；無漏種子：善種

d 依有無漏說：有漏種子：三界六道受生死的種子；無漏種子：入見道乃至阿羅漢、佛果位的出世種子。

1.4 有漏種子的分類：

a.名言種子：即等流種子，有表義名言及顯境名言。又分二種：名

言習氣、我見習氣

　　b.業種子：即有支種子，亦稱異熟種子

　　2. 現行

　　2.1 種子生起現行：種子是因，現行是果。

　　2.2 現行熏習種子：現行是因，受熏的新種子是果。

　　3. 熏習

　　「種子生現行，現行熏種子」

　　熏習：

　　3.1 能熏：前七識（七轉識）、心所法，活動力強，是能熏。

　　所熏：阿賴耶識（根本識），是無覆無記，本身力弱，是所熏（受熏）。

　　3.2 相分熏：見分自相分上所看、所聞或思考的對象被相分熏習。也可以說是見分見認識相分的內容，而第六識的相分對象是法境，因此凡語言、概念、思想、影像等被認識的東西皆對見分熏習。

　　見分熏：能緣的作用即是一種自體熏習，見到、聞到的主體動作又熏習自體。如看到過一部電視劇，內容及情節是相分熏，而覺得感動留在內心是見分熏。

　　故身身口意的行為思想，其氣分都會留在阿賴耶識中，前者之行為思想即是現行法；後者之氣分即是種子或習氣，這就是熏習。能熏者是前七識，所熏者阿賴耶識。

　　3.3 能熏者前七識之特性：有生滅、有勝用、有增減、與所熏和合而轉（需同一時間同一處所）

　　所熏者阿賴耶識之特性：堅住性（能持住習氣）、無記性（無覆無記）、可熏性、與能熏共和合性（需同時同處）

　　（2）四分與三類境

-四分：相分（由六根將六塵影像投射到相分）、見分（見分可以看到相分之影像）、自證分（可判定見分之所見是否正確）、證自證分（可判定自認分之正確性，而後其正確性則由自認分回過頭來判定）

-三類境：性境（見分所見到的相分影像的本質與外境相同而且真實即外境之實相）、獨影境（見分見到的相分影像是虛幻末帶本質，沒有外境之存在，是一種幻象，如兔角）、帶質境（見分見到的相分影像的本質與外境不同，而錯認外境的蛇為繩）。

三、唯識宗的心性論與佛性論

唯識宗的心性，心指心的本體即阿賴耶識；性是理體指離言真如。心體與理體並不一樣。

而將佛性分為理佛性及行佛性。理佛性即真如理體，行佛性是阿賴耶識中的無漏種子，而無漏種子非阿賴耶識所攝持，而是客居的關係；有漏種子才是阿賴耶識所攝持。

（一）佛性之種類

A.五種性：

聲聞定性、緣覺定性、菩薩定性、不定性、無性。

唯識宗主張五種性說，因有定性及無性之不能成佛，導致與傳統佛性論者之「眾生悉有佛性」不同，而引起諸多批難。唯識學者於是引入理佛性與行佛性之論說以為自辯。

B.性種性及習種性

本性住種：法爾本具的無漏種子，就是無始以來的本性住種。

習所成種：由無漏種子，藉由聞正道增益善心所的功能，於是由無漏種先發生無漏智，由無漏智再熏習善心所的種子，即可變成將來成佛勢能的習所成種子了。

C. 佛性與無漏種子：

a. 無漏種子與阿賴耶識之關係：

攝大乘論：「此聞熏習種子所依云何可見？乃至證得諸佛菩提，此聞熏習隨在一種所依轉處，寄在異熟識中，與彼和合俱轉，猶如水乳；然非阿賴耶識，是彼對治種子性故。」[1]

攝大乘論認為，眾生之無漏種子寄於阿賴耶識中，並且與此識和合俱轉，但其本身並不是阿賴耶識，也非第八識所攝，也非阿賴耶識自體的組成部分，二者是非一非異關係。

b. 無漏種子是既本有，也有新熏。護法反對護月的本有及難陀的新熏，而主張既本有又新熏，如此才能解釋第八識與第七識是互為因果。

c. 非所有眾生皆有無漏種子，如此可以解釋一闡提沒有行佛性及自家的一分無性說也是因沒有行佛性。

d. 一切有情無始以來法爾本具的無漏菩提種子，依窺基、慧沼的觀點行佛性有有漏及無漏種子，而理佛性是指真如理體。理佛性凡眾生皆具有，而「無性」眾生只有理佛性而不具有行佛性。

定性聲聞及定性緣覺二眾生只具有二乘的無漏種子，而未具菩薩及佛的無漏種子。

D. 心體與理體不同而致生佛有別。眾生的本識阿賴耶識因屬妄識，只能作為有為法的本體，而不能作為無為法的理體，它的真如理體只是一種客觀的真理，未能心性合一，所以不能隨緣。

E. 頓漸二機

E.1 頓機菩薩行者：即菩薩種性。不修二乘行，直入菩薩道，其第

---

[1] 大正 31、136 上

八阿賴耶識中具足無漏菩薩種子。

E.2 漸機菩薩行者：即不定種性。先修二乘行，證二乘果，再迴心向大，趣入菩薩行位。其第八阿賴耶識中並具三乘無漏種子。

（二）窺基之佛性觀點

「總而言之，涅槃經據理性及行性中少分一切，唯說有一（機）」[2]

主張理性遍有，而行性則少分一切，即有少分的眾生未具有，以此解釋有一分無性存在。

「然性有二：一理性，《勝鬘》所說如來藏是，二行性，《楞伽》所說如來藏是。……無種姓人無種性故，雖復發心懃行精進，終不能得無上菩提，但以人天善根而成就之，即無性也」[3]

行性有二種：有種性及無種性。無種性就是無性種性，即使心勤精進也不能成佛，也即無性。

所以理性是眾生俱有，行性則也有也無。

「然如來藏有四種。依楞伽經有二：謂阿梨耶識，名「空如來藏」；具足無漏薰習，名「不空如來藏」也。依此勝鬘經有二：謂諸煩惱覆眞如性，二眞如理性。若本識含無漏種子，後時生報身佛；若煩惱所覆眞理當顯，得法身也」[4]

阿賴耶識即是如來藏，這是地論南派的說法。而窺基認爲楞伽經之阿賴耶識是如來藏是指「空如來藏」；而無漏薰習是「不空如來藏」。

依勝鬘經有二：被煩惱覆蓋的眞如及眞如理體。無漏種子是行佛性，眞如理體是理佛性。

---

[2] 大正 43、611 上
[3] 大正 34、656 上中
[4] 續藏 30、314 前下

作者認為理佛性是正因佛性，行佛性是緣了因佛性，二者是一法的體用關係，而非分開的二法。眾生的佛性同時具有理佛性及行佛性，所以沒有「無性眾生」所謂只有理佛性而無行佛性之說法，也沒有「定性眾生」。

每一位眾生悉有佛性，連無情草木也有佛性。但九法界眾生的緣了因會受熏成染淨，而佛的緣了因已轉成正因，所以其緣了因不受熏。

如果如窺基所言，行佛性是無漏種子，而有些眾生沒有行佛性，意指理佛性及行佛性是二法可以分開。

地論師也有理佛性、行佛性之看法，但其行佛性不是無漏種子，而是理佛性的不同程度的顯現，也是一種「依體起用」的體用關係。

（三）慧沼、法寶的佛性觀點

A.慧沼的觀點

「善戒經云。性有二種。一者本性。二者客性。言本性者。陰界六入次第相續。無始無終法性自爾。是名本性。是故當知非因發心有菩薩性。地持云。雖不發心不修加行方便。猶得名為種性持。所修一切善法即為客性。」[5]

慧沼、慧日論

「准楞伽經及瑜伽等。說五乘性。第五闡提亦名無性。然此闡提合有三種。一名一闡提底迦。是樂欲義。樂生死故。二名阿闡底迦。是不樂欲義。不樂涅槃故。此二通不斷善根人。不信愚癡所覆弊故。亦通大悲菩薩。大智大悲所熏習故。三名阿顛底迦。名為畢竟。畢竟無涅槃性故。此無性人亦得前二名。前二久久當會成佛。後必不成。」[6]

---

5 大正 45、414 下
6 大正 45、441 中

「若論行性。復有二種。謂有漏無漏。此二種性有無不定。若有漏性一切有情種子定有。現行之者或成不成。若無漏者據現行說。凡夫不成。若據種子。有成不成。」[7]

「楞伽經中說。阿梨耶識者名空如來藏。具足熏習無漏法故名不空如來藏。有漏第八虛妄故名空。識中無漏諸種子體云不空如來藏。離虛妄故。」[8]

B. 慧沼的三種佛性分類

「依諸經論所明佛性不過三種：一、理性；二、行性；三、隱密性。言理性者，佛性論云：為除此執故佛說佛性。佛性者即是人法二空所顯真如……行性者，通有漏、無漏一切萬行。若望三身，無漏為正生了，有漏為緣，疏名生了。無漏正名佛性，有漏假名非正佛性」[9]

「若論行性。復有二種。謂有漏無漏。此二種性有無不定。若有漏性一切有情種子定有。現行之者或成不成。若無漏者據現行說。凡夫不成。若據種子。有成不成。」[10]

C. 法寶的理事因果四門

1.理：

因性-第一義空、中道

果性-法身涅槃

2.事：

因性-正因、緣因

果性-阿耨菩提

3.法寶駁斥法相宗的 5 種見解：

---

[7] 大正 45、440 下
[8] 大正 39、223 上
[9] 大正 45、439
[10] 大正 45、440 下

3.1.五種性是先天本然不能改變。

3.2.菩薩種性及不定種性二類本來具有佛無漏種子，可以證果，其他三類因本來沒有佛無漏種子，所以永遠不能成佛。

法寶反駁如下：認為眾生皆以理心正因為本性，主張一切眾生皆可成佛，否定唯識的五種性說，認為三乘、五性只是眾生的根器不同及後天所受熏習不同所致，係緣因的客性問題而非先天本性，不可改變。五種性是指涅槃因有無而劃分，而涅槃因之近因是三解脫門；遠因是無量世所修善法，都需依賴後天修行的新熏所致，所以種性只是一種客性，而非不變的本性，種性的界別是可以轉移的。

3.3.「定性聲聞」、「定性緣覺」二類本來具有二乘無漏種子，可證阿羅漢果，由於先天沒有佛無漏種子，所以不能迴入大乘成佛。

法寶駁斥：舉密嚴經、楞伽經、勝鬘經力證定性聲聞及定性緣覺二類今生歸於寂滅後永不能迴入大乘成佛之說並無其事。而且二乘只斷分段生死，未斷變易生死，其實未真實入滅。

3.4.「無種性」者不但先天沒有佛無漏種子，也沒有二乘無漏種子，所以永遠六道輪迴，不能解脫生死。

法寶駁斥：窺基提出一闡提有三種：斷善根闡提、大悲闡提、無性闡提。前二種末來當成佛，後一種由於沒有三乘及佛之無漏種子，因此永不能成佛。法寶以「不聞而聞」反駁之。佛陀第一時說法為小乘講說一闡提永遠不能證入涅槃。第二、三、四時也未決定表示所有一闡提均能成佛，但在第五時則說一闡提悉當成佛。因此前時受教者「不聞」，而後時受教者「而聞」。而且唱言不信樂大乘的一闡提，不入涅槃，無涅槃性，用意在迴轉誹謗大乘心及不求大乘心者。以彼實有清淨壯性，不得言說彼常畢竟無清淨性。而且斷善根者是一闡提，而續善根者已非一闡提，還可治也。即「不可治說近，可治說遠」。

3.5. 聲聞定性、緣覺定性、菩薩定性等三種，其未具無漏種子也有聲聞、緣覺、菩薩等無漏種子之上中下三種分別。

法寶駁你：為何有無性者都沒有無漏種子，而三定性者之無漏種子又有分別不同。若說是有因而起，則違其法爾本然性，若說是無因，這三種差別從何而來？

也是先天？若先天，為何有差別？

唯識主張種子是有漏生有漏，無漏生無漏，所以立本有無漏。但法寶硬以為有漏的正聞熏習也有可能生起無漏果。

D. 作者之辨正

D.1 法寶以「理」分因性及果性。因性是第一義空、中道。其實此說符合佛性三因之正因。「理」之果性是法身涅槃，也符合佛性正因。

「事」也分因性及果性。因性是正因、緣因。事之因性非正因，而是緣因。

事之果性是阿耨菩提是正因。

其實法身涅槃與阿耨菩提同義，都是佛性正因，佛是即果即因，果也是因。而佛的正因是三因一體的，正因也是緣因也是了因。

D.2 慧沼之三種佛性分類：理性、行性、隱密性

理性是真如，眾生定有。

作者看法：理性是佛性正因，眾生遍有，而且都相同。

行性是成佛之法，

無漏：種子及現行。種子是眾生或有或無；現行是凡夫不成。

有漏：種子及現行。種子是眾生定有；現行是眾生或成或不成。

作者見解：行性是佛性緣了因。成佛之說是三因共成，非單依緣了因。

無漏種子是了因或正因，眾生俱有，非是「眾生或有或無」。無漏

現行是出世間果，凡夫不成。

有漏種子是緣了因，眾生具有，即眾生定有。

有漏現行是世間法，眾生成之。

隱密性是煩惱法，眾生定有。

作者見解：煩惱是了因，也是緣因，無需另立隱密性。煩惱是空，即是了因；煩惱是假，即是緣因。

（四）神泰、靈潤的佛性觀點

A. 神泰之觀點

神泰引涅槃經：「或有佛性，一闡提有善根人無。

或有佛性，善根人有一闡提無。

二人俱有，二人俱無」

神泰、大乘莊嚴經論：「舉二種無性眾生：一者暫時無般涅槃者，二者畢竟無涅槃者。前者是因為下列四因，故暫時不能證入涅槃。1.一向行惡行 2.斷諸善法 3.無解脫分善根 4.善少因不具足。而後者畢竟無涅槃者是因為畢竟無成佛之行因。」

神泰、涅槃經三十六卷：「若說一切眾生定有佛性是謗佛僧。若說一切都無佛性亦名謗佛法僧」

B.靈潤的觀點

1.執一分無性者不聞不信如來藏大乘經典所教示，眾生皆有如來藏（佛性），且違佛性遍滿之特性。

2.引「涅槃經」九處經證，悉有佛性是正說，若說一分眾生無佛性是魔說，犯妄語重戒。

3.眾身有多種，或有天身、人身、畜身、地獄身等，而其佛性為一，佛性為常一不變。

4.反對一分無性是沒有行佛性而有理佛性之說，他認為是自違其論

而且違諸經論。

主張有理佛性必有行佛性，因理佛性是體性，而行佛性是業性，二者非一非異，不相捨離。並舉佛性論之三因佛性爲一體以證有理性即有行性。

5.理行佛性兼具只限於有情眾生，而不及於草木。草木無心，沒有熏習種子，故無行性。

C.作者之評論

眾生悉具佛性，佛性三因一體，不能分割，所以理佛性、行佛性也是一體，不能分割，其關係類似體用，理佛性是體，行佛性是用。

草木也具佛性三因，只是本身無心識，能否自己成佛，仍在爭議研究中。

四、唯識宗的心性與實踐

（一）轉依之法

《成唯識論》卷九，對「轉依」的解釋有二說：一、依，乃染淨法的所依，即指「依他起性」；轉，乃轉捨「依他起性」上的「遍計所執性」，而轉得「依他起性」中的「圓成實性」。此係從三性上說明人之思想應如何自世間轉向出世間，對於緣起現象不應執爲實我、實法，而應見到唯識眞性。二、依，指生死與涅槃所依之唯識眞如；轉，乃滅除依於唯識眞如之生死，而證得依於唯識眞如之涅槃。此係直接從對唯識眞如之迷悟之認識上，說明如何自生死苦而達涅槃樂。此種轉依，均通過阿賴耶識中種子之消長生滅來實現，轉捨煩惱障的有漏種子即轉得涅槃果，轉捨所知障種子即轉得菩提果。

（二）轉識成智

1.大圓鏡智：第八識之識已轉成智。

2.平等性智：第七識的識已轉成智。

3.妙觀察智：第六識的識已轉成智。

4.成所作智：前五識已轉成智。

在菩薩初地，證得分別人我二空所顯真如時，第六識及第七識已初步轉成智。到佛地，前五識及第八識才會轉識成智。

轉識成智就是轉依，將眾生心體的妄識轉變成與識相對應的四智，由識所依轉成智所依，轉依之果即是菩提及大涅槃。

以四緣來說明轉識成智：

a.因緣，即眾生本有的無漏種子。以正聞熏習讓有漏種子不得現行，並啓動客居的無漏種子的最初一念，並以正聞熏習使其增長。

b.等無間緣：以心及心所不間斷的無漏熏習。

c.所緣緣：以正智緣彼真如的無漏種子。

d.增上緣：正聞的增上緣熏習。

（三）五重唯識觀

1.遣虛存實：遣遍計，存依及圓（空有相對）

2.捨濫留純：捨相分，留後三分（心境相對）

3.攝末歸本：攝相見二分，歸自體分（體用相對）

4.隱劣顯勝：隱心所，顯心王（王所相對）

5.遣相證性：遣依他及遍計事相，證真如理性（事理相對）

（四）觀所緣緣

所緣緣之緣是能緣的識，所緣是所緣的境。所緣的境必須在相分上呈現實體的像，能緣的見分才能見到。以能觀之識，轉依為能觀之智，去觀所緣之境唯識所變，而見分之觀智為無分別智，可以觀相分之相為

無分別之眞如相。

以種子觀點而言即眞如所緣緣種子，諸出世間法即由此眞如所緣緣種子所生。直接以眞如爲所緣緣的對象，即眞如爲所緣境或以能觀智將所緣境觀成眞如。

（五）唯識修行五位與瑜伽五階梯

（1）成唯識論的修行五位：

（1.1）　資糧位：包括四十一位中十住、十行、十迴向三十心，十住的發心住中又攝有十信心，共有四十心。

A. 十住：安立其心，但於六度行尙未殊勝。

1.發心住

2.治地住

3.修行住

4.生貴住

5.方便住

6.正心住

7.不退住

8.童眞住

9.法王子住

10.灌頂住

B.十行

1.歡喜行

2.饒益行

3.無恚行

4.無盡行

5.離痴亂行

6.善現行

7.尊重行

8.善法行

10.眞實行

C. 十迴向

1.救護眾生離眾生相

2.不壞

3.等諸佛

4.至一切處

5.無盡功德藏

6.隨順一切堅固善根

7.等心隨順一切眾生

8.如相

9.無著無縛解脫心

10.法界無量

（1.2） 加行位

A.四尋思觀

1.名：能詮的名言，一切事物的名稱。觀名是心識上的假立，虛妄不實。

2.事：有體有相之實物，如五蘊、十二處、山河大地、人牛羊馬。要離開假立的名字，都是心識上變現的相分。要去觀察事物的實體，離識非有。

3.自性：名義的體性。因緣和合法都無自性，皆是唯識所現，離識非有。

4.差別：名義的差別。名、事的差別都是假有實無，體悟諸法法相

空性。

B.四如實智：知諸法實相之智。修四尋思觀爲因，發生四種印可決定智，如實知名事自性差別均是假施設，方便安立，唯識所現，離識非有，就是如實智。修四如實智才能進入唯識實性。

C.四加行位

修四尋思觀和四如實智，要歷經四種位，即下述四位，前二位修四尋思觀，觀所取空，屬有漏；後二位修四如實智，觀能所二取皆空，屬無漏。

1煖位：依明得定，明是光明、智慧，光明是煖位。下品尋思觀，觀名事自性差別都是所取所緣對象境界，這些境界皆是依識假施設，非實有，離識即不可得，以此伏斷所取的空境。

2.頂位：依明增定。是智慧增長後，再進一步觀「所取」境空。修尋思觀至此達頂位，故名。

3.忍位：依印順定，印是印可決定。印順是印前順後，印持名事自性差別等外境皆空無自性，即印前。同時能取的心識亦不可得，即順後。有下忍：印所取；中忍：樂能空；上忍：印能取空。

4.世第一：依無間定。既印可能取空，所取也空，此是世界間有情中，最爲殊勝，故名世第一法。

世第一位到見道位，中間沒有間斷，名無間定。印二取空。

（1.3）通達位：初地入心位

A眞見道：以根本無分別智，證見我法二空眞如，斷煩惱、所知二障。

1.無間道：於加行位的無間，「發」生法二空根本智，斷分別起煩惱障及所知障。

2.解脫道：「正證」無間道斷二障種子所顯的眞如，兼斷二障習

氣。無間道是因，解脫道是果。

B.相見道：以後得智在二地到十地中修習。

1.三心相見道：非安立諦，大乘所修證。

a.內遣有情假立緣智：有情身為假而無體之智慧。即生空（我空）根本智、斷粗分別煩惱障種子，證生空真如。

b.內遣諸法假立緣智：一切諸法假有實無之智慧。即法空根本智，斷粗分別所知障種子，證法空真如。

c.徧遣一切有情諸法假立緣智：我法皆假的智慧。即俱空根本智，斷細分別二障種子，證二空真如。

2.十六心相見道：是小乘所修證。

觀非安立諦

上界及下界之四諦之法智忍、法智、集法智忍、集法智；配苦集滅道四諦即是十六心見道。

（1.4）修習位：初地住心-第十地終，金剛心、無間道。有十地。

1.歡喜地：始入見道，見證二空，能自利利他，生大歡喜。修布施波羅密（財施、法施、無畏施），斷異生障（即異生凡夫性，超凡入聖），證徧行真如（無所不徧，猶如虛空）。

2.離垢地：一切犯戒垢，無論粗細，盡皆遠離。修戒波羅密（攝律儀、攝善法，饒益有情），斷邪行障（遠離一切障垢），證最勝真如。

3.發光地：成就勝定，能發無邊妙慧光。修忍波羅密（耐怨害、安受苦忍、諦察法忍），斷暗鈍障，證勝流真如（法界等流真如）。

4.燄慧地：得最勝覺，以智慧火燒滅煩惱薪。修精進波羅密（披甲、攝善法、利益有情），斷微細煩惱現行障，證無攝受真如（不屬我法二執所攝受）。

5.難勝地：根本智、後得智互相融攝，此事甚難。修靜慮波羅密

（安住靜慮，引發靜慮、辦事靜慮），斷下乘涅槃障（入二乘不能成佛利生），證類無別真如。

6.現前地：能引發最勝般若令現前。修般若波羅密（生空般若、法空般若、二空般若)，斷粗相現行障，證無染淨真如（生滅、染淨不二的性空智境）。

7.遠行地：至無相住功用後邊，不著常樂我淨相)。修方便波羅密（迴向大菩提方便、濟拔眾生方便)，斷細相現行障，證法無別真如。

8.不動地：具無分別智，任運相續，一切煩惱、境界不能動其心。修願波羅密求菩提願度眾生願

9.善慧地：成就微妙四無礙智，此智慧微妙，故名善慧。修力波羅密（思擇力、修習力），斷利他不欲行障，證智自在所依真如。

10.法雲地：一切法智具足自在，如雲蔭作大法雨，故名。斷盡諸有漏種，證業自在所依真如。

（1.5) 究竟位：佛位。

A. 唯識三十頌最後一頌：「此即無漏界，不思議善常，安樂解脫身，大牟尼名法」

無漏：諸漏永盡，清淨圓明

界：藏意。此中含藏無邊希有大功德。

不思議：諸佛法身，不可執有，不可說無，離諸分別，絕諸戲論。

善常：善者微妙之淨法，遠離生死。常者盡未來際，恒無變易。

安樂：佛果轉依，清淨自在。

解脫身：斷二障已，永離繫縛。

大牟尼：得二轉依，成就最上寂默。

法：法性身，具足無邊無漏功德聚。

B. 四智

1.大圓鏡智：第八識轉

2.平等性智：第七識轉

3.妙觀察智：第六識轉

4.成所作智：前五識轉

C. 四種涅槃

1.本來自性清淨涅槃

2 有餘涅槃：斷煩惱障所顯眞如，尚存依身及微苦。

3.無餘涅槃：同上斷煩惱障，色身已死眾苦永寂

4.無住處涅槃

（2）莊嚴論的瑜伽五階梯、阿毘達摩的五道（順解脫分、順抉擇分、見道、修道、無學道）

1 第一階梯（持）-資糧道：

2 第二階梯（作）-加行道：聽聞佛陀的眞理教法，有十二部經。將前聽聞眞理作根源性的思索，體會這個世界惟是表象，外界並無任何實在物，而認識主體也非實在。有四階段：煖位（對象徒有名稱，只不過是假的東西）、頂位（對象是如幻而不持有實體）、忍位（離開對外界對象及客體的執著）、世第一法位（取對象之心也非實在）。

3 第三階梯（鏡）-見道。悟的世界展開到眼前。入菩薩初地，而安住於此世界唯是表象，心安住自界，由此生起智慧，一切應知之眞實顯現在鏡面上。

4 第四階梯（明）-修道：菩薩二地到十地不斷反覆修得的出世間智也是後得智，有如如實照出萬物原來的光明，觀依他及圓成實為實在，遍計所執爲非實在。

5 第五階梯（轉依）-究竟道：依處的轉換，即悟入佛地之意。將自

己存在的根據完全換換，融入於真理的世界，與一切眾生，完全成爲平等的地位。

以上程序是於資糧道積集福德與智慧資糧，於加行道的四善根位而修「入無相方便相」，於「初地入見道」而直證法界，再於修道修菩薩十地。

五、有相唯識與無相唯識

（一）唯識的觀念

1. 唯識的定義：唯識就是萬法唯從識所顯現，實無外境，識中相有。

a.華嚴經：「三界虛妄，但是一心作」

b.解深密經：「我說識所緣，唯識所現故」

「……阿陀那識爲依止爲建立故，六識身轉」

c.楞伽阿跋多羅寶經卷四：「如來之藏，是善不善因。……爲無始虛僞惡習所熏，名爲藏識生無明住地與七識俱」

d.阿毗達摩大乘經：「菩薩成就四法，能隨悟入一切唯識，都無有義。……已得無分別智。

2. 從原始佛教到部派佛教的唯識思想

2.1 小乘的輪迴主體論：因爲小乘只有六識主張，所以必須以細心識來取代並解釋執持身根、住持業力、生起六識等大乘第八識之功能。

a 犢子部的「勝義補特迦羅」

b 有部的「不失法」及「無表色」

c 經部的「種子說」及「色心互持種子」

d 經部的細心

2.2 大乘的輪迴主體

a 大乘有宗

阿賴耶識的建立

b 大乘空宗

輪迴與涅槃一體

2.3 小乘的唯識思想

a 由心所造

b 隨心所變

c 部派佛教的唯識說

1.大眾部：

a.攝識

b.一說部：諸法但名

c.說假部：現通假實

d.說出世：俗妄眞實

2.上座部：

a.說一切有：集起心

說轉：法有我無宗，一味蘊、勝義補特伽

經量：種習

經部：細心說

b.犢子部：不可說我

正量：細心

c.分別說：一心

化地：窮生死蘊、一心相續論

銅鍱：有分識

（二）有相唯識與無相唯識

-寂護唯識之趨路如下：

說一切有部-經量部-有形象唯識-無形象唯識-中觀學-瑜伽行中觀學

-康卓知克昧斑波將唯識與中觀之分派如下：

中觀分歸謬論證派及自立論證派

自立論證派分經量行中觀及瑜伽行中觀

瑜伽行中觀分形象虛偽派（無相唯識，有師子賢）及形象眞實派（有相唯識，有智藏、寂護、蓮花戒、自在軍）

-中觀與唯識合流，即瑜伽行中觀派，寂護、蓮花戒。

中觀與如來藏合流，寶作寂。

唯識與如來藏合流，楞伽經之藏識。

(1)　有相唯識派與無相唯識派

A 有相唯識派：依教派，依瑜伽師地論，主張八識。見分所見的相分的相是實有相。以陳那、法稱爲主

B 無相唯識派：依理派，依七部量論，以安慧和寶作寂。

C 世親、安慧、護法三人觀念之異同：

1 相同之處：識中現有。一切存在、存有，或現象，都是依心識而有，自身並無獨立自在性可言。

2 相異處：

a 識轉變：

世親：識變現爲我與法。我與法之假說，這假說的場（依處）乃是識轉變。即「我法的假說的依據，是虛妄分別，是依他起自性」

安慧：識在不同刹那中變爲另外的識的狀態，在其中，識變現爲我法。

護法：以四分，及見分了別執取相分來說明識變。

b 第八識看法：

世親：視爲虛妄的。

安慧：執受種子所表現動感，也強調它清淨之一面；但未提及種子六義。

護法：第八識是偏妄，無漏種子只是客依。但盡情發揮種子六義，增強唯識說的力動取向。

D 安慧的唯識論觀點：

1 無相唯識論的要點：

a 知覺相是虛妄分別的內容，所以這是在依他起性的領域要處理的。

b 已顯現有知覺相的這個事實，不外乎是「形象」與「心的光輝」之結合，但此中，形象都是虛僞的東西，而眞實的東西，只有心的交輝。但二者之關係非主客觀關係。心的光輝本身，是無內容的直觀，是與種種情形下的種種知覺相結合而顯出之認識作用。

c 知覺相是非存在而且是虛僞的。

2 有相唯識的特徵：

a 嚴格區分「直觀相」及「觀念」，直觀相是眞實，觀念是錯誤。

b 直觀相裏面並無主觀和客觀的對應。識體的見分了別相分，而非識是主觀去認識客觀的境。

c 知覺相是虛僞的。

護法是以識體的見分去了別相分的像，相分的像是經由根將外境投射到相分，故外境的知覺相是虛僞的，相分上的直觀相是眞實的。

(2) 中觀瑜伽行派

中觀有二派，應成及自續，前者主張不管勝義諦或名言諦都主自性

空，後者認爲名言諦有自相，勝義無自相。

　　自續又有二派，隨瑜伽行即瑜伽中觀派，主無外境有自體分。隨經行中觀派，主外境有自相，不承認自體分。

　　寂護認爲瑜伽行中觀爲最圓滿的學說，見分以睿智的直覺去認識相分的相本質，可以超越相的有形象及無形象。寂護認爲中觀學的空必須與唯識學的有融合，空是勝義，唯識是世俗，勝義空必須在世俗有中才能體現及落實。

　　但寂護似乎忽略了如來藏，直至寶作寂才重視如來藏。

　　如來藏是將中觀的「空」即境空識空，與唯識藏識的「不空如來藏」融合，結合空與不空，從而展現眞空妙有的中道佛性思想，這是寂護所未及注意之。

第十章　南北朝各宗的佛性思想與心性

第一節　地論宗的佛性思想與心性

一、地論宗的心性論

（一）地論宗的心識說

心性的心體是第八識阿賴耶識。

心性的理體，南道派是阿賴耶識，也是眞如佛性；北道派是第九識阿摩羅識，也是眞如。

華嚴經十地品：「三界虛幻，但是（一）心作」[1]

如十地經：「是菩薩作是念，三界虛妄，但是一心作……」[2]

（1）地論宗之南北分派

湛然、法華文句記卷七：「古弘地論，相州自分南北二道，所計不同。南計法性生一切法，北計梨耶生一切法。宗黨既別，釋義不同，豈

---

[1] 大正 9、558 下
[2] 大正 26、170 下

地論令爾耶？」[3]

　　南道派的創始人勒那摩提及慧光；北道派的創始人是菩提流支及道寵。

　　-南道派傳承：

　　慧光門下有十哲，以法上、僧範、道憑三人爲出名，尤以法上爲首。靈裕是道憑門下有名弟子。智正是彰淵門下。華嚴二祖智儼曾受學於智正。

　　法上門下弟子以淨影寺慧遠（五二三-五九二）最爲著名，造大乘義章，爲南北朝佛教學之大成。南道派的學說與宋譯四卷楞伽經學說相同；北道派學說與魏譯十卷楞伽經的學說相同。最後北道派和攝論宗合併而歸於消滅，唯南道派獨呈繁榮。

　　-北道派傳承：

　　菩提流支授十地經論予道寵，道寵承受教化達三年，並撰「疏」論。弟子僧休、法繼、誕禮等人，其中僧休名列隋文帝設置之十大德沙門之一位。後代弟子志念是十地論與毘曇的大家。志念的弟子洪詠、法懿……等也都蘭菊齊芳。後來被攝論學派吸收終告消滅。

　　（2）十地經論的三界唯心及阿梨耶識緣起

　　十地經論：「三界虛妄，但是一心作」

　　世親：「但是一心作者，一切三界唯心轉故」

　　十地經論：心如何變現三界，是通過十二因緣而變現的。

　　十地經：「如來所說十二因緣分，皆依一心。所以者何？隨事貪欲共心生，即是識事即是行。行誑心故名無明，無明共心生名名色，……」

---

[3] 大正 34、285 上

十地經論：「於三界地復有芽生，所謂名色共生不離」

（3）南道派的眞如依持說

1.前七妄識本無自體，必依第八眞識而立。妄法是眞如隨緣而成，並非眞如之外另有其體，諸法與眞如同時存在，因此佛性雖是現有（本有），仍須修習精進，離染顯淨而成佛。

2.南道派認爲阿梨耶識與「楞伽經」所說的如來藏心及涅槃經所說的佛性是一樣的他們以阿梨耶識爲眞常淨識，視同眞如。認爲一切諸法都是眞如之緣起所生，眞如（阿梨耶識）爲世界萬有所生之依持，主張佛性本有，又以阿陀那識和前六識都是有爲之妄識，並稱阿陀那識爲無明識。

（4）北道派的梨耶依持說：

北道派主張梨耶依持說，以阿梨耶識爲無明之妄心，並非不生不滅之眞加，計執梨耶以爲依持，認爲一切萬有都是梨耶緣起，因此主張佛性當有，須累世修行方能成佛。

（5）八識說與九識說

1. 南道派梨耶淨識之八識說

智顗、法華玄義卷五下：「地論明阿梨耶是眞常淨識」

吉藏、法華玄論：「攝大乘論，僧伽菩薩所造，及十八空論，波藪所造，皆云八識是妄識，謂是生死之根。先代地論師用爲佛性，謂是眞極」

菩提流支、金剛仙論：「第八佛性識」

十地經論、卷十：「復住報行成者，善住阿梨耶識眞如法中」

法藏：「先代地論師用阿賴耶識爲佛性」

華嚴宗智儼曾隨慧光弟子「智正」研習地論學派教義。「法界是一心，一心乃宇宙萬有的本源，稱一眞法界」，這與地論學派的眞心（阿

賴耶識）完全相同。

南道派至慧遠晚年時，慧遠及其弟子淨業、辯相、淨辯等，也都受到攝論宗的很大影响。慧遠曾親自聽曇遷講說攝大乘論。辯相之弟子靈潤曾宣講攝論三十餘次，並撰攝論義疏及玄章。自此之後，隨著攝論宗日益興盛，地論宗南道派也漸漸衰落。

2. 北道派梨耶識爲眞妄和合之九識說

大乘義章卷三：「所生無明不離眞心，名爲本識，此亦名爲阿梨耶識」

北道派以第八阿梨耶識爲妄識，又另立第九識爲淨識。但此派尙無阿摩羅第九識之名稱，直到眞諦攝論宗興起，才有阿摩羅之名稱。由於北道派與攝論宗主張一致，漸漸與攝論宗結合而被同化，地論宗便只有南道獨存了。

（6）地論宗的影響

1 對華嚴宗的影響：

道憑-靈裕-智正的學系，成爲華嚴宗的上游。

a.法藏、一乘教義章：「如本業經仁王經及地論梁攝論等皆以初二三地寄在世間。四地至七地寄出世間。八地已上寄出出世間。於出世間中。四地五地寄聲聞法。六地寄緣覺法。七地寄菩薩法。八地已上寄一乘法。」[4]

b.「性海果分。是不可說義。何以故。不與教相應故。則十佛自境界也。故地論云。因分可說果分不可說者是也。」[5]

c.法藏將慧光所立漸、頓、圓開爲小始終頓圓五教。

d.法藏將慧光的因緣、假名、不眞實、眞宗之四宗教判展爲十宗。

---

[4] 大正 45、477 上
[5] 大正 45、477 上

e.慧光以因果理實爲宗，即「因果是所成德，理實是所依法界」，法藏確定華嚴經之宗趣爲「因果緣起，理實法界」。很顯然是依慧光之說。

f.地論師慧遠在闡釋華嚴要義時，所說六相圓融多爲華嚴宗師所採用和發揮。

g.華嚴之法界緣起說也可能是受了地論的梨耶緣說所啓發。

h. 智儼曾就學於終南山至相寺的智正法師，專門研習華嚴經，智正法師是地論宗慧光系（著有嚴經疏）。

頓漸圓三教判釋是出自慧光的「華嚴疏」。智儼在搜玄記卷三：「……如約以辨，一化始終，教門有三：一曰漸教，二曰頓教，三曰圓教」

2 對天台宗的影響

a.天台宗的一念三千，三千世間在一念心，就受了地論師「三界唯心、梨耶緣起」的影響。

b.天台宗的十如是，在十地經論卷三中也是有十如是。

c.天台宗的三諦圓融係引用中論的「因緣所生法，我說即是空，亦爲是假名，亦是中道義」，中論並沒有三諦的名稱，是沿用慧遠的：「言三諦者，一是世諦；二第一義諦，謂法無相；三一實諦，謂法非有非無相」。

3 對大乘起信論的影響

起信論人云馬鳴菩薩造，但也說是地論師所造，而且二者之相合之處甚多。

4 與瑜伽行派、如來藏系的關係

以唯識說爲教義的宗派，在中國，可數出地論宗、攝論宗和法相宗三宗。

地論學爲印度瑜伽行學派在中國的早期延展，是以心識思想爲主幹。除瑜伽行學派外，印度的如來藏系也是以心識思想爲主，尤以眞心如來藏學說及大乘起性論之眞如無明互熏所形成的眞如心（淨法）、無明（染因）、妄心、妄境四種熏習爲基本。南道派的慧遠即以如來藏眞心學說，融合瑜伽行的唯識無境及三性學說（依他起性是唯識爲性，是無有所有，非眞實義顯現；遍計所執是似義顯現；圓成實是似義相永無有性）的心識理論爲主。

（二）淨影慧遠的心識說

總說心識：

地論學派對「心「的三種說法：

1.八識總稱爲心，一般稱爲心識。

2.第七識阿陀那識稱爲妄心。

3.第八識阿賴耶識稱爲眞心、淨心、第一義心。

4.三界唯心的心是指阿賴耶識這個眞心。

（1）慧遠的心識說

1.　心識的名稱

a　心識的釋名：

「云何名識。釋有兩義。一義釋云。後二雖非了別之罐因。而是了體。故名爲識。第二義者。八識並有了別之義。故通名識。云何了別。了別有三。一事相了別。謂前六識。二妄相了別。謂第七識。三者眞實自體了別。謂第八識。了別既通。是故八種俱名爲識。名義如是。」[6]

b　第七識的異名：無明識（體是根本無明）、業識（依無明心不覺妄念忽動）、轉識（依業識心相漸粗，轉起外相，分別取故）、現識（所

---

[6] 大正 44、525 上

起妄境應現自心，如明鏡中現色相故）、智識（分別染淨違順法故）、相續識（心隨境攀緣不斷）、妄識（前六種非眞實故）、執識（執取我及一切虛妄相）

「阿陀那者。此方正翻名爲無解。體是無明癡闇心故。隨義傍翻。差別有八。一無明識。體是根本無明地故。二名業識。依無明心不覺妄念忽然動故。三名轉識。依前業識。心相漸麁。轉起外相分別取故。四名現識。所起妄境。應現自心。如明鏡中現色相故。五名智識。於前現識所現境中。分別染淨違順法故。此乃昏妄分別名智。非是明解脫爲智也。六名相續識。妄境牽心。心隨境界。攀緣不斷。復能住持善惡業果。不斷絕故。七名妄識。總前六種非眞實故。八名執識。執取我故。又執一切虛妄相故。」⁷

c 第八識的異名：

藏識（如來之藏名爲藏識）、聖識（出生大聖之所用故）、第一義識（以殊勝故）、淨識（亦名無垢識，體不染，自性淨心）、眞識（體非妄故）、眞如識（心之體性無所破名眞，無所立名如）、家識（虛幻法所依處）、本識（與虛妄心爲根本故）

「阿梨耶者。此方正翻名爲無沒。雖在生死。不失沒故。隨義傍翻。名別有八。一名藏識。如來之藏爲此識故。是以經言。如來之藏名爲藏識。此識中涵含法界恒沙佛法故名爲藏。又爲空義所覆藏故。亦名爲藏。二名聖識。出生大聖之所用故。三名第一義識。以殊勝故。故楞伽經。說之以爲第一義心。四名淨識。亦名無垢識。體不染故。故經說爲自性淨心。五名眞識。體非妄故。六名眞如識。論自釋言。心之體性無所破故。名之爲眞。無所立故說以爲如。七名家識。亦名宅識。是虛

妄法所依處故。八名本識。與虛妄心爲根本故。」[8]

2. 心識的種類：眞識、妄識、事識（依如來藏系）

A.「心有三種：一、事識心，所謂六識；二、妄識心，謂第七識；三、眞識心，謂第八識」[9]

「次第三門。從義分別。事妄及眞。各有四重。

a 事識。事中四相者：

「一是用相。謂六識心。了別六塵事相境界。於事分齊。六識正是神知之體。是故此六。亦名體相。」

事識的用相是了別六塵的事相及境外界。

「二是我相。我有二種。一法著我。謂取性心。於根塵識。妄立定性。此之性我。起信論中。名執取相。又亦名爲執相應染。二人著我。於陰界入計我我所。起信論中。名此以爲計名字相。隨逐我人眾生等名。妄有建立我相如是。」

我相有法著我及人著我。

法著我：於六根、六塵、六識等法，執取性我即法之自性有。

人著我：於五陰、十八界、十二入均執爲我有或我所有。

「三者闇相。不知諸法虛假無性。又不能知陰界入等非我我所。」

闇相是指愚闇、愚疵相。不了知諸法是虛假無自性。也不了知陰界入不是我，也不是我所有。

「四者理相。明前三重非有非無。因緣假有。稱曰非無。假法無性。故曰非有。又前三重。非我我所。名爲非有。而有識等。故曰非無。非有眞諦。非無世諦。」

理相是用相、我相、闇相三相都是非有非無，非有眞諦非無世諦。

---

[8] 大正 44、525

[9] 大正 44、568 上

　　b 妄識。妄中四相者：

　　「一是用相。謂六識心。妄心變異。爲根塵識。如夢所爲。於此分中。妄起六識。於自心所起六根。了別自心所作六塵。故名爲用。」

　　妄識以六識爲用，而且根塵識都是六識妄心所變現，以六根了別六塵。

　　「二者我相。我有二種。一法著我。無明變起阿陀那識。執彼妄心所作之法。以之爲有。二人著我。於彼妄心所起法中。計我我所。如人夢中見身爲我外爲我所。」

　　法著我：執妄心所作的法爲實有。

　　人著我：執妄心所起中的法計爲我或我所有。

　　「三者闇相。謂無明地。不覺知心。不了眞如。又不能知妄心所起虛誑無法。」

　　闇相：爲無明，不覺知心，不了眞知，又不能知妄心所起的虛妄法無自體。

　　「四者理相。即前三重曰非有非無。妄相無體說爲非有。妄情集起稱曰非無。又心所起根塵識等。心外無法名爲非有。妄心虛現故曰非無。非有眞諦。非無世諦」

　　理相：前三種相都是非有非無。妄相無體及心外無法是非有，妄情生起及妄心虛現是非無。

　　c 眞識。眞中四相者：

　　「一是用相。謂六識心。眞心變異爲根塵識。如夢所現皆報心作。所作六識。依於眞心所作六根。了別眞心所作六塵。故名爲用。」

　　用相：即六識心。六識依眞心所作六根去了別眞心所作的六塵。

　　「二者我相。於此分中。我有二種。相狀如何。一法實我。如來藏性。是眞是實。性不變異。稱之爲我。又此眞心爲妄所依。與妄爲體。

故說爲我。故涅槃云。我者即是如來之藏。藏是佛性。一切眾生。皆有佛性。即是我義。二者假名集用之我。佛性緣起集成我人。如依報心集起夢身。故經說言。即此法界輪轉五道。名曰眾生。此即涅槃六法中我。五陰及我。是其六也。五陰離分即爲五法。五陰和合。集成假人。爲第六法。故涅槃云。從凡夫我乃至佛我。我性不改。名爲佛性。良以眾生眞妄所集。亦如繩蛇。攝之從妄。悉是妄爲。攝之從眞。皆是眞作。今就眞作判爲此門。我相如是。」

法實我相：如來藏眞實不變稱爲我；又妄所依的眞爲妄體稱爲我。

假名集用之我：由佛性緣起所成的我人，即六法（五陰及我）中之我。若攝之從眞，五蘊我是佛性的即體即用，也是眞識的我相。

「三無分別相。眞心雖是神知之性。而非攀緣取捨之法。故無分別。又爲癡覆。未同佛智照明顯了故。無分別故爲妄。熏生無明地。隨妄流轉。」

無分別相：眞心非攀緣取捨之法，故無分別。另無分別指受愚癡隱覆，無法同佛智可以照明顯了法的實相，因此不能分別實法即是妄，妄又去熏無明，於隨妄流轉。

「四者理相。即前三重體非有無。如實空義。離一切相。離一切性。名爲非有。如實不空。具過恒沙淨法門。故曰非無。又能緣起生一切法。名爲非無。而體常寂稱曰非有。」

理相：體非有無，離一切相，離一切性，體常寂就是「非有」；如實不空，具過恒沙清淨法門及能緣起生一切法即是「非無」。[10]

3. 心識的種類，另一分類法：本識、阿陀那識、六識（依瑜伽行派）

---

[10] 大正 44、526 上中下

「如攝論說，一是本識，二阿陀那識，三生起六識。……據妄攝真，真隨妄轉，共成眾生。於此共中，真識之心，為彼無始惡習所熏，生無明地，所生無明，不離真心，共為神本，名為「本識」，此亦名為「阿梨耶識」。故起信論說言：如來之藏不生滅法，與生滅合，名「阿梨耶」。[11]

阿梨耶識是真識之心被無始惡習所熏而生無明，此無明不離真心，如此無明與真識心結合即是阿賴耶識。

「此阿梨耶，為彼無始我見所熏，成我種子。此種子力故，起阿陀那執我之心。依此我相，起於我見、我慢、我愛。執何為為？依彼本識，變起陰身，不知此無，執之為我。又此本識，為無始來六識、根、塵名字熏故，成為種子。此種力故，變起六種生起之識、及六根、塵」[12]

「亦得說九。故楞伽經總品中云。八九種識。如水中之波。其狀如何。分別有二。一真妄分別。以說九種。妄中分七。謂六事識變與妄識。真中分二。謂阿摩羅及阿賴耶識」[13]

4. 心識依持

第五明其依持之義。於中有二。

一真妄相對以說持。二就真妄共相識中，，本末相對以說依持。

前中有三。一真妄相對以辨依持。二唯就妄。三唯就真。

a 真妄相對依持：前七妄識為依；第八真心為持。

前七妄識情有體無。起必託真。名之為依。故勝鬘云。生死二法。依如來藏。地持經亦云。十二因緣。皆依一心。

---

[11] 大正 44、529 下
[12] 大正 44、525 上
[13] 大正 44、530 下

第八眞心。相隱性實。能爲妄本。住持於妄。故說爲持。

故勝鬘云。若無藏識。七法不住。不得種苦樂求涅槃。此是眞妄依持義也。妄之依眞。如波依水。眞之持妄。如水持波。……境界風無明大海。雖爲風飄水性不移。性不移故。名爲常住。性雖常住。而彼水相。隨風波轉。喻彼眞識雖爲妄想境界風動。眞性不變。性雖不變。而彼眞相隨妄境界。起於七識。如海波浪。楞伽經中。境界爲風。起信論中。無明爲風

如來之藏。爲彼無始虛僞惡習所熏。名爲藏識。生無明住地。與七識俱。如海波浪。……

眞妄一故相依。異故相依。是義不定。若全一體。則無依持。若全別體。亦無依持。不一不異故說依持。」

b 妄中以辨依持。第七妄識爲能持，前六妄識爲能依：

第七妄識。諸虛僞本。說爲能持。前六事識。依妄而起。說爲能依。能持如水。能依如波。水在波生。水盡波滅。所況如是。

c 唯就眞以辨依持。第八識眞識既是體也是用，既是持也是依：

眞有體用。本淨眞心。說之爲體。隨緣隱顯。說以爲用。用必依體。名之爲依。體能持用。說以爲持。能持如水。能依如波。繩蛇等喻類亦同爾。眞妄相對依持如是。

D.2 眞妄共相識中，本末相對以辨依持。

第八識是眞癡合共，是本，是持。第七識及前六識是末是依：

眞與癡合共爲本識。依本共起阿陀那識。依本共起六種生識。於此分中。本識爲本。餘二爲末。末生依本。名之爲依。本能持末。流注不斷。說之爲持。能持如水。能依如波。

5. 心識熏習

「明熏習義。於中有二。

一就眞妄別相識中以辨熏習。此以大乘起信論的說法爲本。

二就眞妄共相識中以論熏習。以本識、阿陀那識、六識這三門心識分類爲總綱。立論多本於攝大乘論。

A 就眞妄別相識中以辨熏習

a. 熏習法者。起信論中。說有四種。一淨法熏習。所謂眞如。二染因熏習。所謂無明。三妄心熏習。所謂業識。第七識中。始從業識乃至相續。通名業識。四妄境熏習。所謂妄想心所起僞境。

b. 廣辨釋熏習之相。先明起染。後明起淨。

就起染中。義別有二。

一就前四法明其熏習相生次第。

二別明熏習所起不同。

相生義者。如論中說。以依第一眞如法故。便起第二無明染因。以有無明染法因故。熏習眞如便起妄心。以有妄心熏習無明。不了眞如寂滅平等。不覺念起。便生妄境。以有妄境。熏動妄心。便起念著。造種種業。受種種苦。

妄境熏習所起有二。一增長念。念猶愛也。二增長取。取猶見也。妄心熏習所起亦二。一者熏習起變易果。謂受聲聞緣覺變易菩薩細苦。二起分段果。謂受凡夫分段麤苦。由妄識中相續之力住持諸業。得彼果故。

無明熏習所起亦二。一以無明迷覆眞心。受妄熏習。成妄種子。於妄識。二以無明迷覆眞心。受善惡熏。成事種子。生於事識。

眞如熏習所起亦二。一起無明。二起妄心。以彼眞如無分別故。能起無明。覺知性故。爲惑所覆。便生妄心。如人執心是知性故。昏睡所覆。便生夢知。起染如是。

次明起淨。起淨有二。一明眞熏妄。二妄熏眞。眞熏妄中。初明能

熏。後明所熏。能熏有二。一眞體熏習。二眞用熏習。

B 眞妄共相識中。以辨熏習。

共相識者。佛性眞心與無明地。合爲本識。名阿梨耶。依本變起阿陀那識執我之心。依本變起眼等六識及六根塵。義如上辨。今就此三明相熏習。如攝論說。於中曲有三門分別。一辨熏相。二明能熏所熏差別。三明受熏不受熏異。」[14]

總結：慧遠的熏習說如同他的心識分類有二種一樣，基本上以如來藏教學立場爲本位，但也涵攝瑜伽行教學的觀點，而他並未作二個立場之融合會通，導致自身觀念有點分歧。

6. 三性分類：

一立相門。明立三性。二遣相門。明三無性。

一分別性。二依他性。三眞實性。

A. 言分別者。就妄論妄。妄心虛構，集起情相。隨而取捨。故曰分別。此楞伽經及地持論。說爲妄想。所取不眞。故名爲妄。妄心取捨。故說爲想。攝大乘論。亦說以爲意言分別。覺觀心中。言有色等。名爲意言。分別自心所起境界。故曰分別。分別之體故說爲性。分別體狀因之爲相。

B 依他性者。約妄辨眞。妄起託眞眞隨妄轉。故曰依他。性相同前。

C 眞實性者。就眞論眞。眞體常寂。無妄可隨。故曰眞實。

如攝大乘論。彼論依何建立此三。論說依經故。彼文言。一切經中。但說諸法虛妄不實，空寂不有。是分別性。

若說諸法如幻如夢如水中月等。是依他性。

---

[14] 大正 44、535 上

若說諸法是眞是實本性清淨。是眞實性。又地持經說。心行稠林。
句別有九。一心離相六識心別。

二心轉相生住滅等。

三心無形相心性空寂。

四無量相順行無量虛僞境界。此四即是分別中義。

五自性不染心性本淨。此一即是眞實中義。

六心染不染隨起煩惱。

七心縛解相眞心隨使。

八心幻起相。謂諸菩薩隨願受生。

九心隨道生相。謂諸凡夫。隨業受生。此四是其依他性義。

次以喻顯。分別如風、眞實似水、依他如波。又依他性。如繩作
蛇：蛇依情作、分別如情、眞實如繩。又論宣說。依他如地、又亦如
礦；分別如似礦中沙石，燒融則盡、眞實如金。融燒則現。喻相眾多。
且舉斯耳」[15]

（2）第八識的眞妄：

1.地論南道派：阿賴耶識就是眞如佛性。

「前六及七同名妄識。第八名眞。妄中前六。迷於因緣虛假之法。
妄取定性。故名爲妄。第七妄識。心外無法。妄取有相故名爲妄。第八
眞識。體如一味。妙出情妄。故說爲眞。又復隨緣種種。故異變體無失
壞。故名爲眞。如一味藥流出異味而體無異。又以恒沙眞法集成。內照
自體恒法。故名爲眞。眞妄如是。」[16]

吉藏：「又舊地論師以七識爲虛幻，八識爲眞實」[17]

---

[15] 大正 44、528 上中
[16] 大正 44、525
[17] 大正 42、104 下

法藏、華嚴一乘教義分齊章卷二：「十地論的終釋教，爲第一義眞心也」

2.地論北道派：第八識是妄或眞妄和合，第九識是淨。

3.攝論宗：第八識是妄，第九識阿摩羅識是眞如。

4. 瑜伽行派：阿賴耶識本質上是污染。執持污染有漏種子，而無漏種子是寄生。

5. 大乘起信論：第八識阿賴耶識是眞妄和合。以「眾生心」來表現生滅，而眾生心的體是心眞如，眾生心是以體相用來作生滅表現。

起信論的心意識中，「心」是指眾生心，心眞加門加心生滅門所起現的生滅現象，非單指阿賴耶識。

而瑜伽行派的第八識的攝持造業所產生的習氣、充當業報和輪迴主體、作爲有爲界雜染法的因等都歸到起信論的「意」所攝； 起信論的「意識」也統攝瑜伽行派的第六識及前五識的功能。 ，

二、地論宗的心性與解脫

（1）首先要去除無明：

1.無明即是愚味無知，不懂眞理，對世間萬有及自我，抱持錯誤認知。

2.無明滅則行滅，依次類推，十二因緣逐次由前者滅則後者也隨之而滅。十地經論對十二因緣有詳細解說。

（2）十地經論：「凡夫如是愚疲顛倒，常應於阿梨耶識及阿陀那識中求解脫，而不應於餘處我、我所中求解脫」

（3）三解脫門：一是空解脫門，見眾生無我，見法無我，知人、法二我之體空無自性，二我之作用亦空，則於諸法而得自在。二是無相解脫門。觀十二因緣自性寂滅，由此通達諸法無相的道理，即離差別相

而得自在。三是無願解脫門。既然悟諸法性空、諸法無相,便於三界無所願求,唯以大悲爲首,教化眾生。

(4)證悟三界唯心

三解脫門的關健在於證悟「三界唯心」,如實知「十二因緣分依止一心」,懂得阿賴耶識緣起的眞理,從而便能超脫世俗煩惱,達到上求佛道、下化眾生的目的,而證入初地,再修行十地,而登佛地。

(5)修行十地

a.初歡喜地

須厚集九種善根,爲得九種佛智;因九種大悲而生無上菩提心.此心生後便超越凡夫境地,發起念佛、念佛法等九種念心,生成轉離一切世間境界等九種轉離心,因而成就九種歡喜,遠離五種畏佈,並日夜修集善根無厭足,從而求一切智地。

b.離垢地

二種清淨:發起淨、自體淨。發起淨說十種直心;自體淨說離戒淨、攝善法戒淨、利益眾生戒淨。

c.明地

起厭行說十種深念心;厭行包括修行護煩惱行、修行護小乘行、修行方便攝行;厭分是四禪、四空、三摩地;厭果分是四無量淨深心。

d.焰地

清淨對治修行增長因分解說十法明入;清淨分指十種法智;對治修行增長分指修行菩提分法及助菩提分法;其果分指斷滅眾生我慢、解法慢。

e.難勝地

勝慢對治指十平等深淨心;不住道行勝說善知四諦及十諦、利益眾生勤方便;果勝包括修行功德、教化眾生、隨順世間智。

f.現前地

同第五地，只是三分都比五地更加轉勝，是以十平等法對治取染淨分別慢。

g.遠行地

樂無作行對治差別是以方便智發起十種殊勝行；彼障對治指修行無量種及修行無功用行二種相；雙行差別即奢摩他毘婆舍那雙行無間；依大乘行波羅密，依教化眾生行四攝法，依煩惱障增上淨，依智障清淨。前上地差別指方便行具足，得入智慧神通行、功用行滿足。雙行果差別即得身口意三業清淨、得殊勝三味、超過聲聞辟支佛地。

h.不動地

總明方便作集地即是總明前七地之同相及別相；得淨忍即得無生法忍、清淨自然無功用行；得勝行是得難入深行、同行深行、境界深行、修行深行、不退深行、離障深行、對治現前深行等七種深行，淨佛國土說器世間自在行、眾生世間自在行、智正覺世間自在行等三種自在行。得自在是於三種自在行中得十自在；大勝分說智大、業大、功德大三種大；釋名分包括地釋名與智者釋名。

I.善慧地

法師方便成就是依他利益而得自利益；智成就是依染淨不二法而說法；入行成就是隨順其智慧而能如實知眾生三聚差別；說成就是如實知眾生差別相，隨其解脫而與因緣，如實知化眾生法、如實知度眾生法、說聲聞乘法、說辟支佛法、說菩薩乘法、如實知說如來地法、如實為眾生說法令得解脫。

j.法雲地

方便作滿足地分說善擇智業；得三味滿足分說離垢三味等共眷屬現前；得受位分說成就具足諸相；入大盡分說智大、解脫大、三味大、陀

羅尼大、神通大等五種大；地釋名分說第十地名稱；神通力無上有上分說此地菩薩勝過眾生之神通力；地影像分以池、山、海、珠喻說諸地四方面功德；地利益分說信功德與供養功德。

世親認為應於梨耶緣起法中求解脫，即用識境以治我境。

三、地論師的佛性思想

（一）地論師的佛性思想

（1）佛性現有、當有

南道地論師認為第八識即是真如佛性，故主張佛性現有。

北道地論師認為第八識為妄識，第九識才是真如淨識，因此佛性是當有，需後天修行才具有。

（2）理佛性、行佛性

2.1 地論宗的理佛性、行佛性：

南道派地論師受如來藏系學說的影響，認為理佛性是如來藏本識的真淨自性，而行佛性是清淨如來藏本識的不同程度的顯現。

A 吉藏、大乘玄論：「……但地論師云：佛性有二種：一是理性，二是行性。理非物造，故言本有；行藉修成，故言始有」[18]

依吉藏言，地論派認為理佛性本有，行佛性始有。

B 理佛性

「言理性者，廢緣談實，實之處無緣。以無緣故，真體一味，非因非果，……善根、一闡提二人俱有」[19]

理佛性是非因非果，真體一味不變，而且廢緣談實，緣本身空無自性，自體是實相即非有非無。

---

[18] 大正 45、39 上-中
[19] 大正 44、473 中

C　行佛性

「言行性者。行別有三。一妄見凡夫起顛倒見。二實見聖人離妄相心。三者如來無戲論習。三行雖殊。性體不二。其猶種殼牙莖等異。殼性無別。就行辨性。故云行性。」[20]

行性有三種：一是因妄見而起顛倒見的凡夫行。二是離妄想心的實見聖人行。三是沒有戲論習氣的如來。以他們展現的行為來辨識呈現本性，即稱行性。換言之，行性是理性的不同程度顯現。

「十地學窮名曰後身。理性一味上下義齊。行性差殊前後不等。今論行性。十地劣佛故但說六。次列其名。常淨真實及善同前。我之與樂理實齊有。隨義隱顯。在因不說。……

第三段中三階論之。九地一階。六七八地為第二階。五地至初為第三階。就初階中九住有六標別舉數。次列其名。五種如前。……

第二階中八住至六佛性五事標別舉數。次列其名。真實淨善可見同前。略不說常。」[21]

勝鬘經述記：「然如來藏有四種。依「楞伽經」有二：謂阿梨耶識，名空如來藏。具足無漏熏習，名不空如來藏也。依此「勝鬘經有二：謂諸煩惱覆真如性，二真如理性。若本識含無漏種子，後時生報身佛；若煩惱所覆真理當顯，得法身也」[22]

理性是一味平等，上下階三階都平等。行性則三階有不同。如來佛性是共有七事：我、樂、淨、真、實、善。

後身菩薩佛性是共有六事：常、淨、真、實、善、少見。

多（常及少見）；少（我、樂）。

---

[20] 大正 44、475 中
[21] 37、869 上-中
[22] 續藏 30、314 前下

八住至六菩薩佛性共五事：淨、眞、實、善、可見。

由上知多「可見」。

行性會依其佛性的不同程度的呈現而有差殊的表現。

以三因而言，理行性是指正因佛性，也是眞如理體。行佛性是指緣因、了因佛性。十法界眾生之正因佛性皆相同，而佛之緣了因已修成非緣非了之正因。其他九法界眾生之緣了因，彼此皆不同，而且各自的緣了因也與其正因隔歷不同。緣了因即行佛性，彼此有不同，正因即理佛性，十法界皆相同，遍一切時、一切處、一切有情無情。

2.2 唯識宗的理佛性、行佛性：

A 窺基的觀點：

窺基所謂理佛性乃是指眞如理性；行佛性乃是指佛無漏子。而定性聲聞、定性緣覺、無性這三種人沒有行佛性。

「然性有二：一理性，《勝鬘》所說如來藏是，二行性，《楞伽》所說如來藏是。前皆有之，後性或無，談有藏無說皆作佛。

依《善戒經》、《地持論》中唯說有二：一有種姓，二無種姓。彼經論云性種姓者，無始法爾六處殊勝展轉相續，此依行性有種姓也。無種姓人無種性故，雖復發心懃行精進，終不能得無上菩提，但以人天善根而成就之，即無性也。此被有性非被於無，此依行性以說有無，已下多依行性而說，理性遍有故」[23]

理性是勝蔓經所說的如來藏，是遍有。

行性是楞伽經所說的如來藏，是或無。

楞伽經有二種說法：一是「楞伽阿跋多羅寶經」說阿賴耶識就是如來藏，南道地論師持此觀點。另「入楞伽經」則說如來藏不在阿賴耶識

---

[23] 大正 34、656 上-中

中、北道地論師及攝論師持此觀點。

窺基認為無種性者就是沒有行佛性。

B　法寶的觀點

法寶與慧沼都是玄奘的弟子，但法寶反對玄奘新譯唯識論所主張之一分無性及五分種性，而與慧沼有所諍論。

「若說行性，少分一切。若說「未得阿耨菩提，一切善、不善、無記盡名行性」，豈有眾生無無記等？此之行性，寧得少分？」[24]

有無記的眾生沒有行性，能修得阿耨菩提嗎？可見凡眾生都有行性，才能修得阿耨菩提。

「由理有恒沙性功德，故順性功德，即成淨善，違性功德，即是染污。由此修得，名為客性；理性功德，名本性也。……又理雖亦與染法為依，能生善不善法，而無恒沙性塵勞也」[25]

法寶認為理性是本性功德，雖能生善法及不善法，但其本性卻無恒沙塵勞所染。

行性是客性，是由修而得。理性及行性是本性及客性之關係。

C　慧沼的觀點

1. 提出三種佛性的分類，除理、行佛性外，另加「隱密性」。

理性指真如理體；行性則包括所有成佛的直接（正因、無漏）及間接（緣因、有漏）原因；隱密性是指煩惱法，將無明以至一切煩惱法都納入佛性範圍。

成佛的正因無漏種子，眾生或有或無，但眾生沒有無漏種子的現行，指無行佛性。成佛的緣因有漏種子，眾生一定有；但其現行則眾生有成也有不成。

---

[24]　究竟論卷 5
[25]　究竟論卷 4

2. 慧沼認爲大雲經的「一切眾生悉有佛性」及涅槃經的「一切善、不善、無記盡名佛性」，二者文中之佛性是僅限理佛性，不包括行佛性。

慧日論：「若云恒河中七人不離佛性水，豈非行性者，不爾。此在理佛性水。若行性遍，悉皆得出，何名「七人各一」？」[26]

從沈淪的一闡提到覺悟佛的七種眾生，都不離佛性水，這佛性水是指理佛性水而非行佛性。因爲七人各一，是指七種眾生都只各自只有一種存在狀態，或沈淪或成佛，存在狀態不能互相轉換，代表七人各自都有自己的行佛性，七人都有行佛性，而非或有或無。

（二）淨影慧遠的佛性思想

1. 佛性釋名：

A 種子因本義

「一者種子因本之義。所言種者。眾生自實如來藏性。出生大覺與佛爲本。稱之爲種。種猶因也。故涅槃經說言。云何名性。性者所謂阿耨菩提中道種子。」

性就是因，是眾生自身實有的如來藏性，也是阿耨菩提中道種子，是成佛的因，可以出生大覺及佛。

B 體義

「說體有四。

一佛因自體。名爲佛性。謂眞識心。

二佛果自體。名爲佛性。所謂法身。

第三通就佛因佛果。同一覺性。名爲佛性。

---

[26] 大正 45、417 中

是性不異因果。因果恒別。性體不殊。此前三義。是能知性。局就眾生。不通非情。

第四通說。諸法自體。故名爲性。此性唯是諸佛所窮。就佛以明諸法體性。故云佛性。此後一義。是所知性。通其內外。」

佛性的體有四種，因自體：就是眞識心。果自體：就是法身。覺性自體：也是因也是果。法性自體：佛性的理體。

C　不改義

「不改名性。不改有四。

一因體不改。說之爲性。非謂是因常不爲果說爲不改。此就因時。不可隨緣。返爲非因。故稱不改。

二果體不改。說名爲性。一得常然。不可壞故。

第三通就因果自體不改名性。……佛性亦爾。佛因佛果。性不改故。眾生究竟。必當爲佛。不作餘法。

第四。通說諸法體實不改名性。雖復緣別內外染淨。性實平等湛然一味故曰不改。」

佛性有不改即不會改變之義。因體不會隨緣改變，變成不是因體。果體不改，因常然不會變壞。佛因佛果不改，因眾生最後必當成佛。法體不改，因即使緣內外染淨，還是湛然一味，平等不變。

D　性別義

「性別有四。一明因性別異於果。二明果性別異於因。第三通就因果體性別異非情故。……

四就一切諸法理。實別於情相虛妄之法。名之爲性。故經說言。如來藏者。非我眾生。非命非人。又復涅槃經言。佛性雖住陰界入中。而實不同陰界入也。」

性也有「性別」之意。佛因自體是眞識心，與佛果自體是法身，二

者之體性不同。佛的因自體及果自體也與木石等無情之物有不同之處。
萬有的本體即如來藏佛性，與世間妄相有不同之處。

2.佛性體狀

「然佛性者。蓋乃法界門中一門也。門別雖異。妙旨虛融。義無不
在。無不在故。無緣而非性。無緣而非性故。難以定論。是以經中。或
說生死。以爲佛性。或說涅槃。以爲佛性。或說爲因。或說爲果。或復
說爲非因非果。或說爲空。或說爲有。或復說爲非空非有。或說爲一。
或說爲異。或復說爲不一不異。或說爲有。或說爲無。或復說爲非有非
無。或說爲內。或說爲外。或復說爲非內非外。或說爲當。或說爲現。
或復說爲非當非現。或說色心以爲佛性。或復言非。或說一切善惡無記
以爲佛性。或復言非。如是一切無非佛性。雖復異論。莫不皆入一性門
中。性義既然。執定是非。無不失旨。」

「所言一者。雖復緣別染淨之殊。性旨一味湛然若虛空。故云一
也。」

佛性的體狀是「一」，一雖緣染淨不同，但性旨一味，湛然像是虛
空一樣，沒有分別。所以一切相對都成絕對，一切相對二法都絕四句。
若有是非分別，無不失旨。

A 染淨二

「一約緣分二。

緣有染淨。染謂生死。淨謂涅槃。生死涅槃。體皆是性故。

二約緣就實。以分三種。一者染性。二者淨性。三非染淨性。性在
生死。名爲染性。性在涅槃。名爲淨性。此二約緣。就實論性。性外無
緣。可隨變動以不變故。古今一味。是故名爲非染淨性。」

生死是染，涅槃是淨。其實生死、涅槃都是同一體性即佛性的不同
相用展現，其實不是二法而是一法。而且性外無緣，緣也是同體，所以

染淨不二。

　　B　體用二

　　「二體用分二。廢緣論性。性常一味。是其體也。隨緣辨性。性有淨穢。是其用也。

　　如馬鳴說。一者體大。謂眞如性。二者相大。謂眞如中。具過恒沙性功德法。三者用大。謂眞心中。備起法界染淨之用。」

　　體是性體，用是相用。性體是眞如，一味不變；相用是隨緣有淨穢。相是眞如之德相，具過恒沙功德；用是眞如所依而起之世間善因果。

　　C　能知性、所知性：

　　「能所分二。一能知性。二所知性。能知性者。謂眞識心。以此眞心覺知性故。與無明合。便起妄知。遠離無明。便爲正智。如似世人以有報心覺知性故。與昏氣合使起夢知。遠離昏氣使起正智。若無眞心覺知性者。終無妄知。亦無正知。如草木等。無智性故。無有夢知。亦無悟知。此能知性。局在眾生。不通非情。

　　故經說言。爲非佛性說於佛性。非佛性者。所謂一切牆壁瓦石。又經說言。凡有心者悉是佛性。此等皆是能知性也。

　　所知性者。謂如法性實際實相法界法經第一義空一實諦等。如涅槃經中說。第一義空。名爲佛性。或言中道。名爲佛性。如是等言當知。皆是所知性也。此所知性。該通內外。

　　故經說言。佛性如空。遍一切處。」

　　能知性是佛性的因性體，即眞識心，也是覺性自體，故能知性就是眞識覺心。眞識覺心若與無明合，便起妄知；若遠離無明，便是正智。

　　所知性即是能知的對象，就是法性、實際、實相、法界、第一義空、一實諦等。

草木沒有智性，即能知性，只有所知性。故能知性只局限在有情眾生，非通無情草木。

D 法佛性、報佛性

「四對果分二。

一法佛性。二報佛性。

法佛性者。本有法體。與彼法佛體無增減。唯有隱顯淨穢為異。如礦中金與出礦時體無多少。亦如凍水與消融時體無增減。

報佛性者本無法體。唯於第八真識心中。有其方便可生之義。如礦中金有可造作器具之義。非有器具已在現中。如樹子中未有樹體唯有方便可生之義。若無生性。雖以無量百千方便。佛不可生。如燋種中樹不可生。如勝鬘說。如來藏中。具過恒沙一切佛法。如來藏經說。眾生中。具足如來一切種德。馬鳴論說。從本以來。具足一切性功德法。華嚴經說。一切眾生心微塵中。具無師智無礙智廣大智等。當知皆是法佛之性。

如涅槃說。眾生身中。未有德體。如樹子中未有樹體。箜篌之中未有聲體。如是等言當知。皆是報佛之性。」

應佛性：

「應佛性者。應佛有二。一者法應以得現化法門力故。普門皆現。

二者報應以本大悲大願力故。隨物異示。法應家性。本有法體。如來藏中。現像起法門。是其體也。報應家性。本無法體。唯有方便可生之義。」

法佛性是本來就有的法性自體，它不會增減，只有隱顯淨穢之不同，如同出礦的金，解凍的水一樣沒有增減。

報佛性則本無法體，它是法體本具的性功德的呈現，這本具功能隨方便而有可生之義。

應佛性也無法體，有二種，其一是法體隨應而顯現法門的作用力；二是報應以大悲大願力，隨物示異。二者都是法體的方便可生而顯現的功德報身及作用力及願力展現的應身。

E　善五陰、不善五陰：

「如涅槃說。一不善五陰。二善五陰。三佛果五陰。不善陰者。佛性集成外凡五陰。陰即是性。如凍是水。故經說言。生死二法。是如來藏。

言善陰者。佛性集成三乘聖人無漏五陰。陰即是性。

言果陰者。佛性集成佛果五陰。陰即是性。如湯是水鐶釧是金。

或說為四。如涅槃說。

一闡提人有。善根人無。

二善根人有。闡提人無。

三二人俱有。

四二人俱無。是義云何。

佛性有四。一不善陰。二善五陰。三佛果陰。四是理性。四中前三。隨用以分。後一就實。

不善陰者。凡夫五陰。真妄所集。唯真不生。單妄不成。真妄和合。方有陰生。攝陰從妄。唯妄心作。如夢中身昏夢心作。如波風作。攝陰從真。皆真心作。如夢中身皆報心作。如波水作。從真義邊。說為佛性。與勝鬘經生死二法是如來藏。其義相似。

善五陰者。地上之身。通而論之。地前亦有。此陰真心緣治合成。攝陰從緣。緣治所造。如莊嚴具模樣所作。攝陰從真。真心所為。如莊嚴具真金所作。真作義邊。說為佛性。

佛果陰者。是佛果德。與前善陰。大況相似。滿不滿異。

言理性者。癈緣談實。實之處無緣。以無緣故。真體一味。非因非

果。與涅槃中非因果性。其一也。」

涅槃經指出，佛性的有無有四種人：

一闡提人有。善根人無。

二善根人有。闡提人無。

三二人俱有。

四二人俱無

初看覺得與佛性之義理不合，然慧遠以四種五陰身來解釋，則可清楚明了矣：

不善陰者是一闡提有，善根人無。

善五陰者是善根人有，一闡提無。

佛果陰者是一闡提、善根人俱無。

理性是一闡提、善根人俱有。

F 佛性的因果說：

「經中或復說性為四。一是因性。二是果性。三是因果性。四非因果性。

言因性者。所謂生死十二因緣。能與菩提作因緣。故名為佛性。是以經言。譬如胡荽能與熱病作因緣。故名為熱病。因緣亦爾。問曰。因緣是虛妄法。云何能與菩提因。然彼生死十二因緣起。由妄情託真如立。故經說言。十二因緣。皆依真實第一義心。就妄論之。雖是虛構。據真緣攝。斯無不實。窮緣悟實。便成大覺。是故因緣能為佛因。故經說言。因者所謂十二因緣也。言果性者。謂大涅槃如來藏性。體雖淨從緣說染。染時為因。復隨對治。息染為淨。淨相始顯。說之為果。果德寂滅。名為涅槃。故經說言。果者所謂無上大般涅槃也。是因果者。所謂觀察十二緣智。未滿為因。滿足為果。此是方便有作行德。經說言。是因是果。如十二緣所生之法。非因果者。如實法性。旨通染淨。而非

因果。故經說言。非因非果。名為佛性。癈緣談實。就體指也。

又如經中說性為五。如涅槃說。一者因性。二因因性。三者果性。
四果果性。五非因果性。」

言因性者。謂十二因緣，能與涅槃為本因故。

言因因者。謂菩薩道。道起必由十二緣生。從因起因。故曰因
因。……

言果性者。謂大菩提。言果果者。謂大涅槃。

前言果者。方便菩提有作之果。此果者。性淨涅槃。無作果也。

涅槃是彼果之果。故云果果。」[27]

因者所謂十二因緣也。

果者所謂無上大般涅槃也。

因果者。所謂觀察十二緣智。

非因非果名為佛性。

以上對照涅槃經的因果說如下：

一者因性。二因因性。三者果性。四果果性。五非因果性。

慧遠之涅槃經五因果主張如下：

言因性者。謂十二緣。能與涅槃為本因故。

言因因者。謂菩薩道。道起必由十二緣生。從因起因。故曰因
因。……

言果性者。謂大菩提。

言果果者。謂大涅槃。

其中慧遠的因因認為是菩薩道；涅槃經認為是智慧；有人認為是無

27 大正 44、472 上-473 下

明。

因因是「前面的因」的產生「原因」。第一個因是第二個因的果，由此義言之，觀十二因緣智是造成十二因緣的因。或者無明是十二因緣的起頭因，也可說通。慧遠的菩薩道是因因，似乎比較說不通。

3. 正因佛性

維摩義記：「如來藏性是眞實。此佛正因，故佛從生」[28]

「就性辨因。於中兩門。一緣正分別。二生了分別。言緣正者。親而感果。名爲正因。疎而助發名爲緣因。佛性望果。是何因攝。經說。正因其法佛性。還望法佛。以爲正因。如礦中金與出礦金爲正因矣。其報佛性。還望報佛。以爲正因。如彼樹子不腐不壞有可生義。與樹作因。緣正因如是。若就菩提總爲一果。佛性本體。起果義強。故說正因。諸度等行方便助發。說爲緣因。若分果德。性淨方便二種差別是則緣正差互不定。若望性淨菩提涅槃。是則佛性同體。相起以爲正因。諸度等行。名爲緣因。若望方便菩提涅槃。諸度等行。同類生果。名爲正因。佛性理資。說之爲緣。」[29]

正因是法佛性，緣因是六度。正因之意是親而感果，主因之意；緣因是疎而助發，是助因之意。

佛性本體，起果義強，故說正因。諸度等行，方便助發。故說爲緣因。

若望「性淨」菩提涅槃而言，佛性同體相起，所以爲正因；諸度等行反名爲緣因。

若以「方便」菩提涅槃而言。諸度等行，因爲是同類生果，所以名爲正因。佛性理體是資助，所以說爲緣因。

---

[28] 大正 38、444 下
[29] 大正 44、476 下

故正因、緣因說法不定。

其實除正因、緣因外，必須再加入了因，才能清楚明白。了因可以讓正因顯了，而緣因是可以增助正因之生起，

正緣了三因齊至，才能週全。正因是體，如法身德或三無性之勝義無性；了因是相，如般若德或三無性之無生；緣因是用，如解脫德或三無性之無相。

4. 本有、始有

「言當現者。若就凡說。因性在現。果性在當。若就佛論。果性在現。因性過去。語其理性。旨通當現。體非當現」[30]

以凡夫而言，因性是本有，但果性是始有。

以佛而言，果性是現有，因性是過去有。

若以理體言之，佛性既通當現，也是非當非現。

5. 佛性有無及一闡提有無佛性

「言約緣者。經說有四。一闡提人有。善根人無。二善根人有。闡提人無。三二人俱有。四二人俱無。義如上辨。今重論之。闡提有者。有不善性。佛性緣起。為不善故。不善之法。即是佛性。此不善性。闡提則有。善人無也。善根人有。闡提無者。謂善性也。佛性緣起。三乘無漏。名之為善。善即是性。故名善性。此性聖有闡提無也。二人有者。同有理性。二人無者。同無果性。

言就體性辨有無者。佛性之體。亦得說有。亦得說無。亦得說為非有非無。所言有者。如來藏中。緣起法界恒沙佛法。說之為有。所言無者。解有兩義。一離相名無。……佛性亦爾。體雖是有。而無一相。無相之義。如後八識章中具辨。二無性名無。如來藏中。恒沙佛法。同一

30　大正44、476下

體性。互相緣集。無有一法別守自性。……

是故為名非有非無。故經說言。有無方便入非有非無。遣相論之。妙絕四句。何等為四。一者非有。二者非無。三者非有非無。第四非是非有非無。緣起諸法。皆無自性。以無性故。說無為有。無為有故。」[31]

慧遠以不善性或不善五陰來解釋佛性之一闡提有、善根人無。

以善性或善五陰來解釋佛性之一闡提無、善根人有。

以佛果陰或果性來解釋佛性二人俱無。

以理性或因性來解釋佛性二人俱有。

若以佛性之體言之，有是指有恒沙性功德，無是指無相，無自性。

故非有非無，非非有非非無，佛性的體性是遣諸相，絕四句。

6. 無情有性

言內外者。義別兩門。一隨相以分。二情理相對。言隨相者。眾生為內。山河大地非情物等。以之為外。若當說彼因果之性。局在眾生。得言是內。若說理性。性通內外。雖復約彼內外相辨。而體平等，非內非外」[32]

若隨相以言之，眾生是內，山河大地非情物是外，以因果而言，佛性是局限在內之眾生有佛性。

若以理性言之，性通內外，理體平等，故有情非情皆有佛性。

（三）靈潤的佛性觀

靈潤是辯相的弟子，雖是屬地論學派，但宣講大般涅槃經七十餘遍及攝論多達三十餘遍，造有攝論之「義疏」十三卷、「玄章」三卷。

（1）駁斥玄奘新譯唯識論的「眾生界內立有一分無性眾生」

---

[31] 大正 44、476 上
[32] 大正 44、476 中

a.靈潤從「涅槃經」引出九處經證，來評破無性說。

b.從「寶性論」的如來法身遍滿一切眾生、眞如無差別、佛種性義等來評破「佛性是少分一切，非全分一切」

c.評破「理性平等，行性差別」

一分有性眾生不能成佛是因爲他們沒有「行佛性」，這樣的說法自違其論，而且違諸經論。

「又人復言：一分有情無佛性者，無有行性。若論理性，平等皆有，此義云何？答曰：如此說者，有二過失：一自違汝論，汝論文中無此決定故。二違諸經論。華嚴經云：佛子！如來智慧、無相智慧、無礙智慧，具足在於眾生身中，但愚癡眾生顛倒相覆，不知不見，不生信心。」依此經文，正說眾生心中具足智慧，名爲佛性，豈唯理乎？」

「……依前經論，明理、行二性雖復義別，不得定異，但理性即有行性，是故執無行性者，即是邪執，非正義也」[33]

靈潤引用佛性論之三因佛性：應得因、加行因、圓滿因。

應得因是體，加行因、圓滿因是願行相用，三者一體，不能分割，故有理性必有行性，二者不能分割。

（2）理行性兼具說只限於有情眾生，不及於無情。

靈潤認爲草木無心，沒有熏習種子，故無行性。

（3）駁斥一闡提沒有成佛種性，畢竟無性之說法。

主張沒有所謂「畢竟無佛性者」，因爲「生得善」本有且具潛力，不能斷除，未來還是可以生「方便善」。

爲何經論有「永不涅槃說」？靈潤解釋如下：使誹謗大乘者生信、使不求大乘者欣求大乘、使長時輪迴生死的一闡提生信。

---

[33] 大正 31、831 上

（4）批難「畢竟重障種子」說：

無性眾生因有畢竟重障的有漏種子，所以無涅槃性之因。靈潤認為若以種子是法爾本有，就同外道立自性我不變義，有違性空緣起之原則。畢竟重障種子是生滅法，它不會畢竟長存。

（5）神泰以經文反對定有或定無佛性，引伸其意為部分眾生有佛性、部分眾生無佛性。並認為行佛性是佛無漏種子。

1. 新羅僧人義榮否定神泰將佛性理解為眾生「一定有」（如虛空）；也不能說「一定無」（如兔角），而可以說「悉有」（都有）。

「一切眾生定無佛性謗佛法僧，定有佛性謗佛法僧者，但遮定言，不遮悉有。何得言悉有者是謗佛耶？」（最澄法華秀句卷中末）

2. 反對神泰將法爾佛無漏子等同於行佛性。

「於中所言本識中大乘種子，名行佛性者，將非法爾種子。然此種子人所不許。果言行者，云何法爾？果言法爾，云何是行？」33(最澄法華秀句卷中末)。

第二節　攝論宗的佛性思想與心性

一、攝論宗的源流

印度瑜伽行派的唯識學傳入中國，以三大翻譯家——菩提流支、眞諦、玄奘為中心，從而形成地論學派、攝論學派、唯識宗，前二者稱為「舊譯」，後者稱為「新譯」。

攝論學派是依據眞諦三藏翻譯的「攝大乘論」而形成的。弟子慧愷及法泰一同侍候眞諦。

攝論宗有二派，一派是道尼。弘講攝論，傳於道岳，道岳對俱舍論論比攝論更爲精通。再傳志念、靈裕到慧休、居士曹毘。

另一派是北地的曇遷及靖嵩。他們爲避北周的毀佛之難而逃到北地的建業，大弘攝大乘論，以與成實、三論、涅槃宗抗衡。

曇遷（西元五四二-六〇七）可說是「北土開創攝論至此爲始」（唐傳卷十八），爲北方攝論宗的開宗祖師，著有「攝論疏」、「亡是非論」等二十餘卷經論。慧遠聽過曇遷講「攝論」；智儼在孔目章中有引用亡是非論。

辨相的弟子靈潤，以攝論師聞名。

二、攝論宗的心識說

（一）世親的識轉變

（1）世親的識轉變

A 世親的識轉變

轉變有三種意思：

1.轉變是分別即識的意思。

2.轉變是種子在阿賴耶識中變化、成長。

3.轉變是種子（因）生諸識（果，分別即諸法）的意思。

總合言之，識的「所有一切活動」欲由「轉變」一語來總稱。

識的活動有三種：阿賴耶識的轉變：種子生種子；種子生現行（種子生轉識即轉識的轉變，分別即現行）；現行熏阿賴耶識生新熏種子。

如此三種過程是連續爲連環性的，不可獨立分開。所以阿賴耶識與第七識、第六識都是互爲因果，阿賴耶識的種子生第七、第六識；而同時，第七、第六識的現行熏第八識生新熏種子。其中第八、第七識是連續不斷的，第六識則可斷續。

　　三識轉變是指第八識異熟能變；第七識思量能變，第六識了別能變。

　　B　安慧的因能變、果能變

　　-因能變：異熟習氣與等流習氣在阿賴耶識中生長的意思，即種子轉變、種子變化，也即阿賴耶識中種子生種子的過程。

　　安慧：「阿賴耶識有善不善無記法之習氣的轉變差別」

　　-果能變：有二種

　　1.異熟習氣能夠活動，所以前世業的牽引圓滿之時，阿賴耶識生於其他眾同分中。即種子生出來世六道中的阿賴耶識。

　　2.等流習氣能夠活動，所以「轉識」與「染污意」乃從阿賴耶識生。也即種子生現世的現行。

　　（2）阿賴耶緣起的起源：

　　始自小乘經典，後導致部派佛教化地部與經量部等唯識思想的萌芽，而後無著才以經證及理證於「攝大識論」中成立阿賴耶識說。世親得以傳承並發揚光大及完成整個唯識思想。

　　（二）眞諦的心識說：

　　眞諦是西天竺優禪尼國人。於梁武帝大同年間（公元五三五-五四五）應邀來華。

　　眞諦翻譯無著的「攝大乘論」及世親的「攝大乘論釋論」。

　　因眞諦的唯識思想是以弘揚無著、世親之學爲主，其中尤以安慧爲主，不同於玄奘之以護法爲主。

　　（1）攝大乘論的十一識

　　身識（五色根：眼耳鼻舌身）、身者識（第七識阿陀那識）、受者識（第八識阿賴耶識）、彼所受識（前六識所緣起的六塵：色聲香味觸法）、彼能受識（六識：眼耳鼻舌身意）、世識（過去現在未來三識）、

數識（即數目）、處識（地水火風四大及色聲香味觸五塵；廣義指十方三界）、言說識（依見聞覺知而起的語言）、自他差別識（一切有情眾生自己本身和其他的種種差別）、（善趣惡趣死生識）

（2）眞諦的九識說

攝論師的主要思想是提出九識論。他們認爲第八識阿賴耶識是妄識，是一切世間法之所依。雖說阿賴耶識基本上是染污的，但有一部分是清淨的，如同北道地論師的眞妄和合說。攝論師將這清淨的部分稱爲第九識阿摩羅識。而眞諦首先於其所譯的「決定藏論」中提出九識之主張。第九識是清淨無垢徵，即眞如佛性。眾生修行的目的就是對治染污的阿賴耶識，證悟阿摩羅識而成佛。因爲眾生都有第九識阿摩羅識，所以眾生悉有佛性。攝論師認爲所緣境是眞如，能緣心也是眞如，眞如佛性就是第九識阿摩羅識，所以等同於起信論所說的本覺。

圓測、解深密經疏卷三：「眞諦三藏依「決定藏論」立九識義，……第七阿陀那，此云執持，執持第八爲我、我所，唯煩惱障，而無法執，定不成佛。第八阿梨耶識，自有三種：一、解性梨耶，有成佛義；二、果報梨耶，緣十八界。……三、染污阿梨耶，緣眞如境，起四種謗，即是法執，而非人執。依安慧宗，作如是說。第九阿摩羅識，此云無詬識，眞如爲體，於一眞如有其二義：一、所緣境，名爲眞如及實際等；二、能緣義，名無垢識，亦名本覺。具如九識章引決定藏論九識品中說」34（續藏、719-720）

「又舊地論師以七識爲虛妄八識爲眞實。攝大乘師以八識爲妄九識爲眞實。又云八識有二義。一妄二眞。有解性義是眞。有果報識是妄用。起信論生滅無生滅合作梨耶體。楞伽經亦有二文。一云梨耶是如來

藏。二云如來藏非阿梨耶。[34]

世親、攝大乘論釋:「此阿梨耶識界,以解爲性」[35]

(三)攝論師的三性、三無性說

真諦、轉識論:「然一切諸法但有三性,攝法皆盡。如來爲眾生說諸法無性,亦有三種。三性如前說,前二是俗諦,後一是真諦。真俗二諦攝一切法皆盡。三無性者,即不離前三性,分別性名無相性,無體相故。依他性名無生性,體及因果無所有,體似塵相,塵即分別性。分別既無,體亦是無也。因亦無者,本由分別性爲境,能發生識果。境界既無,云何生果?如種子能生芽,種子既無,芽從何出?是故無生也。真實性名無性性,無有性、無無性。約人法故無有性,約二空故無無性,即是非有性非無性故,重稱無性性也。此三無性,是一切法真實,以其離有故名常。欲顯此三無性,故明唯識義也。」[36]

宇宙萬有及其認識,等於諸識的「分別性」;「唯識無塵」的觀念,即是「依他性」,等於對「分別性」的否定:「真實性」則是連「唯識無塵」的觀念也要捨離的「唯一淨識」,而「唯一淨識」實即「無分別智」。

三、攝論宗的佛性思想

(一)世親「佛性論」的佛性觀:

(1)佛性論是世親所造,陳真諦三藏所譯。

世親生於公元 360 年-440 年之間,西北印度犍陀羅國人,前半生歸

---

[34] 大正 42、104 下
[35] 大正 31、156 下
[36] 大正 31、63 中

宗有部，後段才歸大乘。承彌勒、無著之唯識諸義，造大乘論，凡百餘部，尤以「唯識三十論」最爲膾灸人口，有「千部論師」之譽。

　　佛性論提出一切染淨諸法，皆以如爲本，不同於唯識學主張阿賴耶識爲一切法之依持。

　　（2）佛性論調和了魏晉南北朝中國佛學史上的「佛性當現」之爭。

　　佛性是一切眾生悉有，惟於因位被煩惱無明所障蔽而隱藏不現，並非本來沒有，所以說是「應得」；但仍須假修習證道之後，佛性才能彰顯，故說「至得」。所以佛性既是本有，也須修習才能始有。

　　（3）佛性論與大乘起性論之學理有關連性。

　　1.大乘起信論爲眞諦所譯（眞僞仍有爭論）。

　　2. 二論皆以如來藏或眞如爲本。

　　3.二論均結合唯識之義來說明佛性實相與生滅現象的關係。

　　4. 佛性論調和了南北朝以來的「佛性當現」之爭；起信論以本覺、始覺之概念圓融佛性與心識之探討。

　　5. 佛性論以體、相說明佛性實相；起信論以體相用三大說明眞如妙義。

　　（4）佛性論的特色：

　　1 自覺利他的大乘精神

　　2 以三無性說明佛性

　　3 如來藏就是佛性

　　4 佛性的體相說及佛性三因說。

　　（5）佛性論的內容：

　　A 破小乘、外道、空宗大乘

　　a.破小乘

1.破分別部，雖說佛性之體即是空，萬象皆從空出，但過於執持而不能會通定無佛性、不定有無佛性之方便設教。

2.破毘曇薩婆多部：

以「一切眾生悉有佛性」破其「一切眾生無有性得佛性，但有修得佛性」。

b.破外道

破斥衛世師及僧佉二派外道之主張一切法皆有自性的偏執。以中觀性空緣起說及諸法無自性破之。

c.破大乘空宗

以「真空妙有、空有雙融」來破斥大乘空宗將真俗二諦之有無截然分開。

B 佛性的體性

a 佛性三因：應得因、加行因、圓滿因。應得因有三種佛性：住自性性、引出性、至得性。

「應得因者，二空所現真如。由此空故，應得菩提心，及加行等，乃至道後法身，故稱應得。加行因者，謂菩提心。由此心故，得三十七道品、十地、十波羅密助道之法，乃至道後法身，是名加行因。圓滿因者，即是加行。由加行故，得因圓滿及果圓滿」[37]

b 依三性解釋佛性：

解深密經不但講到三自性，而且結合三無性來說。

無著以三自性來通攝三無性；世親則結合三性來講佛性實相，這可以說是佛性論三性品的直接來源。

世親在「辨中邊論」中以三自性來解說非有非空之中道萬有實相：

---

[37] 大正 31、794 上

「頌曰：唯所執依他，及圓成實性，境故分別故，及二空故說」

　　「論曰：依止虛妄分別境故，說有遍計所執自性；依止虛妄分別性故，說有依他起自性；依止所取能取空故，說有圓成實自性」

　　「即依此三性，立彼三無性，故佛密意說：一切法無性。初即相無性，次無自然性，後由遠離前，所執我法性」

　　「此三性攝盡如來性，何以故？以此三性通為體故」

　　「由此三性，能通成就一切諸餘眞諦，或二三四七諦等法故。諸眞諦不出三性，是以三性為諸眞諦通體」

　　「染濁依他，緣分別得成；清淨依他，緣如如得成」

　　「眞實性不可說定淨不淨。……淨、不淨品，皆以如為本故。若其定淨，不即無明，若其不淨，不即般若。此兩處如性不異故，此眞如非淨非不淨」

　　瑜伽師地論本地分有講到凡事物、現象都有二種性質：一是假說自性：藉名言來了解事物、現象；一是離言自性：離不開名言的事物自身。若能結合二者才是中道眞理。

　　遍計所執相當於假說自性；圓成實相當於離言自性。也即是佛性。

　　依他起有染淨二義，若在依他起之諸法遍計所執即是染義，過假說自性；若於依他起上遠離過計所執，即是淨義，即是圓成實，等同於離言自性。

　　c 三性與五法之關係：

　　「性有三種，法有五分。言三性者，所謂分別、依他、眞實。五法者，一相、二名、三分別思惟、四聖智、五如如。前三是世間智，聖智是出世智，如如是無為境。為明此五法攝前三性故。問曰：於五法中，幾法攝第一性？答曰：五法並不可攝。何以故？為無體故。問曰：第二性幾法能攝？答曰：有四法攝。問曰：第三性幾法能攝？答曰：唯如如

一法能攝。問曰：若依他性爲聖智所攝者，云何說依他性緣分別性得成？答曰：依他有二種，一染濁依他、二清淨依他。染濁依他，緣分別得成；清淨依他，緣如如得成故。」[38]

五法的相、名、分別是染濁，是分別性。聖智是清淨。染濁及清淨是依他性。如如是眞實性。

d 佛性如來藏三藏義：佛性在纏即是如來藏。如來藏有三藏義：能攝藏、所攝藏、隱覆藏。

「所言藏者，一切眾生悉在如來智內，故名爲藏」

所攝藏：

「所攝名藏者，佛說約住自性如如，一切眾生如來藏」

能攝藏：

「能攝爲藏者，謂果地一切過恒沙數功德，住如來應得性時，攝之已盡故」

隱覆藏：

「隱覆爲藏者，如來自隱不現，故名爲性……如來性住道前時，爲煩惱隱覆，眾生不見故名爲藏」[39]

C 佛性十相

1. 佛性自體相

通相：自性清淨

別相：如意功德性、無異性、潤滑性

佛性五藏義：如來藏、正法藏、法身藏、出世間藏、自性清淨藏

2. 佛性四相

四因：信樂大乘、無分別般若、破虛空三昧、菩薩大悲

---

[38] 大正 31、794 中
[39] 大正 31、796 上

四障：憎背大乘、身見計執、怖畏生死、不樂觀利益他事

四類眾生、四障、四因、四果關係：

3. 佛性的四德果相：常樂我淨。

如來四德波羅密是由修性四因修得。

4. 佛性的總攝相：由因攝、由果攝。

由因攝：法身清淨因、佛智德生因、佛恩德因。

由果攝：神通、流滅、顯淨

5. 轉依

a.四種相：生依（生淨法之所依）、滅依（滅染法之所依）、善熟思量果（善熟思量後所轉依的真如果）、法界清淨相

b.轉依六層次：增力益能轉、通達轉、修習轉、果圓滿轉、下劣轉、廣大轉

c.轉依八法：不可思量、無二、無分別（此三者是滅諦）、清淨、照了因、對治（此三者是道諦）、離欲（滅諦）、離欲因（道諦）

d.轉依法身的七種果德：

沈沒取陰（取是執取，陰是五陰）、寂靜諸行、棄捨諸餘（煩惱餘、業餘、果報餘等三餘）、過度二苦、拔除本識、濟五佈畏（自責畏、畏他責、畏治罰、畏惡道、畏眾集）、斷六道果報

e.轉依的法與境：

e1.二修行法：如理智及如量智。

e2.拔除雜染的阿賴耶識：

「阿梨耶者，依隱為義，是生死本，能生四種末」四種末是：無明、貪愛、業、果報。

e3.轉依境：契證如來法身。

6. 三種自性概念：

瑜伽師地論本地分有講到凡事物、現象都有二種性質：一是假說自性：藉名言來了解事物、現象；一是離言自性：離不開名言的事物自身。若能結合二者才是中道眞理。

三種自性是法身、如如、佛性。

a 法身：即圓滿轉依，有不退轉、安安樂、無相、無戲論的特色：

正得：無分別智才能證契的佛性本體，此極境乃離言絕慮，只可證會，不可言表。

正說：雖不可說，佛陀爲教化眾生，因指見月，勉強以經典言詮之指，來見法身之月。

法身即涅槃。

-法身五相：無爲相、無一異相、離二邊相（六種二邊：執可滅滅；執可畏畏、可執執、邪正二邊；有作無作；不生同生）、離障相（煩惱障、禪定障、一切智障）、法界清淨相。

-法身五功德：正勤心、恭敬、般若、闍那(權智)、大悲

應身三德：大般若、大禪定、大慈悲

化身以大悲爲本，禪定爲變現，般若令厭苦欣道，信樂大乘。

-法身五義：眞實有、依方便則可得見（若實踐則可證）、必得見已功德無窮、無初不應相應縠（無初是煩惱業報皆無始，不應是違逆清淨法身，相應縠是煩惱是依法身而生的）、無初相應善性爲法（無初是法身本有，法身相應善法）

b 如如：有三義，性無變異（自性如、無變異）、功德無窮（功德如、無增減）、清淨無二（清淨如、無染污）

c 佛性

由佛性引出三身佛。佛性可分爲「住自性性」（即法身）及「引出性」（即應身及化身）

性自性性因有六種特點：最難得、清淨無垢、威神無窮、莊嚴世間功德、最勝、八世法中無變異。有隱藏性本有，如地中寶喻。

引出性能引出闡提位、聲聞位、緣覺位、菩薩無明住地位等五位眾生趣向佛果。

7. 佛性的分別相與階位相

-佛性的通相是指一切法、一切眾生的「如如」和「清淨」。

-佛性的分別相是指因地佛性中，可分別出三種眾生相：不證見佛性，名為凡夫；能證見佛性，名為聖人；已證究竟清淨，名為如來。

三種眾生的佛性，本性沒有區別，但「事用」上有不同。

-佛性的階位相：眾生界的不淨位；菩薩聖人的淨位；如來的最清淨位。

a.凡夫以顛倒為事：想、見、心三種顛倒。想是皮是禪定障；見是肉是解脫障；心是心是所知障。

b.有學聖者以無顛倒為事：無惑倒（違逆真如而煩惱叢生）及無行倒（二乘人但修無常苦而不修常等四德，不行菩提道）。

c.如來以無顛倒無散亂（法身）、有別法度生（應身和化身）為正事：如來已滅除障礙禪定、解脫、一切智的三煩惱，不捨大悲本願，恒化眾生。

8. 佛性的無變異相

無前後際變異；無染淨異；無生住異滅四相變異。

9. 佛性的無差別相

佛性的「四義」、「四名」、「四大」、「四德」之間無差別。

四義：一切佛法前後不相離（即空如來藏煩惱，不離不空如來藏如來功德）、一切處皆如、非妄想倒法、本性寂靜。

四名：法身、如來、真實諦、涅槃

四人：身見眾生、顛倒人（二乘人）、散動心人、十地菩薩。

四德：一切功德、無量功德、不可思議功德、究竟清淨功德

以上四人、四名、四德在佛性體性上均無差別。

「二諦不可說有、不可說無，非有非無故。真諦不可說有、不可說無者，無人法故不可說有、顯二空故不可說無。俗諦亦爾，分別性故不可說有、依他性故不可說無。復次真諦不定有無人法、無不無二、空有不有。俗諦亦爾，分別性故非決定無、依他性故非決定有。」[40]

（二）真諦的佛性觀：

（1）得真如境道即是證阿摩羅識。

決定藏論：如是阿羅耶識，是一切煩惱根本，修善法故，此識則滅。……阿羅耶識對治故，證阿摩羅識。阿羅耶識是無常，是有漏法；阿摩羅識是常，是無漏法。得真如境道故，證阿摩羅識」

（2）阿摩羅識當轉依之義（決定藏論、轉識論、三無性義）；阿摩羅識是自性清淨心（十八空論）。

（3）佛性證悟是人法二空所顯的真如，而真如的體性是真實空，可見佛性即是真如、第一義空。

又依據吉藏、均正、元曉的記載，「大乘玄論」第十一師是攝論師的佛性說。因此攝論師的正因佛性可以歸納為三種：一、自性清淨心，二、第一義空、真如，三、第九無垢識、阿摩羅識、解性。

而真諦依真如無差別而說"阿摩羅識自性清淨心"，約境智無差別而說無垢識、阿摩羅識、解性。

（4）真諦佛性論的佛性思想：

---

[40] 大正 31、793 下-794 上

1.眞如的如如智可以如實地照見世間爲如如境，如如境即是佛境，超越主客、能所的二元存在。眞如可隨無明而不淨緣起，但雖在無明殼中，終不爲彼所染。

眞如若與般若相應，則一切淨性起。不同玄奘唯識宗之眞如凝然不動。

2.以佛性論的實相論，從三因、三性、如來藏等來探討佛性的體性。

3.佛性的十相說展現下列特色：

a　以四因相：信樂大乘、無分別般若、破虛空三味、菩薩大悲來分別破斥一闡提、凡夫、外道、空觀大乘等，所展現「眞空妙有」的自覺利他的大乘情懷。

b　以如理智及如量智的轉依法，轉捨阿梨耶識，轉得如來法身的轉依境。

c　研析三種自性（法身、如如、佛性），並從如如自性的住自性性引出法身佛，由引出性而說應身及化身佛。

d　佛性雖本具，仍需依道理修行才能成佛。

（5）眞諦提出"一性皆成"與"究竟一乘".。

第三節　成實宗的佛性思想與心性

一、成實宗的源流

（一）　本宗因依於「成實論」而立宗名。成實論作者訶梨跋摩，由鳩摩羅什漢譯。作者序言：「因思自將正論三藏中之眞實義」而得名

成實宗。

（二） 如來滅後九百年，說一切有部學者俱摩羅陀的高足訶梨跋摩，認爲乃師的成實在論解釋過於淺薄，乃選輯諸部派中優越之解釋，採擷整理後，獨立成一宗。在中國由姚秦鳩摩羅什漢譯而流道通之。成實論有十六卷二百零二品。

（三） 羅什門下有二大系統，僧導和僧嵩。僧導弟子曇濟著有「六家七宗論」。傳到智休著「二諦論」、「毗曇雜心集」，認爲成實論是大乘著作。

另一派僧嵩在北方傳播。傳與僧淵及道登，都是當朝名師。

南方有僧柔及慧次。再傳智藏、僧旻。

寶亮傳法雲。智藏、僧旻、法雲並稱梁朝三大法師。智藏傳僧綽，吉藏的「大乘玄論」和「二諦章」曾大量引用僧綽的學說。

二、成實宗是大乘或小乘

（一） 成實宗所屬部派，實有很多解釋，可依小乘諸部如多聞部、經部、曇無德部，化地部等說爲小乘。

（二） 梁朝三大法師，法雲、智藏、僧旻等皆謂成實宗屬大乘。

（三） 天台智顗、三論吉藏二人，皆判成實論爲小乘。

南山道宣與靈芝元照皆判其一分通於大乘（視其觀點與四分律同）。

天台大師及淨影慧遠以後的很多人皆判爲小乘中最優越者。

（四） 作者的看法贊成道宣之一分通於大乘。原因如下：

1.其教義如滅空心之空空修慧，及滅法心之證法空，實已到達大乘菩薩位階之初地以上，只是其二十七賢聖位只及無學阿羅漢果。但本宗只證分別我法二空，尚未達八地的證俱生我空及佛地的證俱生法空。故

只能說一分通於大乘。

2.其修證重視四聖諦及八聖道，未涉及六度及四無量心，其修行位階只及無學阿羅漢位，末及菩薩及佛果位，此處又很類似小乘。

3.本宗五位大師所主張之正因佛性，如僧旻的眾生、僧柔的六法、智藏的心、法雲的避苦求樂、寶亮的真諦等均未契合大乘第一義空的中道佛性義，故仍屬小乘。

綜上可大體判爲小乘，但已向大乘進階。可謂大小乘之過渡位階也。

三、成實宗的心性思想

（一）八十四法

（1）八十四法

八十四法：

1.色法（14）

五根、五塵、四大

2.心法（50）

心王（1）、心數（49）

3.非色非心法（17）

4.無爲法（3）

（2）色心二法

色法有 14 種，都是極微的結集，而這極微的物資，再加以無限制的分析，則可以成空，即所謂析空。

色法爲業力所生，業若消滅，色自敗壞。這是色歸於空的說法。

心法本是思想的遷流，本無形相，本自不實，故可謂之爲空。本宗

認爲色心二法，不外空無，只要滅三心，即可灰心滅智，求得解脫生死，澄得涅槃果。

（二）成實宗的心性說：

（1）二心說、三心說：

隨逐假名，名爲無明。假名有二種：因和合假名、法假名。智相品云：心有二種，癡心、智心。

1.癡心緣假名法，是名癡心。即緣因和合假名之有爲緣心，亦名想受，於事分齊，攬別成總，如陰成人；以細成粗，如以細色成粗色等。凡夫如實不知空無我故，常隨假名，於五陰中妄計有人，生貪等煩惱。等於是我法二執。三有中之假名有及實法有。三心之假名心及法心。

2.若但緣法，謂空無我，是名智心。

於法分齊，無常苦空無我等義，同體相成，名法和假。緣法假名之無爲緣心，名智心，亦名慧受。等於是我法二空觀智。

也等同於三空之泥洹（涅槃）空，三心之空心。

（2）三有、三空、三心：

三有：假名有（四大五根及人我爲有）、實法有（五陰及極微等爲有）、泥洹有（涅槃有）

三空：假名空、實法空、泥洹（涅槃）空

三心：假名心、法心、空心。

假名心：執四大五根及人我等（即我執）爲「假名有」之心。

法心：執五陰及極微等法爲「實法有」之心（即法執）

空心：執涅槃爲「無」之心。

五智品：陰滅無餘稱涅槃，是中何所有。……若緣涅槃定名曰無相，若法相猶存者，何名無相。如是滅諦即涅槃，而涅槃又無之異名也。

問：但若涅槃是無，應無涅槃。非無涅槃，但涅槃是無法。意即涅槃「本身」即是無法，涅槃只是名稱。所以涅槃也是假名。

（三）我法二空觀

本宗立二種觀，以明人空及法空。

人空觀：觀五蘊之中無人我，不見有眾生相。

法空觀：觀五蘊諸法，但有假名，並無實體，不見有法相，是名法空觀，

人法既空，則世間萬有悉歸於涅槃寂滅之境。

以人空觀，破我執及煩惱障。主觀之我既空，則惑業自不能存在也。

以法空觀破法執及所知障。

惟俱生我執須八地菩薩方斷，俱生法執須成佛方斷。

故此宗雖斷分別我法空，但尚未斷俱生我法空，這是與大乘唯識與真常系不同之處，所以有究屬大小乘之諍。

（四）二重二諦

第一重二諦：

俗諦：四大五根及人我等視為假名實有，是屬假名心。

真諦：五陰及極微等法視為實法有，是屬於法心。

第二重二諦：

世諦：同第一重之真諦。

第一義諦：視涅槃為真實空，屬於空心。

綜觀第一重之真諦為實法有，其實仍未符合「諦」之真實定義。第二重真諦才符合諦的定義。

（五）四聖諦

1. 苦諦：

a.五受陰是苦，諸業及煩惱是苦因，苦盡是苦滅，八聖道是苦滅道。

b.苦諦所攝有：

三界四識處、四生、四食、六道、六界、六觸、七識處、八法、九眾生居、五陰、十二入、十八界、十二因緣、二十二根等法。

c.色有三種：四大（地水火風）、四大所因成法（色香味觸四塵）、三因四大所成法（眼等五根）

色有青黃赤白黑；香有成質香、緣生香；觸有三十九種，外觸十二種、內觸二十七種。

d.五陰。識陰：能緣心，依色生識，能取前色名識陰。一念而有念處、念根、念力、念覺、正念五種。以心差別，有名「受」，有名「想」。

想陰：於識所緣，分別取男女怨親等相，而實無此等諸法，但取假法，故名爲想。

受陰：於取相法，領納違順非違非順，是爲苦、樂、不苦不樂三受。

行陰：經中說「思」是行陰。願求爲思，從貪生求，求即是思，作起行相，故名爲思。

若法浸惱是名爲苦，有苦苦、壞苦、行苦三種。隨此苦心，能作苦想，若修苦想，有厭離果。若見諸世間一切皆苦，心不貪著，則得厭離。生厭離心，不受諸法，則得解脫。

2.集諦：

a.產生苦果的原因是業及煩惱。業是正集，煩惱是緣集。從無明生貪等煩惱，從煩惱起不善業，從業受身而生苦惱。

b.業有「思」及「思已」二種。思業即意業，動心起決定之意。思

已是從意已生業。上二種業開爲三種業：意業、身業、語業。身業有善、不善、無記三種。三業意業最重。

c.次說緣集之煩惱。煩惱有十使煩惱（貪、恚、癡、疑、慢、身見、邊見、邪見、見取、戒取）

隨煩惱有二十一種。

十煩惱大地法。有十種：不信、懈怠、忘憶、散心、無明、邪方便、邪念、邪解、戲掉、放逸等。

3.滅諦

滅者即滅三心，見滅諦爲得聖道。

以聞慧（聞恩緣智）、思慧（思惟因緣智）滅假名心。觀諸法從眾緣生，但假名字，實無我我所，則假心滅。

以空智滅法心。空智者空無我智，修慧也。於修慧中，見色空無所有，乃至識空無所有，則法心滅。

於滅盡定或無餘涅槃中，以重空義并滅空心，達眞空無相。重空義是指空空，連空心也空掉。

三心都滅，則具足人法無我，入離言絕相之眞空，即所謂聖正三味。證滅諦則名聖正。定慧一時具足即名聖正。陰滅無餘，亦稱涅槃。

成實宗所立涅槃果之階位爲二十七賢聖，略爲四行四得。四行是行須陀洹、行斯陀含、行阿那含、行阿羅漢。四得是得四果也。

4. 道諦

a.即修三十七助菩提法：四念處、四正勤、四如意足、五根、五力、七菩提分、八聖道分。

b.八直聖道：正語正業正命爲戒學；正念正定爲定學；正見正思爲慧學。

正語：離三毒所起口業；正業：離三毒所起身業；正命：離四邪

命：離下口食、離仰口食、離方口食、離維口食。

　　c.出家求道，先須受戒，是故先明正語正業正命，由戒心住，次明正念正定以求定；由定發慧，聞思慧是正思，修慧是正見，一心勤修諸定，生正智慧，滅三心，入無餘涅槃。

　　（六）心性與解脫：

　　成實宗以滅諦為第一義諦，故以見滅為見聖諦，而以見滅諦為得聖道。所言滅者，即滅三心。

　　滅三心即能證涅槃果。

四、成實宗的佛性思相

　　梁朝三大法師：智藏、僧旻、法雲。

　　僧柔是南地成實宗名師，傳智藏及僧旻。

　　寶亮與僧柔同輩，傳法雲。

　　南北朝地論、攝論、成實宗等諸論師，繼道生之後提出許多對正因佛性的看法，吉藏在「大乘玄論」中舉出十一家正因佛性說，並分成三大類：以假實為正因佛性（第一、二家）；以心識為正因佛性（第三四五六七家）；以理為正因佛性（第八九十十一家）。

　　其中屬於「成實宗」論師者有：第一家僧旻、第二家僧柔、第三家智藏、第五家法雲、第十家寶亮，等五家。

　　（一）第一家僧旻：眾生為正因佛性

　　「御心之主，能成大覺」[41]

　　「第一家云。以眾生為正因佛性。故經言正因者。謂諸眾生。緣因

---

[41] 續藏 74、46

者謂六波羅蜜。既言正因者。謂諸眾生。故知。以眾生爲正因佛性。又言一切眾生悉有佛性。故知。眾生是正因也。

第一家以眾生爲正。

第一師以眾生爲正因者。今只問。何者是眾生。而言以此爲正因耶。經云。若菩薩有我相人相眾生相則非菩薩。又言。如來說眾生即非眾生。正因本爲菩薩。經既說言有眾生相則非菩薩。寧得以眾生爲正因耶。故知。有眾生者皆是妄想。何可以妄想顛倒得爲正因耶。又若以眾生爲正因者。只問。昔日初教已明有眾生不。若初教已明有眾生者。便應初教已明正因佛性。彼釋言。初教已明眾生。但未說爲正因耳。若爾後教說眾生爲正因者。還指初教眾生以爲正因不。若爾初教眾生理中已是正因。若理中已是正因者。則理中已明佛性也。若不可言初教已辨佛性者。云何以眾生爲正因耶。又汝引經言一切眾生悉有佛性。故知。眾生是正因佛性者不然。既言眾生有佛性。那得言眾生是佛性耶。若言眾生是佛性者。可得言一切眾生悉有眾生。一切佛性悉有佛性不。若不得者。故知。眾生與佛性有異。不得言眾生是佛性也。」[42]

經言有眾生相則非菩薩。寧得以眾生爲正因耶。故知。有眾生者皆是妄想。何可以妄想顛倒得爲正因耶。又初教也未說眾生是正因。又眾生悉有佛性並未說眾生是佛性。

眾生離第一義空中道佛性之義甚遠，只能以眾生心爲間接次因。

（二）第二家僧柔：六法爲正因佛性

「佛性不即六法，不離六法」

第二師以六法爲正因佛性。故經云。不即六法不離六法。言六法者。即是五陰及假人也。故知。六法是正因佛性

---

[42] 大正 45、36

經云。佛性者不即六法不離六法者。言此是何語而橫引之此文乃明佛性。非是即六法。復非是離六法。何時明六法是佛性耶。若言不離六法故六法是佛性者。復言不即六法故六法非是佛性。此語若爲得通。明知。以不解讀經故。所以致謬耳。」[43]

佛性非即六法，非離六法。此句並未指佛性即是六法，而是指佛性既不即，也不離六法。而非六法與佛性是同一物。

六法指五陰及假人我。六法均爲假法，無自性且假名安立，焉得爲第一義空的中道佛性。

（三）第三家智藏：心爲正因佛性

第三師以心爲正因佛性。故經云。「凡有心者。必定當得無上菩提。以心識異乎木石無情之物。研習必得成佛。故知。心是正因佛性也。」[44]

凡有心者必當得無上菩提，意指發心及研習將來才能成佛，而非指心就是佛性。

依宗密，心有：肉團法、緣慮心、集起心、堅實心。

除堅實心外，其他諸心皆非第一義空之中道正因佛性。

（四）第五家法雲：

「第五師以避苦求樂爲正因佛性。一切眾生。無不有避苦求樂之性。實有此避苦求樂之性。即以此用爲正因。然此釋復異前以心爲正因之說。今只以避苦求樂之用爲正因耳。故經云。若無如來藏者。不得厭苦樂求涅槃。故知。避苦求樂之用爲正因佛性也。

以不解讀經故。所以致謬耳。

次問中有五家。雖復五解言異或體或用。而皆是心家體用。前第三

---

[43] 大正 45、36
[44] 大正 45、36

410

家。以心爲正因佛性者不然。經云。有心必得菩提者。此明有心之者必得菩提。何時言心是正因佛性耶。于時畏有如此謬故。即下經云。心是無常佛性常。故心非佛性也。經既分明。言心非佛性而強言是者。豈非與佛共諍耶。心既不成。心家諸用冥傳不朽避苦求樂等。悉皆同壞也。大涅槃經。處處皆明佛性。是故時人解佛性者。盡引涅槃爲證。何處文辨冥傳不朽避苦求樂爲正因佛性耶。勝鬘經云。若無如來藏者。不得厭苦樂求涅槃者。此正明由如來藏佛性力故。所以眾生得厭苦求樂。何時明厭苦求樂是正因佛性耶。」[45]

避苦求樂是如來藏「體」之發「用」功德，亦即是如來藏體的功能表現，如來藏「體」才是佛性正因，而非其「用」是佛性正因。

（五）第十家寶亮：眞諦爲正因佛性

「因佛性者。彼言。是世諦之理。次有兩家。以眞諦與第一義空爲正因佛性者。此是眞諦之理也。

眞諦爲佛性者。此是和法師小亮法師所用。問眞諦爲佛性。何經所出。承習是誰。無有師資亦無證句。故不可用也。」[46]

並無有經文及師資明確指出眞諦是佛性。非眞非俗才是佛性。

（六）吉藏將十一家正因佛性總結成「假實」、「心識」、「理」三種正因佛性：

1. 以假實爲正因佛性：第一家以眾生爲正因。第二以六法爲正因。此之兩釋。不出「假實」二義。明眾生即是假人。六法即是五陰及假人也。

2. 以心識爲正因佛性：以心、冥傳不朽、避苦求樂、眞神、阿梨耶識。此之五解。雖復體用眞僞不同。並以「心識」爲正因也。

---

[45] 大正 45、36
[46] 大正 45、36

3. 以理爲正因佛性：次有當果與得佛理及以眞諦及第一義空。此四家並以「理」爲正因也。

（七）吉藏破斥十一家正因佛性說：

今總破得佛之理。義通十一解。事既廣。宜作三重「破」之。

1.第一作「有無」破。

只問。得佛之理。爲當有此理爲當是無。若言是有。有已成事。非謂爲理。若言是無。無即無理。即墮二邊不得言理也。

2. 第二作「三時」破。

只問。得佛之理。爲是已理爲是未理爲是理時有理。若言已理。則理已不用。無復有理。若言未理。未理故未有。若言理時有理者。若法已成則是已。若法未有則墮未。故無別第三法稱爲理也。

3. 第三「即離」破。只問。得佛之理。爲當即空爲當離空。若言即空者。則早已是空。無復有理。若言離空有此理者。空不可離。豈得離空而言有理。又離空而有理者。則成二見。經云。諸有二者。無道無果。豈可以二見顛倒爲正因耶。作此三條推求不可得。非唯四家義壞。通十一計皆碎也。

佛性應爲非有非無；非過去非現在非未來；佛性非即空非離空。

（八）吉藏認爲何者才是正因佛性：

「今時何者爲正因耶。答一往對他則須併反。彼悉言有。今則皆無。彼以眾生爲正因。今以「非眾生」爲正因。彼以六法爲正因。今以「非六法」爲正因。乃至以眞諦爲正因。今以「非眞諦」爲正因。若以俗諦爲正因。今以非俗諦爲正因。故云「非眞非俗中道」爲正因佛性

也。以藥治病則須此說。對他雖爾。又須橫豎論之。」[47]

吉藏認為如下才是正因佛性：

非眾生、非六法、非真非俗。

總結：本宗五位大師所主張之正因佛性，如僧旻的眾生、僧柔的六法、智藏的心、法雲的避苦求樂、寶亮的真諦等均未契合大乘第一義空的中道佛性義，故仍屬小乘。

第四節　俱舍宗之佛性思想與心性

一、俱舍宗之心性論

（一）俱舍宗之源流

俱舍宗以阿毘達摩俱舍論之俱舍為名立宗。俱舍論是如來滅後九百年時，世親菩薩所造，屬於小乘二十部中說一切有部。

世親原在迦濕彌羅學習有部教義，後來才改學經量部的教義。

回到本國後，開始講演大毘婆沙論，每講畢即作一首偈頌，如此接續完成了六百偈，將大毘婆沙論的要旨，攝涵無缺。

世親再將 600 偈加以注釋，遂完成八千頌的俱舍論。

俱舍論的翻譯有二，一在陳朝真諦三藏翻譯俱舍論二十卷，並作注釋書五十卷，今已失傳。其後唐玄奘於永徽年間（六五０-六五五）翻譯有三十卷。

俱舍宗以世親為初祖，經玄奘翻譯，再由門人普光法師及法寶法師

---

[47] 大正 45、36

各自造注釋書，弘布此論。、普光、法寶，各作註疏，大力弘布此論，其後又有圓暉、慧暉、道麟等作疏弘通。當時講學風氣隆盛，可惜唐後此宗遂絕不傳。

此宗除以俱舍論爲正所依外，所宗經有四阿含等，論有七論婆沙、阿毘曇心論、雜阿毘曇心論等。

《新俱舍論》譯出後，玄奘大師門下弟子神泰、普光、法寶，各作註疏，大力弘布此論。其後，又有圓暉、慧暉、道麟等作疏弘通。當時講學風氣隆盛，可惜在唐朝以後，此宗遂絕不傳。

（二）俱舍宗之心性說

（1）七十五法

1.有爲法（72）：色法（11）、心法（1）、心所法（46）、不相應法（14）

a.色法（11）：

五根：眼、耳、鼻、舌、身

五境：色、聲、香、味、觸

無表色：受戒時防止身口過非之戒體，其物体外相不顯，故名無表。無表雖以色業爲性，如有表業，而非表示令他知，故名無表。

b.心法（1）：六識合而爲一心王：

c.心所法（46）：

c.1 大地法（10）：受、想、思、觸、欲、慧、念、作意、勝解、三摩地

c.2 大善地法（10）：

信、勤、捨、慚、愧、無貪、無瞋、不害、輕安、不放逸

c.3 大煩惱地法（6）

無明、放逸、懈怠、不信、惛沈、掉舉

c.4 大不善地法（2）：無慚、無愧

c.5 小煩惱地法（10）：

忿、恨、惱、覆、誑、諂、憍、害、嫉、慳

c.6 不定地法（8）：

惡作、睡眠、尋、伺、貪、瞋、慢、疑

d. 不相應行（14）：

得、非得、眾同分、無想果、無想定、滅盡定、命根、生、住、異、滅、名身、句身、文身

2. 無爲法（3）：虛空、擇滅、非擇滅

（2）色法、心法

A. 色法

A.1 極微：其分量已分析到不能再分析的最小限度之極細塵，即構成物質的最基本分子，色法由此集聚而成。

有部認爲極微爲實有，經量部認爲極微雖爲實有，但其粗色爲假有；一說部認爲粗細均爲假。

本宗認爲極微是實有。

色法均依四大之範疇，而極微所成，是有變礙的性質。即有一物在其處，他物即不能再佔其處，稱爲障礙有對。

色境是有見有對色；其餘四境及五根爲無見有對色；無表色是無見無對色，而且非極微所組成。

A.2 五根：眼、耳、鼻、舌、身

A.3 五境：色、聲、香、味、觸

A.4 無表色：依善惡的表業，而擊發於身內之力，可說爲表業的印象，而不能將其善惡表示於外部，稱無表。雖然由表業所擊發在意識內的印象或力量，也稱爲色，但非極微聚集而成之質礙實色，只是一種力

量或勢力。

無表色只有善惡二性，沒有無記性。

B. 心法

（3）心王、心所法、心不相應行法

1.心王：六識合一而稱心王，非大乘指第八識爲心王。成實宗也是心王一識，唯識宗有八識。

2.心所：有 46 種（成實宗有 49 種；唯識宗有 51 種）。

心所是心所有，是伴隨於心王而起動作的心作用。有六位心所：大地法、大善地法、大煩惱法、大不善地法、小煩惱法、不定地法。心王唯取境的總相，心所正取境的別相，兼取總相。（唯識宗亦同）心王與心所稱爲相應法，二者互不相離，恒常相應。相應是指所依根平等、所緣境平等、行相平等、時平等（同一剎那生起）、事平等（同一心王心所不起二三個作用）以上唯識宗不認同行相平等，因心王心所的見分各自不同。

當「善心」起時，必和大地之十、大善之十、不定之尋伺等共二十二心所俱生。

當「惡心」起時，必和大地之十、大煩惱之六、大不善之二、不定中之尋伺等二十心所俱生。

當無記中之「有覆無記」心起時，必和大地十、大煩惱六、不定之尋伺等共十八心所俱生。與「惡心」不同於沒有「大不善二」。

當無記中之「無覆無記」心生起時，必和十地十、不定之尋伺等共十二心所俱生。

與「善心」不同於沒有「大善十」。

本宗只有六識，也心意識之劃分，但心指集起；意指思量；識指了別。雖有三名，而其體爲一，不同唯識宗主張第八識是心，第七識是

意，前六識是識，而且八識各別。

本宗心王因隨著所依之根及所緣之境不同，而有六識之名。

意根是指前滅意識的次剎那才起意識。

法境是除五根及五塵之外，全包爲法境，故共有除十一色法之外的六十四法。

3. 心不相應法：有 14 種（成實宗 17 種、唯識宗 24 種）

得（獲與成就）、非得（不穫、不成就）、同分（同樣原因如有情同分與法同分）、無想果（修無想定生無想天的果報，無想天是色界第四禪天的第三廣果天的高勝處）、無想定（外認錯認爲解脫之定）、滅盡定（滅受想定，相似於無餘涅槃。以無色界第四天有頂天爲依處而修之定。俱捨認爲有漏定，唯識認是無漏定）、命根（即壽命）、生住異滅四相（四有爲相，分本相及隨相）、名（將文組成名詞、動詞、形容詞就是名，即有意義的自性詮表，二名即名身，三名以上多名身）、句（將名聯絡而詮示一種意義的言語，即是句。二句句身，多句多句身）、文（言語之單音、單韻，二文爲文身，三文以上爲多文身）

有部認爲不相應法是實有；經部及唯識認爲是假法。

（4）無爲法：沒有造作之法

不是因緣所生起，不爲四相所遷流，是本來法爾而有，是不生不滅的實體。

擇滅無爲：用智慧的擇力所得之滅，即諸有漏法遠離繫縛時即證得解脫，而名擇滅。是唯善無漏的常住法，和涅槃同義。

非擇滅無爲：

不是由於擇力所得之滅，叫做緣缺不生滅，既無生故無滅，五境已謝，能緣彼境的五識永不復起。不生不滅，與生滅變遷的有爲法相違，故名非擇滅無爲。

虛空無爲：非指虛空這個色法，會被物所礙。而是以無障礙爲自性，能得所得都無的實體，遍滿一切處，彌綸十方界，非能礙亦非所礙，喻爲虛空。一切色法能在其中自在行動，而虛空無增減消長，常住不動，故名虛空無爲。

（5）二十二根：眼、耳、鼻、舌、身、意、女根、男根、命根（壽命）、樂根、苦根、喜根、憂根、捨根、信根、勤根、念根、定根、慧根、未知當知根、已知根、具知根。

五受根：憂喜苦樂捨

五善根：信勤念定慧

未知當知根（對四諦理由未知變當知，即見道）、已知根（對四諦理已悉盡知而開始斷除迷於諸種的修惑）、具知根（已具知一切所作已辦，已無可斷之惑，可修之道，盡智已起，無生智次生，此三根是三無漏根。

意樂喜捨信勤念定慧之九根爲體，當此九根在見道位爲未知當知根，在修道位爲已知根，在無學位名叫具知根，此三根有增上無漏法之力。

（6）三科：

五蘊：色（十一：五根、五境、無表色）、受（受心所，五受：苦、憂、樂、喜、不苦不樂）、想（想心所）、行（除受想外之四十四心所及十四不相應法）、識（六識心王）

十二處：六根（眼耳鼻舌身意。意根指前滅的心王的次一刹那心識）六塵（色聲香味觸法。法指除五根、五境及心王外的餘法，包括無表色、四十六心所、十四不相應及三無爲之六十四法）

十八界：六根（眼耳鼻舌身意）、六境（色聲香味觸法）、六識（眼耳鼻舌身意）

　　十二處之意處包括意界及眼識界、耳識界、鼻識界、舌識界、身識界、意識界），也是五蘊的識蘊。

　　十二處之法處：無表色、心所、不相應、無爲

　　五蘊的色蘊即是色法（五根、五境、無表色）；受蘊即是心所的受，也包括在法處的心所內；想蘊即是心所的想、也包括在法處的心所內；行蘊即是四十六心所及十四不相應法，也包括在法處的心所及不相應及十八界的法界；識蘊即心法、也是意處、也是意界。

　　（7）六因、四緣、五果

　　1.六因：

　　能作因：有爲法生時能不爲障或能助彼者。有二種：有力（助彼、親）及無力（不爲障、疏）。所得果是增上果。

　　俱有因：因果俱時而有。所得果是士用果。

　　相應因：心及心所隨順共相應。所得果是士用果。

　　遍行因：遍爲一切煩惱之起因。所得果是等流果。

　　同類因：因果相似。所得果是等流果。

　　異熟因：異類而熟。所成果是異熟果。

　　2.四緣：因緣、等流緣、所緣緣、增上緣

　　3.五果：增上果，士用果、等流果、異熟果、離繫果

　　（8）法體恒有論

　　「有爲相」有生住異滅四相，有本相及隨相二種。本相是生住異滅，隨相是生生、住住、異異、滅滅。此四隨相即是本現之力使其生滅變化者。即本相之力能影響其本法及其他三相以及四隨相，而隨相只能與其本相保持關係，即生生只能使生相生起。而生相能生本法，同時能使住異滅之三相及四隨相生起。

　　本宗主張「三世實有，法體恒有」，故有此四相之說。然而仍只侷

限於「法之用」之說明，而非依據「法之體」之說明，只說明色心諸法之用的生住異滅四相。

但以四相非假說，而爲實有之說。

（三）有漏因果

1. 有漏緣：隨眠（煩惱、惑）

隨眠：有部及本宗指煩惱。但在經部及唯識均指種子。

本惑（根本煩惱）：十隨眠：貪、瞋、慢、疑、無明（癡）、身見、邊見、邪見、見取見、戒取見。

隨惑（枝末煩惱）19 種。包括大煩惱：放逸、懈怠、不信、惛沈、掉舉；大不善地：無慚、無愧；小煩惱 10：忿、恨、惱、覆、謟、誑、憍、害、嫉、慳；不定地之睡眠、惡作。

見惑：共 88 結使。

修惑：共 81 品。九地：凡聖共居地、色界四地、無色界四地。每地有九品思惑煩惱（上上品、上中、上下、中上、中中、中下、下上、下中、下下），九地共 81 品。

第一果須陀洹斷三界所有見惑。

第二果斯陀含斷欲界前六品思惑。

第三果阿那含斷欲界後三品思惑。

第四果阿羅漢斷色、無色界七十二品思惑。

煩惱：統攝根本、枝末二類。分類如下十種：三縛、三漏、四暴流、四軛、四取、五蓋、五順下分結、五順上分結、九結、十纏。

三縛：貪、瞋、癡

三漏：欲漏、有漏、無明

四暴流：欲暴流、有暴流、見暴流、無明暴流

四軛：欲軛、有軛、見軛、無明軛

四取：欲取（本惑 24 及隨惑 10 共 34 種）、我語取（我語爲內身，上二界煩惱多緣內身而起）、見取（身邊邪見取等）、戒禁取。

五蓋：貪、瞋、疑、惛眠、掉悔。

五順下分結：貪、瞋、身見、疑、戒取

五順上分結：色界貪、無色界貪、掉舉、慢、無明

六垢：惱、恨、嫉、慳、憍、害

九結：愛、恚、慢、無明、疑、見、取、嫉、慳

十纏：三纏貪瞋癡；八纏：無慚、無愧、嫉、慳、惡作、睡眠、掉舉、惛沈。

一百零八煩惱：十纏加九十八隨眠。

2. 有漏因：業

業是造作之意。迷惑宙宇宙萬有事理之煩惱所發動的行爲或言語。

2.1 業分思業、思已業：

a.思業：意業

b.思已業：

b.1 身業：

b.1.1　身表業：彩色

b.1.2　身無表業：大種所造色

b.2　語業：

b.1.1　語表業：聲

b.1.2　語無表業：大種所造色

2.2　無表略說有三：

律儀無表：有三類：別解脫律儀、靜慮律儀、無漏律儀。

別解脫律儀有八種：苾芻（比丘）、苾芻尼（比丘尼）、正學律儀

（沙彌尼當比丘尼前二年所修）、勤策律儀（沙彌、沙彌尼所修）、近事（在家男）、優婆夷（在家女）、近住（在家男女一晝夜所修之八關齋）。

靜慮及無漏二律儀乃不依表業，是和定心或無漏心俱而自然會得。靜慮律儀因和定共發得之無表，故名定共戒。無漏律儀則是與無漏的道心共得之道共戒。

別解脫律儀即由表業而得為主。

不律儀：即為惡戒，和律儀（善戒）相反，是立誓想以屠殺、刼盜等惡業為其生活，而且「如實」行其惡行，才能，形成不律儀無表。若未實際犯行，則僅是「處中無表」。

非二：沒有要期心實現的善惡業，善不夠律儀，惡也不達不律儀。即處中的無表。

2.3 十業道：身三、語四、意三等十種

2.4 五無間業：殺父、殺母、殺阿羅漢、出佛身血、破和合僧

2.5　引業（引生六道的總報異熟業、滿業（個人的富貴貪賤健康壽命的別報業）

2.6 定業、不定業

定業：業的勢力重大，不論以任何方便都不能改轉其將所受的果業。如強勝的善惡心：屢次重行；對佛法僧所起的善惡業；損害父母。等皆屬重大業勢力。反之，業勢力不強勝，的善惡即是不定業。感果分四種：順現法受業（現世所受業）、順次生受業（下世所受業）、順後次生受業（再下世所受業）

順不定受業（受業的時間不定）

2.7 三性業等諸業

a.三性業：善、不善、無記三業。

　　b.福等三業：福業（利益有情的欲界善業）、非福（損害有情的欲界不善業）、不動業（色界無色界的善業）

　　c.三受業：順樂受（欲界至第三禪之善業）、順苦受（同上之不善業）、順不苦不樂受（色界第四禪至無色界有頂地之善業）

　　d.身心受業：

　　心受業：與第六意識相應之心受所成的異熟果業，色界中間定到無色界頂地等無尋無伺之善業。

　　身受業：與前五識相應的身受所造成的異熟果業。即欲界之不善業。

　　e.曲穢濁：曲業：依諂而生的身語意業

　　穢業：依瞋

　　濁業：依貪

　　f.黑黑業：黑黑業（欲界之不善業）、白白業（色界之善業）、黑白黑白業（欲界之善業但雜有惡之處）、非黑非白業（無漏業）

　　g.三牟尼業：三牟尼是指無學位之身語意三位：身牟尼、語牟尼、意牟尼

　　h.三清淨業：遠離一切惡行煩惱之垢：身清淨業、語清淨業、意清淨業

　　I.三惡行：一切不善之身語意三業：身惡行、語惡行、意惡行

　　j.三妙行：身語意之一切善業。身妙行、語妙行、意妙行

　　j.三邪行：由貪而生之身語二業，難於禁護修持正命。邪語、邪業、邪命

　　3.有漏果：有情世間、器世間

　　有情世間：

四生：胎生（人類動物）、卵生（禽鳥魚類）、濕生（黴菌）、化生（地獄、天趣）。

四食：段食（以香味觸為體，分分段段而受用）、觸食（以觸心所為體，觸對順情之境，而長養諸根，如觀劇而忘飢）、思食（意業和欲俱轉，而生希望之念，資益諸根）、識食（識能支持有情身命）。

段食唯欲界。其他三食通於三界。

四有輪轉：中有（前世死後至來世投胎之中間之身）、生有（今世託生最初之身，投胎一剎那之身）、本有（自託生後至死亡之間之身，有胎內、胎外之別）死有（今生最後臨時之時之身）

無色界無中有。大眾部、化地部不立中有身。

輪迴的主件各有主張，說假部之有分識、化地部之窮生死蘊、經量部的細意識。

本宗主張以業力為輪迴主體之作用。

十二緣起：

本宗以四有輪迴及業力之惑業苦三道來解釋六道輪迴。由惑而造業，由業而引苦果。如此輪迴不止。

十二緣起：無明-行（中有）-識（生有）-（生有）名色（本有胎內）-六入（胎內第五位）-觸（2-3 歲）-受（12-13 歲）-愛（14、15 歲後）、取（青年期以後）、有（有造業）-生（未來結生之初念位）-老死。

十二緣起有三世二重因果：前世惑：無明；現世惑：愛、取。前世業：行；現世業：有。現世果：識、名色、六入、觸。來世果：老死。

器世間：

世界成住壞空稱四劫，每期各有二十劫。

（四）無漏因果

1.無漏緣：定。如下文修定所述。

2.無漏因：智

2.1 忍、智、見：忍是忍許；智是決斷；見是推度。

十六心觀法：法是下界欲界；類是上二界色無色界。智是決斷、解脫道。智忍是認許、無間道。

十六心爲：

苦諦：

第一心、苦法智忍；第二心、苦法智；

第三心、苦類智忍；第四心、苦類智；

集諦：

第五心、集法智忍；第六心、集法智；

第七心、集類智忍；第八心、集類智；

滅諦：

第九心、滅法智忍

第十心、滅法智

第十一心、滅類智忍

第十二心，滅類智

道諦：

第十三心、道法智忍

第十四心、道法智

第十五心、道類智忍

第十六心、道類智

第十五心爲見道。

第十六心起爲修道。

2.2 智有十種：

　　世俗智、法智、類智、苦智、集智、滅智、道智、他心智、盡智、無生智

　　2.3 十智有二種，有漏智及無漏智。

　　有漏智總名世俗智。世俗智有四種：生得慧、聞慧、思慧、修慧。無漏智有二種，法智及類智。

　　法智及類智又由所緣境有差別，分為苦集滅道四智。

　　以上六智至無學位，名盡智及無生智。

　　3. 無漏果：四果

　　預流果：以無漏正智斷三界見惑所得果。有果向二位。

　　一來果：欲界修惑九品中斷前六品修惑所得果。有果向二位。

　　不還果：斷欲界修惑全分九品所得果

　　阿羅漢向。有果向二位。

　　阿羅漢果：盡斷三界見修二惑所得果。有果向二位。

　　前四向三果，為得漏盡，常樂學彼戒定慧三學，故名有學。

　　後阿羅漢一果，為無學。

　　（五）俱舍宗的心性與解脫

　　（1）. 業感緣起

　　（2）.修定

　　a.定種類：定心有定地、散地、有心定、無心定。

　　定有二類：生得定、修得定。

　　靜慮無色，有味定、淨定、無漏定之別。

　　八等至：四靜慮及四無色定。

　　b.定的七種名稱：

　　等引、等持、等至、靜慮、心一境性、止、現法樂至

c.四靜慮

d.四無色定

空無邊處

識無邊處

無所有處

非想非非想處

e. 定心有定地、散地：

e.1 散地：欲界

e.2 定地：八等至，有四靜慮及四無色定：

四靜慮有：

初靜慮：近分定（即未至定）、根本定-有尋有伺地

中間定：無尋有伺地

第二靜慮：近分定、根本定

第三靜慮：近分定、根本定

第四靜慮：近分定、根本定

四無色定：

空無邊處：近分定、根本定

識無邊處：近分定、根本定

無所有處：近分定、根本定

非想非非想處：近分定、根本定。

從第二靜慮近分定，到非想非非想處根本定都是「無尋無伺地」。

初靜慮之未至定及根本定都是有尋有伺地。

初、二靜慮之間的「中間定」是無尋有伺地。

（3).證智：證十智，如上所論。

（4). 斷惑要旨：惑有見惑及修惑。見惑有苦、集諦之「自界緣

惑」、「他界緣惑」。及滅、道諦之「無漏緣惑」、「有漏緣惑」。

　　斷惑是以「斷惑四因」斷之。斷惑四因有：遍知斷、能緣斷、所緣斷、對治斷。

　　遍知斷：斷苦、集諦之「自界緣惑」及滅、道諦之「無漏緣惑」。

　　能緣斷：斷苦、集諦之「他界緣惑」。

　　所緣斷：斷滅、道諦之「有漏緣惑」。

　　對治斷：斷修惑。有厭患對治、斷對治、持對治、遠分對治。

　　a.諸惑無再斷：指一旦斷除之惑，即絕對無須再斷。而對治道須以無漏智才能斷除煩惱。

　　b.九遍知：斷三界的見修二惑，有九種之別，稱為九遍知，是一種無漏智，如此所得「擇滅」果，叫智遍知；所用之正智因，叫斷遍知。斷三界之見惑而立六遍知； 斷三界之修惑而立三遍知。

　　（5）. 修行位次

5.1.賢：

三賢（外凡）：

五停心

別相念住

總相念住

四善根（內凡）

煖

頂

忍

世第一法

5.2.聖：

預流向果、一來向果、不還向果、阿羅漢向果。

5.3.有學：見道、修道

見道：預流向

修道：預流果、一來向、一來果、不還向、不還果、阿羅漢向。

5.4.無學：無學道

阿羅漢果：有六種：退法（遇疾病可能會退）、思法（怕會退，所以恒思自害，早入涅槃）、護法（常防護令不退失）、安住法（安住於自位，進退均無）、堪達法（堪能修行早達不動法）、不動法（起盡智、無生智，不再退失）

（6).三乘行果

聲聞

緣覺

菩薩

（7).十智的四諦十六行相：

苦：

無常：待眾緣生

苦：遷流逼迫性

空：無我所有

無我：違我見

集：

因：猶如種子生芽。

集：能等現果理。

生：令果相續理。

緣：能成辦果理。

滅：

滅：有漏蘊斷盡

靜：貪瞋痴三火息

妙：體無眾患

離：解脫眾災橫

道：

道：通眾聖門義

如：契合正理

行：正趣向涅槃

出：能永超生死

（六）破我論

我有實我、假我、真我。本宗破實我論，不破假我及真我。

（1）.破外道：

1.破凡人之「實我」：

一般人認為五蘊假合的吾人身體中，或離身體外，有一個實我，這實我是常、一、主宰。在身體內是即蘊我，在身體外是離蘊我。一般人的見解是即蘊我。

2.破外道之神我：

a 即離蘊我。有猶太教之耶和華神。

b 破數論派之神我諦。屬離蘊我。以二十五諦為數度諸法，其中第一之「自性諦」為物的原因，第二十五「神我諦」為心的原因。此二諦本來獨立自存，永久常住。中間的二十三諦為自性諦的變異而現。

c 破勝論派之實句我。屬離蘊我。將萬有分為六句。後開為十句。六句是實、德、業、大有性、同異、和合。實句義為諸法的本質實體，有九種：地水火風空時方我意。地水火風是物的實體；我與意是心的實體。我與意相合，才能起智生諸法。實、德、業是萬有之體相用；同異

和合是顯其相互關係。

本宗即在破實句中的「我」及「意」不能相合。

（2）. 破小乘：

破犢子部之「非即非離蘊之補特伽羅我」

屬非即非離蘊，非是有爲亦非無爲，即三聚（有爲聚、無爲聚、非二聚）中之非二聚。立此「我」可以解說人死後之輪迴主體。

本宗認爲「假有」是聖者的方便說。「眞我」即涅槃殊勝之德的常樂我淨，也是大我。借用我以顯涅槃、眞如等之絕對之法。

二、俱舍宗之佛性論

（1）法藏認爲小乘教中除佛一人餘一切眾生，皆不說有大菩提性：

法藏、華嚴一乘教義章：「第二明種性差別者。若依小乘種性有六種。謂退・思・護・住・昇進・不動。不動性中有三品。上者佛種性。中者獨覺性。下者聲聞性。如舍利弗等。雖於此中說佛一人有佛種性。然非是彼大菩提性，以於佛功德不說盡未來際起大用等故。是故當知於此教中除佛一人餘一切眾生。皆不說有大菩提性。餘義如小乘論說。」[48]

（2）小乘主張心性本淨者：

舍利弗阿毘達磨論：「心性清淨，爲客塵染。凡夫未聞故，不能如實知見，亦無修心。聖人聞故，如實知見，亦有修心。心性清淨，離客

塵垢。凡夫未聞故，不能如實知見，亦無修心。聖人聞故，能如實知見，亦有修心。今當集假心正門。」[49]

大毘婆沙論：「對治煩惱非對治心。如浣衣磨鏡鍊金等物。與垢等相違不違衣等。聖道亦爾。又此身中若聖道未現在前。煩惱未斷故心有隨眠。聖道現前煩惱斷故心無隨眠。此心雖有隨眠無隨眠時異。而性是一。如衣鏡金等未浣磨鍊等時。名有垢衣等。若浣磨鍊等已。名無垢衣等。有無垢等時雖有異。而性無別。心亦如是。」[50]

（3）小乘主張心性本不淨者：

成實論：「論者言：有，以客塵故不淨。又說不然。

問曰：何因緣故說本淨？何因緣故說不然？答曰：不然者，心非性本淨，客塵故不淨。所以者何？煩惱與心常相應生，非是客相。又三種心，善、不善、無記。善、無記心是則非垢，若不善心本自不淨，不以客故。復次是心念念生滅不待煩惱，若煩惱共生不名爲客。

問曰：心名但覺色等然後取相，從相生諸煩惱與心作垢，故說本淨。答曰：不然。是心心時即滅，未有垢相。心時滅已，垢何所染？[51]

（4）俱舍論共有九品：界品、根品、世間品、業品、隨眠品、賢聖品、智品、定品、破我品。

1.查九品中未有論及佛性相關問題。

其修行最重聲聞位，其最高位階是無學位的阿羅漢果。

雖有緣覺及菩薩位，但其菩薩與大乘之菩薩意義不同，其菩薩意指佛陀自初轉法輪至過著傳道生涯的一段時期，共有四段期間。

而且認爲在三千大千世界中，不許有二佛出世。不同於大乘圓教主

---

[49] 大正 28、697 中
[50] 大正 27、110 上
[51] 大正 32、258 中

張時時、處處皆有眾生成佛。

2.本宗主張「三世實有，法體恒有」及「法有我無」，未能符合佛性第一義空之中道實相義所主張的三心不可得及我法二空所顯眞如之心性論。

第五節　毘曇宗的佛性思想與心性

一、毘曇宗的源流

昆曇宗爲印度佛學傳入中國最早之學派。約後漢安世高即曾譯出阿毘曇五法經，其所傳譯者，多爲說一切有部毘曇學及小乘禪定學。

佛陀入滅百餘年後，佛教教內部由於對教義和戒律等問題的理解出現分歧，於是開始出現分裂，有「十事非法諍」的部派分裂及「大天五事」的部派分裂。最初形成了上座部與大眾部兩派。此後數百年間，上座部及大眾部又多次分裂，形成了十八部或二十部的分派。其中一派名叫「說一切有部」，是在佛滅後；三百年之初即公元前二世紀從上座部中分化而來。約於佛滅後三百年，印度迦多衍尼子造「阿毘達摩發智論」，初步建立了說一切有部的學說體系。而後由安世高將毘曇和禪學的學說傳入中國。僧伽跋澄（西元 383）於建元一九年譯成「毘婆沙論」。僧伽提婆於建元一九年譯成「阿毘曇八犍度論」，次年譯成「阿毘曇心論」，可謂是中國毘曇學之弘傳宣揚之第一人也。竺佛念翻譯了「增一阿含經」及「中阿含經」。

而後，僧伽跋摩於建業（西元 434）譯出法救造的「雜阿毘曇心論」十一卷，而使毘曇學之研究再度興起。傳承至慧嵩，尤以陳隋間（604 卒）南北朝末葉之志念，爲一代毘曇學之專家。自志念之後，漸

趨衰頹。及至唐代慧休，時有講說，但已無專業名師。尤其世親之俱舍論之譯出，替代了舊毘曇學之經論。尤其玄奘大師譯出「阿毘達磨大毘婆沙論」二百卷，及阿毘達摩六足論中之五足論，但少人卒讀，至中唐以後，已無專精名師，時至今日，毘曇學研究者，則更少矣！

「大毘婆沙論」全稱「阿毘達摩大毘婆沙論」、簡稱「毘婆沙論」，是對「發智論」所作的義疏，因此又稱「說一切有部發智大毘婆沙論」。

大毘婆沙論是印度貴霜王朝迦膩色迦王的支持下，由脇尊者發起，以世友、法救、妙音、覺天爲上座。召集五百羅漢編纂而成，即第四次結集。

法勝造「阿毘曇心論」，解釋「說一切有部」教法的核心問題，法救嫌其簡略，義理難明，又作補充性發揮，造「雜阿毘曇心論」。此論不像「阿毘曇心論」的過於簡約，又不似「大毘婆沙論「的過於龐雜，篇幅報導適中，便於讀者學習與理解。

二、毘曇宗的心性說

（一）五位：色、心、心所法、心不相應、無爲法

（1）色法（11）：眼耳鼻舌身五根、色聲香味觸五境及無表色。

（2）心法（1）：心法一般稱「心」（集起之意）、又稱「意」（思量之意）、或「識」（別知之意）。指眾生精神活動中的意識分別能力，是精神現象的主體。

（3）心所法：五類，共 42 種。

1.大地法（10）：想、欲、觸、慧、念、思、解脫、憶、定、受。

2.善大地法（10）：

不貪、不恚、慚、愧、信、猗息、不放逸、不害、精進、捨。

3.煩惱大地法（10）：

邪解脫、不正憶、不順智、失念、不信、懈怠、亂、無明、掉舉、放逸。

4.不善大地法（2）：

無慚、無愧

5.小煩惱大地法（10）：

忿、恨、誑、慳、嫉、惱、諂、覆、高、害。

（4）心不相應法：非色非心，介於色心二者之間。依據大昆婆沙論的五類六十七法，則心不相應法有 10 種。

心不相應行之數，大小乘均有異說。

小乘俱舍家舉出得、非得、同分、無想果、無想定、滅盡定、命根、生、住、異、滅、名身、句身、文身等十四種不相應行法。

順正理論卷十二加上和合性，而立十五不相應行法之說。

品類足論卷一則舉出得、無想定、滅定、無想事、命根、眾同分、依得、事得、處得、生、老、住、無常性、名身、句身、文身等十六法。

此外，分別部及犢子部等，將隨眠亦計為不相應法。

大乘唯識家中，瑜伽師地論卷三舉出得、無想定、滅盡定、無想異熟、命根、眾同分、生、老、住、無常、名身、句身、文身、異生性、流轉、定異、相應、勢速、次第、時、方、數、和合及不和合等二十四種不相應行法，

大乘阿毘達磨集論卷一除去不和合而立二十三不相應行法之說。

大乘五蘊論則舉出得、無想等至、滅盡等至、無想所有、命根、眾同分、生、老、住、無常、名身、句身、文身、異生性等十四法。

（5）無爲法：3 種

1.虛空（指廣浩瀚的宇宙空間，處於不動的狀態，並損供其他有形之物的運動空間場所）

2.數滅（涅槃）

3.非數滅（事物因缺乏條件爲處於不生的狀態，因不生而不動）

（二）輪迴說

1.六道輪迴：天、阿羅、人、畜生、惡鬼、地獄

2.十二支緣起：無明-行-識-名色-六入-觸-受-愛-取-有-生-老死

3.四有：中有-生有-本有-死有

（三）五位實有、三世實有

1. 五位實有：構成眾生現象的元素是眞實存在的。此眞實存在的元素有五大類，即色法、心法、心所法、心不相應行法及無爲法。

五陰是實有，但五陰合和而成的眾生，沒有自性，沒有自體，只是假象的非實有，雜心論稱爲「無我」。

2. 三世實有：過去、現在、末來三世是永恒存在。

3. 宇宙觀：有情世間、器世間。

a. 有情世間：有五道：天、人、畜生、餓鬼、地獄。或六道，再加上阿修羅。

六道眾生可分成三界：欲界、色界、無色界。欲界包括上述六種眾生的全部，有食色等貪欲，受各種欲望的支配與煎熬，故稱欲界。其中，地獄又八熱地獄及八寒地獄等無數種類。天則有六欲天：四天王天、忉利天、夜摩天、兜率天、樂變化天、他化自在天。

欲界之上爲界色，已斷除一些粗陋的欲望，但仍有身體及住所等物質現象。色界有十六天或十七天。

色界之上爲無色界，此中眾生無欲望，無形體，只是一種精神存

在，有四無色天或四空天。

b. 器世界：

也分成欲、色、無色三種。是一切眾生共同的業力所造成。

最低層是無限的虛空，稱空界。由於眾生共業的增長，使空界中的十方風起，激盪形成緊密不動的氣團，厚達一百六十萬由旬，稱「妙風輪」。此後金雲密布，大雨傾盆，落在風輪之上，厚達八十萬由旬，稱為水輪。表面又結成金石大地，厚三十二由旬，稱為地輪。其上山川縱橫，林木繁衍，便是欲界眾生生活的場所。其中心是一座大山，名須彌山，高八萬四千由旬，四周有七香海、七金山。七金山外又有鹹海，其中則有東南西北四大部洲，其外更有鐵圍山周匝圍繞，如此形成「一世界」。全部宇宙由無數個同樣的世界構成，合稱「三千大千世界」。

每一世界，地獄大地之下極深之處；餓鬼居於地面的墳地、山洞等處。畜生居於地面及水中。人住於南贍部洲的地面之上。欲界六天中的四天王天在須彌山腰，忉利天在山頂，其王名帝釋天。其他各天依次向上住在山頂的虛空之中。於中，色界諸天有形體，有宮殿樓閣，起居住所。無色界諸天則沒有形體，沒有宮殿住所，實際上，色、無色界諸天只是禪定境界的形象化而已。

（四）六因、四緣、五果

六因：

所作因：某一現象生起時，其他一切萬法因對其生起不起阻礙作用。

共有因：一現象生起時其它現象同時生起。

自分因：前一現象與後一現象是同一的物種不變。

一切遍因：煩惱中的任何一種，能遍行於其他一切煩惱之中，促成其他煩惱的產生與增長。

相應因：心與心所相應而起，二者互爲原因。

報因：眾生的業力能招果報。

四緣：因緣、次第緣、緣緣、增上緣（即是所作因）。而因緣包攝了除所作因之其他五因。次第緣及緣緣是六因之外新增的內容，用以說明心法、心所法產生時的條件。次第緣即前一刹那可以爲後一刹那開道讓位。緣緣是能緣心能認識所緣境。

五果：增上果（所作因所生之果）、依果（自分因及一切遍因所生之果）、報果（報因所生）、功用果（共有因、相應因所生）

（五）惑、煩惱

1.七使、六使、十使、九十八使：使是煩惱的異名。

七使：貪欲、瞋恚、愛欲、憍慢、無明、見、懷疑

六使：貪欲和愛欲合二爲一。

五見：：身見、邊見、邪見、見取、戒取

十使：貪、瞋、無明、慢、疑、身見、邊見、邪見、見取、戒取

九十八使：見道所斷煩惱之八十八結使及修道所斷煩惱之十結使，共九十八使。

2.十纏：無慚、無愧、睡、悔、慳、嫉、掉、眠、忿、覆

3.六垢：害、恨、諂、誑、高、惱

（六）業

1.身、口、意三業

2.作業（即表業）、無作業（即無表業）

身口二業可分成作業及無作業。

作業即表業：可以由身口直接表露出來，可爲眾生所見所聞之活動。

無作業即無表業：沒有從身口表現出易見的活動，但依於作業而存

在。如受戒後眾生心中即有一種潛在的約束力，即無作業。

　　眾生因自身的業力而輪迴；因俱起的煩惱而受苦難。煩惱是苦的客觀原因，業力是苦的主觀原因。

　　三、昆曇宗的解脫論

　　（一）滅除煩惱的方法
　　（1）定
　　1.不淨觀：觀察自身穢惡不淨以生厭離心。
　　2.安般念：通過數息以集中精神，思考佛教眞諦。
　　3 界方便觀：通過觀察眾生體內的地水火風空識六界，以知因緣和合，眾生本空。
　　11 地：欲界地、色界根本禪（初禪、二禪、三禪、四禪）、色界輔助禪（未至禪、中間禪）、無色界禪（四空處：空無邊處、識無邊處、無所有處、非想非非想處
　　4. 禪定的功德
　　4.1 三種三摩提：空、無願、無相
　　4.2 六種神通：天眼通、天耳通、他心通、宿命通、神足通、漏盡通
　　4.3 四種無量：慈悲喜捨
　　4.4 禪定的異名：
　　a. 十種一切處：
　　在禪定中觀察青黃赤白地水火風空識等十法，使其遍於一切處所。
　　b. 八種勝處：以超勝智慧捨棄貪愛之禪定境界。
　　b.1 內有色想觀外色少勝處：內心有色想，觀內身不淨，又觀少許外色清淨。

b.2 內有色想觀外色多勝處：內心有色想，觀內身不淨，又觀眾多外色清淨。

b.3 內無色想觀外色少勝處：已無內心的色想，只觀少許外色清淨

b.4 內無色想觀外界多勝處：已無內心的色想，唯觀眾多外色，且以之為清淨。

b.5 青勝處：觀外界事物的青色，不加貪愛。

b.6 黃勝處：觀外境黃色不加貪著。

b.7 赤勝處：觀外境赤色不加貪著。

b.8 白勝處：觀外境白色不加貪著。

c. 八種背捨（八解脫）。背捨是捨棄貪愛。

c.1 內有色想觀外色背捨。

c.2 內無色想觀外色解脫。此二者觀不淨色。

c.3 淨背捨，此觀淨色。

c.4 空無邊處背捨

c.5 識無邊處背捨

c.6 無所有處背捨

c.7 非想非非想處背捨

c.8 滅受想定背捨

八背捨、八勝處、十一切處合稱三法，都以對治貪愛為目標，其中背捨指初入禪定之門時的狀態；勝處指進入禪定後的中間過程；一切處指禪定最終所獲得的成就。

（2）智：有十智（世俗智、法智、比智、苦智、集智、滅智、道智、他心智、盡智、無心智）或三智（世俗智、法智、比智）

世俗智（等智），聖智（苦智、集智，滅智、道智）

聖智，配三界看：法智、比智

聖智，以解脫看：盡智、無生智

他心智：即六神通的他心通

（3）修行之道

1. 修行三道：見道、修道、無學道

2. 修行四念處：別相及總相四念處：身念處、受念處、心念處、法念處

3. 修行四善根：煖、頂、忍、世第一法

4. 修行十六心：指遠到見道的修行位次，上接世第一法。

依苦集滅道；及法指下欲界、比智指上色無色二界；及智（證得）、忍（忍許）三者之情形分為：

苦法智忍、苦法智、苦比智忍、苦比智、集法智忍、集法智、集比智忍、集比智、滅法智忍、滅法智、滅比智忍、滅比智；道法智忍、道法智、道比智忍。此第十五心入見道，第十六心道比智開始進入修道。

5. 小乘四果：隨信行、隨法行，信解脫（隨信行的見道位：須陀洹果、斯陀含果、阿那含果）、見到（隨法行之見道位：須陀洹果、斯陀含果、阿那含果）、身證（阿那含果的最高境界）、阿羅漢（成就了盡智及無生智）

阿羅漢即聲聞：依佛之聲教而證悟。

緣覺：不依佛之聲教而自依自身智慧修行證悟。

如來佛：不需要修行，天生就是佛法的體現，真理的化身。

不動阿羅漢：跳出三界外，不在五行中。

四、毘曇宗的佛性說

（1）法藏認為小乘教中除佛一人餘一切眾生，皆不說有大菩提

性：

法藏、華嚴一乘教義章：「第二明種性差別者。若依小乘種性有六種。謂退‧思‧護‧住‧昇進‧不動。不動性中有三品。上者佛種性。中者獨覺性。下者聲聞性。如舍利弗等。雖於此中說佛一人有佛種性。然非是彼大菩提性，以於佛功德不說盡未來際起大用等故。是故當知於此教中除佛一人餘一切眾生。皆不說有大菩提性。餘義如小乘論說。」[52]

（2）本宗的如來說：如來佛是天生如實而來即是佛。按照雜心論的說法，佛不在僧數之內，也就是說佛不是依靠修行而覺悟的人，他天生就是佛法的體現，是佛教真理的化身。

與大乘的佛性觀點不同。大乘的佛性是眾生悉有，但需透過修行，未來才能成佛。

（3）焦鏡、後出雜心序：「位序品依四諦為義；界品直說法相，以擬苦諦；行、業、使三品多論生死之本，以擬集諦；賢聖品所說斷結證滅之義，以擬滅諦；智、定二品多說無漏之道，以擬道諦。自後諸品雜明上事，更無別體也」

整本雜心論未探討及佛性之說。而且其主要思想認為，構成生命的元素，如五蘊中的各別五蘊即色受想行識都是實有，然而五蘊和合而成的我，因無自體，所以是假有。十二入、十界的法也是實有，五位包括色、心、心所、心不相應、無為等也是實有之法，一切事物現象都是五類實法的六因四緣的和合產物。三世也是實有。

這種論點與大乘中觀的自體空不同，本宗主張業因緣起即六因、四緣的緣起，不同大乘的性空緣起。雖也認為因緣和合的法是假法，但卻

---

[52] 大正 45、485 上

認為自性實有，本體的元素是眞實；現象世界是本體的產生，是無常、苦、空、無我。故其基本元素的自體有，與佛性的第一義空的自體空，或中道觀的非空非假完全不能契合。

第六節　涅槃宗的佛性思想與心性

一、涅槃宗的源流

（1）宗名：中國古德先賢弘揚「大般涅槃經」而形成之學派。其中心思想是明「一切眾生皆有佛性，如來常住，涅槃常樂我淨」。

（2）源流：佛經以釋尊涅槃及涅槃前行事為背景的經典甚多，有小乘及大乘二系統。小乘以「長阿含經、遊行經」最著名。大乘以「大般涅槃經」最受注目。

阿含經之集成，當在佛滅後第一個夏季七月，五百阿羅漢舉行第一次結集，以大迦葉為上首，阿難誦出經，優婆離誦誦律，阿含經於此集成。

阿含經於後秦弘始十五年（413年）傳入中國。但眞正集成約於佛滅後一世紀左右。由此推知記述佛陀入滅事跡的遊行經，可說是最原始的涅槃經。繼遊行經後，在印度便陸續有涅槃經集成流行。西元二世紀頃後漢時，支婁迦讖來洛陽（一六七），便譯有「胡般泥洹經」。

（3）傳譯：漢譯本不下十多種，但此經梵本已佚，現存漢譯本有三種：大般涅槃經四十卷，曇無讖（385-433）譯，即北本。

「大般泥洹經」六卷，法顯譯（337-422）。

「大般涅槃經」三十六卷，慧觀、謝靈運再治本，即南本。

「大般涅槃經後分」，若那跋陀羅（約七世紀）

（4）傳承：道朗（大般涅槃經序）、僧祐（出三藏記集、曇無讖傳）、灌頂（大般涅槃經玄義）、道暹（涅槃經玄義文句）。

法顯本的傳譯有智猛（泥洹經記）。

南本的修治：慧嚴、慧觀、謝靈運。

後分的譯者：僧祐、慧皎、義淨等。

涅槃經曾提及或引用的經典如下：首楞嚴三昧經（185）、摩訶般若波羅蜜經、法華經（286）、如來藏經（290-306）、華嚴經（420）

涅槃經成立於三世紀末至五世紀初之間，屬於中期大乘經的心性清淨系經典，未涉及唯識系經典的觀念。

南朝講演泥洹經最早是竺道生，而後慧叡、道朗、慧嵩、法瑤、章安、寶亮、僧慧、法安、梁武帝、智藏。

至南朝陳代已漸衰退及至唐代則更少矣

二、涅槃宗的心性論

從心淨，到心性本淨，到清淨本體：

(一) 原始佛典的「心淨」說：

原始佛典巴利文增支部：「諸位比丘，此心清淨，它是由客塵煩惱而被染污。沒有聽過「這道理」的凡夫不如實知，是故我說沒有聽過這道理的凡夫不修其心。諸位比丘，此心清淨，它是從客塵煩惱而得解脫。聽過這道理的聖弟子有修其心」

雜阿含經：「……彼鍊金師、鍊金弟子復置爐中，增火鼓韛，轉側陶鍊，然後生金輕軟光澤，屈伸不斷，隨意所作釵、璫、鐶、釧諸莊嚴具。」[53]

---

[53] 大正 2、341 下

佛性如礦中眞金，需冶礦煉金，才能得礦中眞金。

（二） 部派佛教論典的「心性本淨」說

「大眾部、一說部、說出世部、雞胤部本宗同義者，……心性本淨，客隨煩惱之所雜染，說爲不淨」[54]

說一切有順正理論：「分別論者作如是言：唯有貪心今得解脫。如有垢器後除其垢如頗胝迦，由所依處顯色差別有異色生。如是淨心，貪等所染名有貪等，後還解脫。聖教亦說心本性淨，有時客塵煩惱所染。」[55]

（三） 初、中期眞常系所述的如來藏、佛性，是指清淨本體：

「如來藏經」佛化蓮花喻：「……一切眾生如來之藏常住不變。但彼眾生煩惱覆故，如來出世，廣爲說法，除滅塵勞，淨一切智」[56]

（四） 勝鬘經、楞伽經的如來藏「清淨本體」緣起說，如來藏爲生死所依；能遍造成一切趣生。

勝鬘經：「世尊！生死者依如來藏，以如來藏故，說本際不可知。……」[57]

楞伽經：「大慧！如來藏是善、不善因，能遍興造一切趣生。……。」[58]

（五） 涅槃經係屬心清淨系經典，經中探討眾生的清淨性甚多，但都以「佛性」而絕少以「如來藏」稱呼清淨性。前分認爲眾生本具佛性清淨本體，但未進一步視佛性爲存有界之緣起依據。

---

[54] 大正 27、140 中
[55] 大正 29、733 上
[56] 大正 16、451 中-下
[57] 大正 12、222 中
[58] 大正 16、510 中

三、涅槃宗的佛性論

（一）涅槃宗的佛性義

（1）佛性的意義

佛性的梵文原語爲 buddhadhatu。指佛的性質、本質、本性和佛的因等義。

dhatu 古漢譯作「界」，即佛的領域。也包括「因」、「種族」等義。Ghaba 譯作「胎」、「胎藏」。

「善男子！如來十力、四無所畏、大慈大悲、三念處、首楞嚴等八萬億諸三昧門，三十二相、八十種好、五智印等三萬五千諸三昧門金剛定等，四千二百諸三昧門方便三昧無量無邊，如是等法是佛、佛性。如是佛性則有七事：一常、二我、三樂、四淨、五眞、六實、七善，是名分別答」[59]

（2）佛性與如來藏

1. 北本涅槃經出現「佛性」共 21 次、「佛性種子」4 次；出現「如來藏」共 4 次、「如來秘藏」4 次。

法顯本出現「佛性」4 次、「如來之性」16 次；出現「如來藏」6 次。[60]

足見佛性、佛性種子、法身種子、如來性、如來之性、如來常住之性、如來微妙之性等爲異名同義。

如來藏、如來微密之藏、如來秘密之藏、秘藏、秘密之藏、如來眞法藏等爲異名同義。

2. 前分認爲我就是如來藏，我就是佛性：

---

[59] 大正 12、571 上
[60] 屈大成、大乘大般涅槃經研究 148 頁

「我者即是如來藏義，一切眾生悉有佛性，即是我義」

（3）佛性與第一義空及中道：

「善男子！佛性者名第一義空，第一義空名爲智慧。所言空者，不見空與不空。智者見空及與不空、常與無常、苦之與樂、我與無我。空者一切生死，不空者謂大涅槃；乃至無我者即是生死，我者謂大涅槃。見一切空，不見不空，不名中道；乃至見一切無我，不見我者，不名中道，中道者名爲佛性。以是義故，佛性常恒、無有變易，無明覆故，令諸眾生不能得見。聲聞緣覺見一切空，不見不空；乃至見一切無我，不見於我。以是義故，不得第一義空，不得第一義空故，不行中道，無中道故，不見佛性。」[61]

「佛性者即眞解脫，眞解脫者即是如來。又解脫者，名不空空，空空者名無所有，無所有者，即是外道尼犍子等所計解脫，而是尼犍實無解脫，故名空空；眞解脫者則不如是，故不空空，不空空者即眞解脫」[62]

（4）佛性與阿耨多羅三藐三菩提

「佛性者，即是一切諸佛阿耨多羅三藐三菩提中道種子」[63]

「一切眾生皆有佛性，以是性故，斷無量億諸煩惱結，即得成於阿耨多羅三藐三菩提」[64]

（5）佛性與涅槃

「一切眾生悉有佛性，無量相、好、莊嚴照明。以彼性故，一切眾生得般涅槃。」[65]

---

[61] 大正 12、523 中
[62] 大正 12、395 下
[63] 大正 12、523 下
[64] 大正 12、404 下
[65] 大正 9、297 中

「如來者即是涅槃，涅槃者即是無盡，無盡者即是佛性，佛性者即是決定，決定者即是阿耨多羅三藐三菩提」[66]

（6）佛性與我：從前分至後分有五階段：我-無我-二邊遣破-第一義空-無明煩惱也是佛性。

1.佛教因欲破我執，提倡無我。前分涅槃經認為說「無我」是方便說。我即是佛性。

「我者即是如來藏義，一切眾生悉有佛性，即是我義」[67]

「喻如女人為其子故，以苦味塗乳。如來亦爾，為修空故，說言諸法悉無有我，如彼女人淨洗乳已，而喚其子欲令還服，我今亦爾，說如來藏……」

乳是指一般佛教所主張的「無我」。本經主張無我只是方便說，所以塗上苦令兒不敢吃「無我乳」。乳苦洗掉即是本經主張佛性即我，所以要兒子再回來飲除苦的乳，接受我即佛性說。

2. 後分認為前分主張「佛性即我」只是方便說。

其實中道才是佛性。

「如來不爾，亦說有我，亦說無我，是名中道」[68]

「……善男子，是佛性者實非「我」也，為眾生故說名為「我」。」[69]

後分說，「佛性是我」只是為眾生而說的方便說。

說「有我」是以「佛性真我」破一般佛教的無我論。

說「無我」是破一般凡俗的虛妄我執。

3. 二邊遣破：

---

[66] 大正 12、395 下
[67] 大正 12、407 中
[68] 大正 12、405 中
[69] 大正 12、525 上-中

「佛性無生無滅、無去無來、非過去非未來非現在、非因所作、非無因作、非作非作者、非相非無相、非有名非無名、非名非色、非長非短……」[70]

後分至此已主張雙遣二邊的中道，佛性是非有非無。

4. 後分主張佛性是第一義空。

見前文：佛性與第一義空及中道。

第一義空是畢竟空，有無四句皆遣。

5. 無明煩惱也是佛性。

「善男子！一切無明煩惱等結，悉是佛性。何以故？佛性因故。從無明行及諸煩惱得善五陰，是名佛性。從善五陰，乃至獲得阿耨多羅三藐三菩提。是故我於經中先說，眾生佛性，如雜血乳；血者即是無明行等一切煩惱，乳者即是善五陰也。是故我說，從諸煩惱及善五陰，得阿耨多羅三藐三菩提。」[71]

（7）佛性的異名同義詞

1. 「如來者即是涅槃，涅槃者即是無盡，無盡者即是佛性，佛性者即是決定，決定者即是阿耨多羅三藐三菩提」[72]

2. 北本前分之佛性異名：佛性、佛性種子、如來性、如來藏、如來秘藏、如來微密之藏、秘密之藏、如來眞法藏

法顯本之佛性異名：

佛性、如來之性、如來藏、法身種、如來性、如來常住之性、如來之性、如來微妙之性。

（二）佛性的二因、三因

---

[70] 大正 12、445 中-下
[71] 大正 12、571 中
[72] 大正 12、395 下

（1）二因與三因

1 二因說：

a 正因與緣因：「世尊！如佛所說，有二因者，正因、緣因。眾生佛性為是何因？」

「善男子！眾生佛性亦二種因：一者正因，二者緣因。正因者謂諸眾生，緣因者謂六波羅蜜。」

師子吼言：「世尊！我今定知乳有酪性。何以故？我見世間求酪之人，唯取於乳，終不取水，是故當知乳有酪性。」[73]

b 生因與了因：「男子！因有二種：一者生因，二者了因。能生法者，是名生因；燈能了物，故名了因。煩惱諸結，是名生因；眾生父母，是名了因。如穀子等是名生因；地水糞等是名了因。復有生因，謂六波羅蜜、阿耨多羅三藐三菩提。復有了因，謂佛性、阿耨多羅三藐三菩提。復有了因，謂六波羅蜜、佛性。復有生因，謂首楞嚴三昧、阿耨多羅三藐三菩提。復有了因，謂八正道、阿耨多羅三藐三菩提。復有生因，所謂信心、六波羅蜜。」

生因：能生法者；信心、六波羅密；首楞嚴三昧；煩惱諸結；穀子。

了因：八正道、阿耨多羅三藐三菩提；六波羅密、佛性；佛性、阿耨三藐三菩提；燈能了物；眾生父母；地水糞。

2 正因佛性及三因

「法身滿足即是非因非果正因滿。故云隱名如來藏顯名法身。雖非是因而名為正因。雖非是果而名為法身。大經云。非因非果名佛性者。即是此正因佛性也。」[74]

---

[73] 大正 12、530 中
[74] 大正 34、880 下

正因佛性即是非因非果之中道。

涅槃師的正因佛性說：有第四家法安的冥傳不朽；第六家梁武帝的真神；第八家道生的當果；第九家法瑤的得佛之理；第十家寶亮的真諦。

正因佛性之本三家是指道生的當有、曇無讖的中道真如、法瑤的得佛之理。

涅槃經是以正因及緣因一對，以生因及了因為另一對。

三因佛性說是天台宗智顗大師所倡。將生因等同於正因，而為正因所攝，而提出三因為正因、了因、緣因。

緣因是正因的助緣，也是了因的助緣；了因是顯了正因，讓正因顯現。緣因是協助了因去顯現正因。

三因佛性的創說可謂是佛教的一大創舉，可以圓融解釋涅槃經二因說之不足。

3　佛性的因果論

「善男子！是觀十二因緣智慧，即是阿耨多羅三藐三菩提種子，以是義故，十二因緣名為佛性。善男子！譬如胡瓜名為熱病。何以故？能為熱病作因緣故。十二因緣亦復如是。善男子！佛性者，有因有因因，有果有果果。有因者即十二因緣，因因者即是智慧，有果者即是阿耨多羅三藐三菩提，果果者即是無上大般涅槃。善男子！譬如無明為因，諸行為果，行因識果，以是義故，彼無明體亦因、亦因因，識亦果、亦果果。佛性亦爾。善男子！以是義故，十二因緣不生不滅、不常不斷、非一非二、不來不去、非因非果。善男子！是因非果如佛性，是果非因如大涅槃。是因是果，如十二因緣所生之法。非因非果名為佛性。非因果故，常恆無變。以是義故，我經中說十二因緣其義甚深，無知無見，不可思惟，乃是諸佛菩薩境界，非諸聲聞緣覺所及。以何義故甚深甚深？

眾生業行不常不斷而得果報，雖念念滅而無所失，雖無作者而有作業，雖無受者而有果報，受者雖滅果不敗亡，無有慮知和合而有。一切眾生雖與十二因緣共行而不見知，不見知故無有終始，十住菩薩惟見其終不見其始，諸佛世尊見始見終。以是義故，諸佛了了得見佛性。善男子！一切眾生不能見於十二因緣，是故輪轉。善男子！如蠶作繭，自生自死。一切眾生亦復如是，不見佛性故，自造結業，流轉生死，猶如拍毬。」[75]

因是十二因緣、因因是智慧即十二因緣觀智、果是阿耨多羅三藐三菩提、果果是大般涅槃、非因非果是佛性。

（三）佛性與有無

「佛與佛性雖無差別，然諸眾生悉未具足。善男子一切眾生悉有佛性；一切眾生真實未有三十二相、八十種好，以是義故，我於此經而說是偈：「本有今無，本無今有。三世有法，無有是處。」

「善男子！有者凡有三種：一未來有，二現在有，三過去有。一切眾生未來之世，當有阿耨多羅三藐三菩提，是名佛性。一切眾生現在悉有煩惱諸結（即本有壞），是故現在無有三十二相、八十種好（即今無好）。一切眾生過去之世有斷煩惱（本有好），是故現在得見佛性（今無壞）。以是義故，我常宣說一切眾生悉有佛性，乃至一闡提等亦有佛性。一闡提等無有善法，佛性亦善，以未來有故，一闡提等悉有佛性。何以故？一闡提等定當得成阿耨多羅三藐三菩提故。凡有心者，定當得成阿耨多羅三藐三菩提。以是義故，我常宣說一切眾生悉有佛性。」

一切眾生悉有佛性之「有」是指「當有」即未來有。

本有今無是指本有壞，今無好。（本有煩惱，故今無三十二相、八

---

[75] 大正 12、524 上

十好）

本無今有，是指本無壞，今有好（本有斷煩惱，今有佛性）

一闡提有佛性是指當有佛性。

文殊師利言：「純陀心疑如來常住。以得知見佛性力故，若見佛性而為常者，本未見時，應是無常。若本無常，後亦應爾。何以故？如世間物，本無今有，已有還無，如是等物悉是無常，以是義故，諸佛、菩薩、聲聞、緣覺無有差別。」

爾時世尊即說偈言：

「本有今無，本無今有。三世有法，無有是處。」[76]

（四）佛性的定與不定

「如來常行有漏中故。有漏即是二十五有，是故聲聞、凡夫之人言佛有漏，諸佛如來真實無漏。善男子！以是因緣，諸佛如來無有定相。善男子！是故犯四重禁、謗方等經及一闡提，悉皆不定。」[77]

諸佛如來實無定相，佛性當然也無定相，一闡提也無定相。

（五）佛性的本有、始有

1. 本經前分主張「眾生悉有佛性」，即指眾生本有佛性，但現時被煩惱所覆蓋，暫時未能顯現，否定眾生現在已成正覺，需修行煩惱去盡時，才能證知本有的佛性，得成無上正覺。舉出「貧女寶藏」及「力士額珠」二喻。寶藏及額珠指本有的佛性，貧女及力士指佛性被煩惱所覆的眾生。貧女需人幫其掘出寶藏；力士需醫師以鏡子照現出陷入皮膚中的金剛珠，兩者意指需經修行去煩惱才能顯現佛性。

2. 後分主張眾生有佛性並不意指眾生本具佛性，而是需待其他條件具足，，才能證見佛性。需有正因加緣因俱足才行。

---

[76] 大正 12、422 下
[77] 大正 12、502 上

舉出「箜篌妙音」及「乳成酪」二喻。前者須靠其他條件配合才可發聲；後者需加一滴「頗求」樹汁，乳才能成酪。眾生的佛性是「無有住處」及「無性」，無有住處是隨緣才能現。無性是事物沒有自性，也需待緣而起。及需正因及緣因。正因是眾生。緣因是修行六度。因此眾生亦本來沒有佛性，需待緣才能成佛。佛陀指出眾生有佛性的「有」是指「未來有」。認為佛性本身非有非無、亦有亦無。

佛說有佛性，是怕眾生本已有諸惡過咎，若再說本無佛性，恐生其煩惱。因此只要眾生行了少許善事，即說有佛性以讚嘆之。並令生阿耨多羅三藐三菩提心；又說有佛性可令眾生不放逸，眾生有佛性可以說是一種如意說（隨他意說）。

「眾生佛性亦復如此，無有住處。」

「善男子！眾生佛性非有、非無。所以者何？佛性雖有，非如虛空。何以故？世間虛空，雖以無量善巧方便不可得見；佛性可見，是故雖有非如虛空。佛性雖無不同兔角。何以故？龜毛、兔角，雖以無量善巧方便不可得生；佛性可生，是故雖無不同兔角。是故佛性，非有非無、亦有亦無。云何名有？一切悉有，是諸眾生不斷不滅，猶如燈焰，乃至得阿耨多羅三藐三菩提，是故名有。云何名無？一切眾生現在未有一切佛法，常、樂、我、淨，是故名無。有無合故，即是中道，是故佛說眾生佛性非有非無。」[78]

名「有」，是因當得阿耨多羅三藐三菩提。

名「無」，是因眾生現在沒有常樂我淨。

有無合，才是中道。

中道是非有非無。

---

[78] 大正 12、572 中

「菩薩摩訶薩雖見眾生諸惡過咎，終不說之。何以故？恐生煩惱，若生煩惱則墮惡趣。如是菩薩若見眾生有少善事，則讚歎之。云何為善？所謂佛性。讚佛性故，令諸眾生發阿耨多羅三藐三菩提心。」[79]

「……說諸眾生悉有佛性，為令一切不放逸故，是名如意說」[80]

（六）佛性的見與不見

「善男子！觀十二緣智，凡有四種：一者下，二者中，三者上，四者上上。下智觀者不見佛性，以不見故得聲聞道。中智觀者不見佛性，以不見故得緣覺道。上智觀者見不了了，不了了故住十住地。上上智觀者見了了故，得阿耨多羅三藐三菩提道。以是義故，十二因緣名為佛性。佛性者即第一義空，第一義空名為中道，中道者即名為佛，佛者名為涅槃。」[81]

菩薩十地位階只能少分見佛性。

佛才能了了見佛性。

聲聞、緣覺均不能見佛性

「如來之身無有相貌，非長非短、非白非黑，無有方所，不在三界，非有為相，非眼識識，云何可見？佛性亦爾。」[82]

如來沒有形象，沒有方所，不在三界，如何可見呢？佛性也是這樣。非眼識識所能見。

（七）如來常住

「尊者摩訶迦葉語舍利弗言：「若說如來後有生死者，是則為色；若說如來無後生死，是則為色；若說如來有後生死、無後生死，是則為色；若說如來非有後、非無後生死，是則為色。如來者，色已盡，心善

[79] 大正 12、518 上
[80] 大正 12、574 中
[81] 大正 12、524 中
[82] 大正 12、530 上

解脫。言有後生死者，此則不然；無後生死、有後無後、非有後非無後生死，此亦不然。如來者，色已盡，心善解脫，甚深廣大，無量無數，寂滅涅槃。」[83]

「云何如來爲常住法、不變異耶？如佛言曰：「離諸有者，乃名涅槃，是涅槃中，無有諸有。」云何如來爲常住法、不變易耶？「如衣壞盡，不名爲物，涅槃亦爾，滅諸煩惱不名爲物。」云何如來爲常住法、不變易耶？如佛言曰：「離欲寂滅，名曰涅槃，如人斬首，則無有首；離欲寂滅，亦復如是，空無所有，故名涅槃。」

「『云何如來爲常住法不變易耶？』迦葉！若有人作如是難者，名爲邪難。迦葉！汝亦不應作是憶想，謂如來性是滅盡也。迦葉！滅煩惱者，不名爲物。何以故？永畢竟故，是故名常，是句寂靜，爲無有上。滅盡諸相，無有遺餘，是句鮮白，常住不退。是故涅槃，名曰常住，如來亦爾，常住無變。言星流者，謂煩惱也。散已尋滅莫知所在者，謂諸如來煩惱滅已，不在五趣。是故如來是常住法，無有變易。」[84]

（八）涅槃四德：常樂我淨。

「眾生亦爾，爲諸煩惱無明所覆，生顛倒心，我計無我、常計無常、淨計不淨、樂計爲苦，以爲煩惱之所覆故。雖生此想，不達其義，如彼醉人於非轉處，而生轉想。

我者即是佛義，常者是法身義，樂者是涅槃義，淨者是法義。汝等比丘！云何而言有我想者，憍慢貢高流轉生死？汝等若言，我亦修習無常、苦、無我等想，是三種修，無有實義。

我今當說勝三修法，苦者計樂、樂者計苦，是顛倒法。無常計常、常計無常，是顛倒法。無我計我、我計無我，是顛倒法。不淨計淨、淨

---

[83] 大正 2、226 中
[84] 大正 12、387 下

計不淨，是顛倒法。有如是等四顛倒法，是人不知正修諸法。

「汝諸比丘，於苦法中生於樂想，於無常中生於常想，於無我中生於我想，於不淨中生於淨想。世間亦有常樂我淨，出世亦有常樂我淨。世間法者有字無義，出世間者有字有義。何以故？世間之法有四顛倒，故不知義。所以者何？有想顛倒、心倒、見倒。以三倒故，世間之人，樂中見苦、常見無常、我見無我、淨見不淨，是名顛倒。以顛倒故，世間知字而不知義。何等為義？無我者名為生死，我者名為如來；無常者聲聞緣覺，常者如來法身；苦者一切外道，樂者即是涅槃；不淨者即有為法，淨者諸佛菩薩所有正法；是名不顛倒。以不倒故，知字知義。若欲遠離四顛倒者，應知如是常、樂、我、淨。」[85]

世間法有四種顛倒，

有想顛倒、心倒、見倒。因有上三倒，世間之人，樂中見苦、常見無常、我見無我、淨見不淨，是名顛倒。

因為有顛倒，世間只知「字」而不知「義」。

什麼是「義」：

無我者名為生死，我者名為如來；無常者聲聞緣覺，常者如來法身；苦者一切外道，樂者即是涅槃；不淨者即有為法，淨者諸佛菩薩所有正法；是名不顛倒。

以不倒故，知字知義。若欲遠離四顛倒者，應知如是常、樂、我、淨。

（九）一切眾生悉有佛性

（1）一闡提也有佛性：從前分的「一闡提無佛性」，到後分的「一闡提有佛性」：

---

[85] 大正 12、377 下

1. 前分的一闡提無佛性：

「復有比丘說：『佛祕藏甚深經典，一切眾生皆有佛性，以是性故，斷無量億諸煩惱結，即得成於阿耨多羅三藐三菩提，除一闡」

「是大涅槃微妙經典亦復如是，雨大法雨，普潤眾生，唯一闡提發菩提心無有是處。

復次善男子！譬如焦種，雖遇甘雨，百千萬刼，終不生芽，芽若生者亦無是處。一闡提輩亦復是。

譬如明珠置濁水中，以珠威德水即為清，投之淤泥不能令清。是大涅槃微妙經典亦復如是。投一闡提淤泥之中，百千萬歲，不能令清，起菩提心。何以故？是一闡提，滅諸善根，非其器故。

是妙經典，諸經中王，如彼藥樹，諸藥中王。若有修習是大涅槃及不修者，若聞有是經典名字，聞已敬信，所有一切煩惱重病皆悉除滅，唯不能令一闡提輩安止住於阿耨多羅三藐三菩提。

復次善男子！如人手瘡，捉持毒藥，毒則隨入；若無瘡者，毒則不入。一闡提輩亦復如是，無菩提因，如無瘡者，毒不得入。所謂瘡者，即是無上菩提因緣，毒者即是第一妙藥，完無瘡者謂一闡提。

復次善男子！譬如金剛，無能壞者，而能破壞一切之物，唯除龜甲及白羊角。是大涅槃微妙經典，亦復如是，悉能安止無量眾生於菩提道，唯不能令一闡提輩立菩提因。

復次善男子！如馬齒草、娑羅翅樹、尼迦羅樹，雖斷枝莖，續生如故；不如多羅，斷已不生。是諸眾生亦復如是，若得聞是大涅槃經，雖犯四禁及五無間，猶故能生菩提因緣；一闡提輩則不如是，雖得聽受是妙經典，而不能生菩提道因。

復次善男子！如佉陀羅樹、鎮頭迦樹，斷已不生，及諸焦種。一闡提輩，亦復如是，雖得聞是大涅槃經，而不能發菩提因緣，猶如焦種。

復次善男子！譬如大雨，終不住空。是大涅槃微妙經典亦復如是，普雨法雨，於一闡提則不能住，是一闡提周體密緻，猶如金剛，不容外物。」[86]

「善男子！如是微妙大涅槃河，其中亦有七種眾生，從初常沒乃至第七，或入或出。所言沒者，有人聞是大涅槃經，如來常住、無有變易、常樂我淨、終不畢竟入於涅槃；一切眾生悉有佛性，一闡提人謗方等經作五逆罪犯四重禁，必當得成菩提之道；須陀洹人、斯陀含人、阿那含人、阿羅漢人、辟支佛等必當得成阿耨多羅三藐三菩提。聞是語已，生不信心，即作是念，作是念已，便作是言：『是涅槃典，即外道書，非是佛經。』是人爾時遠離善友，不聞正法」[87]

2. 後分主張一闡提也有佛性：

「我常宣說一切眾生悉有佛性，乃至一闡提等亦有佛性。一闡提等無有善法，佛性亦善，以未來有故，一闡提等悉有佛性。何以故？一闡提等定當得成阿耨多羅三藐三菩提故。善男子！譬如有人家有乳酪，有人問言：『汝有蘇耶？』答言：『我有酪，實非蘇，以巧方便定當得故，故言有蘇。』眾生亦爾，悉皆有心，凡有心者，定當得成阿耨多羅三藐三菩提。以是義故，我常宣說一切眾生悉有佛性。」[88]

「善男子！或有佛性一闡提有，善根人無。或有佛性善根人有，一闡提無。或有佛性，二人俱有。或有佛性，二人俱無。善男子！我諸弟子若解如是四句義者，不應難言，一闡提人定有佛性、定無佛性。若言眾生悉有佛性，是名如來隨自意語。如來如是隨自意語，眾生云何一向

---

[86] 大正 12、418 上
[87] 大正 12、574 中
[88] 大正 12、556 下-557 上

作解？」[89]

（2）一切眾生悉有佛性

「一切眾生定得阿耨多羅三藐三菩提故，是故我說一切眾生悉有佛性。……」[90]

一切眾生，包括一闡提，悉有佛性。

（十）非情也有佛性

「佛言：「善男子！爲非涅槃名爲涅槃，爲非如來名爲如來，爲非佛性名爲佛性。云何名爲非涅槃耶？所謂一切煩惱有爲之法，爲破如是有爲煩惱，是名涅槃。非如來者，謂一闡提至辟支佛，爲破如是一闡提等至辟支佛，是名如來。非佛性者，所謂一切牆壁、瓦石、無情之物，離如是等無情之物，是名佛性。善男子！一切世間，無非虛空對於虛空。」[91]

---

[89] 大正 12、574 下
[90] 大正藏 12、556 下-557 上
[91] 大正 12、581 上

第十一章 中國歷代各大師的佛性思想

一、佛性思想的淵源流變

佛性即如來藏,由阿含經增支部的「心極光淨」,到大眾部、一說部、說出世部、雞胤部等的「心性本淨」及分別論者(化地部)的「心本性清淨,客塵煩惱所染,相不清淨」。

1. 阿含經 增支部的心極光淨說。

增支部、一集:「比丘眾!此心極光淨,而客隨煩惱雜染,無聞異生不如實解,我說無聞異生無修心故」

「比丘眾!此心極光淨,而客隨煩惱解脫,有聞聖弟子能如實解,我說有聞弟子有修心故」

2. 異部宗輪論:「大眾部、一說部、說出世部、雞胤部本宗同義者,……心性本淨,客塵煩惱之所雜染,說為不淨」

3. 大眾部的「性本淨」說:

阿昆達摩大毘婆沙論卷二七:「有執心性本淨,如分別論者。彼說心本性清淨,客塵煩惱所染污故,相不清淨。……彼說染污不染污心,其體無異。謂若相應煩惱未斷,名染污心,若時相應煩惱已斷,名不染

心。如銅器等未除垢時，名有垢器；若除垢已，名無垢器等：心亦如是」

4.否定心性本淨者，有說一切有部及成實論。

阿毘達摩順正理論卷七二：「分別論者作如是言……。故不應說心本性淨，有時客塵煩惱所染。若抱愚信，不敢非撥言此非經，應知此經違正理故，非了義說」

成實論卷三：「心性非是本淨，客塵故不淨，但佛爲眾生謂心常在，故說客塵所染則心不淨。又佛爲懈怠眾生，若聞心本不淨，便謂性不可改，則不發淨心，故說本淨」

5. 由「心淨」，到「心性本淨」，到「清淨本體」。

勝鬘經：「世尊！生死者依如來藏，以如來藏故，說本際不可知。……」[1]

楞伽經：「大慧！如來藏是善、不善因，能遍興造一切趣生。……。」[2]

如來藏清淨本體是生死所依；能遍興造一切趣生。如來藏變成源生萬法的本體。

6. 作者觀點如下：

心性本淨，爲客塵所染。心性即佛性，佛性三因中之正因佛性即是心性本淨；佛性三因之緣了二因在九法界眾生即是客塵所染，故九法界仍有染相，只有當緣了二因修成非緣非了、即緣即了即正時，才能成佛。

---

[1] 大正 12、222 中
[2] 大正 16、510 中

二、佛性思想的相關經論

如來藏說大約興於西元三世紀，而盛弘於四、五世紀中葉。

從原始佛教的「自淨其意」，到部派佛教大眾部的「自性清淨心」，到初期大乘佛學的「心性本淨」，到華嚴經如來性起品的含蓄如來藏說，到如來藏經的「如來藏」。

（一）如來藏系經論：有第一、二、三期。

（1）第一期如來藏系經論：

-涅槃經：「我者，即是如來藏義」「以妙有為指南，佛性常住為宗致」主張一切眾生悉有佛性，一闡提也可成佛。

1.小乘的「大般涅槃經」：相當於長阿含的「遊行經」有 3 種異譯本：

a.佛般泥洹經：西晉白法祖譯

b.般泥洹經：東晉，失佚。

c.大般涅槃經：法顯譯

2.「方等涅槃經」：西晉竺法護譯，即四童子三昧經。

3.大乘的「大般涅槃經」，有四種：

a.大般泥洹經六卷：法顯（337）譯，乃北本前十卷的異譯

b.大般涅槃經四十卷：曇無讖（385）譯，即北本或大本。

c.大般涅槃經三十六卷：慧觀、謝靈運等人依北本改治而成，即南本。

d.大般涅槃經後分：會寧與若那跋陀羅（664）譯。

-如來藏經（晉法炬譯，中譯：東晉佛陀跋陀羅、唐不空）以九種譬喻說明如來藏。「佛藏在身，眾相具足」

-大法鼓經：劉宋 求那跋陀羅譯。「一切眾生有如來藏」「佛性無量

相好莊嚴照明」

　　-央掘魔羅經：劉宋　求那跋陀羅譯。「一切眾生皆有如來藏我」

　　-勝鬘經（劉宋、東晉求那跋陀羅譯、東晉曇無讖譯、唐武后時，菩提流志譯）

　　「如來法身不離煩惱藏，名如來藏」。經中提出空如來藏及不空如來藏。

　　-無上依經（眞諦譯）「如來即在眾生身中，如理不見如來，是故我說具分聖道」

　　-不增不減經（菩提流支 525 譯）「如來藏者，即是法身」

　　眾生界在聖不增在凡不減。將眾生界等同法界。如來藏與第一義諦、眾生界、法身、如來藏等異名同異。

　　-仁王護國般若波羅密多經（唐不空譯）

　　-思益梵天所問經（姚秦鳩摩羅什譯）

　　-大方等無想經（大方等大雲經）：北涼曇無讖譯。「一切眾生皆有佛性，其性無盡。……今諸眾生明見佛性，得見如來常樂我淨」

　　-佛性論（世親造？、眞諦譯）

　　如來藏有三種意義：所攝：眾生皆爲如來之性所攝；隱覆：眾生本具如來之性被煩惱覆蓋不現；能攝：眾生本具如來之性含有如來的一切功德。

　　（2）第二期如來藏系經論：

　　-寶性論（堅慧造？彌勒造？無著造？或釋論，元魏勒那摩提譯）「如來藏不離煩惱藏所纏」。其三因佛性即參照「瑜伽師地論」的三持說而立。

　　-大乘法界無差別論（堅慧造，提雲般若譯）「如來法身，未離煩惱藏」。「不淨眾生界，染中淨菩薩，最極清淨者，是說爲如來」

-大乘莊嚴經論（彌勒、無著造？世親釋）「清淨空無我，佛說第一我；諸佛我淨故，故名大我」

-攝大乘論釋：世親著，眞諦譯。提出佛法界五義說：性義、因義、藏義，眞實義、甚深義。

（3）第三期如來藏系經論：糅合瑜伽行派。

-楞伽經（唐實义難陀譯，中譯：劉宋求那跋陀羅、全名楞伽阿跋多羅寶經；北魏菩提流支、入楞伽經；唐實义難陀、楞伽經）「如來藏自性清淨，轉三十二相，入於一切眾生身中，如大價寶，垢衣所纏，如來之藏常住不變，亦復如是」

-大乘起信論（馬鳴造？眞諦譯）「依一心法有二種門。云何爲二？一者心眞如門，二者心生滅門」

-大乘密嚴經：中譯本有二：唐 地婆訶羅（日照）譯；唐不空譯（705-774）。藏譯本：「聖莊嚴密嚴大乘經」勝友、戒菩提、智軍共譯。

主旨：由轉依可說阿賴耶識即是密嚴刹土。有唯識轉依（轉捨有漏種子及劣無漏種子而依於眞如，使阿賴耶識轉爲無垢識）及如來轉依（行人現證法性，阿賴耶識由無分別，便成如來轉依，現證如來法身）。如來法身與如來法身功德雙運之境界即是密嚴刹土。

（二）其他佛性相關經論：

1 華嚴經：中譯本：晉佛陀跋陀羅（六十華嚴）、唐實义難陀（八十華嚴）、唐般若三藏（四十華嚴）

「如來智慧，無處不在，無一眾生而不具如來智慧」。竺法護譯的「如來興顯經」即是晉譯華嚴經的「寶王如來性起品」。

2 法華經：中譯本：西晉（286）竺法護、姚秦（406）羅什、隋（601）、闍那崛多和達摩笈多合譯。經中之「開示悟入佛知見」，即是

佛性之隱意。會三乘為一乘，所以三乘皆可成佛。

3 維摩詰經：中譯本有六種，以鳩摩羅什所譯的「維摩詰所說經」為最流行。主張不二說，不斷煩惱而入涅槃，煩惱即涅槃。

4 金剛錍（湛然造）

湛然力主無情也有佛性。

5 攝大乘論（無著造，世親釋。中譯本：元魏佛陀扇多；陳眞諦；唐玄奘）

提出第九識阿摩羅淨識，認為第八識阿賴耶識是妄識。

6 十地經論（世親造，北魏菩提流支、勒那摩提譯）

經文之「名色共生」是指名色共阿賴耶識而生，南道派以阿賴耶識為清淨眞識。

7 四論：中論、十二門論、百論、大智度論

中論：即中觀論，龍樹造，吉藏疏（549-623）。

「不生亦不滅，不常亦不斷，不一亦不異，不來亦不出。」

「眾因緣生法，我說即是空，亦為是假名，亦是中道義」

十二門論：龍樹造，鳩摩羅十譯。

觀十二門：因緣、有果無果、緣門、相門、有相無相、一異、有無、性門、因果門、作者、三時、生門。

百論：提婆著（二三世紀）

承繼中論的緣起性空說。同時對當時的不同於大乘佛教的一切派別進行批判，使中觀學說更為流行。

大智度論：龍樹造，鳩摩羅什譯。

研討緣起論，六波羅波密尤其般若波羅密，我法二空，三假（五蘊法是法假、因緣和合的眾生是受假、用名字取二法相叫名假），中道實相思想，般若與方便、般若智慧答問。

8 肇論：東晉僧肇著。成書於南朝梁陳時。有「物不遷論」、「不眞空論」、「般若無知論」、「涅槃無名論」。

（549-623）。

9 三論宗：

三論玄義、大乘玄論、涅槃經遊意：吉藏所著。

研討一切皆空與八不，眞俗二諦，中道實相，二藏（聲聞、緣覺；大小乘；半滿字）三輪（根本：一乘、枝末：三乘、攝末歸本：會三歸一）的判教

10 大乘義章：淨影慧遠著

「佛性義」分五門，釋名、辨體、有無內外當現、佛性的諸種因義、佛性所以等五門。

11 天台宗：法華玄義：智顗著。

-大般涅槃經玄義：灌頂著

12 華嚴宗：

華嚴一乘教義章：華嚴宗法藏著。

13 禪宗：

a 六祖壇經：原本順治壬辰 王起隆等校刻本。明
宗寶改編以前之曹溪原本，明重刻於曹溪。

b 臨濟錄：記載臨濟宗開創者義玄禪師言行的一部語錄。由弟子三聖慧然纂集，興化存獎校訂。

三、中國歷代各大師的佛性思想

（一）魏晉時代：

（1）三國時代、西晉。

1.支謙：譯大般泥洹、維摩詰經、法句經、注大明度經等二十七經。

2.朱士行：西域求法，西元二六０在于闐獲得梵本「大品般若經」

3.康僧會：安般守意經序、法鏡經序（已顯示萬法唯心的大乘佛學跡象。

4.白法祖譯「佛般泥洹經」（小乘）

5.西晉 竺法護 譯

「佛說方等泥洹經」、「華嚴部的如來興顯經」、「漸備一切智德經」、「正法華經」、「維摩詰經」等 154-210 部經。

6.西晉 竺叔蘭譯「首楞嚴經」、「放光般若經」

（2）東晉

1.支道林：

a.「清談」維摩詰經、般若經，與老莊思想相契。

格義佛學：後漢靈帝末年，學者牟子研習佛法，也探究老子義理。以儒、道之說會通佛理，已經表露格義佛學的端倪。西晉後期至東晉時代，佛教學者流行用「格義」方法研究佛理、竺法雅即是提倡格義佛學的僧人。

b.小頓悟：七住頓悟佛性。見竺道生大頓悟文。

c.自東漢末年支婁迦讖譯出「道行般若經」開始，般若系經典便陸續傳入中國。東晉時代已有十多種般若類經典先後譯出，當時玄學思想衍盛，般若學說倡行，佛學與玄學合流，般若空義與道家玄理相通。因對般若思想的「性空」、「本無」有各種不同的解釋，故而演為「六家七宗「之說。六家是本無宗、即色宗、識含宗、幻化宗、心無宗（溫法師主張萬物是實有，心無指心不執著其有境）、緣會宗等六派。其中本無宗又分出竺法琛的本無異宗，所以成為七宗，合稱「六家七宗」。

即色宗：支道林是即色宗的代表人物。

即色宗指即色是空，色本身空無自性，所以即色而空，物質現象當體即空，萬物的同一本性是空、無，所以不要執取萬物。

本說特色是「不壞假名，而說實相」。

不壞假名是不否認客體世界的存在，但其存在只是假相而已。

而說實相是指世界的存在是不真實的，自性是空的，這才是真正的實相。色所以有是「心計」即起心計度才有色。色所以有，于法開認為是「識含」（心識所現，心識息滅，一切皆空）；道壹以為是「幻化」（諸法如夢如幻，了不可得，但無形的心神，猶真不空）；于道邃認為是「緣會」（萬法由各種條件會合而成，構成條件若消失，事物即不存在而成空）。這四家都認為色不自有，色自性空。

2. 鳩摩羅什

a. 譯思益梵天所問經、法華經

b. 晉代般若六家七宗：

萬物是處於生住異滅的無常，而無常即是空。萬物是由緣而生，沒有自體，畢竟空寂，這就是無常的宗旨。有無二法俱空，不落二邊，才是空的真義。

注維摩詰經：「法不可得，空之至也」

c. 羅什的禪觀思想是其心常定，動靜不異。

「身心俱隱，禪定之極也」（同上）

d. 涅槃思想

「涅槃常寂滅相，無戲論諸法」（鳩摩羅什法師大義）

「佛法中以涅槃甘露，令生死永斷，是真不死藥也」（注維摩詰經佛道品）

「若能隨佛所說，與禪定智慧和合行者，得入涅槃」（同上法師大

義）

「若以三解脫門觀涅槃法，知斷如是結使，得如是涅槃」（同上）

「煩惱即涅槃，故不待斷而入也」（注維摩詰經弟子品）

3. 盧山慧遠

a. 本無解釋緣起性空

法性論

印度的法性含義類似於魏晉的「本無」，但仍有不同之處。後者承認有一個「無」的形而上本體，而前者指即空即有，非有非無的本體。

慧遠之法性與般若性空不同，前者更接近於本無的形而上本體，以「性」為實有；後者是將「性」空掉。

法性論：「至極以不變為性，得性以體極為宗」。慧遠的不變意，同小乘的諸法性實有不變，與大乘的不生不滅的不變不同。慧遠由法性實有承認一個主體「人我」，即是形盡神不滅的「神」，可以承受因果報應。佛教小乘如經量部立「勝義補特伽羅」及犢子系的「不可說補特伽羅」等為實有的輪迴主體。中土是以靈魂或神來承擔輪迴主體。慧遠說業有三報說：現報、生報、後報。並認為法性本體與精神相冥合即進入涅槃境界，精神即轉化為法身。法身即神，而主張神不滅論，而且「神」是世界萬物的本體。故其所謂的法性與涅槃宗的佛性是不同的。

但由「不滅之神」通向「佛性我」，是以羅什、僧肇的般若學為過渡的。般若空淡化了「不滅之神」的實體性。也使慧遠的法性理論在後期逐漸遠離「神不滅論」而走向般若空及法身無形。

故慧遠的佛性思想可以說由玄學而般若而涅槃佛性。

b. 小頓悟：見竺道生大頓悟文。

c. 禪智雙修：「禪非智無以窮其寂，智非禪無以深其照」（盧山出修行方便禪統經序）。禪智必須雙修，不可偏廢。「其相濟也，照不離

寂，寂不離照」（同上）

4. 道安

a. 早期頓悟義：見竺道生大頓悟文。

b. 般若本無宗：

以無爲本，所以稱爲本無。空與無是萬物的基礎，萬物本性空寂，並非恆常不變的實有。

吉藏中觀論疏：「釋道安明本無義，謂無在萬化之前，空爲眾形之始。……安公明本無者，一切諸法本性空寂，故云本無」

c. 道安之禪觀：「彼我雙廢，守於唯守」（安般注序）

「執寂以御有，崇本以動末」（同上）

以本無去統攝、消融「末」「有」，「本末等爾，有無均淨」（合放光光讚隨略解序）

5. 法顯：譯「佛說大般泥洹經」六卷

6. 求那跋陀羅：譯「般泥洹經」（小乘）、勝鬘經、楞伽阿跋魔羅寶經、央掘寶經、大法鼓經。

7.支遁

早期頓悟義（七住小頓悟），見竺道生大頓悟文。

8.僧肇

a. 色即是空

注維摩詰經卷八：「色即是空，不待色滅，然後爲空」

萬物無自性，所以當體即空，而非等色消滅後才叫空。「即有而自空，豈假屏除然後爲空乎」（同上）

僧肇的「不眞空」是指不眞即是空。「諸法假號不眞」、「即萬物之自虛」（同上）萬物存在，但自性空而不眞實，所以是空，故名不眞空。

b. 佛性小頓悟：見竺道生大頓悟文。

c. 涅槃思想：「夫涅槃者，道之眞也，妙之極也」

高僧傳、僧肇傳：「涅槃非有，亦復非無，言語路絕，心行處滅」、「夫涅槃之爲道也，寂寥虛曠，不可以形名得，微妙無相，不可以有心知」、「涅槃之道也，蓋是三蓋之所歸，方等之淵府。渺茫希夷，絕視聽之域，幽致虛玄，非群情之所測」

涅槃無名論：「於外無數，於內無心，彼此寂滅，物我冥一，怕爾無朕，乃曰涅槃」

「止觀助涅槃之要法」（注維摩詰經）

「觀生死同涅槃」（同上）

「是以處中道而行者，非在生死，非住涅槃（同上）

9. 佛陀跋陀羅：譯「大方等如來藏經」

10. 竺道生：竺法汰晚年弟子。生年不詳（由法汰死年西元 387 推算，約爲 373）。著作有維摩經義疏（今佚）、妙法蓮華經疏、泥洹經義疏等 15-16 種。

A. 佛性大頓悟：在道生前，有支遁、道安之早期頓悟義，及慧遠、僧肇之頓悟義。

A.1 道生的大頓悟：

十住（十地）後之「金剛後心」才能豁然大悟，將一切結惑斷盡，得正覺，證法身。

吉藏、二諦義：「大頓悟義，此是竺道生所辨。彼云：果報是變謝立場，生死是大夢之境，從生死至金剛心，皆是夢，金剛後心豁然大悟，無復所見也」

A.2 支遁、道安之早期小頓悟：七住可頓悟。

吉藏、二諦義：「又有小頓悟義，明七地悟生死無所有，此出大

論」

如支、安之說，已明七住始見無生法忍全體，但究竟證體，仍須進修八九十三地。此所謂小頓悟家。

道生認為，小頓悟仍屬漸悟，因所悟之理體不可分，故能悟之智亦不應有層次。

祐錄卷七「首楞嚴三昧經序」：「所以寂者，未可得而分也。……所謂法身，絕成虧，遣合散。……萬類殊觀，法身全濟，非亦宜乎，故曰不可分，無所壞也」

涅槃經集解卷一純陀品：「以佛所說為證真實之理，本不變也。唯從所說者得悟乃知云耳！所說之理，既不可變，明知其悟，亦湛然常存也」

道生、維摩經注：「理不可頓階，必要粗以至精，

損之又損，以至於無損」此明需聞教起信解之漸修，才能通達無法再損之至理。

劉虬無量義經序引生公云：「道品可以泥洹，非羅漢之名；六度可以至佛，非樹王之謂，斬木之喻，木存故尺寸可漸，無生之盡，生盡故其照必頓」。此明漸修之意，然無生之悟卻是頓悟。

A.3 慧遠、僧肇之頓悟義

慧達、肇論疏：「第二小頓悟者……，遠師云：二乘未得無生，始於七地，方能得也」

慧遠、大智度論抄序：「……此乃明至理雖無為，然不廢漸修也。此在遠公明報序論中，亦有言及常智、中賢等位次（見弘明集），亦可證明其立意，理體雖至極，然進行者不防漸修」。

慧遠、廣弘明集卷十五：「夫形理雖殊，階塗有漸，精粗誠異，悟亦有因」

慧遠、肇論疏：「肇法師亦同小頓悟義」

僧肇之「涅槃無名論」中有「九折十演」，九折是假設有名氏申述道生大頓悟，十演是無名氏（即作者）反駁道生說。

「問：若涅槃一也，則不應有三-進修八九十三位，如其有三，則非究竟」

「答：然究竟之道，理無差也，……夫以群生萬端，識根不一，智鑒有深淺，德行有厚薄，所以俱之彼岸，而昇降不同，彼岸豈異，異自我耳」

大頓悟認為尚須修八九十三地，則涅槃不究竟。

作者反駁，雖究竟之道，理無差，但人之根機、智慧、德行則有差別，其登彼岸之時機即不同。

2. 涅槃思想

「得理則涅槃解脫及斷也」（大般涅槃經集解德王品）

「既觀理得性，便應縛盡泥洹」（注維摩詰經弟子品）

「不見泥洹異於煩惱，則無縛矣」（同上）

「以本欲捨生死求悟，悟則在生死外矣」（同上）

「既悟其一，則眾事皆成，故一為眾事之所由也」（同上、入不二法門品）

「與同入法性不差，故即悟也」（法華經疏譬喻品）

3. 佛性義

道生、法華疏：「一切眾生莫不是佛，亦皆泥洹」

道生、維摩經注：「無我本無生死中我，非不有佛性我也」

涅槃集解：「十二因緣為中道，明眾生本有也，若常則不應有苦，若斷則無成佛之理，如是中道觀者，則見佛性」

道生以當果為正因佛性。唐均正四論玄義卷七：「道生法師執云：

當有為佛性體，法師意一切眾生，即云無有佛性，而當必淨悟，悟時離四句百非，非三世攝，而約未悟眾生，涅四句百非，為當果也」

從以上知，道生認為佛性是中道義，非生死我，是佛性我，但眾生仍未悟，淨悟成果是將來之果。而佛性本身是非三世攝，離四句百非。以眾生言是始有，是當果之義。

4. 闡提成佛義

僧傳：「生曰；某氣二儀者，皆是涅槃正因，三界受生，蓋惑果，闡提是含生之類，何得獨無佛性，蓋此經（六卷泥洹）度未盡」

「一闡提者，不具信根，雖斷善，猶有佛性」。

道生認為一闡提也有佛性，但六卷泥洹卻言明一闡提沒有佛性，道生認為六卷泥洹（即大本涅槃經的前十卷）度未盡，後果然大本涅槃經後分即主張一闡提有佛性，道生可謂孤明先發。

（二）南北朝時代

（1）南朝佛教

南朝-宋、齊、梁、陳

1. 梁武帝真神論：

什麼是真神？

吉藏大乘玄論卷三：「第六師以真神為正因佛性。若無真神，那得成真佛？故知真神為正因佛性也」

元曉、涅槃宗要：「第四師云：心有神靈不失之性，……」

唐均正、四論玄義：「第四梁武蕭天子義，心有不失之性，……」

可見真神就是心有神靈不失之性，是成佛的正因。而且人人有真神佛性，人人可成佛。

以心之體用關係說明生死與涅槃的關係，心的體是涅槃，心的用是生死。

　　眞神即我國傳統所謂的靈魂，所謂神性不滅即靈魂不滅，也是輪迴報應主體，名爲心神。

　　「佛性我」是無我與我的統一。我是如來藏義。是第一義空，與外道之神我不同。

　　可見梁武帝之眞神是類似不滅的靈魂，但與「佛性我」之涅槃無我大自在的「大我」不同。

　　故此，眞神非佛性正因。

　　2. 三論僧朗、法朗

　　三論宗以鳩摩羅什爲開山祖師，而後僧肇、道生，道朗、僧詮而至法朗。

　　吉藏繼承法朗之三論學，主張以非眞非俗的中道爲佛性正因。

　　3. 曇無讖：譯大般涅槃經北本。主張以中道眞如是正因佛性。

　　4. 眞諦（499-569）

　　中國佛教史上四大譯師（羅什、眞諦、玄奘、不空）之一，共譯四十八部合二百三十卷。包括佛性論、十八空論、三無性論。

　　譯有無著的「攝大乘論」及世親的「攝大乘論釋」，攝論是瑜伽行派唯識學的奠基之作，主八識說，以阿賴耶識作爲宇宙萬有的本體，並建立「唯識無塵」說

　　攝論宗有二個系統，北方的曇遷及眞諦門下的道尼系。

　　主張阿賴耶識是妄識，爲一切現象之所依。但是這個妄識中又有一分淨識，爲第九識（菴摩羅識或無垢識，故以第九識眞如佛性爲正因佛性。立三性：分別性、依他性、眞實性。宇宙萬有及其認識，等於諸識的分別性；唯識無塵的觀念即是依他性；眞實性是連唯識無塵的觀念也要捨離的唯淨識，而唯淨識實即無分別智。

　　5.佛馱跋陀羅（覺賢）及求那跋陀羅：

覺賢共譯佛典十三部，125 卷。包括與法顯共譯的「大般泥洹經」十卷（即大本前分）、達摩多羅禪經、大方廣華嚴經六十卷。

求那跋陀羅譯有：雜阿含經、勝鬘經、楞伽阿跋多羅寶經。

6. 僧祐：著三藏記集（簡稱祐錄）

7. 慧皎：著高僧傳

（2）北朝佛教

北朝：北魏、東魏、西魏、北齊、北周

1. 菩提流支：譯十地經論。北魏宣武帝永平來到洛陽。共譯出經論三十多部，包括入楞伽經十卷，開創了北方的地論學派，傳予道寵，即北道派。主張佛性始有。阿賴耶識爲染污識，第九識爲淨識，最後歸於攝論宗。而攝論歸於唯識宗。

另勒那摩提傳予慧光爲南道派。主張阿賴耶識即是如來藏，即是佛性正因，因此佛性本有。最後歸於華嚴宗。

2.大般涅槃經南本 36 卷：慧嚴、謝靈運、慧觀

3. 北朝譯經

3.1. 淨影慧遠：生於北魏孝明帝（515-528）。一生經歷北魏、東魏、北齊、北周、隋五代的更替。

佛性思想：

A. 佛性之性有四義：種子因本、體、不改、性別。

a.如來藏即是佛的種子因；體有四種：因自體即眞識心；果自體即法身；覺性自體通因果；法性自體。前三者是能知性；後者之法自體性是所知性。

b.不改是不改變。因自體會隨緣，但本身不會改變。其他果自體、覺性自體、法性自體均不改變。

c.性別指因自體、果自體互不相同；因及果自體之體性不同於木石

等無情之物；萬有之如來藏體與萬有之世間妄相不同。

B. 佛性的體狀有四種：染淨二、體用二、能知性、所知性二、法佛性、報佛性（法身佛、報身佛不同）

C. 涅槃經的因果：因是十二因緣；因因是智慧，將之改成菩薩道；果是大菩提；果果是大涅槃；非因非果是理性。

覺性自體或善五陰、不善五陰、佛果陰及理性。

D. 菩提果及涅槃果有性淨及方便二種。性淨是法性顯了所得，與覺性體相同；方便是方便修行所得。佛性是性淨二果的正因，六波羅密是緣因。分便二果是修習所得，因此六波羅密是正因，佛性是緣因。慧遠以如來藏真心即是正因佛性，乃係承襲地論學南道之觀點。

E. 因性在現，即因性是本有；果性在當，即佛果是始有。但若從「理性」角度言之，佛性無所謂本有和始有。

F. 一闡提的不善陰也是具有理性，其不善性是由覺性隨緣而起，認為一闡提有成佛的可能。

所知性（即法性自體）遍於有情及無情，能知性（即覺性自體、真識心、法身）則有生命的個體才有。故可說佛性是該通「內」的眾生及「外」的無情之物。

G. 理佛性表本識的真淨自體，行佛性是這真淨自體的不同程度的顯現。理佛性是本有，行佛性是始有。法相學派之理佛性是真如理性，行佛性是佛無漏種子。

3.2. 曇無讖：譯大本涅槃涅槃經

4. 淨土宗：

曇鸞：修習淨土，其方法仍以觀想為主。

5. 北方禪學：

佛陀：禪定之學。傳慧光（律學及南道地論）及僧稠（四念處觀）

達磨：理入（一切含生均同具一個眞性即眞如、佛性，由於客塵煩惱所障蔽而不能自知自悟，故需捨僞歸眞，即凝住、壁觀），及行入。行有四行：報怨行、隨緣行、無所求行、稱法行。

6. 二武滅佛：北魏太武帝、北周武帝

7. 律宗：律藏的翻譯主要在東晉，但弘傳卻在南北朝。

南朝：11 人。智稱、僧祐等。

北朝：道儼、慧光（律學及地論南道）等。

（3）南北朝時期各學派的佛性思想

3.1 涅槃學派：

涅槃師提出正因佛性者有法安（冥傳不朽）、梁武帝（眞神）、法瑤（得佛之理）

涅槃經以非因非果爲佛性。

a. 本有以因言佛性。始有則是望果說佛性。因中名爲佛性，至果便成性佛。

元曉：「因佛性者作佛之性故名佛性」「果佛性者佛之體性故名性佛」

以佛而言，佛性即是性佛，因即是果。

以眾生而言，佛性是因，性佛是果，因果有別。

佛性始有之三層意思：

第一：現在有因但還不是妙因，將來才有果

第二：現在有因，但仍不是果，將來成果。如竺道生之當果。

第三：現在沒有因，將來變有因，而後才成果，如一闡提。

b.地論師、成實師也是主張理性本有，行性始有，即理性本有佛性，但需修行始成佛，即行性始有。

c. 吉藏主佛性非本非始，非非本非非始，非當非現，非因非果，

只是爲眾生才說本始，是佛方便說。

　　d. 天台宗智者大師主佛性通因果，貪欲即是道，一色一香，無非中道。

　　因滿。故云隱名如來藏，顯名法身。雖非是因而名爲正因。雖非是果而名爲法身。大經云。非因非果名佛性者。即是此正因佛性也。又云。是因非果名爲佛性者。此據性德，緣了皆名爲因也。又云。是果非因，名佛性者。此據修德，緣了皆滿。了轉名般若，緣轉名解脫。亦名菩提果。亦名大涅槃果。果皆稱爲果也。佛性通於因果，不縱不橫。性德時三因不縱不橫，果滿時名三德。故普賢觀云。大乘因者諸法實相。大乘果者亦諸法實相。智德既滿湛然常照，隨機即應一時解脫。斷德處處調伏，皆令得度。前問答從智德分滿受名。後問答從斷德分滿受名。故知以智斷因緣名觀世音普門也。[3]

　　e. 華嚴宗是因果圓融、即本即始思想的積極倡導及發揚者。而且一切即一，一即一切。

　　f. 禪宗也是因果融通，即本即始。「運水搬柴，無非佛事」「舉手下足，皆是道場」

　　3.2　成實學派：梁代三大論師：法雲（避苦求樂爲正因佛性）、智藏（既本有又始有；心爲正因佛性）、僧旻（既本有又始有；眾生爲正因佛性）

　　僧柔（六法爲正因佛性）、寶亮（佛性本有、眞諦爲正因佛性）

　　3.3　毘曇學派：僧鏡、慧嵩、志念

　　小乘只認佛一人有佛性。

　　3.4　地論學派：

---

[3] 大正 34、880 上

主張正因佛性爲阿梨耶自性清淨心。

南道以法性眞如爲依持，佛性本有；北道以阿賴耶識爲依持，佛性始有。

地論學派有淨影慧遠、道寵、志念、慧光、法上、慧遠、靈裕、智正等。

3.5 攝論學派：曇遷、道尼、道岳、靖嵩

主張第一義空或第九無垢識是佛性正因。

3.6 法相學派

窺基的理佛性眾生皆有，行佛性只少分眾生有。

慧沼認爲阿賴耶識中的佛無漏種子是佛性正因。

3.7 俱舍學派：弘揚世親的「俱舍論」而得名。眞諦譯俱舍釋論。主張我空法有；七十五法；採認「三世實有，法體恒存」；六因、四緣、五果；十二因緣及惑業苦。

以三乘的修因證果，來斷除業緣；以無漏正智（盡智、無生智）來解脫煩惱。

俱舍未涉及人我二空之中道思想，雖有初步心性本淨的觀念，但尚未探討佛性問題。

（三）隋唐時代的佛性思想

1. 天台宗：

智顗：法華玄義、摩訶止觀、妙法蓮華經文句。

灌頂：大般涅槃經玄義。

「是則佛性涅槃因果之如，皆是非新非故。非新非故之理，即是法身；非新而新之果，即是摩訶般若」

「今此大經，爲欲開通往昔教門，顯發如來方便密義，故於娑羅雙

樹，大師子吼。師子吼者，名決定說。決定說者，說一切眾生悉有佛性。如來畢竟不入涅槃，不入涅槃即是入於無上大乘大般涅槃」

湛然：著有金剛錍、十不二門、止觀義例、始終心要。

金剛錍：「一切世間何所不攝？豈隔煩惱及二乘乎？虛空之言何所不該，安棄牆壁、瓦石等耶？」

「子信無情無佛性者，豈非萬法無真如耶？故萬法之稱，寧隔於纖塵？真如之體，何專於彼我」

「故覺、不覺自會一如。故知覺無不覺，不名佛性；不覺無覺，法性不成」

「法佛與真如，體一名異」

2. 三論宗：吉藏。

吉藏及道朗主張中道是正因佛性。

「佛性亦名法性、涅槃，般若、一乘」「如是等名，皆是佛性之異名；名字雖異，理實無二也」「以中道為佛性」「非真非俗中道為正因佛性」「非因非果，即是中道，名為正因。故以中道為正因佛性」「至論佛性，理實非本始。……不但非是本始，亦非是非本非始，……若能得悟本始非本始，是非平等，始可得名正因佛性」「佛性非有非無，非理內理外，是故若得悟，有無、內外，平等無二，始可名為正因佛性也」[4]

「離斷常二見，行於中道，見於佛性」[5]

「不但眾生有佛性，草木亦有佛性」、「若於無所得人，不但空為佛性，一切草木並是佛性也」、「此明理內一切諸法依正不二，以依正不二故，眾生有佛性，則草木有佛性」[6]

---

[4] 大乘玄論
[5] 二諦義
[6] 大乘玄論

「般若廣破有所得,明無依不得爲正宗;佛性、一乘,爲其傍義」
[7]

3.唯識宗:

3.1 窺基:

1.理佛性是指眞如理性;行佛性是指佛無漏種子。

2.涅槃經所倡一切眾生悉有佛性,是指理佛性遍在而言;行佛性的佛無漏種子,爲聲聞種性、緣覺種性及無種性等三種種性所無,唱言有部分眾生沒有佛種性。

3.2 慧沼

1. 提出「理」、「行」、「隱密」三種佛性分類的說法。

理性是眞如,眾生定有。

行性是成佛之法,有無漏正因及有漏緣因。

無漏又分種子及現行。無漏種子,眾生或有或無。

無漏現行,凡夫不成。

有漏分種子及現行。有漏種子,眾生定有。

有漏現行,眾生或成或不成。

隱密性是煩惱法,眾生定有。

2. 慧沼認爲理性眞如及阿賴耶識都不是佛性正因。依附阿賴耶識的本有無漏種子才是佛性正因。

反駁法寶以眞如爲佛性正因,眞如既然一切眾生一樣,爲何眾生有染淨、善惡、三界、六道、三乘等各種差異。若說是待緣而起,這些緣從何而來?從眞如嗎?但眞如大家一樣,爲何生不同的緣?若非從眞如,是從何而來呢?若從眞如,與外道數論之「第一常因」並無分別。

---

[7] 大乘玄論

而且眞如也不生作萬有。

3.主張理性全分，即一切眾生均有理佛性。行性少分一切，即有少分眾生沒有行佛性。一切眾生悉有佛性是指悉有理佛性。

4.依據窺基的說法將一闡提分成三類：一闡提底迦（樂欲者）、阿闡底迦（不樂欲者）、阿顚底迦（究極）。第一種是不斷善根人，第二種是大悲菩薩。此二種的無性是暫時的，第三種的無性是永久。不同經論或同一經論之不同部分表現出意見不一，乃由於其指涉的一闡提種類不同所致。

3.3 法寶：

1.佛性與佛法界同義。佛法界五義：性義（以無「二我」爲性）、因義（以佛法界爲因）、藏義（一印虛妄法所隱覆）、眞實義（佛法界不會壞滅）、甚深義（法界有甚深恒沙萬德）

2.佛性的性有三種涵義：

體義：理體即是法界；事體即是三十二相、十力

決定必得義：有理，決定必得當來佛；有心故，修習事性，成堪任持，決定必得當來佛

因中說果義：理因性者一切眾生皆有應得因。事因性者遇種種緣，修習三乘相應善

3. 提出理事因果四門：

理因性：第一義空、中道

理果性：法身涅槃

事因性：正因、緣因

事果性：阿耨菩提

4.權實論之因果：（括弧內爲對照涅槃經之因果說）

因性：善五陰（十二因緣

因因性：無明（智慧）

果性：阿耨菩提（一樣）

果果性：大般涅槃）一樣）

理性：第一義空（佛性：非因非果）

理性是第一義空，第一義空名爲智慧，即如來藏包含恒沙佛性功德。故理性即是如來藏。與慧沼的理表眞如理體之純理性不同。前者具功德，後者純屬理體，無功德。

5. 評難下列法相宗五種種性之說法：

a.五種性是先天本然，永遠不能改變。

b.五種性中，聲聞、緣覺及無性種性，三種因爲本來沒有佛無漏種子，永遠不能成佛。

法寶對於上二點之評難：五種性是後天修行所致根器不同，不是先天的，而是後天新熏所起。涅槃因有二種，近因的三解脫門及遠因的無量世所修善法都是後天修行新熏所致。

而且種性的界別也可以藉由受熏及行業的不同而可以轉換，先天性不是定然不改的。

而且一切眾生同樣具有眞如所緣緣種子，都可以成佛。而部分眾生沒有佛性的說法是出自小乘，瑜伽師地論提出這一分無性

只是出於「隨轉理門」的方便考慮而已。

「菩薩善戒經」說無菩薩性不能得阿耨多羅三藐三菩提，但經也說「菩薩性者，謂初發心及三十七品」，初發心及三十七道品即是屬於緣因的範圍，可見經中之菩薩性是指緣因的「客性」菩薩性，而非指正因的「本性」菩薩性。

大乘莊嚴經論提及「畢竟無涅槃法者，無因故彼無般涅槃性」，法寶將無因解釋爲「無發心因」及「無涅槃因」，而非指先天自然無因。

同時涅槃經中也有多處提及一切眾生悉有佛性的經證。

法相宗以眞如理性爲理佛性，無漏佛種子是行佛性。行佛性有部分眾生沒有。法寶認爲既承認一切眾生都具理心，便應當也承認一切眾生終當得佛果。

c. 定性二乘只具有小乘果的無漏種子，而未具佛無漏種子，所以證阿漢果後便趨於寂滅，永遠不能迴入大乘成佛。

法寶舉引密嚴經、楞伽經、勝鬘經等的說法，力證並無其事。並指二乘尚有變易生死未盡，也非完全歸於寂滅。

d. 無種性者如一闡提，既沒有二乘無漏種子，也沒有佛無漏種子，只能六道輪迴，不能解脫生死。

窺基指一闡提有三種：斷善根闡提、大悲闡提、無性闡提。後一類由於沒有無漏種子，所以現在或未來都不能成佛。

法寶認爲一闡提不可救治是對當前說，一闡提可救治是對未來說。而且說不信樂大乘的一闡提不能成佛，只是提出作爲警告，其實一切眾生自性清淨，決定沒有永遠不能獲得解脫者。

同時，爲何有眾生有「無漏種子」？有的眾生沒有呢？又爲何同是沒有种子，又怎會有聲聞、緣覺、無三種分別？爲何有的沒有無漏種子？

而且有「無漏種子」之因才能生果，這如同外道數論之「因中有果」說。

但對手有人反駁，先天的理心是無漏，後天的正聞熏習是有漏，有漏怎可充當無漏的緣？法寶強辯說因及果可以是完全不同性質。

其實「性起」是「緣起」的依止因，而非製造因。無漏並非有漏的生因，而是依止因。緣起法是有漏因，加有漏緣，才能生起有漏果；無漏的生起是「性起」，而非「緣起」。

3.4 靈潤：

a.反對玄奘新義之五性各別及一分無性。

b.認為立有一分無性眾生者，是凡小不了義執，從涅槃經引出九處經證評破無性說。

c.評破「一切眾生悉有佛性是少分一切，非全分一切」

d.評破「理佛性平等，行佛性差別」

e.理、行佛性兼具說，只限於有情眾生，而不及於無情的草木。

f.眾生即使常時行惡，雖然暫時斷「方便善」，但其「生得善」永不斷，故無有眾生「畢竟」無涅槃性。

3.5 神泰：主張二分定性及一分無性。

1.一分無性說非由新譯始有，許多大乘經論已有此說，如涅槃經、善戒經、大乘莊嚴經論、瑜伽論等。

2.一切眾生具有真如的理佛性，但行佛性則不然。行佛性之有無不定，是無常法，不能說眾生定有。

3.大乘莊嚴經論舉出有二種無性眾生：暫時無般涅槃者，畢竟無涅槃者。前者因下列四因暫時不能證入涅槃：一向行惡行、斷諸善法、無解脫分善根、善少因不具足。而後者因無行佛性，畢竟不能成佛。

4.一闡提有二種：菩薩闡提，刻意不求涅槃；其二斷善根闡提。其善根被焚殆盡，若遇佛善知識等，可發菩提心生善根入涅槃，但也有不能發菩提心遇緣續善者，此即無性眾生。

3.6 義榮：反對二分定性反一分無性。

1.指出神泰之行佛性的佛無漏種子非是法爾本有，因為所謂行是遷流、變化之意，行的東西即不能是法爾本有。

2.佛性論所列應得因、加行因、圓滿因，並未涉及法爾種子的說法。行佛性應指發菩提心、六度等菩薩行，而非本有無漏種子。

4.華嚴宗：

4.1 法藏：

1. 持三乘大乘觀點者，有如法相宗之五種性劃分，其中定性二乘證入涅槃後，不能夠迴心成佛；持一乘大乘觀點者則主張佛種性只有一種，並遍及一切眾生，所以二乘證入涅槃後，當然可以迴心大乘成佛。前者引用大般若經、解深密經、瑜伽師地論文中分立各種乘性的章節，並將自身歸於解深秘經三時說的第三時，分有種性者、無種性者、定性三乘者。

後者引用法華經、涅槃經中講述唯有一種性之章節，並力辯法華經之一種性說法是出現於解深密經定性三乘觀之後。

2. 法藏、華嚴經探玄記卷一：「若不信一乘，守權乖實，甚為可愍」。可見法藏是持一乘大乘乃是實義，三乘大乘是權教。

3. 以五教、四宗之判教解釋佛種性。

五教：小乘教：阿羅漢依俱舍論有六種，退、思、護、住、昇進、不動。不動阿羅漢有佛種性、獨覺種性、聲聞種性。

除佛陀一人外，其他一切眾生均無佛種性。而且小乘的佛種性並非大菩提性，不具繁興大用功德。

大乘始教：

相始教：即法相宗，立五種性。

空始教：大智度論說：「一切眾生有涅槃性」[8]

大乘終教：即如來藏系，涅槃經：「……我常宣說一切眾生皆有佛性」[9]

頓教：佛性離言絕慮。「若依頓教，眾生佛性，一味一相，不可言

---

[8] 大正 25、298 中
[9] 大正 12、524 下

有，不可說無，離言絕慮，如諸法無行經等說」[10]

圓教：「若依圓教，眾生佛性，具因具果，有性有相，圓明備德，如性起品如來菩提處說」[11]

四宗：隨相法執宗（同五教小乘教）、真空無相宗（同五教空始教）、唯識法相宗（同五教相始教）、如來藏緣起宗（同五教大乘終教）

4. 以「分位」觀念解釋五種性：

本性住種性：一切眾生本有之無漏種子。習所成種性：經後天聽聞正法熏習所得。

法藏認為須到菩薩位才有習所成種性，而本性住種性才能成為真正種性，菩薩位之前雖有，但只是性，尚未成種性。

所以無種性之眾生其本住性尚不能稱為種性。

分位是指所有眾生都沒有固定種性，當他們修習達到菩薩位即有菩薩種性，達至聲聞位即有聲聞種性，達至獨覺位即有獨覺種性。若已修習但尚未達三位中之任何一位即成不定種性；若完全沒有修習，完全未達三位即成無種性。

5.以圓教而言，眾生本來已經成佛。

因圓教是以「佛」看萬法皆是佛，佛性即是性佛，因即是果。但以九法界眾生而言，佛性是因，性佛是果，因果有別。

6. 法藏認為以終教而言，真如遍通有情無情，然覺悟本質之佛性，只侷限於有情。以圓教而言，佛種性遍通非情。

4.2 湛然：

1. 反對窺基下述之觀點將法華經論：「聲聞有四種：一者決定聲聞、二者增上慢聲聞、三者退菩提心聲聞、四者應化聲聞。二種聲聞如

---

10 大正 35、117 下
11 大正 35、117 下

來授記,謂應化者、退已還發菩提心者。若決定者、增上慢者二種聲聞,根未熟故,不與授記」(大正 26、9 上)。窺基認為退菩提心聲聞即是不定種性聲聞;決定聲聞即是定種性聲聞。而將「根未熟」解釋成「沒有佛性成熟」,所以不能授記成佛。

湛然認為,根器未熟只是現在,未來可能成熟。所以眾生必定具有佛性,不可能有定性聲聞不能成佛之事。

2. 反對窺基認為法華經說一乘法是方便權設,認為法華經一乘法才是實說。

3. 窺基認為法華經三草、二木中之小草是指無種性,湛然反對這種說法。認為小草經雨水滋潤後會生長。小草是比況人天界。

4. 窺基認為佛性有理、行二種佛性,理佛性一切眾生皆有,行佛性則部分眾生有,部分無。

湛然認為有理佛性必有行佛性,只是潛存時是理佛性,顯現時是行佛性。

5. 慧遠、吉藏、法寶、法藏等均主草木山河等無情之物具有佛性。故湛然之無情有性並非首創。然上述大師所言之無情佛性,為某特定種類之佛性。慧遠認為無情只有所知性,未具能知性。

6.湛然的無情有性說:

a.涅槃經之牆壁瓦石非佛性是方便說。

b.以三界唯心所現說無情有性。

c.以佛性三因主張無情遍具三因。因天台主三因互具,正緣了三因並是佛性。

d.以涅槃經之「佛性如虛空」及「真如遍在」論證無情有性。

e.大乘起信論之真如有隨緣不變二義,若說無情無佛性,豈不是萬法無真如?

f.大智度論說真如在無情中但名法性，在有情內方名佛性。湛然親自閱讀細察大智度論，發現並無此說，恐係世人誤引章疏之言以訛傳訛。

說法性是佛性才是大教。佛性即人法二空所顯之真如。而真如遍在於有情無情。

g.湛然雖主張無情遍具佛性三因，但並未「肯認」無情自己能夠實踐佛道，成就佛果之意。

5. 禪宗：

慧能：三大革命表現：即心即佛的佛性說；頓悟見性的修行方法；不離世間、自性自度的解脫論。

即心即佛的心是當下的現實眾生心。即佛是證悟如來藏自性清淨心。

禪宗五家：臨濟、曹洞、溈仰、法眼、雲門。請參閱禪宗佛性思想章說明。

6. 律宗：由道宣創立。律宗之判教有化及制二教。化教有性空教（小乘）、相空教（大乘淺教）、唯識圓教（大乘深教）：制教有實法宗（薩婆多部）、假名宗（曇無德部）、圓教宗（用涅槃開始會之意，決了權乘，同歸實道，即終窮大乘教）。

而南山律判屬唯識圓教及圓教宗，深取大乘圓實了義。故南山律之涅槃等同於佛性。

7. 淨土宗：淨土宗之形成為一宗，是在唐代。以道綽（著安樂集）、善導（著觀無量壽經疏、念佛法門）為奠基人。

淨土宗在道綽、慧遠均以觀想念佛為主，並結合般若空觀，直至善導才引入稱名念佛，成為稱名念佛淨土宗。

8. 密宗：開元三大士：善無畏、金剛智、不空。一行。惠果。

9. 唐武宗李炎滅佛

（四）宋朝時代

1.禪宗：燈錄及語錄

楊岐方會：見禪宗佛性思想章。

黃龍慧南：同上。

2.天台宗

知禮

遵式：撰述「慧觀重編」的「天竺別集」卷上之「天台教觀目錄」詳細地記載了宋代天台宗的文獻目錄。

悟恩

山家、山外之爭：見天台宗佛性思想章。

3. 淨土宗：省常、宗賾、善導。

4. 華嚴宗

子璿：著「起信論削記」，主傳宗密之學風，為首屈一指之學者。

淨源：著述很多，世稱華嚴中興之祖。

「五教章」四大註釋家：道亭、觀復、師會、希迪。

5. 唯識宗：見唯識宗佛性思想章。

6. 律宗

允堪

元照

（五）元朝時代

1.八思巴

2.禪宗；見禪宗佛性思想章。

萬松行秀

海雲印簡

雲峯妙高

3 華嚴宗：文才、普瑞、圓覺。

（六）明朝時代

1.禪宗

臨濟宗：德寶、密雲圓悟、漢月法藏

曹洞宗：慧經、博山元來，鼓山元賢

明末四大高僧：雲棲袾宏、紫柏眞可、憨山德清、蕅益智旭

a 紫柏眞可

個性剛烈，禪風直截，心繫眾生。

推動重刻大藏經之千秋大業，戮力興復寺院，後因冤案而於獄中慨
然圓寂。其凜然風骨，正如憨山大師所贊：

荷擔正法，純剛煉就肩頭； 徹底爲人，生鐵鑄成肝膽。

b 雲棲袾宏：著禪關策進錄要。

僧問趙州：「狗子還有佛性也無?」州云：「無」。

雲棲評曰：此後代提公案看話頭之始也。然不必執定「無」字，或
無字、或萬法、或須彌山、或死了燒了等，或參究念佛，隨守一則，以
悟爲期，所疑不同，悟則無二。

c 憨山德清

著觀心銘、初心修悟法要。

見禪宗佛性思想章。

d 蕅益智旭

淨土宗九祖，著

「蕅益大師全集」。

靈峯智旭倡三學一源論，認爲禪宗、教宗、律宗三學應該相互爲

用，不當分河飲水；又提出「儒釋同歸」，且註解四書、周易；但是他最終的歸趣則在淨土法門。智旭的佛學深受天台宗學說影響，以一念統攝教禪各家，而最終則歸於念佛的當下之念。

2.淨土宗：梵琦、傳燈、袁宏道

3.天台宗：傳燈

傳燈：

與禪宗黃檗之無念、博山之無異，稱為「教界三無」而齊名，繼承百松真覺之學風，乃明朝台宗大學匠。

實踐修持法華、大悲、光明正大、彌陀、楞嚴等懺，倡立國清寺為天台祖庭

4.華嚴宗：洪恩、袾宏、德清、智旭

5.唯識宗：非常式微。明昱

6.律宗：寂光，也是處於衰微。

（七）清朝時代

1.禪宗：大有其人。著述不少。

臨濟之通琇、道忞

曹洞之慧經、圓澄

2.淨土宗：佛教各派共宗，繁有其人。

實賢、印光

3.天台宗：受登、靈耀

4.華嚴宗：不乏其人。續法以教、觀不可或缺，著有「華嚴五教儀」等。

彭際清融合儒佛，主張念佛三昧。

5.唯識宗：乏傳人。楊文會後，一時之間，不少知名學者走向唯識

6.律宗：弘一

7.禪淨雙修：圓瑛

（8）民國時代

1.天台宗：諦閑、寶靜、倓虛、靜修、斌宗

2.華嚴宗：成一、賢度、海雲繼夢

3.禪宗：虛雲、星雲、聖嚴、惟覺、白雲、善慧、本圓、覺力、義敏、惠光、靈源、惟覺、南懷瑾、耕雲、道安。

4.唯識宗：太虛、楊仁山、歐陽竟無、慈航。

5.淨土宗：道源、廣欽、李炳南、妙蓮、煮雲、淨空、證嚴、慧律、黃念祖

6.其他：演培、宣化上人、海濤、如本、元音老人、法尊、智諭、陳健民、吳汝鈞、印順。

國家圖書館出版品預行編目資料

佛性辨正 / 藍傳盛著. --初版.--臺中市：白象
文化事業有限公司，2022.3
　　面；　公分
　　ISBN 978-626-7056-77-6（平裝）
　1. 佛教
　220　　　　　　　　　　　　110020498

佛性辨正

作　　　者　藍傳盛
校　　　對　藍傳盛
專案主編　水邊
出版編印　林榮威、陳逸儒、黃麗穎、水邊、陳婉婷、李婕
設計創意　張禮南、何佳諠
經銷推廣　李莉吟、莊博亞、劉育姍、李如玉
經紀企劃　張輝潭、徐錦淳、廖書湘
行銷宣傳　黃姿虹、沈若瑜
營運管理　林金郎、曾千熏
發 行 人　張輝潭
出版發行　白象文化事業有限公司
　　　　　　412台中市大里區科技路1號8樓之2（台中軟體園區）
　　　　　　出版專線：（04）2496-5995　　傳真：（04）2496-9901
　　　　　　401台中市東區和平街228巷44號（經銷部）
　　　　　　購書專線：（04）2220-8589　　傳真：（04）2220-8505
印　　　刷　基盛印刷工場
初版一刷　2022 年 3 月
定　　　價　400 元